本书由新闻出版总署批准列入"十一五"国家重点图书出版规划项目并得到2010年华夏英才基金学术著作资助出版

甘德安 著

家族企业复杂性理论深化研究

The Further Research on
Family Business
Based on Complexity Theory

经济科学出版社
Economic Science Press

图书在版编目（CIP）数据

家族企业复杂性理论深化研究/甘德安著.—北京：经济科学出版社，2011.12

ISBN 978-7-5141-1275-7

Ⅰ.①家… Ⅱ.①甘… Ⅲ.①家族—私营企业—企业经济—研究—中国 Ⅳ.①F279.245

中国版本图书馆 CIP 数据核字（2011）第 235440 号

责任编辑：范　莹
责任校对：王凡娥
技术编辑：李　鹏

家族企业复杂性理论深化研究

甘德安　著

经济科学出版社出版、发行　新华书店经销
社址：北京市海淀区阜成路甲 28 号　邮编：100142
总编部电话：88191217　发行部电话：88191540
经济理论编辑中心：88191417　88191450
出版社网址：www.esp.com.cn
北京中科印刷有限公司印装
787×1092　16 开　20.75 印张　360000 字
2011 年 12 月第 1 版　2011 年 12 月第 1 次印刷
ISBN 978-7-5141-1275-7　定价：48.00 元
（图书出现印装问题，本社负责调换）
（版权所有　翻印必究）

前　言

如果说《复杂性家族企业演化理论》（以下简称《演化理论》）是构建逻辑框架，那么《家族企业复杂性理论深化研究》（以下简称《深化研究》）则在复杂性的家族企业演化理论的逻辑框架下，进行历史的、组织的、战略的、人格的及技术创新的探究。希望《深化研究》做到逻辑与历史的一致性。首先，用历史的数据证实逻辑结论与逻辑结构，如果《演化理论》侧重横向结构，则《深化研究》侧重纵向的、历史的关注；如果《演化理论》侧重在机理研究，则《深化研究》侧重于关联与表象的研究；如果，《演化理论》侧重于基础理论研究，则《深化研究》侧重于应用理论。《深化研究》是完成《演化理论》没有完成的课题，比如，家族企业的战略演化、战略转型的研究等。笔者在20年的家族企业研究中，对家族企业家的创业精神之钦佩与缺乏社会责任之愤慨深深的纠缠于心，于是有借助复杂性思维与进化心理学探究家族企业家的人格特征及对家族企业的利弊分析。

《深化研究》借助复杂性科学的理论、方法与模型进一步研究家族企业的理论与实践问题。凸显六个重点：家族企业复杂性的历史观、组织观、技术创新观、战略观、环境观与人格观。

我们在家族企业是一个复杂适应系统的前提下，探究家族企业百年历史的命运中所伴随着一些复杂现象的产生，如涌现性、非线性、突变、自组织等。我们认为，无论是企业史还是家族企业史都需要借助历史复杂性的视角进行探究。探究家族企业发展的必然与偶然、线性与非线性、确定与不确定、可预见性与不可预见性、秩序与混沌、可改变性与不可改变性、传承与创新是非常必要的。为此，我们首先简要回顾与反思中国近代企业史及家族企业史研究的特征与不足。其次，简要对历史决定论进行反思。再其次，简要介绍复杂性历史视角的基本要点。最后，探究基于复杂性历史视角的中国家族企业的命运特征。特别探究，历史观体现复杂性的环境的不确定性与确定性的统一、宏观与微观的统一、必然与偶然的统一及平衡与非平衡的统一中分析家族企业的命运。并借助复杂性历史观批判传统的历史决定论的误区及借助复杂性重新解释挑战迎战理论。

此外，我们要把中国家族企业的起点确定下来。长期以来，中国是个典型的农业社会，以农为本，重农抑商。士农工商，商居末位，直到19世纪六七十年代，古老封闭的大陆才开始长出近代工商业的嫩芽，而真正深刻的变化还要等到19世纪末震动整个天朝大国的甲午战争之后。《马关条约》容许日本人在中国的通商口岸任意设厂，给当时具有忧患意识的中国人巨大的刺激，清政府也从那时开始允许民间办厂。"实业救国"、"兵战不如商战"，就是那个时代走在前面的中国人发出的沉痛呼声。所以，中国企业真正的源头，从洋务运动算起接近160年，中国民营家族企业也只能从1895年算起，也有110多年了。

虽然家族经济有家庭与家族就有家族经济。我以为，中国家族企业的起点在洋务运动之后，虽然，中国近代企业发轫于洋务运动，但是近代家族企业的兴起则要推迟到民国早期。中国家族企业家的真正源头并非"红顶商人"——胡雪岩；也不是曾经辉煌一时的晋商、徽商，因为他们都只是传统农业文明的产物，身上难觅工业文明的曙光；更不在洋务运动后期，以及在晚清中国声名显赫的盛宣怀、唐廷枢等人，他们或是官商或是买办，最终未能超越身份的限制，迈入工业文明。这个根源，体现在那些开创了各种新式工业的企业家身上，如张謇弟兄、荣氏兄弟和刘鸿生等中国家族企业代表。

我们知道，组织结构是企业的基本框架，是企业所有活动的载体。组织结构的有效性关系到组织战略的实现、核心能力的获取和竞争优势的保持，对其生存发展具有重要意义。梅雷迪思·贝尔滨指出，组织一直就是人类进化的中心，人类进化曾一度集中于身体特征。高智力人的大脑能够用精练的语言及复杂方式交流，能够用手制造工具，这一切使人在这个地球上具有竞争优势。现在，这个时代正接近尾声，而另一个时代则刚刚开始，社会与组织的发展决定21世纪的成败，在这条新的进化路上人类将再也不能回头。彼得·德鲁克认为，现代的人们必须了解组织，就如他们的先辈必须学习耕作一样。尽管人们已经认识到组织理论对于现代管理的重要意义，但事实上，直到今天为止，组织研究仍然是一个庞杂的领域。在当今中国这样一个大变革的时代，世界是复杂的、非线性的。在这个复杂的世界中，我们究竟需要什么样的组织与管理呢？但就目前的理论研究来看，对企业组织结构复杂性的研究却相对较少，在复杂性理论指导下对家族企业组织结构进行的研究则近乎空白。我们则希望借助复杂性理论对家族企业组织结构与组织进行探索。

我们知道，技术改变人类，技术改变世界。技术创新已经是当代经济的一大主题，成为关系企业发展成败的关键性问题。中国民营家族企业也是存在技术创新而成功的案例，比如，范旭东创办的"永久黄"是注重技术创新与自主创新的企业家。他于1914年在塘沽的盐滩上创办的第一个公司是"久大精盐公司"，采用溶盐—蒸发—冷却—再结晶的新工艺，生产出纯度高、色泽好的精盐。不仅结束了优质精盐依赖进口的历史，也打破了旧盐商对盐业的垄断局面，更为中国民族化工业奠定了基础。范旭东1917年与陈调甫、王小徐合作试验，邀请留美的化学博士侯德榜回国主管技术，克服制碱过程中产品质量、周转资金、盐业税收等困难，中国的"红三角"牌纯碱终于问世，并获得了万国博览会的金奖。范旭东自主创新的著名成功案例还有创办"黄海化学工业研究社"。这是范旭东于1922年创办的中国第一家专业化工研究机构，特聘美国哈佛大学化学博士孙学悟先生主社。不仅解决了制盐、制碱中的技术难题，开发并取得了中国无机、有机化学应用和细菌化学研究的成果，而且培养造就了一大批化学工业人才，从根本上打破了西方人的技术垄断。

三十年来民营家族企业因企业技术创新成功的例子也是比比皆是。例如，吉利汽车应该是中国民营家族企业从模仿者到自主创新者的代表。吉利豪情作为吉利第一款大规模生产并上市的车型，被认为是模仿夏利，但是却奠定了吉利汽车的造车精神——以自主研发为主。之后吉利汽车又通过有计划向国外合作和学习研发技能，通过对外合作实现了自主研发能力的快速提升，使吉利汽车在造型、品质等方面实现了飞速的提升，吉利收购沃尔沃以后，在技术创新能力方面得到非凡的提升，由过去纯粹的"模仿—消化吸收—集成创新"向"联合创新—整合资源创新"模式转变。

宗申集团也是一个注重技术创新的企业。1981～1991年宗申产业是以学习摩托车维修起步的。1992～1998年开始仿制"嘉陵"品牌的摩托车发动机，但不到20年，重庆民营企业宗申集团就从50万元的资本发展成为中国民营企业500强，年营业收入超过140亿元。走过模仿—创新阶段后，已经实现了从传统产品向现代服务的转变、从产品制造向"供产销资源垂直整合"的转变、从燃油动力向电动动力的转变、从汽油动力向柴油动力的转变等众多转型。在新能源方面，开发了中国首家获得生产准入资质的电动摩托车。

民营家族企业作为国民经济的重要组成部分，在我国经济、社会、文化建设中具有积极的意义，能否建立技术创新机制将直接影响到民营家族企业的生存与发展。借助复杂性技术创新理论探究民营家族企业的技术创新问题，则是一个非常有意义的问题，而复杂性技术创新理论则是近年来关心技术创新和管理组织建设的学者刚刚提出的概念。

在技术创新复杂性这章中，我们要解决家族企业的复杂性技术创新机理与借助复杂性视角解决家族企业技术创新的实践问题。它包括三个方面的问题：一是家族企业的技术创新存在的问题；二是站在复杂性视角分析家族企业技术创新存在的问题；三是站在复杂性视角研究如何应对家族企业技术创新的实践与理论问题。我们把技术创新复杂性的研究分成四个部分：第一部分主要是从实践层面提出问题，包括技术创新对家族企业发展的意义、中国家族企业技术创新能力的特征和现状分析及新型工业化道路给家族企业的挑战；第二部分是从复杂性科学的理论层面对家族企业技术创新存在的问题进行分析；第三部分站在家族企业的立场，以复杂性技术创新的视角提炼复杂性家族企业技术创新的特征，包括技术发展的复杂性、技术创新系统复杂性、企业技术创新行为非线性、企业技术创新过程的自组织等；第四部分是借助复杂性家族企业技术创新理论分析家族企业技术创新的问题，提出复杂性家族企业技术创新的路径选择，包括家族企业的技术创新的策略、技术创新与组织形态变迁、复杂性家族企业主创新思维与复杂性领导，最后探究基于演化范式的技术创新政策理论。

三十多年来，中国民营家族企业战略成功的例子也是可圈可点的。例如，方太的品牌定位战略、营销定位战略等。方太是具有现代特征的家族企业。企业创业之初生产抽油烟机之类产品，起名飞翔。后公司认为飞翔不太适合做厨具的品牌，提议取名方太，因为当时在全国正在热播"方太美食"节目，节目主持人、中国香港的方任丽莎是港澳台及东南亚地区家庭主妇的偶像。从美食想到烹调，从烹调想到厨具和抽油烟机，顺理成章。在公司创立之初，茅理翔先生就致力走品牌之路，导入CI，并率先在同行业通过了ISO9001认证，确立"规范管理＋科学管理＋人本管理＋方太文化"为方太管理的模式，并努力营造"产品、厂品、人品"三品合一的企业文化，提出了"方太让家的感觉更好"的核心价值观。公司打赢了抽油烟机这一仗后，方太又迈开了在其他厨具行业发展的步伐。2001年方太投资2980万元，建设年产30万台中高档嵌入式灶具生产基地，后又推出海贝消毒碗柜和集成厨房。方太的产品策略可以简洁地总结为三大定位：专业化、中高档、精品化。厨具专业化是行业定位，瞄准中高档使用群体是市场定位，制造精品是产品质量定位。茅理翔先生希望这三大定位能够成为方太未来发展坚持的战略方针，他为方太提出的口号是：做专、做精、做强，然后再做大，方太品牌要成为厨房专家的品牌。

在三十多年来，中国第一代民营家族企业战略失败的例子也是层出不穷。"三株"衰落了，"爱多"死亡了，中国民营家族企业之所以迅速衰落，战略失误是最主要原因之一。这些企业之所以战略失误一是缺乏战略；二是错用战略。所以，我们有必要认真研究家族企业战略问题。战略管理的最大特点是复杂性，一是企业环境变化存在着很大的不确定性。企业宏观因素或者间接环境因素，包括中国三十多年的改革开放是从农业经济向工业经济转型，从计划经济向市场经济转型，从封闭经济向开放经济转型。所有这些环境因素都是不确定的，这很大程度上增加了战略决策的复杂性。企业环境还包括直接的微观因素；比如客户、供应商、替代品、现有竞争者和潜在进入者等直接影响因素和社会、政治、经济、技术和自然等间接影响因素。二是源于企业是否具有主动性与创造性的人组成，具有不确定性，特别是创业企业家决策者主观的不确定性。任何一个战略决策都是由企业家根据其对环境的未来变化预测进行的，这种预测本身就存在着巨大的不确定性，不同企业家往往对未来环境的把握是不同的，因而会出现不同的战略决策与路径选择。三是企业战略决策的正确性不是企业获得战略成功的充分条件。许多公司战略的失败，不是战略决策失误所致，而是由于管理和组织方面的缺陷造成的。因此，企业面临的挑战除了制定正确的战略决策外，还必须发展一种组织能力去真正实现它。四是自21世纪以来，战略环境的相对稳定性和可知性在被不确定性、复杂性所替代的同时，战略环境的复杂性还在不断升级，主要表现在：许多产业正在走向整合，现在越来越难界定产业的起点和终点；技术边界也在模糊，即影响企业发展的可能不是自己的研究所开发出来的技术，而是行业外企业开发的。同时，战略管理的复杂性升级使得传统战略假设和指导理论已经严重束缚了人们的视角，成为战略思维与决策的缰绳。

企业战略管理系统的复杂性，已使得传统的战略理论、方法和思维显得落伍，目前急需新的理论指导。复杂科学研究为经济管理方面的研究获得的新成果和新视野受到学术界和企业经营者高度关注。无疑，复杂性科学研究将给企业战略管理带来许多全新的启示。我们的任务就是借助复杂性科学的理论、视角、方法与模型，研究与构建家族企业战略理论与战略实施的复杂性的演化理论，也是在《复杂性家族企业演化理论》的基础上，对复杂性家族企业演化理论的拓展与深化。

中国三十多年民营家族企业发展的历史，就是在计划经济背景下，不断吸纳市场经济要素的历史，或者说，中国民营家族企业就是在计划经济与市场经济的夹缝中挣扎的历史。所以，中国民营家族企业经营行为既不像传统国有企业"第二政府"的特征，也不像西方现代企业在完善的法制背景下经营的特征，而是在政府主导、政商勾结、法治缺乏、人性扭曲的背景下的形成自有特征的历史。所以，我们有必要对中国民营家族企业的生存环境有一个清醒的、深入的、全面的认识。进而在这个背景下梳理中国民营家族企业经营与管理行为之乱象。并从复杂性视角分析与解释民营家族企业行为之乱象。最后从复杂性视角给出民营家族企业与政府规制改进的对策和建议。

作为这个时代精英的阶层之一——企业家，正越来越成为社会关注的中心。他们在经济大潮中翩然挥洒，他们从无到有的掘金故事和以小博大的智慧传奇成为人们茶余饭后最津津乐道的话题。然而，上帝之手在赋予他们名誉、财富和事业的同时，也顺手拿走了阻挡精神洪水的闸门。这让他们在运筹帷幄的同时，不得不艰难地独自面对内心深处越来越难以排遣的焦虑、孤独和苦闷。所以，我们不仅要从经济、社会、文化等角度研究家族企业与家族企业家的问题，我们还可以从人格的角度来研究中国家族企业家的人格本质与扭曲对家族企业发展的影响，而且从复杂性人格新说入手，探讨在中国经济转型期的背景下，如何以家族企业家的人格转型来推进中国家族企业制度的健康发展。

家族企业家人格复杂性研究分成四个部分。第一部分分析家族企业家人格行为积极的特征，首先指出家族企业家的人格是家族企业可持续发展的核心。同时指出，家族企业家在中国扭曲的、多样性的、政商勾结的环境下的各种人格分裂特征。比如，自卑、自大、自闭、自恋等。第二部分阐述复杂性心理学关于人格的基本要点，包括传统心理学中的人格理论与复杂性心理学中的人格阐述。第三部分分析复杂性的家族企业家人格特征，包括家族企业家整体性行为观、非线性行为观、多样性行为观、适应性行为观、开放性行为观、动态性行为观等。第四部分提出家族企业人格转型的对策建议，包括从本我、自我向超我转型，从"封闭压抑"向"开放健康"转型，从"战术竞争"向"战略竞合"转型等。

《深化研究》还强调几大特色：一是要进一步批判传统拉普拉斯决定论的思维对我们的制约、对理论的制约。二是借助复杂性科学构建家族企业复杂性的历史观、组织观、技术创新观、战略观、环境观与人格观。三是用这些复杂性的视角与观点解释家族企业的发展与命运。《深化研究》的指导思想就是要进一步涉及家族企业的战略、组织、人格、历史与技术创新领域；就是要进一步把理论与实践结合起来，把家族企业复杂性演化理论与中国家族企业的实践结合起来，深化就是落地。把理论创新与实践指导结合起来研究，把定性的机理分析与数理的实证分析结合起来。

Preface

If "*Family Business Evolution Theory Based on Complexity*" ("Evolution Theory" for short) builds a logic framework, then "*Further Research of Family Business Based on Complexity*" ("Further Research" for short) is to explore historically, organically, strategically, personality characteristically and technique innovatively within the framework of family business evolution theory based on complexity. First of all, it is hoped to demonstrate logic conclusion and logic structure by using historical statistics. if "Evolution Theory" is focused on horizontal structure, then "Further Research" is focused on historical perspective; if "Evolution Theory" is focused on mechanism, then "Further Research" is focused on bloodline and body, if "Evolution Theory" is focused on mechanism theory, then "Further Research" is focused on application. "Further Research" is to complete the projects that "Evolution Theory" fails to complete, for instance: the study of strategy evolution and transition of family business and so on. The study of family business for twenty years, the admiration of family entrepreneurs' entrepreneurial spirit and the indignation for their deficiency of social responsibility is deeply entangled in the mind, so to explore the personality characteristics of family entrepreneurs and to analyze the advantages and disadvantages toward family business with the help of complicated thinking and evolutionary psychology.

"Further Research" emphasizes a red line, which means to further study the theories and practical problems of family business with the help of complexity scientific theory and methodology. Highlight six key points: historic view, organizational view, technique innovative view, strategic view, environmental view and personalistic view of family business based on complexity.

On condition that family business is a complex adaptive system, we are going to explore the complicated phenomenon that is associated with the historical destination of family business in a hundred years, such as emergence, nonlinearity, mutability, and self-organization. We believe that both business history and family business history are needed to be explored from the perspective of historical complexity. It is necessary to explore the inevitability and occasionality, linearity and nonlinearity, certainty and uncertainty, predictability and unpredictability, orderliness and chaos, convertibility and irreversibility, inheritance and innovation of the development of family business. Therefore, we firstly briefly review and rethink the characteristics and insufficiency of research of modern Chinese business history and family business history. Secondly, to briefly reflect on historicism. Thirdly, to briefly introduce basic keypoints of historical perspective based on complexity. Last but not least, to explore the destination characteristics of Chinese family business from historical perspective based on complexity. In particularly, to explore historical view reflected on complex environment with the unity of uncertainty and certainty, unity of macroscopic and microcosmic, the unity of convertibility and irreversibility and the unity of balance and imbalance, in which to analyze the destination of family business. And also to criticize the misunderstanding of traditional historicism from historical view based on complexity and to reinterpret and challenge new theories based on complexity.

Furthermore, we need to identity the starting point of Chinese family business. For a long period of time, weigh farming curb business, China is a typical agricultural society for its agriculture oriented policies. From the sequence of scholars, peasants, workers and businessmen, it is clear that businessmen is at the bottom of the society. Not until 1860s and 1870s did ancient closed mainland China began to break out buds of modern industry and commerce, but the real profound changes came by the end of the nineteenth century when the superpower was vibrated after Sino – Japanese War of 1894 – 1895. The Treaty of Shimonoseki allowed Japanese to willfully set up factories in China's trading ports, which immensely irritated some Chinese who were aware of hardships, and the Qing government also began to allow privately setting up factories. "Industrial salvation" "Business war better than soldiers war" are grief – stricken voices of some progressive Chinese during that particular period of time. Consequently, there has been 160 years from Westernization Movement that is the origin of Chinese business, and the starting point of Chinese family business can only be counted from 1895 which has been 110years till now.

Though family business means if there is a family then there is business, in my opinion, the starting point of Chinese family business is after Westernization Movement. Although modern Chinese business is originated in Westernization Movement, the rise of modern family business has to be postponed till the early era of the Republic of China. The real origin of Chinese business entrepreneur is neither the "red top trader" Hu Xueyan nor the Shanxi Merchants or the Anhui Merchants, because they are only the civilized product of traditional agriculture, from which the dawn of industrialized civilization can hardly be found. The origin is also not at the end of Westernization Movement, not high – profile Sheng Xuanhuai or Tang Tingshu in the late Qing Dynasty, because they are either governmental businessmen or compradors who have failed to go beyond identity restriction and move into the era of industrial civilization. As a matter of fact, the origin is reflected on some entrepreneurs who have initiated several new forms of industries. Zhang Jian brothers, Rong brothers, and Liu Hongsheng are representatives of Chinese family business.

It is known that organizational structure is the basic framework of enterprises and the carrier of all activities of enterprises. The effectiveness of organizational structure is associated with the realization of the organizational strategy, the acquisition of core competence, and the maintenance of competitive advantages, which are essential for the surviving and development of enterprises. Meredith R. Belbin points out that the organization has been the center of human evolution that has once been concentrated in the physical characteristics. The brain with high intelligence refines the language so that people can communicate with each other in a complicated way and can make tools with hands, all of which make people have competitive advantages on the earth. Now, this era is approaching the end and another era just begins, the development of society and organization determines the success or failure of 21st century, and mankind can never turn back on the way of new evolution." Peter Drucker considers that people in modern age should understand organization, just as their ancestors should learn to cultivate. Although people have already realized the importance of organizational theories to modern management, in fact, organization research is still a complicated field until now. In the current era of China with great changes, the world is complicated and nonlinear. In this complicated world, what kind of organization and management on earth we need? In case of current theory research, there is comparatively less research on business organizational structure based on complexity, and even no research on organizational structure of family business based on complexity. Therefore, we would like to explore organizational structure and organization of family business with the theory based on complexity.

It is well known that technology change mankind and the world. Technological innovation is a main theme of contemporary economy and a key problem that determines the success or failure of enterprises. There are successful cases of Chinese family business with technological innovation, for instance, Fan Xudong, founder of the 'permanent yellow', is an entrepreneur who pays great attention to technological innovation and self – innovation. He founded the first company called 'Jiuda Salt Company' on the salt beach of Tanggu in 1914, adopting the new technology of molten salt, evaporation, cooling and recrystallization, and consequently produced high purity, good color salt. This not only ends the history of dependence on imports of high – quality salt and breaks the monopoly of the old salt merchants on the salt, but also lays the foundation for China's national industry. In 1917, Fan Xudong cooperated with Chen Diaofu and Wang Xiaoxu and invited Hou Debang who studied in the U. S. Ph. D. in chemistry to go home to in charge of technology, overcoming the difficulties of product quality, cash flow and salt taxation during the alkali process, and pure salt called 'red triangle' of China had finally come out, meanwhile getting the gold medal of the World Fair. The third successful self-innovative case is to set up 'Institute of chemical industry in the Yellow Sea'. This is the first professional chemical research institute of China which is founded by Fan Xudong in 1922, specially invited Harvard University Ph. D. in Chemistry Mr. Sun Xuewu to take charge. By doing this, it not only solve the technological problems during the salt and alkali process, develop and obtain results of the inorganic and organic chemistry application and bacterial chemical research, but also cultivate a large number of chemical industry talents, all of which have fundamentally break the monopoly of Western technology.

Successful cases of family business by adopting technological innovation are easy to find during the last 30 years. For example, Geely Auto is the representative of Chinese family business from imitation to self-innovation. Geely Haoqing is the first launched model with mass production of Geely Auto, which is considered as a mimic to Xiali, but it lays the spirit foundation of Geely Auto manufacturing—self-based. Then Geely Auto achieves rapid promotion of self R&D skills, modeling and quality through planned cooperation with foreign countries and learning their R&D skills. Since Geely Auto purchased Volvo, there had been dramatic promotion of Geely technology and innovative capacity, transitioning from 'imitation-digestion, and absorption-integrated innovation' to a new model of 'integrated source innovation'.

Zongshen Group is another enterprise which pays great attention to technological innovation. From 1981 to 1991, Zongshen Group was still at the starting phase of learning motorcycle maintenance. From 1992 to 1998, it began to imitate the motorcycle engine of brand 'Jialing'. In less than 20 years, Zongshen Group of Chongqing family business has developed from a small business with half a million in capital to be a member of top 500 of Chinese family business, with annual revenue exceeding 14 billion. Passed through the phase of imitation and innovation, it has achieved the transition from traditional products to modern services, from products manufacturing to 'the vertical integration of sources of supply, production and sales', from petrol power to electric power, from gasoline power to diesel power. In aspect of new energy, it develops the first electric motorcycle that obtains the certificate of production in China.

Private family business as an important part of the national economy plays an positive role in the economic, social and cultural construction of our country. The possibility of establishing technological innovation mechanism has direct impact on the survival and development of the private family business. It is meaningful to explore technological innovation problems of private family business by using technological innovation theories based on complexity, which is a new concept proposed by scholars who care about technology innovation and construction of management organization.

In the chapter of technological innovation based on complexity, we are about to solve the problems of technological innovative mechanism of family business based on complexity and to solve the practical problems of technological innovation of family business based on complexity perspective. It includes problems of three aspects. The first one technological innovation problems of family business, second one is to analyze the technological innovation problems of family business based on complexity, and the third one is research on how to deal with the practical and theoretical problems of technological innovation problems of family business based on complexity. We divide the chapter of technological innovation based on complexity into four parts, the first part is to ask questions from a practical level, including the meaning of technological innovation on the development of family business, Analysis of characteristics and current situation of technological innovation ability of Chinese family business, and challenges to family business brought by new way of industrialization; the second part is to analyze the existing problems of technological innovation of family business from scientific and theoretic level based on complexity; the third part is to stand in the position of family business and to refine the characteristics of technological innovation of family business from the technological innovation perspective based on complexity, which includes the complexity of technology development, systematic complexity of technological innovation, the nonlinearity of technological innovation activities of enterprises, self - organizing process of technological innovation of enterprises. The fourth part is about explanation of family business technological innovation problems with family business technological innovation evolution theory based on complexity, it brings out path selection of family business technological innovation based on complexity, including technological innovation strategy of family business, technological innovation and organization evolution, innovative thinking of family business based on complexity and complexity leadership and technological innovation policy based on the diagram of evolution theory.

In more than 30 years, examples of successful Chinese private family business strategy are remarkable. For example, both of the brand positioning strategy and marketing positioning strategy of Fotile are remarkable. Fotile is a family business with modern characteristics. At the starting phase of the business, cooker hoods were produced, named FeiXiang. The company considered FeiXiang was not suitable for a kitchenware brand afterwards. Since the Programme of "Mrs Fang's Delicious Food" was hot broadcasting nationwide at that time and the Programme Host of Hongkong, Fang Renlisha was the idol of housewives of Hongkong, Macao, Taiwan and Southeast Asia, Fotile is proposed to be the name of the brand. It is a logical thinking from delicious food to cook, from cook to kitchenware and cooker hood. At the starting phase of the business, Mr. Mao Linxiang committed to take the road of the brand, applying CI and taking the lead in passing the Quality System Certification of ISO9001, establishing the management mode of "standardized management + scientific management + anthropocentric management + Fotile culture" and putting efforts to create the integrated culture of "product quality, enterprise quality, moral quality" in the business and raising the core value of "Fotile makes family's feeling better". After the company won the battle of cooker hood, Fotile moved towards the development in other kitchenware industries. In 2001, Fotile invested 29.8 million to construct a production base for annual output of 300000 sets of medium and high grade flushbonading cooking utensils. After that, HaiBei disinfection bowl and integrated kitchen were launched. The product strategy of Fotile can be concisely summarized as three positioning: specialization, medium and high grade and high quality. Specialization of kitchenware is industry positioning, focusing on medium and high grade is marketing positioning, high quality is product quality positioning. The three positioning come from the experience of Fotile's high-speed development in the past five years. Mr. Mao Linxiang expects that the three positioning will become the strategic concepts of Fotile's future development. He puts forward a slogan for Fotile, which is to be more professional, more perfect, stronger and bigger. The brand of Fotile will become the kitchen professional brand.

However, in more than 30 years, the strategic failures of the first generation of Chinese private family business emerged in endlessly. The SanZhu declined, the AiDuo died. The strategic failure is one of the main factors for the rapid decline of Chinese private family business. One reason of strategic failure of these enterprises is the lack of strategy, another is misusage of strategy. Therefore, we need to conscientiously research the problems of family business strategy. The significant characteristic of strategic management is complexity. Firstly, there is a huge amount of uncertainty of business environment changes. Enterprise macroscopical factors or indirect environmental factors, including the transitions from agricultural economy to industrial economy, from planned economy to market economy, from closed economy to open economy in China's 30 years of reform and opening up, all the environmental factors are uncertain, which greatly increase the complexity of the strategic decision. Business environment also consists of direct microcosmic factors, like direct factors of clients, suppliers, substitutes, current competitors, potential entrants and so on and indirect factors of social, political, economic, technological and environmental. Secondly, enterprises are constituted by initiative and creative people, which have uncertainties; especially the subjective uncertainty of business decision makers. Each strategic decision is determined by the entrepreneurs according to the forecast of future environmental changes, whereas the forecast itself has tremendous uncertainty. Different entrepreneurs have different grasp of future environment, so there brings out different strategic decisions and path selections. Thirdly, the validity of business strategic decision is not the sufficient condition for the success of business. Many failures of business strategy is not due to the strategic decision faults, it is due to the management and organization defects. As a result, to deal with the challenges, it is not only for enterprise to formulate a proper strategic decision, but also to develop an organizing ability to realize it. Fourthly, from the 21st century, when the relative stability and knowability of strategic environment are replaced by uncertainty and complexity, the complexity of strategic environment is still upgrading. It is reflected on the phenomenon: many industries are moving towards integration and it is more and more difficult to define the beginning and the end of the industry; technical boundary is also blurred, which means that factors for the development of enterprise may not be the developed technology from their own institution, it may be from other enterprises outside the industry. Meanwhile, the upgrade of complexity of strategic management enables traditional strategic assumptions and guiding theory seriously trammeled people's perspectives, which becomes a bridle of strategic thinking and decision – making.

The complexity of business strategic management system has made the traditional theory, method and thinking behind the times. So there is an urgent need to new theoretical guidance. Complex scientific research contribute to the academia and business operators high attention of new achievements and perspectives in economic management researches. Undoubtedly, scientific research based on complexity will brings many new revelation to business strategic management. Our task is using scientific theory, perspective, method and model based on complexity. The aim of this chapter is to construct an evolution theory based on complexity with family business strategic theory and strategy implementation. It is also to extend and to deepen the evolution of the complexity theory on the basis of "*Family Business Evolution Theory Based on Complexity*".

China's 30 years history of the development of the private family business is the history of absorbing the market economic factors in the background of the planned economy. In other words, Chinese private family business is the history of struggling in the cracks of the planned economy and the market economy. So the operation of Chinese private family business has neither the feature of "second government" in traditional state – owned business nor the characteristic of legally operating in western modern business. It is a history with its own characteristics formed under the background of government – led, collusion between officials and businessmen, a lack of laws and distortion of human nature. Therefore, it is necessary for us to get a conscious, in – depth and comprehensive understanding of Chinese private family business's survival environment in order to deal with the behavior chaos in the operation and management of the business and conduct an analysis and explanation of behavior chaos. It finally provides suggestions to the improvement of private family business and government based on complexity.

As one level of the elites in the modern society, entrepreneurs are increasingly becoming the focus of the society. They did more in the economic tide and their nuggets stories and wisdom legends have become the hot topic at people's leisure. However, when they got the reputation, wealth and careers, the sluice gate to prevent flood of spirit was took away. They had to face their own anxiety, loneliness and depression with difficulty. So we need to research the problems of family business and family business entrepreneurs from aspects of economic, social and cultural. In addition, we can research how Chinese family business entrepreneurs' personality essence and the distortion influence the development of the business. And it is necessary to discuss how to carry forward the healthy development of regulations in Chinese family business with the personality transition of family business entrepreneur under the background of China's economic transition period.

There are four parts in the chapter of family business entrepreneurs' personality theory based on complexity. In the first section, it explains positive characteristics of family business entrepreneur's personality. It also points out that personality of family business entrepreneurs is the core of sustainable development of family business. Meanwhile, it states the personality split characteristic of family business entrepreneurs in the environment of distortion, diversity and collusion between officials and businessmen. For example, inferiority, arrogant, autism and autophilia. The second section is to present the basic viewpoint of complexity psychology about personality. The third section is personality analysis of family business entrepreneurs based on complexity, including integrated behavioral perspective, nonlinear behavioral perspective, diversified behavioral perspective, adaptive behavioral perspective, open behavioral perspective, dynamic behavioral perspective of family business entrepreneurs and so on. In the fourth section, it carries out suggestions to family business personality transition, which consists of transition from id, ego to super – ego, from 'closed and depressive' to 'open and healthy', from 'tactical competition' to 'strategic competition', from 'collectivism' to 'communitarianism'.

The evolution theory also emphasizes a few of significant characteristics. First is to conduct further critique of how traditional Laplacian determinism restricts us and the theory. Second is to build family business complexity concept of history, organization, technical innovation, strategy, environment and personality with the help of complexity science. Third is to explain the development and fate of family business with the complexity perspectives and viewpoints. The guiding ideology of "Evolution Theory" is to involve fields of family business strategy, organization, personality, history and technical innovation and combine family business evolution theory based on complexity and Chinese family business practice together, evolution is the landing point. Putting theoretical innovations and practice guidelines together is to combine qualitative analysis and mathematical analysis.

目 录
Contents

第一章 家族企业历史复杂性理论

第一节 中国家族企业史研究的回顾与反思 ... 1
一、当前中国经济史研究存在的问题 ... 1
二、当前中国家族企业史研究存在的问题 ... 3

第二节 基于复杂性企业理论看企业史研究 ... 5
一、企业起源研究的概述 ... 5
二、基于历史决定论的企业史观 ... 7

第三节 复杂性历史观的基本观点 ... 8
一、历史发展的必然性与偶然性 ... 8
二、历史发展的线性与非线性 ... 9
三、历史发展的确定性与不确定性 ... 10
四、历史发展的可预见性与不可预见性 ... 12
五、历史发展的可改变性与不可改变性 ... 13
六、历史发展的秩序与混沌 ... 13

第四节 基于复杂性历史观的中国家族企业的命运基本特征 ... 15
一、中国家族企业发展中的必然与偶然 ... 15
二、中国家族企业发展过程中的线性与非线性 ... 17
三、中国家族企业发展过程中的确定性与不确定性 ... 19
四、中国家族企业发展过程中的可预见与不可预见 ... 20

第二章 家族企业组织复杂性理论

第一节 复杂性理论引入家族企业管理的时代背景 ... 23
一、工业时代企业组织的演变、回顾与本质 ... 23
二、剧烈动荡复杂的企业环境 ... 34

三、环境的复杂性与不确定性对家族企业的影响 …………… 39
　　四、企业组织复杂性的发展趋势 ………………………………… 40
第二节　作为复杂适应系统的企业组织 ……………………………… 45
　　一、基于复杂适应系统的企业特征 ……………………………… 45
　　二、基于自组织的企业形成条件与机制 ………………………… 49
　　三、复杂适应组织的自组织特性及与传统组织的差异 ………… 52
　　四、不同学派视角下的组织复杂性 ……………………………… 54
第三节　中国家族企业复杂性组织与管理的转变 …………………… 58
　　一、家族企业组织复杂性的控制与利用 ………………………… 58
　　二、家族企业组织复杂性的调整 ………………………………… 59
　　三、复杂性与家族企业管理方式变革 …………………………… 70
　　四、借助复杂性领导理论提高企业家在家族企业中的领导水平 … 75

第三章　家族企业技术创新复杂性理论

第一节　家族企业技术创新问题的提出 ……………………………… 78
　　一、技术创新的界定与对家族企业发展的意义 ………………… 81
　　二、新型工业化道路给家族企业带来的挑战 …………………… 87
　　三、家族企业技术创新的障碍分析 ……………………………… 88
　　四、家族对家族企业技术创新的影响 …………………………… 94
第二节　传统技术创新模式存在的问题 ……………………………… 96
　　一、复杂技术观的产生与复杂技术创新系统的本质特征 ……… 96
　　二、复杂性技术观的现实意义 …………………………………… 97
第三节　基于家族企业的复杂性技术创新观 ………………………… 98
　　一、技术创新的复杂性来源 ……………………………………… 98
　　二、技术创新的复杂性特征 ……………………………………… 100
　　三、技术创新演化过程与演化模式 ……………………………… 106
第四节　基于复杂性的家族企业技术创新的路径选择 ……………… 110
　　一、家族企业技术创新的战略选择 ……………………………… 110
　　二、技术创新与组织形态变迁 …………………………………… 116
　　三、借助创新性思维拓展复杂性家族企业技术创新途径 ……… 124
　　四、基于演化范式的技术创新政策理论 ………………………… 127

第四章 家族企业战略复杂性理论

第一节 家族企业创业无战略 …………………………… 133
一、家族企业战略实践的缺失 …………………………… 133
二、战略性企业创业理论的缺失 ………………………… 134
三、创业行为与战略管理结合的意义 …………………… 135

第二节 家族企业战略理论应用的误区 ……………… 138
一、企业战略管理理论演变及发展趋势 ………………… 138
二、传统企业战略是拉普拉斯决定论的翻版 …………… 140

第三节 复杂性家族企业战略理论探究 ……………… 144
一、复杂性企业战略观的基本特征 ……………………… 144
二、复杂性企业战略环境的升级 ………………………… 150
三、基于复杂性视角的家族企业战略选择原则 ………… 151

第四节 复杂性家族企业战略理论与实践 …………… 154
一、中国家族企业发展家族战略基本构架 ……………… 154
二、基于复杂性科学的战略管理行为 …………………… 170

第五章 家族企业环境复杂性理论

第一节 企业环境理论的探索 …………………………… 174
一、问题的提出 …………………………………………… 174
二、企业环境理论研究进展 ……………………………… 176
三、环境因素在企业发展中的作用 ……………………… 179
四、企业环境研究的现状 ………………………………… 181

第二节 基于演化的企业环境理论 ……………………… 182
一、企业环境的演化理论流派 …………………………… 182
二、复杂适应系统环境观是协同演化观 ………………… 190
三、环境演化过程中的家族企业演化 …………………… 193

第三节 基于复杂适应系统的企业环境理论 ………… 197
一、基于复杂性科学视角的环境观 ……………………… 198
二、基于CAS理论分析的企业与环境协同演化 ………… 199
三、企业的自组织能力 …………………………………… 200

第四节 中国家族企业成长的复杂环境 ……………… 203

一、认识环境：中国经济的不平等制度现象仍存在 …………… 204
　　二、中国民营家族企业绕不开的人情、面子与关系 …………… 211
　　三、改善环境：依然是个不可企及的梦想 …………………… 213
第五节　复杂性视角的中国家族企业行为乱象分析与对策建议 ……… 215
　　一、百年来中国民营家族企业行为乱象 ……………………… 215
　　二、中国家族企业行为乱象的复杂性解释 …………………… 224
　　三、借助复杂性理论消除家族企业行为乱象的若干建议 …… 227

第六章　家族企业家人格复杂性理论

第一节　家族企业家人格行为特征 ……………………………………… 240
　　一、家族企业家的人格是家族企业可持续发展的核心 ……… 240
　　二、家族企业家人格心理的基本特征 ………………………… 244
　　三、家族企业家人格障碍的主要特征 ………………………… 249
第二节　复杂性心理学关于人格的基本要点 …………………………… 254
　　一、复杂性思维对现代心理学的影响 ………………………… 254
　　二、复杂性心理学的基本特征 ………………………………… 257
第三节　基于复杂性的家族企业家人格分析 …………………………… 264
　　一、家族企业家人格行为的整体性 …………………………… 264
　　二、家族企业家人格行为的非线性 …………………………… 267
　　三、家族企业家人格行为的多样性 …………………………… 268
　　四、家族企业家人格行为的适应性 …………………………… 269
　　五、家族企业家人格行为的开放性 …………………………… 269
　　六、家族企业家人格行为的动态性 …………………………… 271
第四节　家族企业人格转型的对策建议 ………………………………… 272
　　一、从"战术竞争"向"战略竞合"转型 …………………… 272
　　二、从"股东优先"向"利益相关者"转型 ………………… 275
　　三、从企业责任向社会责任转型 ……………………………… 276
　　四、从"本我"向"超我"转型 ……………………………… 278
　　五、从无信仰到有信仰、从假信仰到真信仰转型 …………… 278

参考文献 ………………………………………………………………………… 281
外国重要人名索引 ……………………………………………………………… 292
后记 ……………………………………………………………………………… 300

Contents

Chapter 1　Family Business History Evolution Theory Based on Complexity

1.1. Review and reflection of chinese family business history ·················· 1

1.2. Business history research based on com plex business theory ·············· 5

1.3. Basic viewpoint of history from complexity perspective ······················ 8

1.4. Characteristics of chinese family business destiny based on complex business history ··· 15

Chapter 2　Family Business Organization Evolution Theory Based on Complexity

2.1. Background research of organization and management of family business based on complexity theory ································· 23

2.2. Business organization is a complex adaptive system ························ 45

2.3. Family business organization and management transition theory based on complexity ··· 58

Chapter 3　Family Business Technological Innovation Theory Based on Complexity

3.1. Family business Technological innovation problems ······················ 78

3.2. Problem exists in traditional technological innovation ··················· 96

3.3. View of family business technological innovation based on complexity ··· 98

3.4. Path selection of family business technological innovation based on complexity ··· 110

Chapter 4 Family Business Strategy Theory Based on Complexity

4.1. Absence of strategy in family business new ventures 133

4.2. Misusage of family business strategy 138

4.3. Family business strategy research based on complexity 144

4.4. Family business strategy theory and practice based on complexity 154

Chapter 5 Family Business Environment Theory Based on Complexity

5.1. The exploration of business environment theory 174

5.2. Business Environment Theory based on Evolution 182

5.3. Business environment theory based on complex adaptive system 197

5.4. Chinese family business grows in a complex environment 203

5.5. Analysis and suggestions of behavior chaos of chinese family business based on complexity 215

Chapter 6 Family Business Entrepreneurs Personality Theory based on complexity

6.1. Personality behavior characteristics of family business entrepreneurs 240

6.2. Basic viewpoints of complexity psychology about personality 254

6.3. Personality analysis of family business entrepreneurs based on complexity 264

6.4. Suggestions of family business personality transition 272

References 281

第一章

The Further Research on Family Business Based on Complexity Theory

家族企业历史复杂性理论

家族企业是一个复杂适应系统,企业发展进程中企业的演化常常会伴随着一些复杂现象的产生,如涌现性、非线性、突变、自组织等。[1] 因此,无论是企业史还是家族企业史都需要借助历史复杂性的视角进行探究。探究家族企业发展的必然与偶然、线性与非线性、确定与不确定、可预见性与不可预见性、秩序与混沌、可改变性与不可改变性、传承与创新是非常必要的。为此,首先简要回顾与反思中国近代企业史及家族企业史研究的特征与不足。其次简要对历史决定论进行反思。再其次简要介绍复杂性历史视角的基本要点。最后探究基于复杂性历史视角的中国家族企业的命运特征。

第一节 中国家族企业史研究的回顾与反思

一、当前中国经济史研究存在的问题

(一) 意识形态指导企业史研究

新中国成立以前,中国企业史的研究未受到学术界广泛关注,相关成果极为有限。至20世纪五六十年代,厂史著作虽然数量大增,但研究者过分注重为政治服务的指导思想,制约了对企业经营运作的经验教训的客观总结。1995年,吴承明教授在参加经济史研讨会时的发言中提出,"研究从传统经济向市场经济的转变,应是经济史研究的一个重要课题"[2]。在2001年出版的《中国

---

[1] 甘德安. 复杂性家族企业演化理论 [M]. 北京:经济科学出版社,2010.
[2] 汪敬虞. 中国近代经济史中心线索问题的再思考 [J]. 中国经济史研究,1990 (2).

的现代化：市场与社会》一书的"代序"中，吴承明教授明确提出，用"市场和商业来研究现代化因素的产生和发展"，他认为这种研究方法，可以说是遵循着一种"现代化即市场经济"的假说。从1840年至今的中国历史或者说中国经济发展史，其主要内容就是在艰难曲折中不断向近代化和现代化发展前进的历史。尽管这条道路艰险，关塞重重，前人的奋斗，泰半无功，以致失败。但一个半世纪的奋斗史，仍然给我们留下了种种足迹。可以肯定，市场经济绝非在1992年突然出现，也绝非能够一蹴而就。市场经济的发展是一个长期的过程，有其前因后果。因此，从这个角度出发，破除1949年的人为时间障碍，结合近现代经济史的已有研究成果进行思考。朱荫贵认为，现在应该明确提出"以市场经济的发展和演变"作为中国近代经济史研究的中心线索。①

（二）有历史学家的企业史研究，没有经济学家的企业史研究

一是企业史研究主要是企业案例研究，没有企业发展史的一般规律的研究。改革开放以来中国近代企业史研究受到重视，在洋务企业、商办企业、金融企业、行业史、中国近代实业家、外国在华企业等方面的历史研究成果不断涌现。但既有论著普遍着力于企业的经营史分析，而对企业制度建设关注不多，尤其是近代中国的公司制度以其特有的学术价值与现实意义更应引起学界的广泛重视。②

二是企业史的研究没有借助经济理论进行研究。按新经济史革命的学者A.K.凯恩克罗斯指出，经济史分为两种经济史，即历史学家的经济史和经济学家的经济史。前者与其他历史研究的唯一区别是它研究的对象是经济制度和经济现象；后者是运用一般的理论来说明历史事件，而不单是就事论事。例如克拉彭拒绝使用经济理论研究经济史演变。但诺思认为，正是一系列的制度方面的变化给产业革命这一根本性的变革铺平了道路。因此，产业革命作为人类社会经济史上第二次经济革命，是一系列因素长期发展、变化所带来的渐进性结果。而其中，制度变迁是动力的源泉。③

---

① 朱荫贵. 对近代中国经济史研究中心线索的再思考 [J]. 社会科学, 2010 (6).
② 李玉. 中国近代企业史研究概述 [J]. 史学月刊, 2004 (4).
③ 转引自赵凌云. 探寻经济理论与经济史的结合——"新经济史革命"评析 [J]. 东南学术, 2001 (1).

经济史应该是经济学家的经济史。经济史不应该是研究经济历史的历史学，而应该是研究经济历史的经济学。经济史不应该是单纯的历史研究，而是采用经济理论作为方法的历史研究。这是因为，经济史是为经济学服务的。同时，经济史的产生和发展与经济学发展的历史是联系在一起的。

在经济学产生和发展的早期阶段，经济学家是具备历史视野的。亚当·斯密首先是从历史中抽象出他的理论体系中一系列范畴和原理，如分工、市场、分工导致市场扩大，市场规模制约分工程度等，然后专门研究了经济发展的历史阶段，在历史中抽象了经济发展的不同类型，解释了不同类型形成的历史原因，以历史证明他的分工与市场理论。德国历史学派则从历史出发证明建立德国国民经济学的必要性，试图从历史事实出发反对英国古典学派的自由贸易主义。熊彼特、库茨涅兹、罗斯托、希克斯等，既是经济学家，又是经济史学家。经济学家还从理论的高度论述了经济史在经济理论中的作用。马歇尔曾在给艾奇沃斯的信中论述了将经济史与经济学割裂开来的危害："我想没有比抽象的、一般的、或纯理论的经济学才是'严格意义上的经济学'更具有灾难性的想法……进行一般推理是必要的，而广泛彻底的事实研究也同样重要。把这两方面的工作结合起来，就是严格意义上的经济学"。[①] 熊彼特一向重视经济史，他曾说过，"经济'科学'家与一般对经济问题想过、谈过和写过文章的人之间的差别在于'科学'家掌握了三门基础学问：历史、统计和理论。这三门学问合在一起，构成我们所说的经济分析……在三门基础学问中，包括直至今天为止的事实在内的经济史是最重要的一门"。[②]

二、当前中国家族企业史研究存在的问题

在美国，钱德勒的企业史研究成就斐然。钱德勒在其名著《看得见的手——美国企业的管理革命》中，描绘了传统型家族企业裂变的结果。他将裂变后的企业分为家族企业或称企业家式的企业与经理式的企业，家族企业的代表为杜克家族的美国烟草公司、阿穆尔家族的阿穆尔公司、麦考密克家族的

---

① 参见 A. K. Cairncross："In Praise of Economic History", Economic History Review, 2ed ser. XLⅡ, 2 (1989) P174.

② 参见 Schumpeter, J., History of Economic Analysis, Oxford University Press, pp12 – 13.

麦考密克收割机公司和辛格家族的辛格制造公司；经理式企业的代表是标准石油公司、通用电气公司、美国橡胶公司和杜邦公司。经理式的企业中经理人所起的作用几乎毋庸置疑。之所以有他们发挥作用的"舞台"，与这些公司的所有者忙于赚取其他"外快"而无暇于企业经营的事实是分不开的[①]。如标准石油公司的洛克菲勒本人，早在19世纪90年代就买下了美沙比牧场的大片地区，协助创立了科罗拉多煤铁公司，并且在美国亚麻子油公司和其他的工业公司投资获利。杜邦家族则参与到通用汽车公司的战略管理中。与美国相比，西欧和日本的国内外市场较小，尽管出现了大的企业，也还是没有大到企业老板无法亲自进行高层管理的地步，家族企业的生命力仍然很强大。

在中国虽然有企业史的研究，但中国家族企业史的研究还是一遍净土，研究者甚少。近年来虽然有吴晓波等的企业史研究中也涉及家族企业的历史，但至今没有家族企业历史的专门研究。最有影响与成就的应该是潘必胜的《中国的家族企业：所有权和控制权（1895～1956）》[②]。本专著收集和整理了中国1895～1956年9个家族企业集团近70个工业企业的股权结构数据，考察了家族企业在其不同发展阶段的所有权结构及其与控制权的关系。概论部分叙述了作者对家族企业经济学研究的一般看法，并分别描述有关家族企业所有权结构演变的过程，以及所有权结构与控制权关系及其对企业行为的影响。同时对有关家族企业股权结构数据进行了统计和计量分析。

笔者认为，中国家族企业通过三十多年的发展，已经在中国经济中三分天下有其一；中国家族企业的研究也从被人忽视的领域成为经济学、管理学的热点。但是，家族企业的研究不仅是寻求范式的过程，而且还是逻辑与历史研究相分离的研究。我们不仅是缺乏范式，而且缺乏家族企业的历史研究，更缺乏在理论框架中融入家族企业的历史。杰弗里·M·霍奇逊指出，在经济学中存在一个失落的大陆，这个大陆中充满着理论研究、方法论研究和经验研究，而缺乏历史研究。许多经济学的历史学派的思想家已经从现代世界的学术课堂和教科书中消失了。他指出认为，如果不能恰当地理解过去的思想史，那么经济学和其他社会科学的发展和重建任务就不可能完成。没有这些知识，我们就必

---

① 伊莉莎白·白坎德勒、勒·格雷厄姆、拉尔夫·罗伯茨著，贾宗谊译. 可口可乐家族 [M]. 北京：新华出版社，1995.

② 潘必胜. 中国的家族企业：所有权和控制权（1895～1956）. 北京：经济科学出版社，2009.

然要重复过去的错误。①

此外，至今没有学者从历史复杂性的角度对中国家族企业命运进行宏观的、历史与逻辑一致的研究。我们所要做的工作就是借助历史复杂观研究家族企业命运的必然与偶然、线性与非线性、确定与不确定、可预期与不可预期等。从中找到宏观的有序与微观的无序之间的平衡。

第二节 基于复杂性企业理论看企业史研究

一、企业起源研究的概述

（一）古典与新古典经济学的"分工生成企业论"

古典经济学与新古典经济学的企业理论都可以概括为"分工生成企业论"。这种理论认为，企业产生与社会分工有关，企业是社会分工与专业化的产物。斯密认为，分工可以提高劳动者熟练程度和技巧；可以节约准备劳动，节约转换工作花费时间；可以化繁为简、化难为易、化不可能为可能；可以减少劳动者做其中某一项时，其他各项劳动的工具就闲置着；可以人尽其才，业专而精；可以避免大而全、小而全。可以说企业是一个分工协作的生产组织。而新古典经济学主要从技术的角度看待企业，认为企业是表示一定技术条件下的投入、产出关系的生产函数。新古典经济学的企业观，在一定意义上强调技术的作用，在特定意义上强调规模收益作为企业规模的重要决定因素。为了理解整个经济的运行，为了将斯密"看不见手"的命题形式化、模型化，为了建构一个简洁而优美的市场理论，新古典经济学一是把企业看做经济中的"原子"，把企业看做一个有效的、追求利润最大化的"黑匣子"，而忽视了企业的契约性质。二是这个理论丝毫没有涉及企业的内部组织——层级结构如何、决策如何委托、谁拥有权威等。三是企业的生产函数论并不能令人满意地

---

① 杰弗里·M·霍奇逊. 经济学是如何忘记历史的：社会科学的历史特性问题［M］. 北京：中国人民大学出版社，2008.

确定企业的边界。

(二) 新制度学的契约生成论

学界一般认为，科斯开创了新制度经济学企业理论的先河，之后又由阿尔钦和德姆塞茨、威廉姆森、克莱因、哈特和莫尔等人加以拓展，形成了目前企业理论的主流。这一派理论的共同点是，企业乃是一系列合约（文字的和口头的，明确的和隐含的）的联结。

新制度经济学用新古典经济学的分析框架把制度变量作为内生变量纳入分析之中，创造了交易成本的概念工具，揭示企业内部的制度结构及其这个制度结构变化的机理。

科斯回答了两个问题：企业为什么出现和企业规模由什么决定。科斯认为，企业是市场的替代物，企业的形成是用"一个契约代替一系列契约"；用"一个长期契约代替一些短期契约"。企业意味着用行政手段代替市场机制来协调不同生产环节，用组织权威来安排不同人员的活动。企业和市场替代取决于交易成本的高低。随后是奥利弗·威廉姆森提出一种不完全契约的企业理论：交易成本理论。在威廉姆森眼里，企业起源于资产专用性和企业的不完全性。

(三) 演化经济学的企业生成理论

演化的企业理论克服了新古典理论的静态分析范式的缺陷，扬弃了现代企业契约理论的比较静态分析范式，开创了对企业进行动态分析的先河。动态企业理论源于熊彼特的创新理论，以潘罗斯的《企业成长理论》为形成标志。潘罗斯继承了熊彼特的创新思想，写出了动态企业理论的"开山之作"。尼尔森和温特的经济演化理论则为动态企业理论的进一步发展提供了重要的理论基础。企业制度变迁学派从企业的组织结构和制度层面探讨企业的演化成长，核心能力与动态能力理论则揭示了企业演化成长的内在动力，网络组织理论揭示了企业在知识经济条件下的特点和发展规律，所有这些理论成果，把动态企业理论的研究推向了新的高度。

二、基于历史决定论的企业史观

在伽利略、牛顿等的努力下,西方科学取得了突飞猛进的发展。以牛顿力学为代表的西方近代科学,是一种把整个世界看作一个大机器的理论。反映在世界观上,就是机械的世界观。这种世界观反映在历史上,就自然形成了机械的历史观,也就是所谓的历史决定论。按卡尔·波普尔的说法,"历史决定论是探讨社会科学的一种方法,它假定历史预测是社会科学的主要目的,并且假定可以通过发现隐藏在历史演变下面的'节律'或'模式','规律'或'倾向'来达到这个目的。"① 历史决定论具有两个最基本的特点:第一,肯定社会历史发展具有内在规律性;第二,肯定人们能在认识这种规律的基础上对社会历史作出预言。②

历史规律是隐藏在具体的历史现象或运动背后的、简单的决定性本质,还是具有复杂的形态和机理?波普尔声称:"我已证明,由于纯粹的逻辑理由,我们不可能预测历史的未来进程",因而"历史决定论是一种拙劣的方法——不能产生任何结果的方法"③,王南湜指出,"在社会历史领域内实际存在的是历史趋势而不是社会规律"。④ 德国哲学家 K. 费舍指出:"我所能看到的,只是一个独一无二的、因而关于它无法做任何概括的伟大事实。对历史学家来说只有一条正确无误的原则:他必须承认人类命运的发展只是一些偶然的、不可预见的力量的游戏。"⑤ 雅斯贝尔斯也认为,"世界历史看上去就像偶然事件的堆积……是泛滥的旋涡。就这样它由一种混乱转向另一种混乱,由一种贫困转向另一种贫困。"⑥

近代史一直是历史决定论占统治地位。但另一方面,复杂性研究经过 30 年的积累,到 20 世纪 80 年代终成气候,为复杂性研究贡献了丰富而深刻的哲

---

① 卡尔·波普尔著,杜汝楫、邱仁宗译. 历史决定论的贫困 [M]. 北京:华夏出版社. 1987:2.
② 黄欣荣、于海. 历史决定论:从复杂性的观点看 [J]. 河北师范大学学报(哲学社会科学版),2005(3).
③ 波普尔. 历史决定论的贫困 [M]. 北京:华夏出版社,1987:1.
④ 王南湜. 我们可以在何种意义上谈论历史规律与人的能动作用 [J]. 学术月刊,2006(5).
⑤ 转引自陈中立. 反映论新论 [M]. 北京:中国社会科学出版社,1997:406.
⑥ 雅斯贝尔斯. 智慧之路 [M]. 北京:中国国际广播出版社,1988:67.

学思想。① 成思危认为，复杂性科学的兴起表明了科学正处于一个转折点——那就是复杂性科学的兴起②，是人类历史上又一次科学范式的大变革。如果说相对论排除了绝对空间和时间的幻觉，量子力学排除了可控测量过程的牛顿迷梦，那么，复杂性科学则排除了拉普拉斯决定论的可预见性的狂想③。

第三节 复杂性历史观的基本观点

我们认为人类社会历史发展趋势是复杂的，这主要是组成人类社会的主体人的主观能动性、适应性、多样性、融合性、多变性、超越性等。这种人类社会的复杂性，包括了理性与非理性因素的交织，它只能是比自然规律更复杂的。复杂性科学还是一个寻求范式的科学，历史复杂性更是一个众说纷纭的学说，为了减少讨论的分歧，我们把人类历史复杂性观界定在六个方面的对立与统一的讨论中：人类历史是必然性与偶然性的统一、确定性与不确定性的统一、线性与非线性的统一、可预见性与不可预见性的统一、可改变性与不可改变性的统一、秩序与混沌的统一。

一、历史发展的必然性与偶然性

必然性可以区分为严格的确定性和统计意义上的确定性，而严格的确定性是通常只有在抽象的、理论的意义上才存在的，这已经为学界所熟知；而偶然性可以区分的含义则更多，这一点就不是常识所了解的了，如："事件或过程确定实现时出现的一种不确定性；事件或过程本身实现与否的不确定性，其中包括极小几率的事件或过程；事件或过程的潜在的（非实现上的）可能性；由严格确定的规律中发生出的一种不确定性；由于观测者位置的差异在事件或过程的描述上所出现的一种不确定性（这同时也是科学认识论要研究的一种

---

① 苗东升. 复杂性科学的首席思想家 [Z]. 科学时报, 2003 - 06 - 20.
② 成思危. 复杂性科学探索 [C]. 北京：民主与建设出版社, 1999.
③ 格莱克. 混沌：开创新科学 [M]. 上海：上海译文出版社, 1990.

不确定性）。"①

偶然性牵涉某种整体性，因而可以成就某种"涌现"或"突变"，所以它远非某种可以忽略不计的细枝末节；偶然性和必然性一样，具有不容否认的客观性，是某种命运的关键性表达和决定性力量，它可以由某种严格的必然性产生出来，进而结束这种必然性，从而以"分岔"的形式开辟某种新的必然性进程。

不同含义的必然性与偶然性可以组合成不同的必然性—偶然性关系。大体说来，这些关系包括：偶然性被排除在必然性之外并受必然性约束——这仅限于牛顿力学和与牛顿力学相似的简单性科学；偶然性进入到必然性之中——这是由热力学第二定律对于熵的微观解释所表明的；偶然性在必然性之中表现自己——这是由布朗运动理论所表明的；偶然性甚至极大偶然性自身转化为必然性——这是由自组织理论和现代生命起源与进化理论所表明的；必然性自身孕育出一种偶然性——这是由混沌理论所表明的；必然性自身转化为一种偶然性——这是由量子力学所表明的；必然性与偶然性互相补充——这是由海森伯测不准关系所表明的；必然性与偶然性连锁地进行作用——这是由相对论所表明的；多种必然性与偶然性多元联结、构成立体网络——这是由布朗运动理论、自组织理论和混沌理论所共同表明的。②

二、历史发展的线性与非线性

复杂性科学认为，世界的本质是非线性的，而线性是非线性的特例。正像牛顿力学是爱因斯坦相对论在宏观低速运动情况下的特例一样，我们可以把线性科学看作是非线性科学向线性条件的逼近。也正如牛顿力学的这种近似处理方法足以适用于我们的日常生活而被保留，线性科学同样也不能简单地被否定。整形几何与分形几何，精确性科学与模糊性科学，线性科学与非线性科学，简单性科学与复杂性科学，都是人类认识和改造世界的智力武器，既不能以前者否定后者，也不能以后者否定前者③。

---

①② 郑玉玲. 必然性与偶然性——在科学理论和科学认识中 [M]. 北京：北京大学出版社，1995：3, 49.

③ 刘华杰. 方法的变迁和科学发展的新方向 [J]. 哲学研究. 1997 (11).

非线性科学极大地改变了我们的思维方式，因为非线性科学本身真正体现出了经典科学向现代科学转变所引发的思维方式变革，这就是："从绝对走向相对；从单义性走向多义性；从精确走向模糊；从因果性走向偶然性；从确定走向不确定；从可逆性走向不可逆性；从分析方法走向系统方法；从定域论走向场论；从时空分离走向时空统一"①。从非线性看经济系统，一个经济系统的演化可以用一组微分方程来刻画，系统的某一状态对应于方程某一特定解。如果状态不稳定，那么方程的特解也不稳定，而不稳定的特解不能描述一个在宏观上可以观察到的新质态、新结构。因此，对应于新质态新结构的特解必须是稳定的。这就要求，能正确描述经济系统演化的方程既要有不稳定的特解，也要有稳定的特解。这只能在非线性微分方程中才能实现，即能够使经济系统旧质态失衡而又能产生稳定的新质态的经济系统的演化过程必须要包括非线性特征。②

人类的社会历史发展是一个典型的非线性系统，要找到历史发展的完全确定的发展规律几乎是不可能的。历史决定论认为历史发展具有确定的发展规律的想法是没有依据，甚至与科学理论相冲突的。历史决定论的批判者认为，历史的发展不可能按照一条能够精确描述的确定的历史规律存在，也就是说，历史规律不存在严格的因果关系，因此，寻找机械决定论式的历史规律是徒劳无功的，也注定要失败的。从这方面来说，对历史决定论的批判，特别是波普尔的批判，是符合科学理论的。陈平曾试图依据非线性系统演化动力学的理论模式来解释中国和西方不同的社会非线性的演化路径。他指出中华文明不同于西方文明关键在于路径的分岔，即非线性的相互作用。③

三、历史发展的确定性与不确定性

社会科学一度是作为自然科学的"学徒"④ 而存在的，就此而言，人们关于社会历史发展具有确定性的思想主要来源于近代自然科学的观念或"范

---

① 宋健. 现代科学技术基础知识 [M]. 北京：科学出版社和中共中央党校出版社，1994：48.
② 徐瑞娥. 关于混沌学与混沌经济学的探索 [J]. 财政研究，2000 (4).
③ 陈平. 文明分叉 经济混沌和演化经济学 [M]. 北京：经济科学出版社，2000.
④ 柯林武德. 历史的观念 [M]. 北京：商务印书馆，2004：187.

式",在这一方面,牛顿力学是具有经典意味的认识论来源。通常认为,历史在宏观上是确定性的,而在微观上是不确定性的。其实,历史在宏观上也是确定性与不确定性的统一;或者说,历史在宏观上的不确定性也是可以确定的。拿历史趋势本身来说,由于它更适于对某一历史时期做宏观描述,似乎其稳定性或确定性是不应该存有太大疑问的。但是,历史认识还可以确认另一种事实的存在:在某个时期内、一定情势下判断历史将向哪里去的问题,不仅在事实上完全可能,而且在政治、经济、军事实践当中也多有成功之例,对此,波普尔在《历史决定论的贫困》当中也恰如其分地给予了某种肯定。这意味着由于主观因素的存在,历史趋势的不确定性就是不能被予以否认的。①

从复杂性和不确定性的角度看,在人类社会的不同阶段,也有着不同的表现,农业社会是很简单的社会,它在一切方面都表现得比较简单。对于这种简单社会来说,其治理体系及其治理方式的科学性要求是极低的,治理体系及其治理方式的变动,甚至要很长时间才会在社会中发生变化。东西方学者曾把中国农业社会看成是一个停滞的社会或者超稳定社会。比如,亚当·斯密曾指出中国社会长期停滞问题②;金观涛、刘青峰把中国封建社会长期延续的问题提出了一种"超稳定系统"的解释,就是说"超稳定系统"一方面具有巨大的稳定性;另一方面表现出周期性振荡。③

与农业社会比较起来,工业社会由于人口以及商品和资本的流动,变得复杂起来,因而,可以把工业社会称作为"低度复杂社会",也就是说,工业社会已经是复杂的社会,但是,它的复杂程度相对较低。不过,它毕竟是一个复杂社会,因而对治理体系及其治理方式的科学性要求也就相应地提高了。工业社会也是以市场经济为特征的社会,市场的要素是秩序、可预测性、稳定性和可靠性。在走向后工业社会的过程中,秩序、可预测性、稳定性和可靠性都不再存在,取而代之的是复杂性、不确定性和风险,因而,也对市场经济的发展提出了新的挑战。

---

① [英]波普尔著,杜汝楫、邱仁宗译.历史决定论的贫困[M].上海:上海人民出版社,2009:28.
② 白钢.中国封建社会长期延续问题论战的由来与发展[M].北京:中国社会科学出版社,1984.
③ 金观涛,刘青峰.开放中的变迁——再论中国社会超稳定结构[M].香港中文大学出版社,1993.

与工业经济比较，则知识经济社会是一个高度复杂性的社会。知识经济社会是以知识为第一要素的社会。它是以不断创新的知识和对这种知识的创造性应用为主要基础而发展起来的。① 创新经济的非线性、主动性、多样性、融合性等特征必然使知识经济社会具有复杂性社会的主要特征。②

四、历史发展的可预见性与不可预见性

经典力学认为，确定性系统对初始值依赖应是不敏感的，初始值的微小差别只会引起轨道的微小偏离。"牛顿理论的成功，尤其是它能够长期预报行星位置，给现代历史决定论者以深刻的印象。"③ 如果社会历史也遵循牛顿力学原理那样的严格确定性，那么对做出某种预见应该是可能的。遵循这一思路，近代历史观念史上有很多理论尝试，如康德一直"期待着历史学界出现一位开普勒或牛顿式的人来探索历史的定律"④，即"大自然的隐蔽计划"。但复杂性科学恰恰表明，确定性系统的长期行为对初始条件极为敏感，初始值的微小差别会在后来的运动中被不断放大，导致运动轨道的显著不同，其系统短期行为可以预测，长期行为不可预见。此外，对于复杂系统而言，随着时间的演化，还会不断有"新的"初始条件加入到系统中来，在系统内在非线性机制作用下影响系统的行为，从而使得长期的精确预测更加困难。从混沌理论来看，历史发展有些方面不可预测，有些方面也是可以作出预测。混沌理论对此作出了证明，并提供了新的预测方法。因此，对反历史决定论得出人类历史的进程不可预测的结论要进行科学的分析。如果说不能做出精确的、决定论式的长期预测，是有科学依据的；如果说完全不能预测则是缺乏科学依据的，有些甚至是错误的。历史趋势既不是完全可预见的，也不是完全不可预见的，人们对历史趋势的认识和把握始终处于可预见与不可预见的中间地带。⑤ 历史唯物史观所提出的历史规律也一度是沿着决定论与可预见性这样的思想轨迹进行

---

① 甘德安. 知识经济创新论 [M]. 武汉：华中理工大学出版社，1998：3-4.
② 刘洪. 组织复杂性管理 [M]. 北京：商务印书馆，2011.
③ [英] 波普尔著，杜汝楫、邱仁宗译. 历史决定论的贫困 [M]. 上海：上海人民出版社，2009：28.
④ 何兆武. 历史理性的重建 [M]. 北京：北京大学出版社，2005：130.
⑤ [美] 詹姆斯·格莱克. 混沌——开创新科学 [M]. 上海：上海译文出版社，1999：130-124.

的。波普尔则提出这样的诘难：如果从社会规律出发就能够确立社会历史的可预见性，那么就请你们根据这些规律来制定一个社会现象的日历。

五、历史发展的可改变性与不可改变性

从主体能力方面而言，历史趋势就是可改变性与不可改变性的统一，无主体地谈论历史趋势的可改变性与不可改变性，都是抽象的。同时我们还应当看到，可改变性与不可改变性所构成的统一关系，不是平衡性或对称性的，而是互相扭结和纠缠、互为表里的。某些政治实体，表面上具有超级稳定性，但是其深层基础，可能是非常脆弱的，如苏联和东欧各社会主义国家，其长期的、严格的计划经济体制和意识形态强制作为一种稳定性恰恰是对社会矛盾的掩盖和对不稳定因素的积累和压缩，为偶然造成的天翻地覆准备条件。

因此，历史发展是多样性与单一性的统一。人类历史也具有各种各样的可能性；可能性只能是由历史复杂性造成的，而不可能是由历史规律性造成的，因为历史规律性恰恰是通过排斥历史存在的其他可能性来确立自身的支配地位的。历史之所以无论在宏观上还是在微观上都是极其复杂的，主要在于人的能动作用——理性的或非理性的、明智的或愚蠢的、积极的或消极的、善良的或邪恶的、创造历史的或毁灭历史的。如果没有自由意志或自由选择的分岔作用，将人类历史设计为直线推进的、往复循环的或螺旋上升的过程，都不存在任何思想上的困难。

相比较而言，复杂性可能就是一种可以取代规律性来解释和理解历史、并总体性地深化哲学层面的历史认识的新的核心假设。复杂性的解释意图与范围，不仅在于必然性，而且在于偶然性；不仅在于规律性，而且在于非规律性；不仅在于因果关系，而且在于跨层次或超层次的、更为广泛深刻的相互作用；不仅在于整体如何大于部分之和，而且在于整体如何小于部分之和。其实际的或预期的解释效果都足以引人关注。

六、历史发展的秩序与混沌

混沌理论的确指出了对于非线性系统，有些方面的预测是不可能的。例

如，精确的未来是不可预测的。如果系统是受奇怪吸引子支配的，那么初始状态的细微差异就会随着时间的演化得到放大，而初始状态的差异常常是不为人们觉察的，因此，对于系统长期未来的预测就不可能是精确、可靠的。另外，对于复杂系统而言，随着时间的演化，还会不断有"新的"初始条件加入到系统中来，在系统内的非线性机制作用下影响系统的行为，从而使得长期的精确预测更加困难。

因此，从混沌理论来看，我们不能笼统地得出历史发展的进程不可预测的结论[1]。历史发展有些方面不可预测，有些方面也是可以作出预测。混沌理论对此作出了证明，并提供了新的预测方法。因此，对反历史决定论得出人类历史的进程不可预测的结论要进行科学的分析。如果说不能做出精确的、决定论式的长期预测，是有科学依据的；如果说完全不能预测则是缺乏科学依据的，有些甚至是错误的。

如果复杂性和不确定性作为一种世界观的话，那么，在这一世界观的视野中，"宇宙的演化是分化的秩序或复杂性的展开史"[2]。社会作为宇宙的一部分，更充分地表现了这个展开过程，在自然的展开中积累复杂性，使秩序分化和变异向无序状态逼近，直到人们找到了一种新的重建秩序的方案，使统一秩序得到恢复，从而使复杂性的性状一下子降到某一最低值。接下来，又进入复杂性增长的循环过程。"展开与构建不同，后者强调结构并以系统'自下而上'的结合来描述系统等级层次的出现；而展开意味着过程的交织，这些过程导致了在不同的等级层次上同时形成结构的现象。"[3] 对于人类社会来说，"展开"是一个客观过程，而"构建"则意味着群体性的主观创造过程；"展开"是冲破旧秩序，而"构建"则意味着建立新秩序；"展开"是用新的社会结构取代旧的社会结构，"构建"则意味着认识新的社会结构并根据新的社会结构去做出新的制度安排和治理方式选择。[4]

---

[1] 欧阳莹之著，田宝国等译. 复杂系统理论基础 [M]. 上海：上海科技教育出版社，2002：339–345.
[2] 埃里克·詹奇. 自组织的宇宙观 [M]. 北京：中国社会科学出版社，1992：87.
[3] 埃里克·詹奇. 自组织的宇宙观 [M]. 北京：中国社会科学出版社，1992：347.
[4] 张康之. 时代特征中的复杂性和不确定性 [J]. 学术界，2007（1）.

第四节　基于复杂性历史观的中国家族企业的命运基本特征

一、中国家族企业发展中的必然与偶然

谈到中国家族企业的命运，不能从一个企业的角度看，不能从短短的30年的历史看，而是要从整个家族企业的群体看，从家族企业百年传承史看，否则无法确定家族企业的命运特征。

中国近代史就是市场经济不断发展的历史，是向发达资本主义国家从被动到主动学习的历史。市场经济的发展，就是市场经济主体的发展，也就是企业的发展。所以，现代中国市场经济的发展历史也就是企业发展的历史。我们知道，中国近代史就是中国封建社会逐步沦落为半封建、半殖民的社会的历史，也可以说沦落为半封建主义、半资本主义社会的历史。半封建社会体现的是传统的国家与家族因素，而半资本主义社会体现的是企业力量，合起来就是中国特色的国有企业、家族企业发展史。半封建体现的是国家资本主义的历史，半封建也体现家族企业的历史，而半殖民体现的是外国资本的历史。外国资本的历史也是带动、引导中国经济市场化的历史。半封建主义社会体现为家族经济，半资本主义社会体现企业，合在一起体现了家族企业的历史。市场是载体，企业是主体。可以说，中国市场经济的历史就是家族企业、国有企业与外资企业相互竞争、相互学习、相互借鉴的历史，这是必然性的历史。

我们用得最多的外国统计资料中大约只有30%的家族企业能成功传承到第二代；有10%的家族企业能传承到第三代；传承到第四代的仅有3%。这个数据所表达的必然与偶然关系是：家族企业传承代数越多，传承下来的家族企业越少，这是必然的，但是传承下来的那些家族企业是存在偶然性的。

从30年前的历史看，当整个国家还是计划经济一统天下时，没有发达的市场经济，没有发达的信息空间，没有发达的人力资源，更没有发达的金融市场；创业者能占有的资源有限，唯一能依靠的是家族的力量；借助家族的人力资源，通过家族融得创办企业的启动资金；所以，他们只能是以家族企业为出

发点，也可以说是用信任替代契约；或者说，利用心理契约替代文本契约。家族企业在中国的产生、发展的历史是必然的。

当深入分析可以发现大量民营家族企业成功带有极大的偶然性。比如民国时期，如果不是1914年6月，英国和德国水兵同时在萨拉热窝听见枪声，如果不是6月28日斐迪南夫妇的遇刺，如果斐迪南夫妇不是头脑发热，在已经遇刺过一次后回去看望意外受伤的民众，一战未必发生。一战的发生，导致外国资本的抽逃，造成中国市场的空白，这给予中国荣氏家族企业的发展机会。

再如，虽然荣宗敬强调经营的事业得力于选原料，选麦子与棉花，但也是偶然获得好原料的。1911年各地水灾，荣宗敬在无锡惠山喝茶，偶尔看到夕阳返照，看到墙上水痕有三四尺高，马上想到堆栈里有些麦子可能变坏，取样一看，果然如此。从此，荣家麦庄不收、不用潮坏麦，使他们能生产有竞争力的面粉。[①]

深入分析改革开放30年的发展，也可以发现大量民营家族企业成功带有极大的偶然性，或者说是必然中的偶然。比如乡镇企业异军突起。这些民营家族企业在成长前期的成功，大部分是无意中把握了某些成功要素，取得了不错的成绩而取得了成功。这种成功的偶然性并不能保证他们在中国经济不断市场化与全球化的进程中竞争获胜。可以说，中国改革开放30年的进程是部分善于捕捉市场机遇和自身资源的机会主义偶然的成功案例。但他们仅靠这些机会导向发展，极容易使其走向"因为成功而失败"的必然，大的企业例子有亚细亚、太阳神等，中小企业的就更多了。吴晓波在《激荡三十年：中国企业1978~2008（上）》中也有类似观点，他举例说，如果当年联想的倪光南和柳传志没有反目成仇，联想有没有可能就走上另一条更具技术色彩的道路？如果张瑞敏和他的团队早早地成为了海尔集团的资产控制者，也许他就不会让海尔的资本结构如此繁杂，海尔的成长轨迹或许会更透明和清晰一些？如果没有1997年亚洲金融风暴的突然出现，中国政府很可能着力去培育日韩式的财团型大公司，那么，中国公司的成长版图会不会全然改变？[②]

20世纪80年代布赖恩·阿瑟曾提出偶然事件锁定历史路径现象，并归纳

[①] 傅国涌. 大商人——追寻企业家的本土传统 [M]. 北京：五洲传媒出版社，2011：110.

[②] 吴晓波. 激荡三十年：中国企业1978-2008（上）[M]. 北京：中信出版社，2007：XI.

出许多典型案例。比如,关于QWERTY打字机键盘。人们一般相信市场经济会选择出最好的技术,但是现在人们使用的英文打字机键盘却不是这样。

QWERTY是英文打字键的第一行的字母排序,是1878年由克里斯多夫·斯考钦斯工程师设计的。当时由于打字机速度过快常常出现技术故障,所以为了减慢指法的速度,克里斯多夫设计了QWERTY格式的打字键盘,经仁民顿公司大批量生产,拥有了很多使用者,创造了市场,又使更多的厂商生产,于是锁定了键盘的发展路径。使得至今计算机键盘仍采用这种设计。内燃机车取代蒸汽机车则得益于1914年北美突然暴发的一次口蹄疫疾病,拆除马饮水用的水槽使蒸汽机车无法加水。当时蒸汽机车在行驶30多英里就需加一次水,因无法加水使蒸汽机车很快丧失了巨大的市场,汽油机车则很快占领了机车市场。[1] 这些也是偶然锁定产业与企业历史的现象。

偶然与必然之间也是可以转化的。比如,20世纪90年代,欧美的中间商找到温州,对温州准备或者正在生产的家族企业来说是个偶然机遇,于是,1992年下半年到1993年不到一年时间,打火机的成品厂就从500家增加到3000家,竞争惨烈。各厂家压缩成本,推出新品,两年后,2500家倒闭又回到500家。这种竞争形成了在全球都无可替代的核心能力,使温州在自己产业上的份额越来越大。这种偶然的后面体现的是市场竞争规律的必然。

家族创业者通过各种资源赋予家族企业的能量,维护着家族企业的传承必然性;而市场的不确定性、复杂性、偶然性摧毁了家族企业传承的必然性。家族创业家具有更多的能量、资源与网络,给予家族企业更多的能量,推进着家族企业的创立、发展,从无序的资源到有序的企业这个成长的过程具有偶然性;而接班人缺乏创业者的能力、激情、能量,企业缺乏能量,传承的家族企业必然从有序到无序,无法把家族企业传承下去,这是必然的。

二、中国家族企业发展过程中的线性与非线性

企业是一个非线性系统,非线性意味着变量之间不是按固定比例变化的直

---

[1] [美]米歇尔·沃尔德罗普著,陈玲译. 复杂:诞生于秩序与混沌边缘的科学[M]. 上海:生活·读书·新知三联书店,1997.

线关系，创新、组织变革等都是非线性的表现。企业又是耗散系统，通过与外界交换物质、信息、能量，获取负熵，保持和提高企业有序度。作为非线性、耗散的企业系统可以自发产生混沌行为，混沌是企业系统的固有行为。一些扰动于企业内部的众多因素在非线性作用下可以被放大为巨涨落，促使企业走向混沌。

家族企业是具有非线性特征的。首先，家族企业是家族与企业两个性质截然不同的子系统组成的一个复杂性适应系统。当家族成员创办企业时，实际上是把家族与企业两个子系统整合成一个更高一个层次的系统，具有复杂性、层次性与非线性的系统。它的非线性来自于两个不同的子系统。家族是一个以血缘与亲情为基础的社会组织，不以赢利为目的；而企业是配置社会资源以赢利为目的的社会组织，是以契约为基础，以经济互惠为前提的经济组织。此外，中国家族的差序结构实际上是系统层次的体现，正是系统的层次性导致家族企业的产生。复杂系统具有对环境的自适应特征。如正是国家政策的演变，家族企业才从无到有，从小到大，从弱到强。家族企业作为复杂系统还是具有适应性与主动性的企业，家族企业是具有智慧的组织体——有思想、有主动适应和影响环境的能力；具有强烈的家族特征的企业。

其次，家族企业是一个通过惯例、搜寻与创新实现的企业。作为复杂适应系统的家族企业内部知识可以分成两类，隐式的（tacit）和显式的（overt）知识。[①] 实际上，隐式内部模型相当于企业的惯例、默会知识。而显式模型相当于企业的契约与规章制度之类等。所以，复杂适应系统可以把企业看成是一个由可操作的科层组织惯例组成的异质性实体；可以把企业看成是一个开发、利用和创造知识、能力的科层组织的具有适应性的主体；企业在市场竞争过程中组织、配置和创造资源时具有能动性。[②]

再其次，家族企业是一个演化开放的系统。家族企业创办之初由于资金、人才、信息、资源都受到限制，最能调动的还是家族中的资源，所以家族企业创立之初是一个开放有限的系统。但是，随着企业的发展、市场的开拓、社会网络的建立、企业规模的扩大；需要更多的员工进入。于是，第一步要有大量

---

① 约翰·H·霍兰. 隐秩序—适应性造就复杂性 [M]. 上海：上海科技教育出版社，2000：32.
② 陈敬贵. 企业性质的演化经济学解释——基于对正统经济学解释基础的批判 [J]. 经济问题，2005（2）.

低端工作向社会开放，企业进一步发展，企业的中层也逐步向社会开放；第二步随着企业的资本密度的增加、技术含量的提高，必须引进高层专业人才进入家族企业，于是，家族企业的所有权与管理权开始逐步分离；第三步随着家族企业代际传承，家族企业的内部股权向兄弟姐妹分散；第四步向堂兄弟姐妹分散，以至家族企业上市，向社会极度开放。所以说，家族企业是一个逐步演化的开放系统。逐步从平衡态走向非平衡态，引起企业成长的巨涨落，导致一部分企业进一步发展成长青企业，而另一部分企业走向死亡。

最后，家族企业是一个具有正负反馈的系统。正反馈即报酬递增，反映事情愈做愈好的事实。一个系统的正反馈表现了该系统的抵抗外界侵犯能力、自我调适能力、自我组织有秩序能力，以及不断更新系统的能力。它具有规模经济、知识积累、锁定、信任与合作，以及文化与惯例等性质。负反馈则是随着企业增长，有很多的消极因素抑制企业的进一步成长，成为企业成长负反馈的内因。它包括：管理人员的经验主义、保守思想滋长，损害其进取心；因退出困难导致技术老化，降低其竞争力；内部裙带关系形成，减弱企业内部管理的有效性；企业内部机构增多、管理层次增加，影响企业效率；对企业资源的需要增多，抑制企业扩大再生产的能力。[①] 总之，家族企业内部，各个主体的相互作用是非线性的。这种非线性的相互作用，其根源在于主体本身的多样性、所处的环境的复杂性，以及主体之间、主体与环境之间相互作用的复杂性。[②]

三、中国家族企业发展过程中的确定性与不确定性

从复杂性和不确定性的角度看，在人类社会的不同阶段，也有着不同的表现，农业社会是很简单的社会，它在一切方面都表现得比较简单。在此意义上，我们倾向于把它看作为"简单社会"。对于这种社会来说，对治理体系及其治理方式的科学性要求是极低的，治理体系及其治理方式的变动，甚至要很长时间才会在社会中引起涟漪。与农业社会比较起来，工业社会由于人口、商品和资本的流动，变得复杂起来，因而，可以把工业社会称作为"低度复杂

---

① 甘德安等. 中国家族企业研究 [M]. 北京：中国社会科学出版社, 2002：51-52.
② 甘德安. 复杂性家族企业演化理论 [M]. 北京：经济科学出版社, 2010：66.

社会",也就是说,工业社会已经是复杂的社会,但是,它的复杂程度相对较低。不过,它毕竟是一个复杂社会,因而对治理体系及其治理方式的科学性要求也就相应地提高了。工业社会也是以市场经济为特征的社会,"市场的要素是秩序、可预测性、稳定性和可靠性"。① 在走向后工业社会的过程中,秩序、可预测性、稳定性和可靠性都不再存在,取而代之的是复杂性、不确定性和风险,因而,对市场经济的发展提出了新的挑战。②

三株公司曾是中国民营家族企业的一个奇迹,也是复杂性的市场与企业的偶然性导致企业死亡的生动案例。1994 年三株实业有限公司成立,同时推出三株口服液保健产品。1994 年,销售额达到 1.25 亿元,1996 年销售收入达到 80 亿元。在全国所有大城市、省会城市和绝大部分地级市都注册了三株子公司,子公司达到 600 多个。在县、乡、镇有 2000 多个办事处,各级行销人员总共超过 15 万人。1997 年销售收入下滑了 10 亿元,原计划 300 亿元仅实现 70 亿元。1998 年市场开始瘫痪,1999 年 200 多个子公司和 2000 多个办事处全部关门。2000 年三株企业网站关闭,三株公司几乎是从业界消失了。其原因在于一个偶然的事件导致三株消亡。

三株的死亡也具有一定的必然性。三株的成功,投机行为占很大因素。当时的人们,对保健品的认识是不完整的,导致三株能做出三株口服液包治百病的广告还能大行其道。之后,没有一个中国企业能做到三株那样的规模,达到三株这样的销售额,这可以看出,消费者更加理性了,对保健品的认识更加充分了。三株为什么倒下?表面上看是因为湖南农夫喝完三株口服液死亡所引发的危机造成的,但追根到底是企业对顾客失去了敬畏感,虚假宣传盛行,可以说三株倒下不是偶然的而是必然的。

四、中国家族企业发展过程中的可预见与不可预见

混沌现象的发现开辟了科学模型化的一个新典范:一方面它意味着预测能力又受到新的根本性的限制;另一方面,混沌现象所固有的确定性表明许多随

---

① [美] 丹尼尔·W·布罗姆:经济利益与经济制度 [M]. 上海:上海三联书店,1996:59.
② 张康之. 时代特征中的复杂性和不确定性 [J]. 学术界,2007 (1).

机现象实际上比过去想象的更容易预测。过去有许多过分复杂、看似随机的信息被束之高阁，实际上这些信息竟可以用简单的法则加以解释。复杂适应系统视角下的家族企业认为，大多数家族企业的行为既不是完全有序的和可以预测的，也不是完全随机的和绝对不可预测的，而是经常处于模糊的边缘，或介于两者之间。[①]

经济系统从最困难的方面也是可以作预测的，因为它们在许多方面具有自相似、自同构、自复制的性质。这也是对休谟归纳表征问题的最好解答，它指出，根本不用完全归纳就能在某种程度上进行预测，局部可能具有与整体相似的"信息压缩"的性质。

[①] 甘德安. 复杂性家族企业演化理论 [M]. 北京：经济科学出版社，2010：67-68.

第二章
The Further Research on Family Business Based on Complexity Theory

家族企业组织复杂性理论

组织结构是企业的基本框架，是企业所有活动的载体。组织结构的有效性关系到组织战略的实现、核心能力的获取和竞争优势的保持，对其生存发展具有重要意义。梅雷迪思·贝尔滨指出，"组织一直就是人类进化的中心，人类进化曾一度集中于身体特征。高智力的大脑和精练的语言使人能够以复杂方式交流，能够用手制造工具，这一切使人在这个地球上具有竞争优势。现在，这个时代正接近尾声，而另一个时代则刚刚开始，社会与组织的发展决定21世纪的成败，在这条新的进化路上人类将再也不能回头。"[1] 彼得·德鲁克认为，现代的人们必须了解组织，就如他们的先辈必须学习耕作一样。尽管人们已经认识到了组织理论对于现代管理的重要意义，但事实上，直到今天为止，组织研究仍然是一个庞杂的领域。在当今中国这样一个大变革的时代，世界是复杂的、非线性的。在这个复杂的世界中，我们究竟需要什么样的组织与管理呢？但就目前的理论研究来看，对企业组织结构复杂性的研究却相对较少，在复杂性理论指导下对家族企业组织结构进行的研究则近乎空白。[2] 我们希望借助复杂性理论对家族企业组织结构与组织进行探索。

---

[1] 转引自张羿. 中国式管理批判 [M]. 北京：中国时代经济出版社，2007：173.
[2] 金吾伦. 复杂性组织管理的涵义、特点和形式 [J]. 系统辩证学学报，2001（10）.

第一节 复杂性理论引入家族企业管理的时代背景

一、工业时代企业组织的演变、回顾与本质

(一) 工业时代企业组织的演变

1. 什么是组织

徐绪松教授把20世纪至今100多年的组织演变总结出九种关于组织的假定：一是组织是机器（machine）；二是组织是有机体（organism）；三是组织是大脑（brain）；四是组织是变迁和转换（flux and transformation）；五是组织是文化（civilization）；六是组织是政治系统（political system）；七是组织是统治工具（instrument of domination）；八是组织是心灵监狱（psychic prisons）；九是组织是狂欢节（Carnivals）。在此基础上提出了基于复杂科学管理的假设：组织是一个能系统思维的大脑。[①]

2. 工业时代企业组织的演变

钱德勒在考察了美国1790～1840年经济发展史后抱怨，尽管美国的经济在此期间迅速增长，但从事经济活动的公司，其规模和内容却没有什么变化，依然是传统的单一式的公司，仍然遵循传统的商业习惯，以传统的方式经营其企业。从而，钱德勒得出结论：19世纪40年代以前，美国企业界很少出现组织上的创新。

钱德勒研究了背后的深层原因。他发现，企业组织形式缺乏变迁的动力，主要是由于企业所依靠的内部资源的问题。他说"只要生产和分配过程依赖于传统的能源——人力、畜力及风力，就不会产生变革的压力"，因为"这种能源无法创造庞大的生产量和交易量，无须建立大型的经理式企业，或者发展

[①] 徐绪松. 复杂科学管理 [M]. 北京：科学出版社，2010：35-36.

新的公司形态及策略"(2001)。由此,我们可以看出,钱德勒在组织演变的动因问题上,转向了企业内部的资源,试图从中找出企业组织演变的根源,这是一个相当大的突破。

钱德勒将研究的重点转向了传统小公司向现代多单位的工商企业(现代企业组织)的演变。钱德勒认为,当管理上的协调比市场机制的协调能带来更大的生产力、较低的成本和较高的利润时,现代工商企业就会取代传统小公司。①

钱德勒还间接地从企业组织内部资源的重要性的角度论述了企业组织的演变。他认为,现代工商企业出现之前,企业是由企业资产所有者管理的。当企业的创立和发展需要大笔外来资金(亦是物质资本资源)时,所有权和经营权会在金融机构和公司所有者之间分配,而当现代工商企业出现的第一天起,"经理式企业"就标志着物质资本主义(包括金融资本主义)的结束,人力资本主义时代的开始。②

综上所述,我们可以看出,钱德勒在企业组织的演变方面,得出了至少三个结论:一是企业组织演变的最大的特征是,多部门企业组织对单一企业组织的替代;二是管理层级制在企业组织中的出现;三是经理人员的职业化标志着物质资本时代向人力资本时代的演变。③

(二) 家族企业组织形态回顾

1. 工业化就是工业组织化的过程,同时也是家族企业组织化的过程

企业是现代微观经济的主要组织形式。然而,企业的组织形式是多种多样的,要判定一种组织形态的优劣、改进现存的企业组织形态及预见未来的企业组织形态,就必须追溯这种企业组织形态的起源与演化过程,就离不开对企业组织历史起点的考察。要研究当代家族企业组织,必须从搞清楚导致这种组织形态兴起、变革及持续成长的原因开始。因此,仔细审查家族企业的形成与演

---

① Dorothy Leonard - Barton., 1992, Core Capabilities and Core Rigidities: A Paradox in Managing New Product Development. Strategic Management Journal, Vol. 13: 111 - 127.

② [丹麦] 福斯、克努森著,李东红译. 企业万能——面向企业能力理论 [M]. 沈阳:东北财经大学出版社,1998:1 - 107.

③ 尹碧波. 企业组织的演变——联合产权制度阶段演化论下的分析 [D]. 湘潭大学,2005:15 - 17.

变，是不可忽略的工作。

楼园、韩福荣认为，按照时间的逻辑，企业组织演进的历史大致可区分为三个阶段：古典企业、现代企业和后现代企业，相应的，企业的组织结构也可归纳为三种类型：古典企业的组织结构、现代企业组织结构和后现代企业组织结构，如图2-1所示。

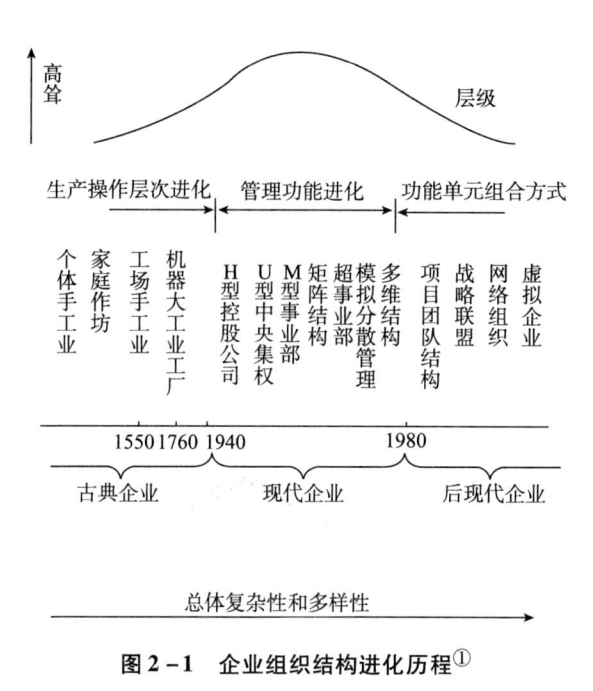

图2-1 企业组织结构进化历程[①]

按企业组织的历史发展形态来看，个人业主制企业、合伙制企业和公司制企业这三种基本企业制度形式中，古典企业制度即资本主义的个人业主制是最早出现的。可以说，早期工业化不仅是工业组织化的过程，也是家庭企业形成与组织化的过程。而且，这种组织的发展不是由政府主导的，而是以自组织过程为主的。在工业化早期阶段，由于市场狭小，机会缺乏，"联合的艺术"不发达，创业者很难把自己占有的资源与他人占有的资源平等自愿地聚合在一起，组合成一个较大的新组织。同时，在工业化早期阶段，由于资本积累和集聚程度有限，"有纪律"的自由劳动力及富有组织才能的企业家的缺乏，很难

---

① 楼园、韩福荣. 企业组织结构进化研究[M]. 北京：科学出版社，2011：33.

将他人的资源与自己的资源组织起来。而且，整个社会的外在环境也较不适应于较大的企业组织和"工厂制度"。因此，在工业化早期阶段，进行组织创新的成本较高，而对于早期工业化过程而言，家庭是一种最为基本也最为普遍的既存组织，以家庭这种既存组织作为工业化早期的经济组织形式则不必付出组织创新成本。利用家庭中原有的、紧密的传统关系还可以节约组织运行过程中的交易成本。家庭内部的人际关系是非常紧密的，而传统社会中的家庭就更是如此。这种过于紧密的人际关系虽然不利于产生纯粹的经济交易，但却有助于生产中的合作、利益的分享和风险的共担。而且，按照传统社会普遍流行的观念，利益和风险也应该在最亲密的家人和亲友之间分享和分担，而不宜与外人分享和分担。换个角度说，在陌生人或关系不甚密切的人们之间，要在重大问题上合作，并分享利益或分担风险，就需要有更为明确的正式契约，而在工业的早期，人们制定和执行更为明确的正式契约的能力较低，成本极高。家庭中密集的人际关系则恰恰提高了人们处理模糊契约的能力，节约了作为一种经济组织的家庭在运行过程中的交易成本。

此外，无论是组织组建过程还是运行过程中的交易成本都受组织规模的影响，因此，组织的发展必然地是由小到大的过程。同时，由于在工业化的早期阶段，技术发展水平较低，由技术因素决定的经济规模较小，组建较大企业的组织创新收益也较小。家庭既是既存的基本组织，也是小规模的组织，这也使家庭自然地成了工业化过程中工业组织发展的起点。

总之，在工业化初期阶段的技术条件下，家庭作为一种工业组织形式与较大规模的其他组织形式相比，转换成本方面的劣势尚不明显。而在当时的社会、文化条件下，还可以相对节约组织的组建和运行过程中的交易成本。因此，家庭作为最基本、最普遍的既存组织，便成了工业生产组织的主要形式。

2. 从组织内部非正式群体角度进行分析

现在，许多家族企业也具有齐全的管理制度和如股东会、董事会、监事会的治理结构，在外观上或正常情况下具有现代企业的特征，看不出有家族色彩，但企业内部可能存在着某种特殊的、对企业决策管理有着重大影响的非正式组织（不管是严密的还是松散的）。该非正式组织成员具有同一家族或亲缘关系背景，有着共同的感情与需要，在许多情况下协调行动；当企业遇到严重困难和挫折、遇到关系企业命运的紧急情况或采取其他重大活动时，组织会进行排斥外人的内部协商，或发动具有家族背景的活动或事件，使家族对企业的实质性控制浮出表面。

这种以非正式组织形式出现的对企业重大活动的干预，其影响是两方面的。由于在一般情况下，家族企业的利益和该家族的利益是一致或相协调的，当需要采取的行动符合企业利益而可能触及企业中某些高层人员（包括家族成员）的个人利益时，这种干预行动能起到在关键时刻排除阻力，支持符合企业和家族根本利益的作用。另一方面，由于这种干预活动带有相当大的主观性和不稳定性，维系家族成员间的亲情的愿望有时会影响对利益的冷静分析，从而造成干预失当；同时我们也可以常常发现，由于亲情关系的纠缠，这一非正式组织的内部规范（家族规则）往往不能或难以抑制家族成员的违规行为和内讧，因而对企业造成不利影响。特别地，由于这种干预行动大多是以家族利益为目标的，当家族利益和企业利益不一致或不十分一致时（例如高级管理人员的选拔任用）这种干预的负面影响就十分显著。

工业革命最伟大的成就不仅是科学技术在工厂的应用，更是企业内组织结构的建立。正是企业组织结构的建立，才能使企业作为市场的替代物而存在，使企业内部的生产要素的行政配置的成本低于市场中的要素配置的市场成本。组织是一种资本。家族企业发展过快，组织没有相应建立而倒下去的比比皆是。[1]

不健全的家族企业管理机制。一些家族企业不是靠健全的机制和客观事实来管理人，而是凭经营者主观的经验和常识，靠简单的信任和亲情去约束人，在企业初创时期倒也问题不大，但当企业规模大了，管得宽，抓得细，实际既辛苦，效果也不一定好，而且容易出问题。以人情代替制度，其代价必然是管理的漏洞、经济的损失和亲情的失落。之所以会这样，一是部分企业根本就没有制度意识，认为制度是没有用，就感情用事，丧失原则立场；二是只注重制度建设，不注重制度的实施和管理，走过场，搞形式，把制度只贴在墙上，实际却不按制度办事，制度也就成了一纸空文；三是即使有了制度也不完整、不细致、不严密，环境变化了企业发展了，还沿用老一套，无法起到应有的效果。

---

[1] 甘德安等. 中国家族企业研究 [M]. 北京：中国社会科学出版社，2002：167.

(三) 企业组织能力是工业资本主义的核心动力

钱德勒在《规模与范围：工业资本主义的原动力》的巨著中，以美国、英国和德国为样本，全面考察了工业资本主义的产生与发展，最终得出——组织能力是工业资本主义的原动力的结论。[1]

钱德勒认为，现代企业有两个基本特征：其一是含有一些不同的组成单位，是典型的多部门多单位结构；其二是由一些专职的、领薪水的管理人员组成等级制管理团队，由他们从事管理协调，支配企业。在美国，经理的作用特别重要，所以，钱德勒把美国的资本主义，称为"竞争性的管理资本主义"。这种管理资本主义是由现代企业构成的，经理人员在其中发挥着支配性作用的制度。

钱德勒认为，美国企业设立之后，通过横向合并、纵向一体化、进入新地域市场（尤其是海外扩张）和进入新产品市场（即相关多元化）四种战略迅速壮大。钱德勒进一步指出，横向合并和纵向一体化战略并不涉及组织能力。"这种组织能力是在企业内部组织起来的物质设备和人的技能的总和，包括每个运作部门——工厂、办公室、实验室，以及这些运作部门的员工的技能。"[2] 也就是说，在企业发展的早期阶段，即使没有这种组织能力，只要创始者能够进行必要的财务和业务监督，企业仍然可能得到快速发展，这方面以杜兰特时期的通用汽车公司为典型。但是，随着企业的发展壮大，经营活动会越来越超出企业创始者的精力范围，此时，对管理进行投资就变得非常必要。在此基础上，钱德勒指出，正是这种现实的需要，使得美国诞生了新的经理阶层，促进了管理权与所有权的分离，最终形成了美国的竞争性管理资本主义体制。

钱德勒认为，英国长期以来存在的是个人管理和家族管理的资本主义，这里的"个人管理"具有双重含义：一种是指企业的个人式管理；另一种是指管理的个人式方法即"风格"。而这种对生产、营销和管理缺少投资的体制，使英国企业没有形成自己的组织能力，进而导致了英国在20世纪缓慢发展的

---

[1] 钱德勒，张逸人等译. 规模与范围：工业资本主义的原动力 [M]. 北京：华夏出版社，2006.
[2] 王肖婧，慈玉鹏. 企业史大师钱德勒 [J]. http://business.sohu.com/20071115/n253271681.shtml.

落后状态，相对于美国和德国，英国的落后是显而易见的。

当然，英国这种个人管理式资本主义也不是凭空产生的，而是由英国自身的历史文化因素决定的，英国的经济社会和历史文化状况是这种制度产生的土壤。钱德勒认为，英国的市场状况使得英国的企业家在很大程度上可以依靠自己或家族的力量掌握整个企业运营状况的相关信息，这使得英国企业家在扩大生产、经销、研究与开发的投资以及对领薪管理人员的招聘、培训和提升方面踌躇不前。这种价值观也反映在英国的教育机构中，英国大学一直是"绅士、政治家和行政官员的摇篮"，在培训经理人才方面做出的反应是缓慢的。

通过美国、英国和德国资本主义制度的对比，钱德勒详细分析了三个国家的制度差别及其各自的成长过程。同时，他也发现三个国家的资本主义具有共同之处，这就是，凡是具备并维持了组织能力的企业或国家，在国内外市场的竞争中就会成功，否则就会被淘汰。因此，企业发展的"第一推动"，来自于企业作为一个整体的组织能力。只有当设备和技能得到合理的整合和协调的时候，企业才能在国内外参与竞争，并实现规模经济和范围经济。

钱德勒强调，在参与市场竞争和维持企业自身的组织能力方面，管理人员具有责无旁贷的责任。各级管理人员的职能是不同的，中层管理人员不仅需要开发并运用具体产品、具体职能的管理技能，还需要培养低层管理人员的合作和整合能力，并激励和评估其工作。高级管理人员的能力是企业长期健康发展的关键因素，他们负责招聘和激励中级管理人员，定义和分配他们的责任，监督其工作并对其进行协调，此外，他们还对企业整体进行计划和资源分配。当然，这种组织能力需要去创造，而且一旦被创造出来，就必须加以维持。由于设备折旧和技能萎缩，加上技术的更新和市场的变化所造成的设备和技术的逐步落后，使组织能力的维持并不比组织能力的创造更容易。创业难，守业更不易，高层管理人员的主要技能之一就是维持组织能力，并运用自己的聪明才智，把设备和技术融合到组织整体之中。

美、德两国企业的组织能力又为企业的发展提供了源泉和动力，甚至影响企业的和国家的持续发展，使两国在第一次世界大战前的30年间成为世界上最富竞争力的国家。在第一次世界大战到第二次世界大战期间，组织能力的保持和更新，对于德国迅速在世界市场上崛起有着至关重要的作用。而英、法两国企业正是由于缺乏这种能力，才导致未能抢占到德国曾经暂时失去的市场。

同期，美国企业通过利用其规模经济发展了其组织能力，拓展了其国际业务，从而得到进一步的发展壮大。在石油、橡胶、玻璃、矿业、食品、民用化工等产业中，以及在各类机械制造业尤其是汽车工业中，美国企业迅速发展壮大。第二次世界大战后，这种组织能力对于企业、产业和经济实体的竞争力更为重要。到 20 世纪 60 年代，管理型企业基于组织能力的竞争力不断增强，使得竞争日益加剧，同时也给这些企业的战略、组织和融资结构都带来了根本的变化。从这一意义上来说，组织能力是现代工业资本主义的核心动力。陈凌、曹正义等也认为，制度环境决定民营企业的生存空间和总体表现，而企业的组织能力，尤其是企业家团队的个人能力和管理水平决定了个体企业的成功。[①]

在这里，钱德勒对主流经济学的基本观点展开了挑战。经济学界一般认为，经济的发展依赖于相关要素，不管这些要素是劳动、资本还是土地。如果把这些要素说清了，甚至可以将经济活动以要素函数的方式表达出来。然而，钱德勒则说明，组织能力比这些要素更为重要。再进一步，技术也不具有决定作用。英国曾经在钢铁工业的技术上独占鳌头，但美国人和德国人则运用自己的组织能力使相关技术在他们那里获取了巨大的经济收益。钱德勒的研究，最终使经济学落脚于以组织能力为代表和象征的管理问题上。[②]

（四）中国家族企业的组织问题

中国家族企业经过改革开放三十余年发展后，已开始遇到两个明显的瓶颈：其一是规模的瓶颈，当家族企业发展到亿元规模时，就难以再长大。当把目光投向世界时，人们还发现华人虽有不少亿万富翁，但却很少有能力构建起跨国公司；而在世界 500 强中，华人企业的身影也难以寻觅。其二是寿命的瓶颈，与现代发达市场经济国家的企业比较，中国的民营企业普遍短命，中小企业的平均寿命只有 3~5 年，大企业的平均寿命也不到 10 年。一份调查报告指出各类企业寿命在 5 年内的高达 50% 以上。中国私营企业和家族企业"各领风骚三五年"的现象十分普遍。为什么如此众多的家族企业如流星瞬间消失在茫茫的商海？为什么像三株公司、巨人公司、爱多 VCD 这样的家族企业在

---

① 陈凌，曹正义等．制度与能力：中国民营企业 20 年成长的解析［M］．上海：上海人民出版社，2007.

② 杨柯．组织能力是工业资本主义的原动力［J］．http：//www.sina.com.cn 2007 – 11 – 12.

第二章
家族企业组织复杂性理论

其最鼎盛时期却为破产之时？像杜邦公司、IBM 公司、美国通用电气公司这些家族企业经受住了百年的沉浮经久不衰，并在市场竞争中常胜不败？所有这一切都给我们提出了一个深思的问题，即一个家族企业怎样才能不断地创新、发展，持续地保持企业竞争优势。①

据《中国私营企业研究》课题组的《2003 年中国私营企业调查报告》显示，私营有限责任公司中有约 1/7 实际上是一个人投资，登记为何种类型的企业，完全取决于私营企业经营的需要。有限责任公司已经成为私营企业的主要法律组织形式，但是相当程度上这是私营企业主规避制度风险和改变企业自身形象的一种摆设，其本身并没有真正形成企业内部治理机制的现代特征。一些私营企业设立各种监督制衡机制，并非完全出于建立、健全企业治理结构的考虑，而在一定程度上是为了改变企业自身形象，并与外界建立一种相互融通的渠道。②

中国第七次私营企业抽样调查数据分析综合报告表明：私营企业的治理结构有待改善。在调查私营企业资本结构、组织发育和决策机制等三个相互联系的治理结构方面内容表现出三个特征：一是私营企业所有者权益结构中，企业主的所有者权益占主体，而且这种主体地位并没有随企业成长而出现明显的改变。二是私营企业组织结构不断发育，为形成完善的企业治理结构提供了组织基础。与前几次调查相比，2006 年私营企业内部组织结构发育到较高的比例，其中，有股东大会的占 58.1%、有董事会的占 63.5%、有监事会的占 36.5%。三是机制是以"企业主"为中心。此外，这次调查中私营企业的人才结构中，家族成员比例较大。早期的创业者，虽然正规学历不高，但凭借他们敏锐的市场意识和坚忍不拔的开拓精神，加上家族成员的鼎力相助，在资源稀缺的环境中得以起步并艰难地成长起来。"家族成员"在私营企业人才结构中占有重要的比例。在已上市的企业中，高层管理人员中的亲属占 54.2%，在有上市打算的企业中，高层管理人员中的亲属占 55%。企业成长过程中，"亲情"与"制度"依然处于两难境地。③

---

① 甘德安等. 中国家族企业研究 [M]. 北京：中国社会科学出版社，2002：2-3.
② 闫军. 由奥克斯到正泰家族制与民营企业的制度创新，http://www.zjsr.com.
③《中国私营企业研究》课题组. 中国第七次私营企业抽样调查数据分析综合报告 [R]. 中华工商时报，2007-2-16.

第八次全国私营企业抽样调查数据分析综合报告表明：近年来，私营企业发展的环境发生了一系列变化。第八次调查选择了土地从严审批、能源涨价、原材料涨价、人民币升值、出口退税政策变化、劳动力成本上升以及货币政策从紧等方面询问被访企业。初步的统计结果显示，环境变化对不同类型的私营企业发展产生的影响是不同的。排在第一位、影响最为突出的是原材料涨价，第二位是劳动力成本上升，第三位是能源涨价，第四是货币政策从紧，第五是人民币升值，第六是土地审批从严，最后是出口退税政策变化。由于本次截止日期是 2007 年年底，许多出口企业的变化未能全部反映出来。①

近两年，私营企业治理结构与内部管理正在发生变化。综合工商局与工商联的问卷可以看出，无论是开办私营企业时的实收资本，还是 2011 年年底所有者权益，企业主所占份额比例都是 70%（中位数）。这个比例数字，同 2010 年调查时所得到的数据相比，基本没有什么变化。但是，其治理结构和内部管理却发生明显改变。在由以独资企业为主的形式迅速转变为以有限责任公司为主的形式。1993 ~ 2011 年，独资企业比例由 63.8% 下降为 22.5%；有限责任公司比例由 16.5% 上升至 62.9%。1993 年董事会比例为 26%，股东大会与监事会无相关记录；2011 年，董事会为 74.4%，股东大会 56.7%，工会 50.5%。②

陆铭认为，中国很少有大的民营企业主要是中国的商业环境和其他国家不一样。第一是"自由进入"；第二是"平等竞争"；第三是"金融成熟"；第四是"法制健全"。如果把这几个主题词对照中国现状可以发现，这几个方面在中国都不是很完善，带来的结果就是中国企业抵抗冲击的能力比较差。国内、国际环境都不好，中小企业倒闭很多，其实就跟商业环境有一定关系。③ 关于这四个方面的制约因素我们在复杂性环境篇讨论。

肖知兴认为，中国企业存在的三个主要组织问题。一是企业无法做大。中国人际关系中尊卑有序、内外有别的特殊主义文化，使得每一个似乎都有特殊

---

① 《中国私营企业研究》课题组. 第八次全国私营企业抽样调查数据分析综合报告 [R]. 中华工商时报，2009 - 3 - 26.

② 《中国私营企业研究》课题组. 2010 - 2011 中国私营企业调查报告 [R]. 中华工商时报，2009 - 3 - 26.

③ 陆铭. 中国的民营企业为什么长不大，http：//www.sina.com.cn 2008 - 11 - 03.

第二章 家族企业组织复杂性理论

情况，需要特别对待，这样规范化的管理制度就难以真正落实，企业会在处理工作之外的关系网络和公司内部的各种非正式公司网络方面，费力颇多，去处理这些特殊关系带来的利益和文化冲突。当一个企业规模大到无力承担这些成本的时候，企业就会停止增长。二是企业在全球价值链中地位卑微。由于无法在企业内部真正贯彻成文的、平等的规章，导致中国企业自己的研发和品牌能力孱弱，所以中国制造企业获利微薄，大头都被品牌商和渠道商拿去了。三是关系型产业风险巨大。中国企业由于组织能力的限制，在某些产业如房地产，依靠个人关系来发展，一方面发展实现企业管理的各种私人关系；另一方面发展与政府的关系，这样就形成了"关系密集型企业"。一旦人事发生更迭时，这类企业就会面临巨大的业务风险。这三个问题相互关联。中国企业没有品牌建设和研发能力，导致它们在组织密集型产业竞争力有限，只能更多地倾向关系型企业。但个人关系不像公司的规章制度那样是无限的，选择关系型企业不仅限制了企业的成长空间，而且导致了额外的经营风险，结果自然无法做大。因此，中国企业必须进行组织风格转型：从关系密集型企业转变成组织密集型企业，从经营机会到经营企业，从机会主义到专业主义。①

　　肖知兴认为，中国企业，乃至全世界的华人企业，都面临着组织能力缺乏的问题。如何有效地组织中国人，也是一件费思量的事。中国企业的组织进化轨迹，先是一种基于私人关系的原始组织，然后是基于军事化控制和洗脑式文化的机器式运作的低级组织，多数中国企业还只处于这个阶段。中国许多企业强调制度为大、军事化管理，以此约束中国人的涣散，在组织发展的第一阶段奠定了基业。但是，随之而来的把制度拔高到被崇拜的地步，这会带来许多问题。如果是制度的错，也是由于制度不够完善、不够细致造成的，这种制度崇拜的结果自然是制度自我繁殖，制度带来更多的制度，循环不止，最后把整个企业的创新能力和灵活反应能力完全扼杀，企业的路越走越窄，完全走向了制度的原始出发目的的反面。社会学把这种制度产生更多制度的循环称作"僵化循环"，其结果是一个到处都是繁文缛节、僵化、笨重的低效率组织。如果企业所在的行业只需要简单体力劳动重复的劳动密集型产业，满足于在国际产业链的底端挣一点辛苦钱，搞半军事化、军事化控制的问题还不大。一旦想要

---

① 肖知兴. 中国人为什么组织不起来 [M]. 北京：机械工业出版社，2009：6-13.

走技术创新、品牌建设的路子，军事化管理就成为了企业进一步发展的桎梏。[1]

具体说到家族企业，它是存在组织机制障碍的。随着家族企业的成长，其内部会形成各类利益集团，由于夹杂复杂的感情关系，使得家族企业领导者在处理利益关系时会处于更复杂，甚至是两难的境地。企业领导人的亲属和家人违反制度时，管理者很难像处理普通员工那样一视同仁，这给企业内部管理留下了隐患。家族式企业还有一个很普遍的特点就是，可以共苦但不可同甘，创业初期，所有矛盾都被创业的激情所掩盖，但创业后的三关——分金银、论荣辱、排座次往往给组织的健康成长造成了阻碍。当对待荣誉、金钱和权利的看法出现分歧时，亲兄弟之间、父子之间都可能出现反目现象。

虽然家族企业也有现代公司的组织结构，实质上组织结构本质上是没有建立的，完全是"聋子的耳朵作摆设"。在具体实践中，判定一个企业是否家族企业和家族式管理的一个简单的做法就是观察企业的最终决策权。家族企业最明显的标志在于经营管理最终决策权在"家长"手中，采取集权化的领导。尽管一些家族企业可能会将社会招聘来的专业人才，安排从事中高层管理工作，却很难将最终的决策权让渡出来。只要创业者愿意，他可以随意改变已经形成的管理结构。一个企业是否属于现代企业不在于形式上，而在于本质上是否存在着一种组织，使已经确立起来的新的组织得到保证正常运转。

家族企业机构设置还存在另一个弊端，就是机构按照政府机构模式设置。在自己的企业内部设置与生产经营没有多大关系的宣传部、党办等机构，使这些企业看上去不像经济实体，而是一个类似于政府的行政部门。企业管理套用行政管理的办法，热衷批文件，有的企业还把自己的企业定为正部级。[2]

二、剧烈动荡复杂的企业环境

根据刘洪（2011）、温兴琦（2009）、江历明（2007）、甘德安（2005）、张维迎（2004）的研究，我们可以把企业所面临的动态环境表现提炼为以下

---

[1] 肖知兴. 中国人为什么组织不起来 [M]. 机械工业出版社，2009：34-44.
[2] 甘德安等. 中国家族企业研究 [M]. 北京：中国社会科学出版社，2002：168.

几个方面。

(一) 经济全球化日益深化

随着经济全球化的深入发展,一个统一的全球经济系统正在逐步形成。主要表现在:世界统一大市场加速形成、生产全球化日益加深、生产要素全球化在迅速扩展等。跨国商品与服务交易及国际资本流动规模和形式的增加,技术的广泛迅速传播使世界各国经济的相互依赖性增强。任何一个企业,都离不开其他企业而独立存在,众多企业在相互依存中共处、共生、共进。生产性企业离不开供应商,服务性企业离不开消费者。一个企业的存在与发展,往往要以其他企业的兴旺为前提。同时,由于现代信息技术的广泛应用,一方面使得企业的资源,无论是物资原料、资金资本、还是人力资源,都可以在全球范围内进行配置;另一方面企业可以将自己的优势资源用到企业的核心业务中去,将企业非核心的业务通过业务外包的形式分离出去。

(二) 市场经济体制不完善

改革开放的历史就是经济体制从计划经济向市场经济转型的历史。改革开放三十余年,中国市场经济体制也逐步完善,从外部看似乎已经是市场经济,但从内部看,还有很多与市场经济发展不相适应的地方,尤其是人的思想观念。中国家族企业大多数是所有权与经营权合一的,如果用两权分离这个标准判断现代企业的标准的话,这些家族企业还算不上现代企业。

张维迎认为,中国过去的市场主要依靠是外国资本的流入,而印度靠的是本地的私人企业家的崛起。2002年的时候,世界评出了小型的最佳企业,其中有13家是印度的,只有4家是中国的。2004年经济评价访问了2500个亚洲最佳公司的CEO,印度的企业得分最高,而中国只有两家企业可以与印度的前十名相比。特别值得一提的是,印度最佳公司全部是私人企业,中国的大部分都是国有企业,这是两个国家的不同。为什么不同?很大一个原因就是中国的体制仍然是政府主导的市场经济,国有企业仍然垄断着主要的金融性的、资源性的、战略性的行业。世界银行2002年时做了一个调查,你认为在融资当中有没有困难?印度企业的52%认为有困难;中国企业的80%认为融资有困难。这些数据可以说明企业运作当中的一些经营问题,印度的私人企业都要比中国企业好得多。

2001年中国正式成为世界贸易组织成员。这是中国改革开放进程中的一件大事，标志着中国对外开放进入了历史新阶段。然而，中国还没得到主要市场经济国家、美欧等国对中国市场经济地位的认可。这是值得我们反思的。市场经济地位（MES）是一个经济学上的名词，它表示一个国家的市场经济的状况。按照一个国家市场经济在全国经济中的重要性，以及国家政府对于经济的干预程度，一般可区分为完全市场经济国家和非市场经济国家。此外，市场经济地位是反倾销调查确定倾销幅度时使用的一个重要概念。自加入世贸组织以来，中国政府一直在努力争取国际贸易各国承认中国的完全市场经济地位，获得市场经济地位将有利于中国外贸进出口的发展。

国有经济为主体或主导的经济就很难被直接认定为市场经济，其中涉及国有经济和国有企业市场化程度的测量问题。一是就中国要素市场而言，资金、土地、劳动力三种要素依赖市场配置并不充分；就资金而言，汇率决定难是市场化的，利率决定也未充分市场化，并且也还没有民营银行或民办资本市场；就土地而言，土地产权的界定、流转等问题错综复杂；劳动力是一个例外，它作为要素在中国不仅是市场化的，并且是过度市场化的，一方面劳动力在国内迁移受限；另一方面迄今仍没有民间工会或农会来保障作为劳动者的基本权益。二是就商品和服务市场来讲，重要的资源性物资（诸如石油、水和电力）和服务（诸如铁路运输、电信和邮政）等，基本上呈现国有垄断企业定价的特征，而证明国有企业的市场化从来就是一个难题。三是就维系市场经济运行所必不可少的政府服务来讲，中国政府向公共服务型政府转型尚未展开。国民财富管理仅刚刚涉及了经营性国有资产管理体制的破冰之旅，包括非经营性国有资产和土地、水、森林、矿产等多种国民财富的管理框架还相当混乱。社会经济体制中政府直接配置资源，并扭曲产品与服务分配的无所不在，折射出市场机制在中国尚难发挥基础性作用。[①]

由于中国的政策对民营企业、对国内私人企业的发展核心有所限制，但目的不是为了引进外资，而是为了防止私人企业和传统国有部门进行竞争。但是客观上，这时候对外资的进口留下了非常大的空间。我们一方面欢呼外资在中

---

① 钟伟. 对中国"市场经济地位"的反思 [J]. 理论参考，2005（2）.

国市场最大限度地投资，另外中国所有政府部门和中国企业家应该感到有一些悲哀，这个悲哀是由于束缚了中国民营企业家的手脚、外资企业家的手脚。未来在中国的市场上会是什么样？中国经济崛起的时候，我们发现真正主导中国经济崛起的可能不是中国企业。①

英国《金融时报》发布了全球五百强企业排名。这张 500 强名单中共有 21 家在中国内地上市的企业，全部为大型国有或国有控股企业，行业涵盖金融、化工、建筑、运输等。进入 500 强的全部为大型国有或者国有控股企业。国有企业越来越大、越来越强，全社会资源、能源、资金必然垄断性越高，集中越快，这就导致民营企业越来越弱、经营环境越来越差。比如，国家扶植、给予垄断经营权的中石油、中石化企业，占据着资源、石油能源的独占权，民营企业如果进入这个行业显然是找死。这种垄断经营的结果是，该行业越来越没有活力。再比如，中国工商银行等四家大型国有银行占据着国内金融市场 90% 以上的经营份额，民营企业想进入金融领域相当困难。一个行业里资源就那么多，如果不能通过市场公平竞争分配，必然造成一些企业独大，另一些企业难以生存。国有企业越多、越大、越强对一国经济到底是好事还是坏事，到底有利还是不利，值得反思和商榷。

世界 500 强里没有一家中国民营企业，已经暴露出中国经济的软肋。一个国家经济的根本活力在于民营企业发展环境好坏、速度快慢，在于民间资本投资是否有活力和内生动力。这不是无形中印证了对中国经济"国进民退"的质疑吗？世界 500 强企业榜单里没有一家民营企业，说明中国民营企业生存状况不容乐观。这种状况以及包括中国房地产行业畸形膨胀在内，对中国经济绝不是吉兆。②

（三）速度决定成败

知识经济社会是学习型社会，学习导致了全社会都在追求速度。速度不仅决定企业兴衰成败而且决定企业的生死存亡。网络化企业的本质是快速反应。在"时间太少，要做的事太多"的环境中，快捷服务是消费者不可剥夺的权

---

① 张维迎. 民营企业的生存环境与中国经济的未来 [J]. 企业文化, 2004 (Z1).
② 余丰慧. 全球 500 强不见中国民企踪影之忧 [N]. 中华工商时报, 2010 - 06 - 04.

利。所以，企业必须要实时库存、实时生产、实时教育等。企业必须以速度与敏捷代替规模与经验。"准备—瞄准—射击"必须改变为"准备—射击—瞄准"。①

（四）复杂与不确定的战略环境的挑战

经典战略管理理论是在当时相对稳定的社会经济环境，相对稳定的自然和人文社会科学发展状况的影响下发展起来的，在研究方法和研究思路上均受到牛顿科学范式的影响及研究手段的限制，认为事物的变化是有序的，可以进行精确预测，假定企业内部因素之间以及它们与外部环境因素之间的关系是线性的、确定的、可解析表达的、可严格逻辑分析的，企业系统以及外界环境是趋于平衡态的、规则的，从而忽略了内外部环境及它们之间关系的复杂性、动态性和突发性。后续发展起来的SWOT分析框架、竞争五力模型、产业结构分析方法，以及设计学派、计划学派、定位学派都非常依赖正规的分析和程序，都是建立在整个工业结构是稳定的、可以识别的，未来是可以预见的前提假定基础上的。进入20世纪90年代以后，企业成长环境全球化、数字化和资本高度流动性的特点，决定了企业面临着越来越高的不确定性。由于信息网络化、电子商务、经济全球化的进一步发展，企业战略竞争环境发生了巨大的变化。新的竞争者、新的竞争规则、行业结构的新变化、新规制环境、不断增加的客户期望、新雇员和新价值观、新技术等的不断涌现，展现了新的竞争景象：混沌无序。企业内部环境、外部环境及内外部环境间交互作用都日趋复杂。由于持续、频繁、复杂的环境变化，企业无法对产业结构、企业行为的未来作出规划或预测。②

（五）技术对企业战略环境的影响越来越强

科学技术对经济社会发展的作用日益显著，当今世界，企业环境的变化与科学技术的发展有非常大的关系，特别是在网络经济时代，两者之间的联系更为密切。复杂动态环境反映了当前市场，特别是高科技行业存在的全球竞争，

---

① 甘德安. Influences of Chinese Traditional Culture on New Enterprise Paradogm：Obstacles and solutions, 2005年管理科学与工程国际年会, 2005.
② 江历明. 复杂环境下战略管理系统自组织研究［J］. 企业经济, 2007 (10).

消费需求变化加快且难以预测,产品生命周期缩短,新技术层出不穷,技术创新呈现连续中断而导致产品市场可能很快出现和消失,竞争规则发生变化,大规模定制等不确定性变化的特点。它们是当今企业面临的复杂动态环境的具体表现。[1]

三、环境的复杂性与不确定性对家族企业的影响

伊曼纽尔·沃勒斯坦的认为,在当今的现代世界体系中,存在着知识结构的危机。原因在于各种学科都被"知识是确定的"这一信念所笼罩。传统的科学研究范式的根本追求就是追求确定性,通过逻辑方法或者经验方法去获得确定的知识。随着科学领域相对论的出现,概率论的完善,以及哲学领域相对主义、后现代哲学、后殖民理论等思想的涌现,牛顿经典物理学理论体系及其科学研究范式被颠覆了,人们发现不仅科学世界不是建立在确定性知识的基础上,现代社会科学也不可能永远建构在对确定性知识的追求上,而应当在根据复杂性、不确定性的新的认识论的基础上,重新理解科学世界和社会政治世界,重新建构社会科学的理论体系。[2]

随着时间的推移,企业组织变得日益复杂,而企业组织的复杂性主要源于环境的日益动荡。当今人类处于工业社会向知识社会过渡的历史时期。在这一时期,复杂性和不确定性迅速增长,可以说,复杂性和不确定性就是当今时代的基本特征。越来越多的证据表明,当前的环境正变得更加动荡和不确定。一个基本事实是:"对人类的一个封闭的、片段的和简化的理论的丧钟敲响了,而一个开放的、多方面的和复杂的理论时代开始了。"[3] 列维指出:"混沌理论预示了一个说明企业的动力学演化与企业活动家们之间复杂关系的框架。通过

---

[1] 温兴琦. 基于混沌系统的企业环境复杂性研究 [J]. 中华硕博网 WWW.CHINA-B.COM.2009-5-12.

[2] 伊曼纽尔·沃勒斯坦著,冯炳昆译. 所知世界的终结:二十一世纪的社会科学 [M]. 社会科学文献出版社,2002.

[3] 埃德加·莫兰著,陈一壮译. 迷失的范式:人性研究 [M]. 北京:北京大学出版社,1999:173.

把企业概念化为一个混沌系统，经营方面关涉的诸变量可以被揭示出来。"[1] 把复杂性理论引入组织管理，使之适应新时期的需要，是近年来组织管理思想发展的重要趋势。控制论及管理科学专家比尔说："旧世界的特点是管理事务，新世界的特点需要处理复杂性。"[2] 我们的工作是在前人的基础上把复杂性理论引入家族企业管理，使之适应中国经济转型与家族企业转型的需要。

从企业组织的历史发展过程来看，企业组织经历了个人业主制企业、合伙制企业和公司制企业这三种基本企业制度形式，古典企业制度即个人业主制通常只有一个产权所有者，由业主直接经营。在个人业主制企业中，直接使用资源的产权主体是自然人，自然人财产与企业财产是合一的，自然人既是所有者主体，也是经营管理主体。毫无疑问，这种企业组织是最简单而彻底的家庭企业组织，也就是说，在私有制条件下，历史上最早的企业均是家族企业。但是，传统家族企业管理方式已难以应付当今越来越复杂的人类活动和环境，成为制约引入新技术和适应新环境的瓶颈、成为制约企业长青的瓶颈、成为企业做大做强的瓶颈。所以，把复杂性思想引入管理，是家族企业发展与转型的需要，正如乔治·华盛顿大学著名管理专家威廉·哈拉尔所指出的："复杂性的大大增加将需要做出变革，因为人们不可能通过自上而下的中心控制体制对复杂的环境加以控制。我们需要建立能够适应各种环境的体制……我们是通过复杂性和混沌理论的新领域认识到这一点的。适应性变革应当采取自下而上的形式。"[3]

四、企业组织复杂性的发展趋势

（一）复杂性与组织理论的相互渗透

用复杂性科学的研究范式深入研究组织结构的复杂性始于 20 世纪 80 年代

---

[1] Lissack Michael R. Complexity—The Science, Its Vocabulary and Its Relation to Organization. 1998, file：//c1/资料/Complexity/科学－词汇－组织.

[2] 哈拉尔 E 著, 冯韵文、黄育馥译. 新资本主义 [M]. 北京：社会科学文献出版社, 1991：119.

[3] Halal William E. The New Management. New York：Barrett - Koehler Publisher, 1996.

后，管理科学学派将熵理论、非线性理论、耗散结构理论、协同论、突变论等复杂性理论与新的数学手段和技术应用于管理科学领域，在复杂性科学的基础之上产生的一门新的学科——管理复杂性研究。同时，各种复杂性研究的学派都把组织管理复杂性作为一个主要的研究对象与范畴。

复杂性组织被看做是一个复杂的开放的自适应系统，与环境进行着耗散和依存关系，适应性创造了复杂性，利用吸收组织系统环境的信息、与环境相适应和共同演化和进化。对组织复杂性的研究主要集中于几方面：一是组织可感知复杂性经验性研究，如艾莫斯、迈耶和斯盖特等。他们认为关键变量是规模的大小和与复杂环境的耗散，复杂的结构和行为是通过外部事件和过程的反应中涌现出来。一种研究提出在组织设计中，依组元间相互连接的程度来检验组织的复杂性，了解组织设计、环境和绩效的要素之间的关系，按照子群体、管理活动程序的耦合关系进行测度，如组织复杂性和组织规模的关系。[1][2] 二是沃菲尔德、威格士、彼尔斯和皮亚杰等人提出了交互式管理。[3] 三是借助复杂系统结构建模理论和方法，分析组织领域中的变化和复杂性的动力学特征，如组织的设计与优化、创新和进化、适应性和变化，以及应变管理理论[4]。四是李－约克定理（Li－York）、沙可夫斯基定理和根据时间序列判定混沌的方法等来度量企业组织的耗散复杂性。此外，近年来，理论的交叉与综合性增强，组织管理复杂研究上升到组织的合作、学习型组织、知识信息管理和认知科学的知识维度的研究层次。[5]

（二）企业组织面对的是复杂性与不确定性的环境

环境的动荡给企业组织带来内外两个方面的复杂性因素：一是组织外部的复杂性。二是组织内部复杂性。从企业组织外部的复杂性看，传统组织理论将

---

[1] Ashmos D P, D Duchon, R RMcDaniel, organizational responses to complexity: the effect on organizational performance, Journal of organizational Change management, 2000, 13 (6): 577 - 594.

[2] Scott W, J W Meyer, Institutional environments and organizations: Structural complexity and individualism, Thousand Oaks, Calif: stage Publications, 1994.

[3] Warfield J N, Complexity and cognitive equilibrium: experimental results and their implications, Human Systems Management, 1991, 10 (3): 195 - 202.

[4] 宋华岭，金智新. 科学方法论研究——组织复杂科学的基本方法与主要工具 [J]. 山东工商学院学报，2005, 19 (5).

[5] 刘洪. 经济混沌管理——理论·方法·应用 [M]. 北京：中国发展出版社，2001.

环境视为组织生产与发展的条件，企业组织的构建和组织的行为是受外在环境影响的。企业组织被看做机器系统，组织本身不会产生复杂行为。组织行为的不确定性是外部未知因素干扰的结果。为了抵御外部未知因素干扰，或在外部干扰消除以后能够恢复到原来状态，组织需要建立起保护作用的组织边界和能够抗拒干扰、使干扰作用最小化的组织结构和运行机制。这种变化首先体现在产品生命周期上的缩短。其次体现在消费者需求的多样化。随着消费者获取信息能力的增加，市场逐渐趋向于买方市场，企业以前那种大生产模式下的产品越来越难以找到合适的消费者。三是企业竞争环境的恶化。从竞争者数量有限到现在的全球竞争，同时还面临着众多的潜在竞争者和替代行业竞争者。企业在这种环境下要生存，必然要采取一种完全不同的组织管理形态。[①]

复杂适应组织理论（CAS）认为环境与组织是相互作用的，组织产生某些行为是为了满足环境提出的要求，同时也需要从环境获得必要的资源来支持这些行为。简单的环境需要简单的组织，复杂的环境需要复杂的组织。另一方面，组织作为所处环境的一个组成部分，是其他组织的环境内容，其行为的复杂性必将导致环境的进一步复杂。组织复杂性与环境复杂性是互动的，组织复杂性与环境复杂性有不断提高的趋势。[②]

从组织内部复杂性看，组织的复杂性来源于构成组织的个体行为以及它们相互之间、与环境之间的相互作用关系。如果组织结构关系是确定非线性的，根据混沌理论，随着环境条件不同或组织结构参数不同而会呈现出稳定的、周期的和貌似随机的混沌行为。在产生混沌行为条件下，组织初始条件的细微差异会导致性质上明显差异的长期未来结果，从而表现为不可预测的行为。这时候组织复杂性是由组织内在结构的非线性关系和条件所决定的。如果组织内部结构和结构的关系是动态变化的、不确定的，单位之间及其与环境之间存在着相互作用和反馈关系，且构成的个体主体具有自主决策、判断和行动的能力，那么根据复杂适应组织理论，其中任何一个单位的行为发生变化都会引起其他相关单位行为的调整，从而连锁地引起整个组织行为的动态变化，组织整体上涌现出新奇行为。这时候组织复杂性是由组织系统内部的非线性反馈机制自组织工作决定的。[③]

[①] 关伟，李红. 复杂性与组织管理 [J]. 大连海事大学学报（社会科学版），2010（4）.
[②③] 刘洪. 组织复杂性：动因、控制与利用 [J]. 经济管理，2007（1）.

具体来看，首先是家族与企业的组织目标的差异。家族追求的是家族利益的最大化，以血缘与感性为基础；企业是以企业利益最大化，以理性与市场为导向。其次是家族企业内部的个人目标与组织目标的冲突。由于个人需求的多样性，组织中的每个人各自追求各自效用的最大化，使得个人的最优选择的汇总与组织的最优化目标有很大差距。再其次，个人选择的限制。人的决策虽然理性，但受到信息量的限制。传统控制模式最大的弊端在于组织中信息交流不畅，加剧了组织管理的复杂程度。最后，个体的社会性增强。组织员工日益受到社会其他因素的影响，如家庭、教育、医疗等机构的高组织化和情感、价值等要素的渗透都使得组织管理呈现出一定的复杂性和非理性。

（三）复杂性带来的管理问题

在工业经济时代，组织结构的复杂性是组织主体分化的程度，组织越是进行细致的劳动分工，就具有越多的横向和纵向等级层次；在地理分布越是广泛，组织结构的复杂性越高，组织结构的复杂性更多地表现出其静态的特征。但是在知识经济时代、创新的需求及信息技术和网络技术的发展促进了员工间的信息沟通和共享。员工间表现为一种非线性的、即时的联结机制，而不是控制体系下的联结关系，这种主体的自主和能动性的沟通关系使得组织结构的复杂性增大，同时表现出动态的特点。同时信息沟通也加强了组织之间的联系，为经济全球化提供了必要的条件，企业开始在全球化的竞争中寻求合作的空间，而合作和融合带来的是组织结构边界的模糊化。在这种形势下，组织结构复杂性的衡量开始跨越组织结构的边界，从一个更广阔的视角来描述组织结构的这一特征，这种概念外延的扩展和内涵的丰富，充分体现了新环境的要求，成为新时期组织结构的最重要的特征。[①]

组织内外环境的复杂性不可避免地带来一系列的管理问题。首先，对组织结构调整的压力。工业社会最为典型的组织形式是官僚制组织，官僚制组织形式以及管理体系中的权力分化、领域分离和专业化等，都是适应一种科学性和技术化的要求而作出的安排。对管理体系及其管理方式的科学性要求可以归结为确定性。知识社会是高度复杂性的社会，它对管理体系及其组织结构的要求

---

① 吕佳. 组织结构的复杂性及协同研究［D］. 天津大学，2008.

就不再突出确定性的问题,反而需要突出的是弹性、灵活性和灵敏性。组织必须建立一个更有适应性的反应系统,"复杂的适应系统是开放系统,它与千变万化和具有限制性为特征的环境进行密切交换。为封闭的物理系统提出的平衡观念对于这样的动态形势是不适宜的而且常常是不能用的。"[1] 这种动乱环境中产生的管理不适应性与不连续性要求管理必须采取更灵活的方式。

(四) 企业结构形态进化的复杂性趋势

1. 企业组织复杂性增加

从整个企业组织结构进化的历程中,可以看出企业组织结构和形态进化的复杂性的提高和多样性的增长。从古典企业阶段早期的手工作坊到后期机器大工业的工厂;从现代企业产生时简单的二层级结构到分工明确、多层级的 U 型结构再到体系庞大复杂的 M 型结构,以及其后的各种变形,按照时间的顺序来讲,愈复杂的结构形式出现的时间愈晚。同时,在市场早期阶段,其组分是相对单调的,企业组织结构非常雷同。但随着市场的扩展增大,市场中的组分表现出形态各异、结构歧异性增大的情形,即结构形式的多样性增加。所以,从大的时间尺度来看,企业组织结构的进化趋势是复杂性和多样性相伴交互增长的。

2. 企业组织结构多样性

企业组织结构复杂性的增长,主要表现为结构层次的增加和各结构层次分化程度增大,包括横向、纵向及空间的差异性增大。企业组织结构的层次并非一开始就存在的,如原始的手工作坊的组织结构就是合多为一的,随着企业的进化逐渐形成了基本功能层次。在系统的进化过程中,层次内又产生新的更细微的层次,结构层次增加时,组织规模不断膨胀,内部层次结构日趋复杂。

3. 企业组织层次性增加

一个复杂适应系统都具有多层次组织,每个层次的作用者对更高层次的作用者来说都起到建设砖块的作用。根据系统论的观点,任何复杂系统在结构上

---

[1] 阿尔本·威廉·巴克利. 供行为科学家用的现代系统研究 [M]. 芝加哥:阿尔丁出版公司, 1968:509.

都是分层次的①。企业作为一个典型的复杂系统，组织结构应当是层次性的。这至少是由于两个理由：第一，在体积和复杂性一定的各种可能存在的系统中，通过演化过程最可能出现的是分层等级系统。自然选择的机制产生出分层等级的速度，将比产生同样体积的非分层系统速度要快得多，因为分层结构的各部分都是稳定的系统。第二，在给定的体积和复杂性的系统间，分层等级系统各部分间所需的信息传输量要比其他类型系统少得多。可见，分层是行为主体为提高系统效率的组织行为。组织结构的层次性体现在很多方面，如决策权、信息处理和Agent知识等。在一个企业中，一组劳动者会以完全相同的方式形成一个部门，很多部门又会形成更高一级部门，然后又形成企业或者公司。比如，在企业的组成要素之间不仅有信息的相互作用、知识的相互作用、资金的相互作用，彼此之间还有复杂的信任管理关系、利益分配关系等，这些相互作用体现了企业系统内要素之间丰富的、动态的、非线性的、短程的、有反馈的相互关系。②

第二节 作为复杂适应系统的企业组织

一、基于复杂适应系统的企业特征

企业组织能否作为复杂适应系统来研究，取决于我们考察它的尺度。如果我们宏观地考察一个企业，它只是社会经济系统中的一个个体，就不属于复杂适应系统；如果我们微观地考察一个企业，可以发现，企业组织是利益相关者的契约联结体，其行为主体包括投资者、管理者、工程技术人员和一般员工，以及供应商、消费者等外部利益相关者，他们都是企业活动的智能体；如果我们把家族企业作为一个整体进行考察，就更是一个复杂适应系统。家族企业不仅是一个企业，更是融入家族情感与利益的企业；家族与企业不同的行为主体在风险偏好、收入预期、掌握信息和知识程度等多方面存在差异，它的多主

---

① 田春华等. 企业组织结构的层次性. 清华大学学报（自然科学版），2003（7）.
② 刘洪，王玉峰. 复杂适应组织的特征［J］. 复杂系统与复杂性科学，2006（9）.

体、多层次、非理性、非线性导致家族企业的复杂性。就所有者而言,家族企业的所有者不仅要经营企业,包括企业发展战略、市场拓展、人力资源管理、产品开发、品牌塑造等;更要履行家族使命,把握家族企业财产权、控制权和剩余索取权与剩余控制权等;还要平衡家族与企业的关系。就管理者而言,他们必须不断审视企业发展走过的历程和内外部环境条件的变化,积累自己的经验,改变行为准则,以适应环境条件变化所提出的要求;他们依据企业业务的要求和劳动分工理论,被组织成不同的部门和层级,与其他行为主体建立关系,而企业的发展状态不能根据各个单位的情况简单推测出来。如果我们考察一个行业或整个社会经济的时候,每个企业组织都是他们之中的主体成员,这时候一个行业或整个社会经济就可以看成是复杂适应系统。不管是一个组织,还是一个行业,将其看成复杂适应系统是有条件的,至少是多主体的、自治的和具有关联性与学习能力的。[1]

有人参与的复杂适应组织不同于自然系统,因而对其理解不能简单地等同于自然系统的研究。本文结合保罗等人的研究成果[2],对复杂适应组织的特征进行了概括。

1. 复杂适应组织的行为由构成成员相互作用决定

复杂适应组织的一切事情都发生在他们的相互作用过程中,因此,相互关系是组织存在的基础。这里强调相互关系并不意味着家族企业成员之间必须都是家族成员,是友好的关系,相反,要使家族企业实现自组织工作反而需要成员之间存在某种形式的竞争,奥尔森等称之为存在有意义差异[3],比如家族企业所有者与职业经理人的冲突,家族成员与非家族成员的冲突,传统家族使命与现代公司规范管理的冲突,以及成员中的思想观念的差异、文化背景的不同和运作机制的不同等。所以,挖掘、培育、发现和应用有意义差异是构建复杂适应组织中相互作用关系的重要内容。

2. 复杂适应组织是开放的系统

这意味着信息、物质要不断地在家族企业内部和家族企业与环境之间流

---

[1] 刘洪. 未来的经济组织形态:多智能体组织 [J]. 自然杂志, 2004, 26 (4).

[2] Paul C. What can we learn from a theory of complexity? [J]. Emergence, 2000, 2 (1): 23-33.

[3] Olsen E, Eoyang G. H. Facilitating Organization Change: Lesson from Complexity Science [M]. San Francisco: Jossey Publishing, 2001.

动；企业的生存离不开环境，对家族企业的理解就不能脱开其所处的环境。一个有活力的企业必须与其环境包括其他企业进行交互作用，而环境中与企业交互作用的对象不是固定不变的，比如企业生产的产品和提供的服务是随着市场需要变化而变化的，因而供应商和销售商不是固定不变的，合作对象也不是固定不变的，使得组织的边界变得模糊不清。所以，复杂适应组织可以看成是传统的企业与其"利益相关者"共同构成的系统。

3. 家族企业所处的背景和历史共同决定未来的属性

家族企业的历史不仅仅是由一些特定的、重要的事件组成的，它们也隐含在单位、个体之间的时刻发生变化的相互作用之中，分布在整个系统中。家族演变的历史决定了成员的认识模式。因此，两个具有不同历史的企业尽管现在看起来是相似的，但它们仍然是不同的。企业所处的背景决定了他们认识模式的改善，从而决定了内外相互之间的关系和组织中个体及组织整体的行为方式，进而决定了组织未来的状态。

4. 复杂适应组织可以涌现出不可预测的、新奇的特征

有些事件的发生不取决于企业家的愿望，是不法预先确定的。当一个"意外"事件发生后，企业家往往不能找到发生的原因，即使找到所谓的原因也可能并不是真正的原因。导致这种现象的原因在于企业内部主体之间及它们与环境之间存在着多重正负反馈关系。环境中或在一个主体中发生的一个事件，由于环境与这个主体与其他主体之间存在的相互非线性作用关系，从而引起更大范围的变化，并在整体上呈现出涌现新奇事件，其原因就难以用简单的因果对应关系来解释；反过来，我们也就不能根据已经发生的事件来推导出未来的确定性结果。新奇事件对组织发展可能是有益的，比如技术创新；也可能是要加以回避的，比如灾难。但由于它们的发生往往是"意外"的、不能预见的，所以也就难以被抑制。

5. 复杂适应组织具有不确定性、非因果关系性

小的原因能够有大的结果，反过来，大的原因也能够有小的结果甚至没有结果。这也意味着，企业家们必须"事无巨细"，不能仅仅"抓大放小"，有些被认为是微不足道的事情却可能改变组织的一切，相反，宏大的战略规划也可能是没有意义的。这并不是说规划没用，关键在于组织的结果不取决于原因的大小,而取决于组织的背景和历史,即组织发展的动力学机制,如果事件与企业发展之间不存在动力学机制,当然也就不存在因果关系和所谓的"蝴蝶效应"了。①

6. 复杂适应组织能够自组织并趋向临界状态

当组织处于自组织工作条件下的时候,不需要外部施加干预,组织可以"无为而治"。显然,组织实现自组织的条件是组织内外部主体的活动以及相互之间与外部智能体之间的相互作用是按照确定的规则进行的,这些规则及其主体学习的过程,是该组织在历史上通过"有为而治"而进行"变异、选择、保留"的结果。自组织工作条件下,组织不仅能够对环境中不同程度的扰动作出反应,还能够演化到对组织自身生存起关键作用的事件有着最大限度敏感性的状态——自组织临界状态。处于这一状态的组织由于对细微变化具有高度的敏感性,从而使得整个组织的每个主体都要保持高度的警觉以应对相关主体的变化,因此,处于自组织临界状态的组织被认为是最有活力的组织。②

7. 复杂适应组织的高效运作不需要中心控制

复杂适应组织之所以不强调中心控制主要与行为主体的半自治特性、关系模式,以及因此而要求的组织形态有关。但是,强调自组织和分布控制不能成为在企业需要做决策的时候不做决策的托词和玩弄权术的"伪理论",比如当决策不受欢迎的时候有的管理者热衷于分权,而受欢迎的时候又转而热衷于集权。当然不意味着复杂适应组织不需要控制,而是说控制分布于整个组织系统的各个部分。

8. 复杂适应组织呈现网络化形态

这并不意味着复杂适应组织没有结构,而是处在层次结构和松散结构之间的中介模式,既不是非常严格的层次结构,也不是非常松散的网络结构。总体上是松散的,比如内部市场化的组织结构,但单位部门又可以是层次式的。在企业的不同尺度水平上需要不同的组织结构形式,但不同层次之间有着相互作用关系,这也是复杂适应组织不会在临界状态死亡反而会在一个新的层次水平

---

① 刘洪,王玉峰. 复杂适应组织的特征 [J]. 复杂系统与复杂性科学,2006 (9).
② Bak P, Chen K. Self-organized criticality [J]. Scientific American, 1991, 264 (1): 46 – 53.

上自组织的原因①。这一特征在家族企业身上体现得尤为明显,比如华人家族企业所体现的低组织、高网络的特征就是复杂性适应系统的体现。再比如家族企业在江浙一带形成的相互关联的又各自独立运行的家族企业,它们同时在供应链、价值链上相互联结,形成不可分割的一体,这些家族企业集群就是"类智能体",这些"类智能体"又共同构成了更大的复杂适应系统。

二、基于自组织的企业形成条件与机制

(一) 复杂适应系统的自组织特性

说起自组织定律的内涵,必须结合热力学第二定律来说。因为这两个定律根本就是相反的两个定律。自组织理论是指系统如何自动地由无序走向有序,由低级有序走向高级有序的。一般来说,组织是指系统内的有序结构或这种有序结构的形成过程。自组织定律考虑的只是局部,是一个非线性的系统。组织是指系统内的有序结构或这种有序结构的形成过程。如果不存在外部指令,系统按照相互默契的某种规则,各尽其责而又协调地自动地形成有序结构,就是自组织。从热力学的观点来说,自组织是指一个系统通过与外界交换物质、能量和信息,而不断地降低自身的熵含量,提高其有序度的过程。从统计力学的观点来说,"自组织"是指一个系统自发地从几率较高状态向几率较低的方向迁移的过程②。从进化论的观点来说,自组织是指一个系统在"遗传"、"变异"和"优胜劣汰"机制的作用下,其组织结构和运行模式不断地自我完善,从而不断提高其对于环境的适应能力的过程。复杂经济系统的自组织性体现了系统的主动性。它是指复杂经济系统根据外界环境的变化情况,自发的选择最能够适应这种变化的系统结构的过程。独立元素彼此进行着相互作用,这些作用并没有特意的进行策划、组织、控制,而是个体之间相互依赖、自然演化的结果。比如,企业创立、创业和创新都是"要素组合",而"要素组合"为什么能产生企业,为什么产生创新?是可用自组织理论才能给予解释。演化经济

---

① 刘洪. 未来的经济组织形态:多智能体组织 [J]. 自然杂志,2004,26 (4).
② 即表示系统从几率大的状态向几率小的状态演变,也就是从比较没有规则、没有秩序的状态向有规则、有秩序的状态演变。

学中的"新奇"也可以用自组织理论给予解释，见表2-1。

表2-1　　　　　　　　组织与非组织比较表

总概念	组织（有序，结构化）		非或无组织（无序化，混乱化）	
含义	事物朝有序、结构化方向演化的过程		事物朝无序、结构瓦解方向演化的过程	
概念	自组织	被组织	自无序	被无序
含义	组织力来自事物内部的组织过程	组织力来自事物外部的组织过程	非组织作用来自事物内部的无序过程	非组织作用来自事物外部的无序过程
典型	生命的生长、新企业的生成（不包括国企）	晶体、机器、国企	生命的死亡、企业的死亡	地震下房屋的倒塌

资料来源：根据吴彤教授论文《自组织方法论论纲》修改[1]。

（二）基于自组织的家族企业的特征与机制

1. 企业是一个开放系统

从系统角度而言，设企业状态函数的熵为 S，变化率为 dS，则 $dS = d_iS + d_eS$，d_iS 和 d_eS 分别指企业内部状态变化和企业与环境相互作用产生的熵变化。由熵增原理可知：$d_iS > 0$，所以 $dS > d_eS$，若 $d_eS = 0$，即企业为封闭系统；当 $dS = d_iS$，它表示企业在不受外部环境影响下日益趋向熵最大即破产状态，可见，封闭意味着增熵、落后和死亡；当 $dS < 0$ 时，熵变化为负，企业熵不断减小，有序程度不断增加。企业在变化中取得发展必须开放。开放意味着有序、生命和进步。企业只有在开放系统中不断吸取负熵，才能克服内部增熵，才能进一步达到有序性。

2. 企业系统内各子系统必须协同配合

企业协同是指企业与环境相互作用过程中，当环境控制变量达到警界线

---

[1] 吴彤. 自组织方法论论纲 [J]. 系统辩证法学报，2002（4）.

时，如何通过子系统的协调使企业走向自组织。企业各子系统的运动状态由其独立或关联运动引起的协同共同决定。当前者居主导地位时形不成整体的规律运动特性，企业因而无序；当作用于企业外界的控制变量达到警界线时，企业内关联能量大于独立运动能量，使独立运动受到约束，服从关联形成的协同运动，使企业走向自组织。当控制变量变化时，各子系统独立和协同运动力量相对大小也在变化，在它们达到警界线时，序参量出现时，使企业进入有序化过程。

3. 企业系统必须有涨落和创新

企业生产经营过程是一系列"流"的流动过程，这些流相互依存和制约呈现动态的稳定态即耗散结构状态。企业内部各子系统之间存在着非线性相互作用，通过非线性和相互作用使各个子系统之间产生协同作用，使企业由无序走向有序。当企业与环境进行信息交换时，内部某个参数在感知外界变量达到一定临界时，通过涨落创新，企业可能产生转变，由原来的高熵转变到低熵。涨落创新是有序之源，企业必须不断地从环境中吸取负熵，不断地进行产品创新、管理创新和制度创新等，借助于产出目标的振荡，使得企业在不稳定状态中取得新的、更高级的稳定状态，涨落创新能保持有序，增进有序。

4. 企业系统必须有信息反馈和自我调控机制

企业的运作过程就是信息的收集、加工、传递、储存和利用的过程，信息是企业决策的基石，但根据西蒙的"有限理性"学说，不能获得完全信息，这是影响人们进行理性判断和抉择的原因之一。获得正确科学的决策，首先要掌握内部和外部的完全信息。当企业对外部环境和内部条件同时作出符合实际的评价后，就有可能识别出机会产生的范围从而绕过陷阱，作出符合实际的战略决策。但决策方案不可能一经制定就十分完善，在实施中需要反馈信息适时调整或修整决策方案中不完善的地方。企业系统通过信息反馈能自动调整企业自身与环境间动态平衡和自动维护企业内部相对平衡的机制。

5. 企业系统的自组织原理导致企业的异质性

企业初始条件稍有一点不同就会向完全不同的方向发展，企业的创始人及其创始哲学条件对企业的性质至关重要。在企业发展以后，初始条件的性质会被放大，主导企业的性质。各企业的初始条件均不相同，企业必然是异质的。

企业自组织理论还认为，企业发展的直接动力是企业内部的涨落。涨落是系统发展的一种原始动力，协同被称作系统演化的随机力。由于随机涨落的存在，驱使一些子系统"涨""起"，在获取资源上具有"优势"；另一些子系统"落""伏"，在获取资源上处于"劣势"。在系统变化的临界区域附近，非线性相互作用形成的关联放大效应，又进一步加剧了涨落。系统于是以正反馈方式、雪崩般地形成了序参量，并由这样的序参量主宰系统演化发展的方向和模式。企业不稳定是发展的条件。处于稳定状态，就意味着企业不会向其他的状态变化，因而不可能有自组织过程发生。这就是说，要正确认识企业内部的冲突，没有冲突的企业是不会有发展的企业。涨落推动了企业的变革。在远离平衡态时，在变革的临界点，微小的涨落可能被放大形成巨大的涨落。涨落会像一个触发器，驱动系统由原来状态变为另一种新状态，发生质的变化。在混沌理论中叫边缘分解。因此，管理好一些小的事件可以抑制或触发企业变革的发生。

三、复杂适应组织的自组织特性及与传统组织的差异

在现实环境中，日益深广的内外部使得预测和协调一致的困难加大，降低了管理者预测和控制的能力。如果过高地估计管理人员控制和指导变革过程的能力，那么很容易导致"可管理性错觉"，一般包括线性错觉、可预测性错觉和可控制性错觉。管理者应避免这三种可管理性错觉：第一，避免线性错觉，不能过分信任过于简单化的变革模型，要充分考虑变革发生的不同层次和不同发展阶段；第二，避免可预测性错觉，一般源于线性错觉，而没有意识到组织变革过程中包含着大量的未曾预料到的和不可预知的事件，在组织变革过程中，管理者应避免由于过高估计认为力量和强调各种权威和控制所带来的不利影响；第三，避免可控性错觉，对变革管理者来说，意识到他们在组织变革中的局限性是十分重要的，因为不可预测性事件，抵制变革的行为，对变革计划的调整等都会降低管理人员对管理过程进行控制的程度。

刘洪教授就复杂适应组织与传统组织之间的差异进行了比较[1]，见表2-2。

---

[1] 刘洪，姚立. 管理复杂适应组织的策略 [J]. 系统辩证学学报，2004 (4).

表 2-2　　　　　　复杂适应组织与传统组织之间的差异比较

	传统组织	复杂适应组织
理论基础	机械论、还原论，整体等于部分之和	整体论、系统论，整体不等于部分之和
组织形式	层次、等级，比较稳定	网络、扁平，与时俱进
信息传递	自上而下、命令链	交互作用、协同运作
组织目标	均衡的目标、计划的目标	不确定性、涌现的目标
主体关系	因果关系、线性关系	非因果关系、非线性关系
可预见性	个体行为或系统行为是已知、可预测或可控制的	个体行为或系统行为是未知、不可预测或控制的
组织变革	少数领导者设计与决定组织变革的方向	组织成员决定组织变革的方向或自发涌现变革
组织动力学	群体遵从于可预测的发展阶段	各个主体自组织地适应于不确定性变化的环境
环境适应性	差，在一定的环境中逐渐退化	强，与环境形成互利共生的关系

传统的组织理论基本上是以完全理性为条件、追求组织均衡为目标和线性处理为手段的理论，相比较而言，复杂适应组织所关注的有三个重点。[①]

1. 组织成员的主观能动性

传统组织理论认为"服从"是组织对其成员的最基本的要求，个人和部门的自治能力和主观能动性被忽视或受到限制，要求整个组织像机器一样有条不紊地运行。虽然行为学派等也提出了"非正式组织"和"社会人"等人际关系的概念，但仍然只是停留在了解人们的需求，寻求金钱以外的刺激手段，并没有或很少考虑到作为组织成员的人具有"主动"的天性，从而在组织机制上做出相应的"自组织"安排。

---

① 刘洪，张竺. 混沌理论与企业管理结合的研究 [J]. 自然辩证法研究，1998 (11).

2. 自组织、正反馈和涌现

自组织是一种几乎没有计划、控制和"自下而上"的自发行为。可以说，凡是有人群的地方就会产生自组织现象。然而在众多的组织理论中很少考虑到自组织。均衡、稳定是传统组织理论考虑的重要因素。在企业组织中，随处可见的是企业管理当局为了达到均衡和稳定而采取的各种负反馈措施。与负反馈不同，正反馈是强化某种行为，往往会给组织带来意想不到的结果。自组织和正反馈的结合就会导致涌现的产生。在传统组织理论中，一切都是安排好的、一切都是可以预测的。然而在自组织、正反馈盛行的组织中，涌现却无法预测，因此当涌现产生时，传统的组织理论就会变得一筹莫展、无法解释，或者按照所谓的随机现象对待。

3. 长期计划和长期预测失效

复杂适应系统的一个重要特点是系统的动态行为具有对初始条件的敏感依赖性，即具有"蝴蝶效应"——初始条件的细微差异受到系统的非线性反馈过程的不断放大和缩小，导致最终完全不同的结果。因此，对于组织系统而言，结果与原因之间的关系会随着时间的推移而消失，即有"非因果关系"，使得长期计划和长期预测变得不再有效。这意味着一个大的原因可能只产生一个小的结果，而一个小的原因可能会有一个大的结果；相似的原因不见得有相似的结果。因此，根据历史发展的趋势推测未来和做出长期的计划、预测是不可靠的[1]。

总之，传统组织理论，特别是20世纪后叶的二十多年来，出现和发展的组织理论确实能指导、解释和解决组织在常规状态下的许多问题，但在碰到诸如非线性、自组织、涌现和创新等问题情景时就会显得力不从心，而这些问题的解释和解决正好是包括复杂适应系统理论在内的复杂性科学理论所擅长的。

四、不同学派视角下的组织复杂性

正如霍兰所指出的，适应性造就复杂性[2]。家族企业是一个复杂适应系

---

[1] 刘洪. 经济预测的混沌理论评述 [J]. 自然杂志, 2000, 22 (6).
[2] 约翰. 霍兰. 隐秩序——适应性造就复杂性 [M]. 上海：上海科技教育出版社, 2000.

统，系统中各个元素的相互作用促使组织不断地适应复杂无序的外部环境；这种适应推动家族企业具有了复杂的特征。[①] 由于复杂现象的普遍存在，关于何谓组织复杂性有着不同的内涵界定。吕鸿江将组织复杂性界定与测量的学派归结为三类：结构学派、行为学派和认知学派。[②] 我们根据吕鸿江的观点，为我们家族企业的组织复杂性的论述中提供依据。

（一）结构学派视角下的组织复杂性

组织复杂性代表着结构的错综复杂，是一种组织层级的复杂性。这是一种强烈的客观视角的复杂性。组织在一定程度上可以被分割成不同的结构单元，分析结构单元的复杂性就能得到关于组织复杂性的总的观点。因此，当组织内各结构单元的复杂程度不同时，就会产生不同的复杂性问题。进而，结构学派从结构单元的数量及它们之间的相互关系的复杂程度研究了组织的复杂性。首先，过多的结构单元会引起组织的复杂性，并指出组织规模是组织复杂性的重要预测器。拜尔和托思认为虽然规模是组织复杂性的重要预测器，但劳动分工是一个更重要的预测器，分工越多，则越复杂。劳伦斯和劳斯奇也指出如果一个组织庞大且包括许多子系统，而这些子系统有正式的结构，其成员又有特定的目标、具体的约束及一定的相互关系，组织就具有了根植于组织单元的复杂性。这类复杂性可以用组织内活动的数量和组织中子系统的数量来描述，因此，这类结构复杂性的界定至少包括四个维度：纵向复杂性，即组织中垂直分布的职位层级数；横向复杂性，即组织中水平分布的职位数及与个人职位相关联的技术深度和广度。事实上，水平分化和垂直分化都给组织提出了沟通、控制和协调的问题。由于水平分化和垂直分化不同，差异越大，控制、协调与沟通方面潜在的困难就越大，结构单元之间关系就越复杂。因此，结构学派的学者们又指出不仅结构单元的数量还有他们之间的关联也反映了组织的复杂性，可以将组织复杂性定义为组织单元的数量、它们之间的多样化差异及其相互作用关系。结构学派的思想可以总结为：复杂的组织就是一个错综复杂的结构，可描述为两个主要特征，即具有许多的组成成分和存在多重的相互关联。由于

[①] 甘德安. 复杂性家族企业演化理论 [M]. 北京：经济科学出版社, 2010.
[②] 吕鸿江. 组织复杂性的界定及测量的不同学派评介 [A]. 第三届（2008）中国管理学年会论文集 [C]；2008.

这类复杂性往往发生于组织结构的不同层级间,是一种组织层次的复杂性。

(二) 行为学派视角下的组织复杂性

组织复杂性是组织中行为主体受环境影响进而相互作用表现出的组织客观复杂特征,是一种由个体上升到组织整体的复杂性。20世纪90年代,学者们开始关注自组织等复杂行为模式赋予组织系统的整体复杂特征,并将其定义为组织员工层次的细微变化会聚集产生具有错综组织系统特征的复杂模式,这是组织系统新生成的复杂特征。据此,行为学派的发展经历了从关注主体行为的复杂特征到关注由复杂行为引起的组织系统整体复杂性的两个阶段。其次,就行为主体而言,其最本质的特征是它具有某种程度的智能,即具有了解其所处环境,预测其变化,并按预定目标采取行动的能力。[①] 因此,行为主体引致的组织复杂性体现在多样性、自发性、融合性、适应性、超越性、变形性等多个方面。美国桑塔费研究所的科学家们认为,组织是一种复杂适应系统,由大量相互作用的主体构成并不断地通过自组织实现与环境的共同进化。此后,斯坦丝从另一角度也说明了组织的复杂特征,他指出任何人类组织都是组织行为的合法网络和影子网络交织在一起形成的。合法网络在理想情况下呈线性,但在实践中或多或少呈非线性,而影子网络始终处于非线性状态,这两者在正负反馈环节的作用下产生适应性行为,使组织系统突现出了非线性的复杂特征。其中,正负反馈环节都会影响复杂系统行为,正反馈是导致复杂组织系统不稳定根源;负反馈是系统稳定之源,两者相互作用使组织十分复杂。初值的敏感性也是组织的重要复杂特征,组织系统初始时刻的任何细微变化都可能会引起行为在以后的演化中出现巨大的变化,甚至产生涌现的行为,这是一种复杂系统中的行为主体根据各自行为规则相互作用所产生的没有事先计划但实际却发生了的复杂行为模式。行为学派对组织中复杂性的理解主要基于行为主义及复杂系统的理论,强调了行为主体相互作用表现出的复杂现象。从这一学派看,组织中主体通过其复杂行为适应多变环境而表现出的自组织、自适应、突现等的复杂特征共同产生了组织复杂性。因此,一些学者基于"分形"或"自相似性"的观点,指出可以通过在公司内部设计分散的子机构,而每个子机构都

---

① 成思危. 复杂科学与组织管理[J]. 上海:科学,2001,53(1).

以一种特定的方式代表着作为整体的系统，以应对组织的复杂性。这是一种根源于客观主体的复杂性，强调了组织中的主体行为的重要作用，它使得从客观视角研究复杂性问题得以进一步完善。然而，在现实社会中一些组织现象在某些观察者看来是复杂的，但在另一些观察者看来又是简单的，因此，仅从客观视角研究复杂性问题开始被一些学者质疑。

（三）认知学派视角下的组织复杂性

认知学派对组织复杂性的界定，组织复杂性代表着认识困难性、不可预见性、不确定性、变化性。这是一种主观认知视角的组织复杂性观点。持这一观点的学者认为不应根据复杂性产生的组织结构或行为，而应根据人类对组织现象的主观认知程度来定义复杂性。这意味着组织复杂性不应被看做组织的一种客观特征，而应看做决策者面对不同问题时的表现。具体而言，首先，复杂性代表着认知困难性，它难以界定，是一个严肃的认识论问题，随时都有人认为一个现象比另一个更复杂。其次，复杂性也代表着难以预见性，可以将其描述为对某种特殊组织现象或组织任务做出有效或精确预测的困难程度。此外，它不仅反映了人们预见和描述组织行为规律的困难程度，还包括一些不确定性或动态性，如产品市场需求变化的不确定性，企业与外部环境关系的动态变化，以及由于企业内部多元文化导致的员工认知行为多样性等。因此，这一学派强调在组织复杂性形成的过程中，组织结构的复杂性仅是一个因素，人的复杂性是更具挑战性的因素。基于这一观点，认知学派认为：一个组织是复杂的，那就意味着组织设计者或外部观察者必须通过努力提高认知水平以把握组织决策问题。要提高认知水平，就必须通过改善认知复杂程度实现。如果一个人是认知复杂的，他就能从多重视角看人和事，如果一个人是认知简单的，那么他只能从少量简单的视角看人和事。因此，认知复杂的领导比认知简单的领导处理问题更全面；同时，认知复杂性也会影响执行者的感知能力等方面，而且认知复杂的个人能培养更好的交流能力。进而，认知复杂的个人比认知简单的个人更容易达到其工作满意度，而且工作复杂性能调节认知复杂和认知简单的关系，认知复杂的个人在复杂工作中满意，认知简单的个人在简单工作中满意。工作越复杂，认知复杂性和工作水平相关程度越大。

第三节　中国家族企业复杂性组织与管理的转变

由于中国正处于社会转型时期，其社会形态具有高度的复杂性。企业的管理也是一个高度复杂适应系统。在这个复杂的适应系统中，古典管理、现代管理与复杂性管理交互混杂，表面上看起来杂乱无章、无模式可循，实际上，在这种混乱中隐藏着惊人的有序。企业管理的有序性，无疑体现了知识经济时代全球后现代管理革命的内在统一性。事实上，只有当我们掌握了复杂性管理，才能够在变动不居的世界中驾驭复杂。而驾驭复杂的前提是具备复杂性思维。

一、家族企业组织复杂性的控制与利用

（一）组织复杂性的控制

组织复杂性的控制就是通过调整组织结构、主体行为与关系，获得预期的组织行为。有害的或者虽然无害但冗余的复杂性，都需要加以控制。组织复杂性的动因不同，其控制的途径也就不同。环境驱动的复杂性控制的途径在于对环境的选择和企业与环境关系的控制，包括关系形式、流量和强度的控制，前者如选择稳定的环境、构建企业边界氛围以减少外部不确定性企业行为的冲击，后者包括改变企业与环境之间的关系、减弱企业对环境中不确定性变化资源的依赖和建立柔性生产管理系统等。内在结构决定的复杂性控制的途径在于对企业内部结构关系的控制，比如构建简单的层次式企业结构，保持内部物质流、信息流、资金流和人事流的单向流保持部门单位之间的直接关系、线性关系，减少反馈环节控制战略管理参数与条件，使企业运行在稳定条件下运行。具体选择哪种控制途径，需要在组织复杂性评价的基础上分析影响组织复杂性程度的因素，通过对这些因素的控制达到控制组织复杂性的目的。[①]

---

① 刘洪．组织复杂性：动因、控制与利用 [J]．经济管理，2007（1）．

(二) 组织复杂性的利用

组织可以看做是由不同主体构成的、内外部主体相互作用的结合体。复杂性利用就是通过有意识地增强或削弱组织中的某些单位或层次的复杂性，来协调组织内、外部主体的关系，为组织赢得竞争优势。

企业内部主体与外部企业之间的关系，可以从企业的投入与产出两个方面的要求来考察。从投入方面的要求看，当环境中的资源是充分的时候，企业追求的是获取资源的能力。当环境中的资源是短缺的时候，企业追求的是减少对该资源依赖，进而转化为使用其他资源的能力。随着环境中资源条件的变化，企业应能够调整对资源数量和种类的需要，从而提高生存能力。从产出方面的要求看，企业要向顾客提供创新的、便利的产品或服务，帮助顾客实现自己的价值，增加顾客对本企业产品或服务的依赖。随着本企业提供的产品或服务的复杂性或相应的企业复杂性程度的提高，被模仿的难度加大，竞争者加入的门槛提高，从而提升了企业的竞争优势。为满足外部主体对企业内部主体的要求，企业应通过构建复杂适应系统的企业来获得适应性，产生不确定、不可预见的、涌现性行为，通过降低与顾客相关的复杂性来促进他们接受本企业所提供的产品或服务，通过增加与竞争对手相关的复杂性来帮助企业提高产品或服务的市场的进入门槛。[1]

二、家族企业组织复杂性的调整

复杂性环境与其引起的管理复杂性问题要求改变传统的稳定、机械式的组织结构，建立一种能够与环境动态适应的有机型组织。趋于动态的灵活的结构和脱离刻板的官僚形式的动向，已经成为现代组织的一种趋势。适应性有机系统不是建立在永久的、固定的职位之上，而是具有较少的结构性与经常的职位变化，以及具有动态性的职能之间的交互作用，它需要在不同活动的一体化方面投入更多的精力和时间。有机型组织是一个比较开放的系统，其组织设计能够接受环境影响和对付不确定性；其权力的来源不是基于职位，而是知识与专

---

[1] 刘洪. 组织复杂性：动因、控制与利用 [J]. 经济管理, 2007 (1).

长；在任务与职能方面，一般也没有严格的界限规定。[①]

徐绪松从五方面提出基于复杂组织转变的建议：一是实现从职能管理向业务流程转变。"科层制"结构强调部门职能，强调分工的效率。变革后的组织结构强调面向业务流程，将业务的审核与决策定位于业务流程执行的地方，缩短信息沟通渠道和时间。二是实现从硬性管理向柔性管理转变。"科层制"结构强调战略、结构、制度等硬性因素，变革后的组织结构强调人的因素、员工的价值观、文化素质、企业认同感、团队精神等柔性因素。三是实现从"科层制"结构向"扁平化"结构转变。组织结构变革要求先设计业务流程，再依业务流程建立企业组织，尽量消除中层"领导"。将原来的中层"领导"变为流程中岗位经理，使之成为决策层与操作层之间的互动层。四是实现从"命令—支配型"向利用"网络化"平台沟通、协调转变。在设计和优化企业的业务流程和组织结构时，要充分利用工作手段和网络化平台，共享信息，协调分散与集中的矛盾。五是实现从"局部性"思维向"系统性"思维过渡。组织结构革新要求理顺和优化业务流程，强调系统性思想在每一个环节的应用，减少无效或不增值环节，并从整体流程全局最优（而不是局部最优）的目标，设计和优化流程的各项活动，消除"本位主义"和利益"分享主义"。[②]我们借助这些思想从十方面打造复杂性家族企业组织。

（一）把家族企业打造成有机型组织

有机型组织，也称适应性组织。其主要特点：低复杂性、低正规化、分权化不具有标准化的工作和规则与条例，员工多是职业化的；保持低程度的集权。有机型组织是一种松散、灵活的具有高度适应性的形式。它因为不具有标准化的工作、规则和条例，所以是一种松散的结构，能根据需要迅速地做出调整。

关于有机型组织模式的探索还刚刚开始，它的宗旨是挑战传统以权威性为基础的理性公司模式。英国学者梅雷迪思·贝尔滨说：人类进化曾一度集中于身体特征。高智力的大脑和精练的语言使人能够以复杂的方式交流，能够用手

[①] 关伟，李红. 复杂性与组织管理 [J]. 大连海事大学学报（社会科学版），2010（4）.
[②] 徐绪松. 复杂科学管理 [M]. 北京：科学出版社，2010.

来制造工具，这一切使人在这个地球上有了竞争优势。现在，这个时代正接近尾声，而另一个时代则刚刚开始，社会与组织的发展将决定人类在 21 世纪的成败，在这条新的进化路上人类将再也不能回头。贝尔滨还通过对动物族群，如蜜蜂和蚂蚁的研究，得出结论：蜜蜂和蚂蚁等动物在驾驭大型组织方面的能力与人类不相上下，而动物族群在团队作战方面的能力则为人类所望尘莫及。蜜蜂和蚂蚁等族群的团队反应能力，正是信息时代生命型组织所追求的目标。动物团队的成员在遇到突发事件时，具有无须请示就能当下处理的灵活性，而且整个群体无论数目多大，都是一个完整的生命体，每一个个体或部分都可以随时为其他个体及部分提供援助。

有机型组织第一个特征就是非标准化。有机型组织也进行劳动分工，但人们所做的工作并不是标准化的。由于家族企业的文化更多体现家族的文化，同时也体现向现代企业学习与转型的文化。家族企业员工既具有职业化的，又具有熟练的技巧，并经过训练能处理多种多样的问题的能力，他们所受的教育已经使他们把职业行为的标准作为习惯，同时，因为家族企业的员工不少来自家族成员、同学、同乡等，他们不需要多少正式的规则和直接监督，家族文化的认同与共同生活的习惯，使他们具有默会知识，具有惯例，所以，给这些员工分配一项任务，就无需告诉他如何做。他对大多数的问题，都能够自行解决或通过征询同事后得到解决。这是依靠职业标准下的默会知识或者说非标准化知识指导他的行为。

有机型组织第二个特征就是低集权化。有机型组织保持低程度的集权化，一方面就是为了使职业人员能对问题做出迅速的反应；另一方面也因为人们并不能期望高层管理者拥有做出必要决策所需的各种技能。家族企业最大特征就是家族企业主决定一切，这样风险很大，在适应社会与复杂性环境的过程中家族企业应该不断授权，使家族企业的员工能围绕共同的任务开展工作，在职责范围内相互作用中不断修正。职权等级和程序规则少，有关工作的知识及对人物的监控分散在组织之中，强调上下级双向沟通及横向和斜向的沟通，协调和控制经常依靠相互调整与具有较大灵活性的组织系统。

从家族企业的效率角度看，家族企业采用有机式的组织结构，由于它的管理跨度会更宽、更大，因而它所需要的管理人员就更少，成本也更低，那么它是有效率的。我们认为，当家族企业面临环境相对不稳定和不确定时，家族企业必须充分对外开放时；面临的任务多样化且不断变化并使用探索式决策过程时；家族企业的产品与技术复杂而多变时；特别在家族企业需要较强的创造和革新能力及家族企业规模相对较小时，应该采用有机型组织或者说采用适应性组织。

（二）把家族企业打造成扁平化组织

组织扁平化是与组织的管理层次和管理幅度紧密相关的。一般而言，管理层次是指组织内部纵向管理系统所划分的等级数，而管理幅度是指组织中上级主管能够直接有效地指挥和领导下属的数量。扁平式组织实际上就是组织规模已定、管理层次较少，而管理幅度较大的一种组织结构形态。

扁平化组织结构具有如下优势：一是信息流通畅，使决策周期缩短。组织结构的扁平化，可以减少信息的失真，增加上下级的直接联系，信息沟通与决策的方式和效率均可得到提高。二是创造性、灵活性加强，致使士气和生产效率提高，员工工作积极性增强。三是可以降低成本。管理层次和职工人数的减少，工作效率提高，必然带来产品成本的降低，从而使公司的整体运营成本降低，市场竞争优势增强。四是有助于增强组织的反应能力和协调能力。企业的所有部门及人员更直接地面对市场，减少了决策与行动之间的时滞，增强了对市场和竞争动态变化的反应能力，从而使组织能力变得更柔性、更灵敏。家族企业更容易形成扁平化组织。我们发现成功的企业，都会有一个强有力的领导核心，只有这样才能适应市场的瞬息万变。家族企业都有一位权威，这个权威由其辈分及德才决定，并且与企业的领导核心相统一。家族企业主要成员不仅是一个利益共同体，而且同祖同宗，这一层亲情的"黏合剂"容易使彼此之间更为融洽。这样，家族企业领导层次较少，具有扁平化特征而且富有弹性，从管理的角度来说，缩短了上下级之间的距离，减少了中间环节，信息传递加快，便于上传下达，既节约了管理成本，又使决策高度集中，因而其对市场的反应异常敏捷。

（三）打造家族企业的团队组织

组织知识的创造过程需要一个组织环境，而且不能脱离这个环境，因而需要形成一个团队。企业组织在现阶段，呈现出的另一个发展趋势就是，越来多的企业组织将组织成员分割为众多的小团队，以完成不同的组织任务。小的团队组织，很容易在组织成员之间形成组织生产的"惯例、默契"。这种"惯例、默契"，就是组织知识的初级形式，这样可以保证企业组织的持久的活力。归纳来讲，团队组织建立的好处在于：其一，从事创新工作的团队需要有互补的知识或技能，需要在组织中想到"学习"。只有建立一个团队组织，才能实现"干中学"；其二，组织知识的创造是非重复性活动，团队组织成员的管理依靠的是以往的默会性的组织知识，以及基于此而建立的相互信任，这样团队组织可以节约企业组织的管理成本与监督成本。对于员工的评介，依靠的不是以往的组织中的上级评介，而是团队组织成员之间的相互评介，这样一来，劳动产权更能得到充分的保障。[1]

（四）把家族企业构建成网络化组织

网络型结构是近年来发展起来的一种组织形式。它是人们目前探讨的网络型组织、群体型组织、自设计组织、基于信息组织和后工业化组织的一个统称。因此，在既非市场又非等级制度的组织模式中，网络型是一种独特的经济组织模式。它代表的不只是一种将源于更传统模式的因素结合起来的杂交或不完全形式，而且带来了比市场联系更持久而分散、比等级制度更互惠平等的组织绩效。从运行机理上看，网络型组织结构不是依靠合同、授权、资本运作等方式形成的，它所依靠的是设计规则的吸引力，并且这种设计规则在广义层面上包括技术标准、文化认同等。[2]

网络型组织在复杂性环境中也具有独特的优势。首先，网络型组织促进了分工和专业化的发展。在知识经济时代，科学技术的发展和更新速度大大加快，同时其复杂程度也大大提高。这在客观上要求企业将有限的资源专注于特定的领域，以获取专业化带来的利益。网络型组织是为了共同的目标而紧密联系在一起的员工群和企业群。在网络型组织内部，作为组织成员的个人和企业各有其特定的分工。网络利用其特有的价值整合功能，使网络成员能够专心在各自的专业领域不断改进技术水平和生产方式，提高经济效益。其次，网络型

---

[1] 尹碧波. 企业组织的演变——联合产权制度阶段演化论下的分析 [D]. 湘潭大学 2005：39.
[2] 胡晓鹏. 网络型组织结构与模块化创新 [J]. 财经科学，2007（4）.

组织降低了交易成本。利用网络型组织形式，可以将经常性交易对象组织起来，建立长期的信任和合作关系。在此基础上对网络成员之间的相互交换关系进行管理，有助于降低契约谈判费用，简化冲突的协调过程，增加关系性专用资产投资，最终降低总体交易成本。最后，网络型组织有助于优化资源配置。在知识经济时代，信息、知识和智力等无形资产取代了资金、设备和土地等有形资产成为经济增长的主要投入要素。如何充分、有效地利用有限的生产要素将直接决定经济效益的高低。约翰·H·霍兰指出："值得注意的是，涌现行为是在没有一个中心执行者进行控制的情况下发生的"① 复杂适应组织的结构是松散的，常表现为区域分布的网络化形态。

当前信息化浪潮席卷全球，中国的家族型企业在受到更激烈挑战的同时，也面临着机会。互联网、B2B（企业间）电子商务在中国的迅速普及，为家族型企业做大做强提供了有效的解决途径。运用 B2B 电子商务平台，可以帮助家族型企业最大限度地解决成本控制和人才"内外有别"等矛盾，选择在电子商务平台上采购、销售与推广，不仅可以使人力成本降得更低，还可以货比三家，同时实现采购、销售透明化，降低了采购、销售人员"暗箱操作"的风险，在客观上达到了管理的一视同仁。中国企业可以借助高科技，学习、借鉴国外先进企业的管理经验与模式，拉进中国家族型企业与国际先进家族型企业之间的距离。民营企业有优势、有前途，要抓住电子商务高速增长的契机，利用电子信息技术发展自己，做大做久。离开了科学技术，企业即使做大，也很难维系。②

（五）形成家族企业组织规模的小型化与柔性化

自产业革命以来，很多企业多通过扩大企业规模、增加企业产量来追求规模经济效益。这种观念在很长一段时间内是有效的。然而，在基于互联网的电子商务面前，小公司可以通过使用较少的成本来建立全球的销售系统，在开放的市场中平等地与其他的企业进行竞争。且小公司的灵活性和创新型明显强于大企业，所以企业规模的小型化也是组织形态发展的趋势之一。组织规模的小

---

① 约翰·H·霍兰. 涌现——从混沌到有序 [M]. 上海：上海科学技术出版社，2006：7.
② 郭凡生. 中国模式——家族企业成长纲要 [M]. 北京：北京大学出版社，2009.

型化并不是指其产值或市场的缩小,而是指人员和组织机构的缩小。对市场激烈的竞争,许多大公司正通过分离或剥离、授权、企业流程再造、业务外包或建立战略联盟等方式来使自己的经营实体小型化,从而达到降低成本、提高应变能力、提升竞争能力的目的。

柔性管理是在研究人们心理和行为规律的基础上采用非强制方式,利用一种潜在的说服力,把组织意志变为人们自己自觉的行动。柔性管理的本质是"柔"原则与"软"控制。信息的横向交流导致领导层与职工信息共享;知识经济时代的到来导致权力的转移与分散;互联网导致人际关系网络化;沟通方式发生变化;跨国经营,开放系统导致价值的多元化;产权结构多元化导致民主决策;生产要素转移到人力资本导致柔性管理。表2-3是网络经济时代的柔性管理与工业经济时代的传统刚性管理比较。

表2-3　　网络经济时代的柔性管理与工业经济时代的刚性管理比较[①]

传统组织模式	网络经济时代组织模式	工业经济时代管理模式	网络经济时代管理模式
一个中心	多个中心	严格的等级制度	知识网络化
组织控制	技能至上	命令式	联网和联网过程
独立活动	相互依存的单元	命令与控制	集中与协调
垂直集成	多形式联盟	职位的权威	知识的权威
单一结构	多种结构	串行的行动	并行的行动
狭隘观念	全球经营	纵向交流	横向交流
强调效率	强调柔性	价值观:不信任,服从	价值观:信任,诚实

组织边界的柔性化更易于企业的资源、信息等的传递和扩散。使信息、资源能够快捷便利地穿越传统组织的边界,促进各项工作在组织中顺利展开和完成,使组织作为一个整体的功能已远远超过各个组成部分的功能之和。

---

① 甘德安.网络经济下的企业新范式[J].高技术产业经济研究[C].辜胜阻主编,北京:武汉大学出版社,2003:414-431.

（六）鼓励自组织促进家族企业发展

自组织是指一个复杂系统在一定的条件下能够自发地产生新的演化模式。当环境的条件改变时，系统能够自行转变其运行模式，以适应环境新的需求。当企业处于自组织工作条件下的时候，不需要外部施加干预，企业可以"无为而治"。家族企业在自组织工作条件下，不仅能够对环境中不同程度的扰动做出反应，还能够演化到对企业自身生存起关键作用的事件有着最大限度敏感性的状态——自组织临界状态。处于这一状态的企业由于对细微变化具有高度的敏感性，从而使得整个企业的每个主体都要保持高度的警觉以应对相关主体的变化，因此，处于自组织临界状态的组织被认为是最有活力的企业。[①] 对于一个自组织的家族企业管理层，应该允许他们的成员在给定的工作范围内自由地组合工作。这意味着，当组织成员按照这一方式一起工作时，传统的管理层次就不适用了。成员在这样的组织里能够做出贡献，能够通过他们所做出的贡献而影响他人，他人的行为又反过来影响他们自己。如果所有成员的行为遵循一定的规则，那么，他们的自组织行为就在他们的相互作用下产生了。[②]

（七）把家族企业打造成一个智能体组织

多智能体组织与传统组织相比较在运作环境、权力分配、信息传递、运作机制等诸多方面存在着明显不同，传统的组织假定以此为基础的管理理论与方法，已经不能适应新型组织管理的需要。自然界和社会生活中业已存在的多智能体组织及其现象，为我们对多智能体经济组织的认识提供了可供借鉴的知识。

不管是古典科学的还原论，还是现代科学的系统论，都倾向于将事物或系统划分成为简单的部分，通过对部分的了解来认识事物或系统的整体行为，比如按照人类生态系统—社会群体—有机体—器官—组织—细胞—分子—原子—粒子这样的分析路径。也就是像认识与分析一个层次上的组织单元构成了更高一层次组织的单元，随着组织层次的提高，单元活动的复杂性程度提高，当一

[①] Bak P., Chen K. Self-organized criticality [J]. Scientific American, 1991, 264 (1).
[②] 刘洪，姚立. 管理复杂适应组织的策略 [J]. 系统辩证学学报，2004 (4).

个层次的单元活动变得对所考察的人们来讲是有意义的时候，该层次的单元就成为人们关注和研究的对象。智能体就是人们认识复杂系统行为的关注对象，通常又被称之为"行为主体"。

智能体的特点可以从四个方面考察：一是自身独立运作所表现出来的特点；二是自身与其他智能体及环境沟通所表现出来的特点；三是满足设计者目的需要而体现出来的特点；四是作为系统的单元而呈现出来的特点，如表2-4所示。

表2-4　　　　　　　多智能体组织与传统组织的比较

主要特征	多智能体组织	传统组织
外部环境	可以是复杂的、不确定的、快速变化的	希望是简单的、确定的、长期不变的
权力分配	分权，通常没有单一权威	集权，实行统一指挥
信息传递	相互之间自由传递	按照组织层次和工作过程传递，自上而下
学习过程	自主学习，相互学习	有计划地学习
组织形态	网络化、扁平的或层次的	层次式、宝塔形
单元设计	利益中心，自治的、相互依赖的角色分配	按职能或过程明确分工，执行单元
单元能力	学习、反馈、进化、判别	执行、顺从、被动
运作机制	开放的、信息化、基于规则	封闭的、基于指令、组织关系
单元工作	团队工作，以现代系统理论为指导劳动分工	以亚当·斯密分工理论为指导
单元未来	未知的、不可预测的或可控制的	可知的、可预测或可控制的
单元关系	非线性、动态的，非因果关系	线性的、简单的，因果关系
整体发展	涌现的产物	计划的产物
管理重点	运作环境的管理，规则制定	计划的制订和严格控制，监督与协调
环境适应	强，与环境形成共生进化的关系	弱，当环境变化后会退化

虽然单一智能体可以完成一定任务，但在速度、效率、可靠性等方面存在

局限性。此外，社会经济生活中劳动的不可分割性和任务的繁重性、复杂性，需要多个智能体协同工作才能完成。按职能划分的多智能体组织具有模块性、柔性、修正性和可延展性，支持分布式处理和问题解决，知识能够在智能体中扩散。多智能体组织具有比单个智能体更为广泛的应用性。

(八) 加大财产权与控制权结构的优化

我们看到，家族企业的管理发展过程，正契合了葛雷纳总结的组织管理的危机演绎过程，而这都是组织的正熵造成的。因此，要保持组织的活力，就要不断进行变革，时时地采取与组织危机相适应的不同方式进行管理。家族企业要基业长青，做大做强，只有不断地与外界环境之间进行物质和能量的交换，即不断地引入负熵流，如吸收专业人才，进行财产权与控制权的重组，才能保持稳定并向有序方向发展。家族企业改革的最终结果就是要形成一个远离平衡的、开放的、有活力的、较稳定和高度有序的耗散结构。具体来说，当前必须着眼于财产权与控制权合理结构，建立起适应市场经济要求和高端产业链的占位的，切合市场实际的现代家族企业制度。首先，进一步理顺改变家族企业"一股独大"的股权结构，以促进家族企业系统不断地与外界环境大量地进行物质和能量的交换，不断输入负熵流，在外部强约束条件下，系统内部会产生一种自组织能力，并对资源进行有效地配置和合理的组织，以产权为纽带，使系统内部各子系统之间产生一种非线性的特性，这种特性能使系统保持远离平衡态，从而使系统形成有活力的、较稳定的、高度有序的耗散结构。其次，与企业内部吸纳职业经理人，获得负熵，有效分离财产权与控制权过度集中的弊端，努力排除非效率的存在。把职业经理人的努力水平作为负熵流入，从而有效地抑制系统内正熵的增加，以保持系统的稳定性和向有序方向发展。[①]

(九) 知识、技术、品牌纳入财产权范围，优化家族企业股权结构

虽然中国家族企业大多数还处于传统家族企业或者直线型家族企业，少部分处于现代家族企业的阶段。中国经济已经处于知识经济时代的大环境，面向知识经济，家族企业不仅要以劳力、实物资本为企业的主要资源，还要以知识

---

① 陈卫斌. 熵理论与家族企业管理改革 [J]. 福建省社会主义学院学报, 2004 (2).

资本为主要资源与资本，知识经济就是以知识为基础的经济。所以，在以知识为主要资源的经济社会中，家族企业是否具有创造传播和使用知识的能力也成为企业组织生存与发展的决定性因素，管理活动将从重视实物资本转向重视知识与人力资本。这除了创造家族企业新的组织共同愿景外，家族企业必须把知识、技术、品牌作为家族企业的最核心的竞争要素，作为家族企业最主要的财产权与控制权要素。①

（十）借助高水平的相互作用形成家族企业群落

企业群落与企业集聚的不同之处就在于企业之间存在着相互依存的程度。企业群落中各企业间存在着高度的合作，从而形成利于学习和知识交换的机制。一个成熟的企业群落应存在三种不同形式的相互联系网络：水平联系、垂直联系和个人网络。第一种水平联系与传统职能等级式企业不同，企业群落中单个企业常专注于某项核心技术的开发、专精于产品的某一道工序加工或零配件的生产，这种专业化形式要求其他组织的合作者有互补的专长。当公司壮大后，可以将这种网状组织内部化。第二种是价值链上各部分企业间的垂直联系，一个企业的产出是另一个企业的投入，这种联系类似食物链。以泉州民营家族企业产业群落形成为例。当家族企业创业者创新活动成功落脚在某一区域并引起周围模仿后，产业便开始对外传播和扩散。民营家族企业进入产业传播和扩散路径，一般是沿着血缘、亲缘、地缘的脉络向外扩散的。改革开放初期，由于信息传播渠道有限，与自己具有血缘和亲缘关系的人自然成为最可靠的信息来源以及合作和模仿对象。从泉州市产业集中布局过程看，产业群落的形成和扩散完全是民间自发的，其空间的分布更符合市场规律，其专业化家族企业集群，虽然单体规模不大，却表现出极高效率。先后争创了"中国鞋都（晋江）"、"中国休闲服装名城（石狮）"、"中国建材之乡（南安）"、"中国石雕之乡（惠安）"、"中国芦柑之乡（永春）"、"中国乌龙茶之乡（安溪）"、"中国工艺陶瓷之乡（德化）"等众多国家级区域品牌，具有较大的总量规模、较高市场占有率和品牌知名度。② 第三种联系网络③是企业群落中不同的高度

---

① 尹碧波. 企业组织的演变——联合产权制度阶段演化论下的分析 [D]. 湘潭大学, 2005：41－42.
② 宗法制对中国近代家族企业的影响. http：//www.qszx.org/yjblog/u/210/index.html.
③ 蔓纽尔，卡斯特. 网络社会的崛起 [M]. 北京：社会科学文献出版社，2001.

专业化企业能迅速对技术和顾客需求做出反应，而在一起又有集合的能力与资源，可以生产出供应全球的大量产品。这种灵活专业化的关键是它们特有的基于个人网络的知识共享与传播。企业之间相互作用会形成一个纵横交错的网络，每个企业都将成为网络的一个结点，它的生存、发展和活力的存在与整个网络有关，与企业存在的环境（自然、社会、经济、生态、技术）相关。网络中任何一个结点的变动，都可能迅速地放大到整个群落，产生所谓的"蝴蝶效应"，从而推动群落的演进。在企业群落中，竞争和共生是企业之间存在的两种最基本的关系。竞争使群落中各企业在获取能量、物质和信息方面出现非平衡，造成了群落发展的不确定性；而共生则是群落演进、发展的确定性、目的性因素，使群落沿着既有的方向发展。两者相互依赖，相互制约，共同构成群落成长和演进的动力和源泉。值得注意的是，企业群落中，企业之间的相互作用是复杂的非线性相互关系，而不是简单的因果关系、线性依赖关系，在数学上不满足叠加原理。这种非线性关系存在正反馈机制、负反馈机制，以及两者共同作用的过程，进而推动系统出现分岔现象。[①]

三、复杂性与家族企业管理方式变革

家族企业不仅要面对复杂性环境，在复杂性环境的压力与挑战下控制复杂性、降低复杂性、利用复杂性，打造复杂性组织；还可以借助复杂性管理，运用复杂性科学的思维与原理研究家族企业组织管理问题，将家族企业的组织的形成与进化看成是系统内部各组元相互作用及系统与环境相互作用的结果，这样就可以得出一些颇有新意的观点与管理模式。

（一）涌现的管理

涌现是一种从低层次到高层次的过渡，是在微观主体进化的基础上，宏观系统在性能和机构上的突变。涌现性又可理解为非还原性或非加和性，涌现性是系统非加和的属性，"整体大于部分之和"与"整体小于部分之和"这样的

---

① 罗庆. 生态学视角下的企业群落成长研究——以长垣县魏庄镇起重机械企业群落为例 [D]. 河南大学, 2005.

整体与部分差值就是涌现。霍兰说：涌现现象是以相互作用为中心的，它比单个行为的简单累加要复杂得多。涌现性告诉我们一旦把系统整体分解成为它的组成部分，这些特性就不复存在了。涌现是一种非常普遍的自然现象。1923年摩根的著作《涌现式的进化》中写道：涌现——尽管看上去多少都有点跃进（跳跃）——最佳诠释是它事件发展过程中方向上的质变，是关键的转折点。涌现性就是组成成分按照系统结构方式相互作用、相互补充、相互制约而激发出来，是一种组分之间的相干效应，即结构效应。

我们知道，组织管理采用的措施是计划、组织、控制、激励和领导这五项基本活动。这五项活动又被称之为管理的五大基本职能。借助涌现的思维与视角可以更好地履行管理的五大基本职能，比如可以更好地发展企业管理的控制观。团体的学习活动是组织控制的一种方式。学习是控制的自我组织、自我政策的形式，群体自己发现愿望并进行控制。对于面临复杂性的环境，借助涌现的思维，形成自组织是很好的管理方式。可以进行权力的再设计、再分配。我们知道，当权力被用来作为强制和服从的工具，群体行为就是一种顺从；如果不被用来作为强制和服从的工具，群体行为就是叛逆。处于屈服、叛逆和遵从状态的群体都不能适应知识经济时代的企业管理，都不利于家族企业的转型。只有抛弃权力工具的博弈，探究权力的双赢博弈模式，进行复杂性学习，人们才能达成意见的均衡，才能探索企业发展的新方向。

涌现管理就是鼓励企业形成自组织团体与多元文化的形成。只有当一个群体确定了自己的挑战、目标和方向后才会是自组织的。对于一个自组织的管理群体，应该允许他们的成员在给定的工作范围内自由地组合工作。这意味着，当组织成员按照这一方式一起工作时，正规的管理层次常常不适用。成员在这样的组织里能够做出贡献，能够通过他们所做出的贡献而影响他人。如果处于高层的家族企业所有者对于群体工作没有什么影响，那么，这种涌现管理就不可能实现，自组织的活力就得不到发挥。通过成员在职能部门间相互轮换，来发展能激励产生新观点的多元文化，创造成员文化的差异性；通过内部与外部的交流，通过家族成员与非家族成员的交流与碰撞，通过所有者与职业经理人的沟通与授权，促进多元文化的方法，由于职业经理人是新文化因素的携带者，他们所具有的文化与本组织的文化有冲突性，可以带来创新。

涌现管理可以用不确定的挑战代替明确、长期的目标或图景。影响战略的因素随着自组织群体的内部不同文化之间的冲击而演变。高层管理可以通过设计不确定的挑战来取代明确的目标,通过提供给他人半形式化的事件来刺激这种演化轰动。没有目标就是有意识地刺激下级寻求做事的新方法或产生冲突。挑战的活动应该是一种双向的,高级管理自己也要面对来自下层的挑战。此外,涌现管理可以将经营推向挑战的情景。不抓住机会的管理者必然面对停滞,从长期角度看企业也具有高的破产概率。这很简单,因为创新明显地依赖机会。因此,管理者必须有意识地面对环境中的最重要挑战,视环境动荡为组织发展的机会和动力源泉。

(二) 强化正反馈

加强成员之间的沟通与联系是促进组织正反馈的一个重要方面。沟通联系的方式可以是多重的,比如面对面的交谈、召开会议、电子邮件、互动式电脑软件或是语言信箱等,其内容也可以多种多样,如信息反馈、技术支持、客户数据等。一方面,如果组织管理者过于集权,将成员的沟通仅仅限于自上而下的形式,那么组织内部的信息流就会失去其原有的价值,从而阻碍组织正反馈的效能。另一方面,如果组织过于松散,成员之间信息交流量过低,那么组织内部的正反馈效能就难以发挥作用,许多繁重的工作将无法通过共同协作来完成。因此,管理者应该深入了解组织内部的沟通机制,检查信息反馈渠道是否通畅,让组织成员的互动在质和量上最大化,同时让成员了解组织内部的沟通方式。可以从以下几个方面来强化组织的正反馈行为。[①]

(三) 混沌管理

传统思维是一种连续性的、线性的、黑白对立的思维方式,来规范一个非常充满不确定的世界,这意味着如果我们倾向于用线性的思维去思考我们的行为方式及产生的结果,这可能扼杀企业的诸多创新。企业混沌管理的具体含义大体指两个方面:一是将企业系统看成是一个混沌系统或是企业系统处在混沌环境之中,这是应用混沌理论解释和解决企业发展过程中出现问题的基本前提;二是把混沌理论和方法应用于企业系统的管理实践,这是混沌管理的最终

[①] 刘洪. 经济混沌管理 [M]. 北京:中国发展出版社,2001:120-125.

目的。混沌理论揭示了确定性与随机性、简单性与复杂性、有序与无序之间的辩证关系，它为我们理解系统的动力学演化规律，把握动态、不确定的世界提供了新的概念和方法。事实上，一些与此相关、具有前瞻性眼光的理论家和管理者已经把混沌理论引入了管理。如美国学者埃德加·E·彼得斯在其著作《资本市场的混沌与秩序》中提到的 LBS 资本管理公司、预测公司、TLB 合伙公司等公司均将混沌理论的研究成果和方法应用于企业的管理。约翰·H·霍兰的《隐秩序》一书中也包含了混沌的管理思想。

营销战略权威科特勒与管理大师约翰·卡斯林研究金融危机所产生的巨大动荡现象后认为，金融危机所产生的巨大动荡现象并非失常，而是常态的新面孔。他们认为，经济不景气是摇摆不定的动荡时代的一部分，整个世界通过全球化和科学技术无情地捆绑在一起，风险与机会并存。灾难总是降临给无准备者，而机遇却总是青睐有准备者——那些强有力的，有能力迅速预见并有效应对潜在威胁的企业。然而，当我们被恐慌裹挟，被不确定性冲昏头脑时，我们只有突破传统的思维定式，打破常规，以复杂性思维重新思考不确定性，才能在一片豁然开朗的新天地里任意驰骋。那么，复杂性思维如何导入企业管理实践当中呢？混沌管理具体有哪些需要注意的呢？他们提供如下建议:①

一是制定一份"战略指导路线图"。外界的不确定性恰恰要求内在的确定性（定力）来应对，以头脑的昏乱、飘忽、疯狂来应对不确定性。我们一方面要有一个较为清晰的"战略地图"，明晰终点；同时不能忽视其路径的多样，只要能达到最终"客户吸引子"方向，必要的战略实时调整在所难免。

二是制造混沌产品。无疑，信息化时代的思维与传统工业化管理思维相去甚远，为了满足"混沌"客户的需求，自然需要"混沌产品"。信息时代颠覆了工业时代的产品定义，顾客消费不再是围绕着企业的产品，而是围绕着社会的生活方式进行。当前企业家更应该将目光转向"体验式消费"，这也在考验企业家们是否能跳出市场用全新的视角来挖掘新的价值？当电子商务方兴未艾之时，无人能够准确预测其市场前景有多广阔，更无人能预料到这将极大程度上改变人们的消费行为方式。当诺基亚还在享受手机时代的红利之时，没人能预想到短短 2~3 年苹果、HTC 的爆发式增长快速改变了整个手机行业的版图，

---

① [美]科特勒，卡斯林著，李健译. 混沌时代的管理与营销[M]. 北京：华夏出版社，2009.

将诺基亚推入"2012即将消失的十大品牌之一"的行列,或者说,通过"体验式消费""半成品逻辑"悄然无息地将诺基亚推出主流圈子。混沌时代需要敏锐的嗅觉,混沌产品更代表一种全新的哲学思维,这种"产品"卖的不全是物理化、刚性的器件,它更多倾向于打造一种生活方式、一种文化体验,在这种广阔布局下挑选一两个切入点引领消费者进入商家"制造的局",而切入点才是我们实实在在拿到手的那个"部件"。

三是时刻打破原有路径的"预警系统"。我们知道,动荡可能会在任何时候、任何地方以明显或隐藏的方式出现。企业应当对已发现的动荡加以分析并尽快采取行动,最大限度地削弱或消除企业的拐点。正因为变化的反复,才有了建立预警系统的必要,市场上每一个细微的导火索都有可能制造惊涛骇浪,通过对企业竞争环境的监测,及时预测市场需求的细微变化,发现市场机遇和风险,及时调整市场策略;与此同时,注意竞争者行动及市场行为,避免竞争者对公司造成伤害,同时制定针对竞争者的策略,预先抢占市场;应该注意到,企业的很多巨大威胁往往并非来自现有竞争者,相反,潜在的行业内外冲击往往令企业家措手不及,通过识别发生巨变的信号,包括颠覆性创新和冲击,及时发现对公司产品造成强有力竞争的替代品,保护公司现有产品的市场,使公司损失降至最低是十分有必要的。

(四) 降低复杂性

一旦家族企业高管层清楚地认识到哪些领域的复杂性在妨碍提高效率,他们就可以开始消除任何不能增加价值的复杂性,并将其余的复杂性引向那些能够处理它的员工。

外部强加的复杂性包括法律、行业规则,以及非政府组织的干预。通常,这种复杂性是企业无法处理的。内在的复杂性是企业的业务所固有的,并且只能通过退出一部分业务才能消除。设计的复杂性是通过一些选择产生的,这些选择包括在哪里开展业务、销售什么产品、向谁销售产品,以及如何销售产品。企业可以消除这种复杂性,但这可能意味着在自己的业务模式中简化掉一些有价值的创新方式。不必要的复杂性来自组织的需求与支持这些需求的流程之间不断扩大的差距。这种复杂性一旦确定后,就比较容易处理。同样重要的是,为了防止不必要的复杂性卷土重来,对这些复杂性管理应该保留在高管层的管理团队手中。当涉及复杂性的管理时,企业的第一选择总是寻找能降低复杂性的方式。然而,高管们应该注意,消除某一个领域的复杂性可能会引起其他领域的复杂性。因此,他们必须要求将员工对这些复杂性做好充分准备。

每当企业在处理复杂性时,最终总会发现,与其他人相比,有些员工似乎更少受到复杂性的困扰。这并不奇怪,人是各不相同的,有些人在面对模糊性、不确定性、复杂性的任务,以及不明确的责任时,就像在汽车头灯照射下的鹿一样变得不知所措;而另一些人则能够想方设法完成自己的任务。为了明智地应对复杂性,企业需要确定员工个人具有的优势与弱点。虽然有些人拥有处理复杂性的天赋,但我们现在知道,其他人通过训练,也可以培养出我们称为"一心二用"的能力———一种能够包容模糊性和积极处理复杂性的本领。这些技能使员工能在组织内部创建和使用各种网络,建立人际关系,并有助于克服糟糕的流程,在组织"孤岛"之间牵线搭桥。为了更好地管理复杂性,高管层必须了解各个层级的员工如何看待复杂性,进而认清驱动复杂性的原因是什么。通过这样做,就可以保留企业各种能增加价值的复杂性,消除各种不能增加价值的复杂性,并将其余的复杂性引向那些经过训练、能够有效处理它的员工。[①]

四、借助复杂性领导理论提高企业家在家族企业中的领导水平

复杂性领导是复杂系统动力学研究在大型组织系统的延伸,因此并不能简单地把它理解为领导任务的复杂性、领导环境的复杂性或者是领导者心理行为的复杂性。

(一)现代形态的家族企业需要复杂性领导

在复杂性领导理论中,复杂性存在于各种不同的组织系统,包括科层结构组织、网络结构组织等,因而科层结构组织同时具备了正式和非正式系统。乌赫尔和马里昂(2009)阐述了科层结构组织中复杂性领导的三种功能:行政

---

① Julian Birkinshaw. 如何正确处理组织的复杂性?[J]. 麦肯锡季刊,2010-6-17.

领导、适应性领导和使能领导,并且这三种功能是相互联系的。行政领导指的是不阻碍复杂动力促进组织适应的情况下,组织的科层结构功能。适应性领导是一种非正式领导过程,它产生于相互依赖的载体的有效互动,这种互动顺应了组织适应的需要,形成或完善新的解决问题的办法,有助于新的构思、变革、适应性和变化的产生。使能领导在行政领导和适应性领导两者之间起调节作用。

适应性领导是由载体驱动的,反映出人们在实际中的决策能力,同时它把人的行为既看做是社会系统的影响因素,又看做是社会系统的产物。它成为一种领导形态是因为它包含了有意的行为,导致了组织变化。当人们需要重新学习、革新或以新的行为模式参与到互动中去应对挑战,无论这种应对是主动还是被动的,适应性领导过程就发生了。适应性领导有着背景特殊性。以往把"背景"理解为环境、组织、技术、规模和结构,但这里"背景"将定义为非计划性的、不可控的机制,这种机制产生于载体在不同的情境中互动的行为,因此适应性领导与"背景"的关系并不是稳定的,而是处于不停地变化中。[①]

家族企业草创之初缺乏行政与科层制度,适应性领导占优,这时要加大企业的科层制与职能部门的建设;到家族企业发展到科层制的时期,不少家族企业学习国有企业的经验,加大了制度建设,导致家族企业染上"国企病",这时需要的是适应性领导;当家族企业的发展到了与家族之间存在矛盾时,这时需要职能领导来调整行政领导、适应性领导的关系,平衡家族与企业的矛盾与利益。

(二) 家族企业复杂性领导核心是"共享需要"

在复杂性理论中,相互依赖是与"共享需要"这一概念相联系的。"共享需要"与传统领导理论提到的"共享目标"或"共享愿景"是不同的。"共享需要"并不要求载体形成相同的目标或愿景。它认为在互动合作中,合作者并非持有同一个相同的目标,而是各自持有不同的目标,这些目标在协同工作中都得到满足。比如,在创办一家族企业时,创业者可能是使命的使然,而一位大学毕业生可能出于获得聘用的需要。在这个例子中,合作者的目标各不相

[①] 吴宇驹等. 复杂性领导理论及其在科层结构组织中的应用 [J]. 企业管理, 2011 (10).

同，他们并没有表现出"共享目标"或"共享愿景"去追求相同的结果，而是表现出"共享需要"，以至于协同共事，实现各自的目标。没有互动依赖，载体就不会参与到复杂性适应系统的动态互动和行为联结中。这恰恰可以解释多团队系统所反映的在激励成员指向核心任务（愿景）的过程中存在这样那样的问题，成员并不感觉到自身与愿景联系或者他们并没有共享这一目标。直到现在，家族企业的领导人在做大做强的过程中几乎完全倾向于组织的正式结构，而忽略了组织领导非正式结构的一面。复杂性领导理论用于科层结构组织的研究将有助于理解组织的非正式作用，以及这种非正式作用与正式控制系统的关系。从这个角度来说，复杂性领导理论指出：在不偏离组织战略和控制的前提下适当让组织松散刺激学习、变革和创造的产生，以管理持续的适应过程，应对变化。

第三章
The Further Research on Family Business Based on Complexity Theory

家族企业技术创新复杂性理论

人们普遍相信在过去的两个半世纪中资本主义制度乃至整个人类社会经历了被称为"连续方式的工业革命",这是市场经济制度内在质变的主要源泉。技术创新是当代经济的一大主题,已成为关系企业发展成败的关键问题。民营家族企业作为国民经济的重要组成部分,在中国经济、社会、文化建设中具有积极的意义,能否建立技术创新机制将直接影响到民营家族企业的生存与发展。借助复杂性技术创新理论探究民营家族企业的技术创新问题,则是一个非常有意义的问题。复杂性技术创新理论是近年来关心技术创新和管理组织建设的学者刚刚提出的概念。[①]

第一节 家族企业技术创新问题的提出

历史的经验值得注意,让我们简要回顾民国时期的中国民营家族企业的技术创新问题。当时,由于第一次世界大战的爆发,给中国民营家族企业的发展留出了一个巨大空间。这是一个天赐良机,并造就了中国工业化进程中的第一个"黄金时代"。遗憾的是民国时期的民营家族企业最后绝大多数以失败告终或者企业在生存线上苦苦挣扎。除了制度环境、战乱外,一个主要原因是民营家族企业缺乏技术创新、缺乏自主创新。

在创办的民营企业中,范旭东创办的"永久黄"是唯一一个注重技术创新与自主创新的企业家。他于1914年在塘沽的盐滩上创办的第一个公司是"久大精盐公司",采用溶盐—蒸发—冷却—再结晶的新工艺,生产出纯度高、色泽好的精盐。不仅结束了优质精盐依赖进口的历史,也打破了旧盐商对盐业

---

① 吴彤,胡晨.论技术复杂性[J].科学学研究,2003,21(2).

的垄断局面，更为中国民族化工业奠定了基础。范旭东1917年与陈调甫、王小徐合作试验，邀请留美的化学博士侯德榜回国主管技术，克服制碱过程中产品质量、周转资金、盐业税收等困难，中国的"红三角"牌纯碱终于问世，并获得了万国博览会的金奖。范旭东第三个自主创新的成功案例是创办"黄海化学工业研究社"。这是范旭东于1922年创办的中国第一家专业化工研究机构，特聘美国哈佛大学化学博士孙学悟先生主社。不仅解决了制盐、制碱中的技术难题，开发并取得了中国无机、有机化学应用和细菌化学研究的成果，而且培养造就了一大批化学工业人才，从根本上打破了西方人的技术垄断。

但是，民国时期的范旭东创办的"永久黄"系列企业注重技术创新与自主创新的产品外，几乎没有其他的民营家族企业有自主创新的技术与自有产品。即使是张謇创办的"大生"，荣氏家族创办的"申新"系列企业也不例外。荣宗敬虽然注重引进新设备、新技术，并注重引进后的改造，但他们还是缺乏技术创新的意识与企业技术创新的发展战略。所以，当第一次世界大战结束后，西方资本纷纷回到中国市场时，中国的民营家族企业就纷纷败下阵来。

据统计，改革开放以来，中国民营家族企业的平均寿命是2.9年，即使是民营高科技企业也难逃此厄运，中关村"电子一条街"5000家民营家族企业，生存时间超过5年的仅有430家，而超过8年的仅占总数的3%左右。[①] 化解民营家族经济的发展瓶颈，需要关注很多问题，但增强企业的技术创新能力显然非常重要。技术创新就是企业的核心竞争力，具有技术创新能力，就具有企业长期竞争优势和维持稳定利益的能力，民营家族企业要在激烈的市场竞争中永远立于不败之地，就必须培养和保持自己的技术创新的能力。20世纪90年代，巨人集团为什么会从IT进入保健品行业，就是因为它缺乏在IT行业存在下去的核心能力；"飞龙"、"三株"、"太阳神"为什么"其兴也勃也、其亡也忽也"，就是因为它们没有产品创新、技术创新与制度创新。"爱多"为什么会在VCD大战中显得如此乏力，就是因为"爱多"没有自己在VCD方面的核心专长，其使用的是国内普遍使用的菲利浦公司生产的具有超级纠错能力的主板，经过简单的组装而成的。没有自己的核心专长，就好比树没有"长而宽"的根系，自然"叶"不会茂盛，"花开"不会长久，"果实"也不会

---

① 马雪峰. 民营企业技术创新初探 [J]. 企业经济, 2008 (3).

丰硕。

根据瑞士管理学院的统计，中国科技研究开发效率低下。按每万人产出专利（包括国际专利与国内专利）的件数，我们做个比较：中国每万人产出专利为10.8件；美国为1714.4件；日本为1737件；德国为1534件；法国为1504.9件，都超过中国150倍以上。英国为984.8件；韩国为554件；是中国的50倍以上。就拿印度来比，人家为446件，也超过中国40倍。① 国家知识产权局资料表明：中国拥有自主知识产权核心技术的企业仅为万分之三，99%的企业没有申请专利，60%的企业没有自己的商标。民营家族企业在这方面尤为突出。多数企业自主创新意识普遍较弱，民营家族企业申请的专利中发明专利只占13%；而发明专利中，多数又是近几年才申请的。②

此外，知识产权纠纷频繁发生，对中国经济发展带来巨大损失。随着中国制造业的高速发展，同样面临着日趋增多的知识产权纠纷。2003年1月，思科起诉华为，称华为涉嫌盗用、抄袭了思科拥有知识产权的文件和资料并侵犯思科的其他多项专利；2003年2月，北汽福田公司生产的农用拖拉机和割草机因涉嫌侵犯美国公司专利被提起"337调查"；2003年3月，美国辉瑞公司以侵犯伟哥专利为由申请对包括7家中国公司在内的15家企业进行调查；2003年5月，美国一电池公司指控南孚等24家企业对其无汞电池侵权，要求进行"337调查"。据报道，仅加入世贸以来中国企业因知识产权纠纷引发的经济赔偿累计超过10亿美元。2002年中国机电产品出口企业因专利赔偿的损失近200亿元人民币，占机电产品出口总额的1.5%，约占机电产品出口利润的30%。③

根据中国民（私）营经济研究会家族企业研究课题组编著的《中国家族企业发展报告（2100）》表明，在技术创新方面，家族企业的研发活动尚不活跃，获得的政府支持还比较有限。抽样调查显示，在提供研发费用信息的企业中，有37%的家族企业在2009年投入了研发费用。而且，家族企业的研发活

---

① 郎咸平. 科幻：中国高新技术企业发展战略评判 [M]. 北京：东方出版社，2006：1-12.
② 黄孟复. 中国民营企业自主创新调查 [R]. 北京：中华工商联合会出版社，2007：11.
③ 董书礼. 从模仿到自主创新：我国制造业发展的必由之路——我国产业技术自主知识产权系列研究报告 [R]. http://www.usc.cuhk.edu.hk/PaperCollection.

动主要依靠自身投入，企业技术改造得到政府支持的仅占 13.1%。①

为了增强中国民营经济的竞争力和持续发展的能力，提高技术水平，加快技术创新已成为一项非常紧迫的任务。我们从创新与技术创新的界定与对家族企业发展的意义、中国家族企业技术创新能力的特征和现状分析家族企业特征对技术创新能力的影响及新型工业化道路对家族企业的挑战。

一、技术创新的界定与对家族企业发展的意义

（一）创新的界定

科学史家乔治·萨顿认为"科学史是唯一能够阐述人类进步的历史"。在人类文明进步史上，科学的进步具体体现在技术创新上，技术创新一直是人类文明的推动力和经济发展的原动力。不正是蒸汽机的发明才使人类从农业文明进入工业文明吗？

从哲学层面上说，创新是人类思维和实践的一种特殊形式，是人类突破传统，实现旧质状态向新质状态转化的创造性活动，也是人类寻求新的发展空间的存在形式。熊彼特认为，创新是生产要素的重新组合，是创立一种新的生产函数，实现新经济的发展的过程。创新不只限于科学领域，也包括艺术、教育和服务行业等广泛领域。美国管理学家彼得·德鲁克在其《创新与企业家精神》中也认为"创新行动就是赋予资源以创造财富的新能力"。很明显，创新的一层意思是创新与应用相联系，且"发明"和技术必须商业化应用成功才能说创新完成，发明没有商业化应用就不能说实现了创新；第二层意思是创新不仅仅是技术创新，也包括制度创新、组织创新和服务创新等。

在熊彼特看来，每个经济活动的长周期都是独特的，受完全不同的产业群的推动。一般说来，当一组新的创新得到普遍应用的时候，一个长周期开始上升。譬如在 18 世纪末是水力、纺织和铁的时代；19 世纪中期是蒸汽、铁路和钢的时代；20 世纪初是电、化工和内燃机的时代。20 世纪 70 年代以来，则是

---

① 中国民（私）营经济研究会家族企业研究课题组.中国家族企业发展报告（2100）[R]. 北京：中信出版社，2011：30 - 31.

计算机、网络、移动通信等高新技术引领世界产业的革命。PC机、Windows视窗软件、iphone、ipad等则是从技术创新到产品创新的体现。每个浪潮的升起刺激了投资和经济的扩张。随着机会数量的减少，投资商的回报下降，一段长期的繁荣最终随着技术的成熟而消退。经过一个阶段更加缓慢的扩展之后，萧条不可避免地来临，接着是崭新的创新浪潮。新浪潮摧毁旧有的做事方法，同时为新的高涨创造条件。

创新有狭义和广义之分。创新本来是一个舶来概念，源于美国经济学家熊彼特"创新经济论"中所提出的技术创新。在该理论中，熊彼特将以下五种类型都称之为技术创新：一是在生产中采用一种新技术；二是生产一种新产品；三是在生产中采用新材料或新的半成品；四是开拓新市场；五是采用新的组织形式。很显然，这五种创新类型全都是企业的经济行为，企业是创新主体；其实质就是企业"建立一种新的生产函数"，"实行对生产要素的重新组合"，也可以说是对科学技术发现、发明和创造的实际运用。熊彼特创新经济论中所提出的技术创新恰恰不包含科学发现、技术发明和创造的本身，也就是说，科学发现、技术发明和创造的本身并不包括在技术创新之内。另外，在熊彼特认为，技术创新和创新是同一概念，创新就是指技术创新，技术创新也就是创新。我们将熊彼特所说的创新称为狭义创新。狭义创新是国际上通用的创新的概念。

创新概念引进中国以后，其含义与原来的意思大相径庭，比舶来的创新概念有了很大的扩展和延伸。依据中国在现实生活中对创新一词的理解和使用，创新就是创新主体产出比自己以前所具有的东西好的东西的活动。其中"比自己以前所具有的东西好"有三重含义：一是指与自己以前所具有的东西不同；二是指比原有的东西更能给创新主体带来更多的物质的或精神的收益；三是指有利于社会的进步。由此可见，广义创新的"新"不要求"首次"（指"首次"使用，或"首次"产生），只要求其结果不同于前、并且好于前。创新主要是一个相对于创新主体自身的概念，不强调横向的比较，创新的主体不只是企业，个人也可以是创新的主体。这种创新含义的概念，是我们中国人所使用的概念，我们将其称之为广义创新概念，也可以说是中国创新概念。

熊彼特的创新理论，强调了以创新活动引起的生产力变动在经济、社会发展过程中的推动作用，强调技术进步和制度变革在提高生产力中的作用。创新是经济增长的重要驱动力。企业创新范式的特点，一是创新与创业密切联系在一起，创业是创新的实现形式；二是创新活动往往来自民间，比如微软的比尔·盖茨、GOOGLE 的佩吉、DELL 的戴尔等；三是创新成果往往具有一种革命性的影响。

（二）国外关于技术创新概念界定的主要观点

熊彼特关于经济增长非均衡变化的思想首先反映在其 1911 年德文版的《经济发展理论》中，此书在 1934 年译成英文时，使用了"创新"一词。熊彼特在 1928 年首篇英文版文章《资本主义的非稳定性》（Instabihty of Capitalism）中首次提出了创新是一个过程的概念，并在 1939 年出版的《商业周期》（Business Cycles）一书中比较全面地提出了创新理论。尽管熊彼特首次提出了创新的概念和理论，甚至列举了创新的一些具体表现形式，但熊彼特本人并没有直接对技术创新下严格定义。其创新概念包含的范围很广，如涉及技术性变化的创新及非技术性变化的组织创新。这与熊彼特的整个研究性质有关，他始终是将技术创新作为一个新的独立变量来考查其对经济增长以致社会变迁的影响作用，并没有对技术创新本身进行专门的研究。

《商业周期》出版 12 年后，索罗对技术创新理论重新进行了较全面的研究，他在《在资本化过程中的创新：对熊彼特理论的评论》一书中首次提出技术创新成立的两个条件，即新思想来源和以后阶段的实现发展。这一"两步论"被认为是技术创新概念界定研究上的一个里程碑。此后，不少学者都在技术创新概念上做过较接近的研究，到 1962 年，才由伊诺思在其《石油加工业中的发明与创新》一文中首次直接明确地对技术创新下了定义，伊诺思认为，"技术创新是几种行为综合的结果。这些行为包括发明的选择、资本投入保证、组织建立、制订计划、招用工人和开辟市场等"。显然他是从行为集合角度来定义技术创新的。林恩首次从创新时序过程角度来定义技术创新，认为技术创新是始于对技术的商业潜力的认识而终于将其完全转化为商业化产品的整个行为过程。

曼斯费尔德对技术创新的定义常为后来学者认可并采用。但曼斯费尔德的研究对象主要侧重于产品创新，与此相对应，其定义也只限定在产品创新上。他认为，产品创新是从企业对新产品的构思开始，以新产品的销售和交货为终结的探索性活动。厄特巴克在 20 世纪 70 年代的创新研究中独树一帜，他在 1974 年发表的《产业创新与技术扩散》中认为，与发明或技术样品相区别，创新就是技术的实际采用或首次应用。

弗里曼是技术创新方面的著名学者，他对创新的研究有两个特点，一是作为一个经济学家，更多地从经济角度来考察创新；二是把创新对象基本上限定为规范化的重要创新。他认为，技术创新在经济学上的意义只是包括新产品、新过程、新系统和新装备等形式在内的技术向商业化实现的首次转化。因此他在 1973 年发表的《工业创新中的成功与失败研究》中认为，"技术创新是一技术的、工艺的和商业化的全过程，其导致新产品的市场实现和新技术工艺与装备的商业化应用"。其后，弗里曼在 1982 年的《工业创新经济学》（The Economics of Industrial Innovation）修订本中明确指出，技术创新就是指新产品、新过程、新系统和新服务的首次商业性转化。

美国国家科学基金会（NSF）从 20 世纪 60 年代上半期开始发起并组织对技术变革和技术创新的研究，迈尔斯和马奎斯作为主要倡议人与参与者，在其 1969 年的研究报告《成功的工业创新》中，将创新定义为技术变革的集合。认为技术创新是复杂的活动过程，从新思想和新概念开始，通过不断地解决各种问题，最终使一个有经济价值和社会价值的新项目得到实际的成功应用。NSF 在 70 年代对技术创新的限定还是比较窄的，在 1974 年的 NSF 报告《科学指示器》（Science Indicator）中限定创新只有两类：一是特定的重大技术创新；二是有代表性的普遍意义上的技术变革，但不包括模仿与改进型变动。到 70 年代下半期，NSF 对技术创新的界定大大扩宽了。在 NSF 报告《1976 年：科学指示器》中将创新定义为，"技术创新是将新的或改进的产品、过程或服务引入市场"。明确地将模仿和不需要引入新技术知识的改进作为最低层次上的两类创新而划入技术创新定义范畴中。

对几十年来在技术创新概念和定义上的多种主要观点和表述（见表 3 - 1），缪尔塞在 80 年代中期作了较系统的整理分析。在其搜集的 300 余篇相关论文中，约有 3/4 的论文在技术创新界定上接近于以下表述：当一种新思想和非连续性的技术活动，经过一段时间后，发展到实际和成功应用的程序，就是技术创新。在此基础上，缪尔塞将技术创新重新定义为：技术创新是以其构造新颖性和成功实现为特征的有意义的非连续性事件。这一定义突出了技术创新在两方面的特殊含义：一是活动的非常规性，包括新颖性和非连续性；二是活动必须获得最终的成功实现。应当说，这一定义是比较简练地反映了技术创新的本质和特征的，但至今国外仍未形成严格统一的技术创新定义。①

表 3-1　　　　　　　　　关于技术创新的代表性定义

代表人物	观　点
索罗	提出技术创新两条件：新思想来源和以后阶段的实现发展
曼斯菲尔德	一项发明，当他被首次应用时，可称之为技术创新
美国国会图书馆	是一个从新产品或新工艺设想的产生到市场应用的完整过程
斯通曼	首次将科学发明或研究成果进行开发，最后通过销售并创造利润的过程
缪尔塞	技术创新是以其构思新颖性和成功实现为特征的有意义的非连续性事情
经济合作与发展组织（OECD）	新产品和新工艺，以及产品和工艺的显著的技术变化
中共中央、国务院	指企业应用创新的知识和新技术、新工艺，采用新的生产方式和经营管理模式，提供新的服务，占据市场并实现市场价值
傅家骥	企业家抓住市场潜在的盈利机会，以获取商业利益为目标，重新组织生产条件和要素，建立起效率更高和费用更低的生产经营系统，从而推出新的产品、新的工艺方法、市场、获得新的原材料或半成品的供给来源或建立企业的新的组织，它是包括科技、组织、商业和金融等一系列活动的综合过程
柳卸林	一个从思想的产生到产品设计、试制、生产、营销和市场化的一系列的活动，也是知识的创造、转换和应用的过程，其实质是新技术的产生和应用

---

① 甘德安，黄镇宇. 创新型城市建设的路径选择——武汉市实证研究 [M]. 北京：经济科学出版社，2009.

(三) 创新研究的困惑

自美籍奥地利经济学家熊彼特开创了对创新的系统性研究,创新问题进入人们的理论视野已经一个世纪,但迄今为止尚未形成一个统一的规范性的描述。目前,来自诸多不同研究领域的学者如经济学、管理学、社会学、工程学、营销学及心理学等一直专注于创新研究,这不仅是因为在实践中创新已经被企业作为适应变化的关键手段之一,还因为创新行为与创造力和对某种新生事物即新奇采纳的内在过程的奥秘有关。以经济学、管理学、社会学、组织学交叉研究为代表的这种对创新研究的聚焦导致有关创新研究的文献的激增。[1]

(四) 创新研究的支离破碎

熊彼特所开创的创新研究,虽然是在探究资本主义经济自身具有的内在发展趋势的背景下提出来的,但从一开始其研究便奠定了这样一种基础,即从社会哲学、经济社会学、经济史学、管理学等多重视角审视"创新理论"的丰富内涵,视创新为一种具有内在质变性、社会历史性,以及系统有机性等特征的现象。

伴随着经济技术实践的发展,技术创新理论的发展大致依次经历了三代。第一代当然是熊彼特的企业家式的创新模式,突出强调企业家创新行为的作用;第二代强调创新过程中企业与用户及其他企业间的合作,即纳入了"需求推动"因素;第三代则开始转向技术创新与包括产业系统在内的创新环境间的嵌入、自组织演化及演化的混沌特征,"国家创新体系"的概念体现了对技术创新的支持环境的重视与研究,意味着第三代技术创新理论的形成。从主流经济学、创新经济学及其他创新研究学科的当代发展来看,无论是跨学科还是专门学科的创新研究,尝试是一种宽泛的基于创新经济学的整合。[2]

---

[1] 转引自陈劲,王焕祥等. 创新思想者:当代十二位创新理论大师 [M]. 北京:科学出版社,2011:5.

[2] Cristiano Atonelli. 2008. The Economics of Innovation: Critical Concepts in Economics. London and New York: Routledge: 405.

二、新型工业化道路给家族企业带来的挑战

新型工业化要求信息化、工业化、城市化相辅相成,社会、经济、生态协调发展,是一个由半农业半工业社会向工业社会和信息社会或者"工业—信息"社会转化的历史过程;是从机械化、电气化、自动化、信息化走过来的,呈循序渐进的发展状态;是以大量消耗资源、牺牲破坏环境为代价的,走的是"先污染,后治理"的路子;是以粗放型的经济增长为特征,通过扩大工业规模来实现工业化。而新型工业化则要走信息化带动工业化、以工业化促进信息化的跨越式发展路子,实现从落后到先进的超越;新型工业化则以集约型经济发展为特征,在经济发展方式上强调利用科技进步提高经济效益,既要实现经济快速增长,又要提高工业化的水平和质量;新型工业化不是靠大量消耗能源、资源换来的工业化,而是发挥后发优势,广泛采用当代先进技术特别是七大新兴战略型产业,以较低的消耗和成本来实现的工业化,走可持续发展的道路。这就是说,新型工业化是信息化带动下的工业化,是资源集成的工业化,是产业协同的工业化,是城乡互动的工业化,是区域协调的工业化,是全面发展的工业化。

但是,我国家族企业主要在劳动密集型行业迅猛发展,包括纺织、服装、鞋、家具、机电产品等。近年来虽然在电子产品、IT领域异军突起,虽然新兴行业属于资金、技术密集型,但家族企业从事的也只是其中的劳动密集型环节,一般以"三低"(低成本、低价格、低档次)维持竞争优势。自己不去研发,上游企业提供什么(样品)就生产什么,这种生产模式必然导致产业环节的边缘化,增值率越来越低。在整个加工贸易的研发、设计、制造、物流、销售、服务等环节构成的产业链中,中国民营家族企业从事的往往是对零件或原辅材料的初级加工、装配和组装等劳动密集型环节,在产业链中技术含量较低,从而导致增值率的提高不大其主要原因还是国家产业进入政策。有几个刻骨铭心的案例是我们不能忘怀的。一是中国DVD产业因为需付高额专利费而全行业亏损,一台DVD机销售价仅60美元,但专利费最高需付21美元;第二个案例是2007年3月在德国汉诺威消费电子、信息及通信博览会(CeBIT)上,39家中国厂商再次遭遇国外企业的"专利狙击",展台遭到德国海关查

抄，损失重大；第三个案例是电视行业从CRT电视转到LCD电视，因LCD显示器基本上依赖外国，因此整机厂商利润很低甚至亏损；第四个案例是因标准和专利掌握在跨国公司手中，手机行业只有Nokia等跨国公司有利润，国产厂商几乎全都亏损。

所以，国家要制定和实施产业发展计划和政策，引导民营企业产业转型和升级，进一步提升民营企业竞争力。要进一步放松产业准入限制，鼓励民营企业的产业转型。

民营家族企业一般是沿着血缘、亲缘、地缘的脉络向外扩散的。改革开放初期，由于信息传播渠道有限，与自己具有血缘和亲缘关系的人自然成为最可靠的信息来源以及合作和模仿对象。家庭企业扩张的合作对象首先也选择具有血缘、亲缘关系的人，并以血缘和亲缘关系为纽带的产业扩散，使一个人在某一行业取得成功后，往往会带动整个家族从事同一行业，从而出现许多从事同一行业的家族企业和企业集团。

民营家族企业从乡村、家庭工业起步，经历了简陋的粗放式发展阶段。现在，民营家族企业正面临着产业升级、结构转型的关键时期。政府要通过财政贴息、税收、技改贷款等政策措施，鼓励了民营家族企业加大技术改造和技术升级的力度；鼓励了民营家族企业从高耗能、高污染、低附加价值的粗放经营模式转向低耗能、低污染和高附加价值的集约经营模式；鼓励了高科技民营家族企业的发展，促进民营家族企业的产业升级。要清理限制民营家族企业进入的歧视性政策，更多地允许民营家族企业进入垄断性和社会公益性产业部门，替代政府在这些领域的低效率操作行为，缓解政府的财政投资压力，提升民营家族企业的经营效率和竞争力。要改变"新旧三十六条"成为"玻璃门"、"弹簧门"现状。

三、家族企业技术创新的障碍分析

阻碍中国家族企业技术创新的因素主要表现在以下几个方面：

1. 竞争性行业出现了国进民退趋势

金融危机发生后，出于海外市场的收缩和国内外能源与环境的压力，中国制造业面临瘦身的调整压力。出口下降、资金链断裂使众多家族企业陷入破产境地；出于产能过剩和国内外能源环境压力，有关政府和部门出台了关停并转小煤矿、小钢铁的调整政策；受危机冲击的民营经济发达地区的政府甚至制定了吸引国企和央企的政策；而国有企业凭借银行信贷的支持收购民营家族企业的案例以及央企"地王"的案例也频频显现。似乎可以认定，众多竞争性行业已经出现了民营经济萎缩和国有经济扩张的局面。①

2. 家族企业缺乏可持续的技术创新的能力和意识

家族企业的创业过程有一个共同的特点，那就是他们有较强的专有技术，丰富的业务经验。当代著名的华人家族企业王安电脑公司的兴衰就是很好的明证，王安电脑公司经历了3位总裁，3位总裁有着不同的才干，对应着公司不同的发展阶段。

王安公司衰落的另一重要原因是背离了现代化企业"专家集团控制，聘用优才管理"的通用方式，反而像许多华人企业一样，延续传统的家族管理方式，任人唯亲，造成用人不当。1986年11月，王安不顾众多董事和部属的反对，任命36岁的儿子王烈为公司总裁，其实王烈出掌研究部门时就表现不佳，缺乏父辈的雄风，令董事会大失所望，一些追随王安多年的高层管理人员愤然离去，公司元气大伤。② 公司的第三位总裁爱德华·米勒，虽有债务处理方面的特长帮助王安公司成功地减少了债务，但缺少电脑企业兴盛所需要的开发产品能力，这对于米勒而言，实在是强人所难。由此可见，家族企业的管理者缺乏技术创新的能力和意识，已经成为影响企业生存和发展的重要障碍之一。③

3. 家族企业缺乏正确的技术创新战略

有些家族企业经营者缺乏创新战略，只注意眼前，缺乏对企业长远的战略谋划。企业产业层次低、技术开发能力差，许多企业靠"仿制"、企业满足于"小打小闹"，没有自己的拳头产品和专利技术，因此在市场上缺乏竞争力和生命力。据科技部门提供的数据，中国民营企业对外技术依存度高达50%，

---

① 潘英丽. 论中小企业发展在经济转型中的核心作用［N］. http：//hky030006. blog. 163. com/blog/static/8359019220117241 03534777/.
② 神州企业管理. 短暂的辉煌——追忆王安电脑公司的兴衰［J］. http：//news. ccidnet. com/art/.
③ 陈荣美. 我国民营企业技术创新存在的问题和对策［J］. 福建论坛（人文社会科学版），2007（S1）.

技术进步贡献率只有33%。民营企业的自主核心技术、世界公认的标准化技术和享有世界声誉的知名名牌十分缺乏,自主创新能力强和拥有重点领域核心专利的企业仅为0.03%,大型民营企业中只有11.9%开展了技术创新活动,研发经费只占其销售收入的0.71%,而发达国家企业的这一比重一般为3%。从最近调查情况分析,中国民营企业的技术进步和研发能力正在不断加强。模仿创新是企业创新能力较弱时的合理选择但对于民营企业日后的发展而言,民营企业还是应该增强自主技术创新的能力。[①]

4. 家族企业缺乏技术创新动力机制

国家知识产权局资料表明:中国拥有自主知识产权核心技术的企业仅为0.03%,99%的企业没有申请专利,60%的企业没有自己的商标。企业创新动力不足的原因是多方面的。首先,创新的投入产出方式导致企业创新动力不足。由于创新需要大量投入,而投入又不能很快得到相应回报,创新必然影响企业的即期利润。在经营方式上,许多民营家族企业选择多元化战略,在投资倾向上更愿意投向资金回报率高、回收周期短的行业。此外,企业既定生存发展模式选择也制约了创新的内在动力,比如,基于灵活经营机制生存的小企业和基于低成本和规模经济的大中型企业等。大多数民营家族企业的优势仍停留在劳动力和资源使用的低成本上,资本实力、技术实力雄厚且创新能力很强的民营家族企业很少,在创新中存在规模、技术、资金管理方面的制约。企业自主创新较高的机会成本也弱化了企业自主创新的内在动力。自主创新动力不足还由于企业靠机会、靠公关、靠利用低廉的劳动力可以获得较高利润,因此,企业投机心理较强,对自主创新的必要性认识不够。[②]

5. 家族企业缺乏技术创新的团队与人才

一方面家族企业血缘因素天然对外来人才的排他性,影响外部人力资本充分发挥作用,致使缺乏吸引创新人才的平台。此外,家族企业创新人才的流失问题很突出。社会对家族企业还存在偏见,家族企业偏小的企业规模、较差的工作环境和较少的教育培训计划等障碍,导致研发队伍不稳定,严重影响企业

---

① 吴奇志,方文红. 新时期我国民营企业技术创新对策研究 [J]. 中国乡镇企业,2008 (10).
② 辜胜阻. 我国民营企业自主创新的问题及其对策思路 [J]. 中国高新技术产业导报,2007 – 01 – 29.

创新的连续性。创新人员缺乏的激励机制使家族企业技术创新"有心无力",一方面,技术研发能力差和技术成果产业化乏力;另一方面是现有人才的创造潜能没有得到很好的激发。家族企业对人才的最大伤害莫过于任人唯亲的家族式管理,担忧大权旁落,有技术专长的人难以步入领导岗位,"劣币驱逐良币",严重挫伤了创新人才的积极性,再加上一些企业缺乏长远眼光,没有看到技术创新人才所带来的长远利益,不注重现有人才的培训,更没有激励创新人才的工作积极性的机制,使得许多创新人才觉得无用武之地,是一部分人选择离开的主要原因。①

6. 家族企业缺乏技术创新必需的资金

据郎咸平的研究,中国研发投入严重不足:技术研发充裕度为 3.91 分,排世界第 36 名,与泰国相当;研发总支出排世界第 9 位,但绝对数(108.44 亿美元)与美国(2653.22 亿美元)、日本(1485.66 亿美元)差距太大;研发投入占 GDP 1.3%,全国人均研发支出 8.5 美元,和哥伦比亚相当,位于最低行列,日本等国都在 1000 美元。科技人力资源效率低下、科技管理水平低下、科技基础设施水平低下、国民教育水平低下、知识转化效率低下。②

家族企业资金紧张更是一种普遍现象,也是企业经营的最大障碍。当前,中国特定的经济金融体制主要是为国有企业服务的,家族企业的融资相对于国有企业较为困难,再加上资本市场融资的风险,往往造成中国家族企业经营中融资困难,资金短缺现象,抑制了企业的正常发展。他们一般把大部分资金投入到生产上,少量的资金投入到应用研究中,几乎没有能力进行基础研究,有时连资金的日常周转都困难重重,更别提技术创新了。早在 2005 年 3 月发布的《国务院关于鼓励支持和引导个体私营等非公有制经济发展的若干意见》(简称"非公经济 36 条")第十一条提出:"拓宽直接融资渠道","非公有制企业在资本市场发行上市与国有企业一视同仁"。但是,截至 2006 年,深沪两地的 1300 多家上市公司中,民营上市公司数量占上市公司总数仍不到 1/4,75% 以上仍为国有或集体企业。而且,通过 IPO 融资的民营企业仅为 130 多

---

① 罗明亮. 影响家族企业技术创新的障碍分析 [J]. 职业时空, 2006 (22).
② 郎咸平. 科幻:中国高新技术企业发展战略评判 [M]. 北京:东方出版社, 2006.

家，不到上市公司的10%，可见民营企业还不是证券市场服务的重点。[①] 但近年来民营家族企业组织形式在逐步优化。截至2008年年底，全国私营有限责任公司已达535.29万户，较上年增长10%；民营家族企业注册资本占私营企业注册资本总额的比重超过90%。从上市公司情况看，2008年民营上市公司数量已达562家，占上市公司总数的比重已达35%。[②]

银行贷款难仍然是绝大部分民营企业面临得一个最头痛、最现实、关系到企业生死存亡的问题。民营企业短期资金来源中的50%依靠银行贷款。贷款的方式以抵押、担保为主，信用贷款非常少。民营企业获得银行贷款期限一般不超过一年，中长期贷款仅占民营企业贷款的5%，只能弥补流动资金缺口。但民营企业非常需要长期限的资金，以进行技术改造和厂房设施建设。许多企业为了发展，往往不得已动用流动资金来搞技改和基建，结果加剧了流动资金紧张的状况。为满足长期资金周转的需要，一些企业不得不采取短期贷款多次周转的办法，从而增加了企业的融资成本。目前，一份调查资料清楚显示：中国民营企业的资金来源主要是自我融资。分阶段看，初创时的启动资金有90%以上来自资金持有者、合伙人及他们的家庭，后继投资中至少62%的资金依靠业主自有资金或企业的前期利润。平均而言，中国商业银行在民营企业融资中的作用相对较小，只有29%的民营企业在前5年中得到了有保障的贷款。[③]

这个问题首先要从我们国家的银行体系来说，在我们国家的企业与商业银行、商业银行与中央银行之间的关系与市场经济国家的关系完全颠倒了：企业围着商业银行转，要贷款；商业银行围着中央银行转，要再贷款；中央银行发钞票满足贷款需求却不能造成通货膨胀。反正大家都围着"领导"转，"官本位"是其最明显的特征。

7. 家族企业缺乏合理的技术创新的制度

金融危机后政府力量不断强化，二级市场力量在不断弱化。金融危机发生后中央政府及时出台了拉动增长、调整结构、改善民生的4万亿元的投资计

[①] 吴奇志，方文红. 新时期我国民营企业技术创新对策研究［J］. 中国乡镇企业，2008（10）.
[②] 黄孟复. 中国民营经济发展报告 No.6（2008~2009）. 北京：社会科学文献出版社，2009.
[③] 余治国. 国殇：中国民营企业考察报告. http://www.fanyagroup.com/.

划，对提振市场信心和保增长具有明显效果。但是政府投资特别是地方政府过于庞大的投资计划的实施，对民间投资和民营经济产生了挤出效应，资源的市场配置机制明显弱化，而行政审批机制则大大加强。目前，有不少制度因素阻碍家族企业的发展，如社会保障制度、国家人事制度都不同程度地把家族企业从业人员另类处理，影响了技术创新人才流入家族企业。还有家长权威制度、遗产继承制度和亲情规则纠缠等，使关键权力大多为家族组织的核心成员所把握，以此维持组织的团结与成员的忠诚，却成为家族企业难以持久成长的重要原因。垄断和地方保护主义造成的不正当竞争更是让家族企业处于不利的竞争境地。家族企业一般规模不大，又似"没娘的孩子"，因此享受不到公平、公正的待遇，束缚了家族企业技术创新。

8. 家族企业技术创新缺乏合理组织结构

据权威机构调查，当前中国企业中一半以上（54.3%）采用的组织形式是直线职能制，另有24.8%的企业采用母子公司制，还有少数企业采用事业部制、矩阵制等新型组织形式。此外，仍然有26%的企业在组织结构上没有变化。反映出当前企业组织形式创新的总体水平仍相对滞后。影响中国企业组织创新能力的因素有很多，有历史和现实的、内部和外部的、直接和间接的，但归纳起来主要有几方面：一是组织惰性限制了组织的创新能力。对于民营企业而言，影响其组织创新能力的主要是其曾经的辉煌，即我们常说的"成功综合征"，企业昔日的成功成为其继续发展的绊脚石。"巨人"的倒下、"太阳神"的衰退，以及"爱多"的病变，这些悲剧一次又一次警醒人们谨防组织的惰性。二是企业知识存量不足。创新受到人的素质及各种相关因素的影响和制约，但和组织创新直接相关的主要是组织所具有的文化知识，特别是新知识，组织创新是一种新知识的运用。一个企业的经历和经验与时间是一种正相关的关系。企业中的企业家、中层管理者和员工的知识存量也直接关系到企业能否根据环境的变化迅速地做出调整和创新。中国企业中个人的知识也存在着严重的存量不足。三是企业组织创新的文化意识淡薄。[①]

9. 家族企业缺乏规模导致技术创新不足

学术界对技术创新与企业规模的关系研究主要分为两派：一派认为大企业

---

① 何会涛，韩平. 企业组织创新能力及其开发 [J]. 企业改革与管理，2010 (2).

是推动技术创新的最主要、甚至是唯一的力量；另一派则认为竞争驱使下的中小企业更有利于技术进步。

关于大企业最适合于创新的假设，是由美国著名的制度经济学家加尔布雷思提出来的。持这一观点的文献总结出大企业的创新优势主要有几点：一是只有大企业才有能力承担创新所需要的较高的固定成本；二是只有占有较大市场优势的大企业才有能力把创新作为利益最大化的手段；三是只有大企业才能通过分散化投资减少创新所带来的不确定性和风险；四是大企业的规模经济效应使新产品的引入更加便利；五是大企业在过程创新中有优势。

曼斯菲尔德及其同事于 1968 年考察了若干产业，并没有发现创新活动的规模经济效应。他们认为并没有事实支持大企业有助于创新。1977 年，他们进一步得出结论：企业规模超过一定阀值后，在企业规模和 R&D 活动及创新产出间不存在显著的相关性。持此观点的文献总结出，中小企业在创新上的优势有几点：一是小企业常在新思想、新发明上有重要作用；二是小企业家更富有创业精神；三是企业人员少，领导易于了解和发挥每个人的才能和特长；四是小企业实施创新的速度快于大企业，职工和企业容易保持一致；五是小企业可以和大企业进行配合，形成协作关系，"船小好掉头"的优势使得小企业在遇到困境时较容易收缩、转产。

近年来，随着高科技和信息技术的突飞猛进，技术创新和推广的时间间隔日益缩短，不少经济学家开始日益重视中小企业在技术创新中的作用。如知识密集型的中小企业，可以只从事产品生命周期第一阶段的产品开发，通过转让来获得收益，然后再从事新产品的开发。[①]

四、家族对家族企业技术创新的影响

中国民营家族企业自身自主技术创新能力先天不足。据科技部门提供的数据，中国民营家族企业对外技术依存度高达 50%，技术进步贡献率只有 33%，民营家族企业的自主核心技术、世界公认的标准化技术和享有世界声誉的知名品牌十分缺乏，自主创新能力强和拥有重点领域核心专利的企业仅为 0.03%，

---

① 林婕. 中国家族企业技术创新能力研究 [D]. 武汉理工大学, 2005.

大型民营家族企业中只有11.9%开展了技术创新活动，研发经费只占其销售收入的0.71%，而发达国家企业的这一比重一般为3%。① 我们可以从如下几个方面探究家族企业对技术创新的正反方面的影响。

1. 从家族对家族企业的正反方面看

家族企业的组织基础是，组织成员结构以男性血缘关系为核心，随着总规模的扩大，组织沿着血缘、姻缘、地缘、业缘、关系缘的方向，由近及远、由亲及疏地组织一个同心圆际网结构。有利影响是，稳定企业人员构成，使技术创新有连续性，尤其在创业初期有着积极意义；不利影响是，人员构成狭小，高科技人员缺乏。在家族企业工作的员工有一个体会，我们要服务的不单单是一家企业，更是一个家庭。后来也服务过众多的家族企业，有了一定的与家族成员打交道的经验，都能有效地避免与企业中家族成员的交锋。② 很多家族企业，家族成员之间称之为自己人，外聘回来的人，称之为外人，但他们却忘了很重要的一点：这些所谓的外人难道就不是企业的人了吗？家族企业有内亲、有外戚，缺乏梳理，内部管理上犹如封建社会皇室内部的宫廷斗争一样，自身内部分成"三帮五派"，形成各类利益集团。由于夹杂复杂的关系，使得公司外聘管理者与技术人员处于被动，甚至是两难的境地，无法进行技术创新。此外，家族企业很难吸收外部技术专才，企业的技术创新就会受到限制。正如新希望集团总裁刘永行所说：家族企业最大的弊病就在于社会精英进不来。执行别人先执行自己，在规范管理中，"自己人"与"外人"能一视同仁，那么，这个家族企业的效率和业绩就会大大提高。还有，家族成员的"小富即安"的思想，导致家族企业不能进行研发投入，产品不能及时升级换代、技术不能创新转型，必然导致企业在激烈的市场竞争中倒下。

2. 从家族企业家决策方式看

家族企业的特征之一，是企业规则与家族规则的统一，家族规则影响并渗透到企业管理的方方面面，企业的决策也以家族利益与家族规则为最高准则，甚至家族成员的个性、特点、爱好及相互关系的变化，都会给企业的管理与决策予以重大乃至决定性影响。这种高度集中的决策机制，在创业初期是高效率

---

① 吴奇志，方文红. 新时期我国民营企业技术创新对策研究［J］. 中国乡镇企业，2008（10）.
② 小雨的帽子. 家族企业深层次革命：热闹与浮躁的背后. http：//www.xici.net/d150035405.htm.

的，能够推动企业快速发展，核心技术机密不易泄漏。其不利影响是，企业的整体科技素质不高有技术专长的人难以步入领导岗位。此外，当企业规模越来越大、个人综合素质不全面时，由于企业的股权过于集中在一个家族甚至一个家长手里，缺乏集体的决策机制，特别是缺乏约束经验者行为的有效监督，决策失败的可能性增大。

3. 从家族企业传承视角看

市场竞争的规律是"不进则退"，企业必须进行"二次创业"才能获得可持续发展。一些家族企业在"小富即安"思想的支配下，缺乏长远规划和发展战略，在完成原始积累后停滞不前，最后走向衰落——"富不过三代"。"小富即安"思想阻碍了二次创业，缺乏有效的创新机制。国外的大企业往往具有强大的研究开发队伍，不少企业建有研发中心和信息中心，并有配套的企业创新机制，这样能够使企业始终保持前沿的产品和尖端的技术，现代化程度较高。中国的许多家族企业往往是"一两个产品打天下"，生产工艺和产品性能可以在很长的时期保持不变，后续开发能力比较薄弱，更谈不上现代化。

第二节 传统技术创新模式存在的问题

一、复杂技术观的产生与复杂技术创新系统的本质特征

科学和技术的发展经历着从简单到复杂的过程。人的科学认识能力是逐渐提高的，在人类发展的早期，总是先认识一些简单事物，以后逐渐认识复杂事物。技术的发展受科学发展的影响也是由简单的技术发明到复杂的技术创造逐步进化的过程。

（一）复杂性技术观的产生

20世纪以来，由于生产力的巨大发展，出现了许多大型、复杂的工程技术和社会经济的问题，它们都以系统的面貌出现，都要求从整体上加以优化解决。由于这种社会需要的巨大推动，从第二次世界大战后期开始，雨后春笋般地出现一个"学科群"，簇拥着科学形态的复杂性与系统科学思想涌现出地平

线，横跨自然科学、社会科学和工程技术，从复杂性角度研究技术创新系统的复杂性技术观便应运而生了。简单性技术观越来越不适应现代技术发展的要求，因此，复杂性技术观产生具有必然性。[①]

(二) 复杂技术创新系统的本质特征

一是复杂性技术创新系统构成要素的复杂性。复杂性技术创新系统是由技术、科学、自然、社会等大量的子系统组成的，每个子系统又由多个子子系统构成，都有相对独立的结构、功能与行为。其研究规模之大，要素之多，结构之复杂，演化速度之快，涉及面之广，影响之深远是史无前例的。技术发展的方向、发展的速度等均受到系统中多种要素的制约。

二是复杂性技术创新系统的非线性。复杂性技术创新系统是多种技术渗透、交叉、综合，多种技术相互作用，按照一定的社会目的和内在机制形成具有复杂结构的复杂系统。各子系统之间，不同层次的组成之间，相互关联，相互制约，并有复杂的非线性相互作用，而且相互作用也是多种多样的，并且它们也是相互作用的。20世纪20年代以来出现的高度综合性的技术项目，如高能加速技术、计算机技术、原子能技术、空间技术、生物工程技术等都是横跨各种学科和综合各种不同类型技术非线性相互作用形成的复杂性技术。技术的复杂化，是人类知识的深化，科技发展的深化，社会发展的深化。所以，单项和局部的简单技术的研究已不是当代的技术主流，时代要求对技术实行统摄、组合，创造多元复杂性技术。[②]

二、复杂性技术观的现实意义

现代技术的未来发展，高新技术的开发，都需要从复杂性与自组织理论中获得新思路、新方法。复杂性技术观引起科学思维方法的转变，具有现实的指导意义。

首先，复杂性技术观为技术、社会、经济协调发展提供了重要的理论指导。复杂性技术观的提出及建立有助于我们了解在什么情况、条件下运用何种

---

①② 秦书生，陈凡．复杂性视野中的技术 [J]．科学技术与辩证法，2003，20 (2)．

方法，才能使得技术与自然、社会协调发展，资源有效利用与良性循环。实施可持续性发展战略，进行绿色技术创新就是以复杂性技术观为指导，以生态可持续性为基础，以经济可持续性为主导，以社会可持续性为动力与保证，主张以"可持续性"作为其基本准则，有效地弥补了传统技术发展中过分强调追求经济效益最大化、忽视资源保护和污染治理的缺陷，突破了传统技术发展模式"高投入、高消耗"的框架，它注重优化利用资源，保护环境，追求的是自然生态环境承载能力下的经济持续增长，即生态综合效益最大化。①

其次，复杂性技术观是科学技术工作者进行创造和技术发明、技术管理的重要思想依据。阿拉斯加东北部的普拉德霍湾油田向美国本土运输原油问题的成功解决，足以说明这一点。油田处于北极圈内，海湾长年处于冰封状态，陆地更是常年冰冻，最低气温达 -50℃。要求每天运送 200 万桶原油。马斯登和胡克两人运用复杂性技术观，创造性地提出了解决问题的方案。他们对石油的生成和变化有着丰富的知识，他们注意到埋在地下的石油原来是油气合一的，这时它们的熔点是很低的，经过漫长的年代以后，油气才逐渐分开。他们提出将天然气转换为甲醇以后再加到原油中去，以降低原油的熔点，增加流动性，从而用普通的管道就可以同时输送原油和天然气，这样不仅不需要运送无用的附加混合剂——海水，而且也不必另外铺设天然气管道了，这一方案使得人们赞赏不已。由于采用这一方案，仅管道铺设费就节省了近 60 亿美元。②

第三节 基于家族企业的复杂性技术创新观

一、技术创新的复杂性来源

技术创新复杂性的来源主要有如下的四个方面：

1. 技术创新系统内部组分复杂性

技术创新系统组分的数量、性质异质性的数目构成了技术创新系统的复杂

---

① 余敬，董青. 技术创新新论：生态技术创新 [J]. 科技进步与对策，2000 (3).
② 杜珍等. 系统工程方法论 [M]. 长沙：国防科技大学出版社，1992：27-28.

性。技术创新系统构成要素分为：（1）实体要素，包括工具、机器、设备等客观性技术要素；（2）智能要素，包括知识、经验、技能等主观性技术要素；（3）工艺要素，包括过程、方法、环境等，它是主客观技术要素的有机结合。埃里克认为，技术复杂性的生长来源于：体系内的系统功能、系统复杂性、任务复杂性、空闲的结果（失败）、故障的机会；体系外的技术潜能和技术执行的需求。它们相互作用构成了技术运动的复杂性（见图3－1）。

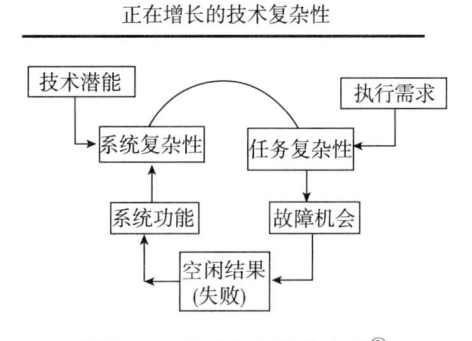

图3－1 技术复杂性的生长[①]

2. 技术创新系统外部的复杂性

我们知道从科学到技术—从技术到工业—从工业到社会—再从社会到科学存在着一种联系，技术表现为这一过程中的一个重要环节。技术创新系统的基本功能就是在于实现这一过程从输出到输入的转变，输入、输出的性质，交互作用的次数等构成了技术创新系统复杂性的重要来源。这种技术复杂性使生产技术具有了自我调节和自我纠正的属性。技术复杂性控制论的模式已经渗透到生产过程的技术方面，通过不断的回馈，产品和过程可以实现调节和适应。技术使用的回馈越多，它就越趋于复杂。[②]

3. 技术产品的复杂性

技术产品的复杂性是指复杂产品系统，该概念是20世纪90年代中期一些

---

① 转引自陆园园，郑刚．基于复杂性理论的企业创新要素协同研究［J］．科技进步与对策，2009，26（2）．

② 吴彤，胡晨．论技术复杂性［J］．科学学研究，2003，21（2）

英国的研究学者提出的,最有名的研究机构是英国 Sussex 大学的 SPRU 研究中心。在某种程度上讲复杂产品系统形成了现代经济的技术骨干,复杂产品系统的创新对于商业用户的利润、成长性和生存来说都是非常重要的。中国正面临产业升级换代的关键时刻。研究复杂产品系统的创新对提升中国基础创新能力具有重要的现实意义。[①]

现代技术产品已由原来的几个组件发展到由几百个、几千个、几万个、甚至上亿个组成,比如美国的航天飞机就有上百万个部件组成。现代产品的复杂性必然要求多种技术的组合、交叉渗透,导致了技术创新系统的复杂性。有调查分析,通过对一系列制造产品部件的测量,在 1800~1980 年这 180 年中产品的技术复杂性是如何增长的。例如,来复枪只有 51 个部件,而航天飞机有 1000 万个部件。前者是简单产品,后者是复杂产品。有的产品原来不是复杂产品,随着部件的增加而成为复杂产品,如汽车 1940 年之后就成为复杂产品了。[②]

4. 认识意义上的复杂性

一项技术是复杂的,如果它不能被某个专家详细地理解而且专家们不能跨越时间与距离精确地交流。因此,认识主体或观察者认识事物的能力、范围、主体间相互交流的状况和水平,也是技术创新系统复杂性的来源之一。[③]

二、技术创新的复杂性特征

(一)整体性和层次性导致技术创新的复杂性

技术创新系统是由相互依赖的若干部分组成的具有一定层次和结构并与环境发生关系的不断演化的整体。组成技术创新系统的若干部分,是建构技术创新系统的基本要素。从技术论角度说,技术创新系统的基本要素主要有人的要素和物的要素。技术就是人的要素与物的要素相互联系形成的系统。技术创新

[①] 陈劲等. 复杂产品系统创新对传统创新管理的挑战 [J]. 创新管理研究, 2004 (9).
[②] 转引自吴彤, 胡晨. 论技术复杂性 [J]. 科学学研究, 2003, 21 (2).
[③] 贾风亭. 技术系统复杂性研究探析 [J]. 系统辨证学学报, 2004, 12 (2).

系统的整体性主要表现在系统的性质功能和运动规律只能从整体上才能显示出来，它体现了技术创新系统各组成要素所没有的新特性。一方面，技术创新系统的组成要素互相配合、互相协同，使技术创新系统出现新质，因此技术创新系统的整体大于部分之和。另一方面，一个技术创新系统是由许多单项的基本技术依照一定的技术目的和关系递进地形成的层次结构，这种层次结构又是一种等级结构，它往往包含多个不同层次的亚系统。在每个亚系统中，由几个相互作用的客体要素组成一个小系统，该小系统又和其他相互作用的要素结合，又成为一个更高层次的系统。具体来说，各种基本技术（机械技术、物理技术、化工技术、生物技术）为实现某一劳动过程而组织成各种劳动过程技术，依据一定的技术目的，它们加入到产业生产系统中去，进一步形成各种产业技术（如采掘技术、材料技术、机械制造技术、交通运输技术、建设技术、控制技术等），各产业技术相互联系又进一步形成国家的技术体系，在这个统一的技术体系中，同一层次的技术创新系统之间形成相干性的关系，低层技术创新系统对于高层技术创新系统具有构成性关系，这样，每一单项技术就通过相干性或构成性的技术关系联系起来。①②

在技术发展过程中，经济因素与技术、社会与文化因素交互发生作用。没有哪一种技术是仅受一种因素的控制，也不是在哪一种技术发展中发挥了作用的因素在另一种技术的发展中也起同样的作用。不同的技术对各因素的敏感程度不同。通常在某项技术发展的早期，科技的推动要相对重要一些，而在产品的成熟期需求的重要性就会上升一些。许多根本性的创新是来自于技术的推动，而渐进性创新则主要来自于市场的需求。③

（二）技术创新过程的不确定性导致的复杂性

不确定性是技术创新的基本特征。正是因为技术创新过程的不确定性特征，熊彼特在他的创新理论体系中忽略了对创新过程的研究，熊彼特之后的许多创新研究者也把技术创新过程作为黑箱来处理。罗森堡在其著作《在黑箱里面》揭示了技术创新不可避免地为不确定性所笼罩。英国经济学家弗里曼

---

① 罗天强. 日本的技术系统创新策略［J］. 科技进步与对策, 2000（9）.
② 陈来成. 技术系统进化的动力机制初探［J］. 系统辩证学学报, 1995, 3（4）.
③ 王耀东. 试论技术发展的复杂性［J］. 科学技术与辩证法, 2004, 21（4）.

指出技术创新中的不确定性来自三个方面：技术的不确定性，它与时间的不可预测性和科学技术的性质有关；市场的不确定性，它与需求结构的复杂变化有关；一般商业的不确定性，它涉及广泛的经济和社会背景。但是不确定性并不是绝对的随机性，在相对较长的时期内，技术创新沿着技术范式规定下的技术轨道发展，存在着一定程度上的规律性。不确定性在两种意义上意味着需要建立组织制度：首先，需要形成创新系统的组织制度，这是组织规则、信念和形态的内生发展；其次，需要组织制度来协调创新系统各成员之间的相互作用。因此技术创新过程是一个有组织的过程，创新系统对包含有研究、评价、决策和实施的创新过程的每一阶段，都进行有目的的组织控制，依靠系统力量消除不确定性，促使创新沿正确轨道进化。

（三）技术创新中各个因素之间相互作用导致复杂性

影响技术发展的各个因素之间也在发生相互作用。技术的概念不可能孤立地加以考察，因为从科学到技术—从技术到工业—从工业到社会—再从社会到科学存在的联系过程中，技术表现是这一过程中的一个环节。在这一过程中科学产生技术—技术产生工业—工业产生工业化社会，在这个过程中还存在着事实上的复归，每个阶段都反馈作用于它前一阶段，具体地说就是工业反馈作用于技术和给技术确定方向；技术又反馈作用于科学和给科学确定方向[①]。

（四）技术创新过程非均衡性导致的复杂性

世界经济合作与发展组织（OECD）明确指出"创新是由于不同参与者和机构的共同体大量互动作用的结果"。因此技术创新过程包含了创新设想形成、创新目标确定、研究开发、试制、生产、销售等诸多环节，是企业、科研开发机构、政府、市场等相互作用的产物。创新系统内部各要素之间的非线性相互作用和技术成果的筛选、实用化及商用化，体现了创新系统的复杂性。因此纳尔逊和温特的演化理论是建立在非平衡动态水平上的，使技术创新理论打破了传统经济学局限于对经济现象一致性和把一切经济行为归结为一种静态均

---

① ［法］埃德加·莫兰，陈一壮译. 复杂思想：自觉的科学［M］. 北京：北京大学出版社，2001：79.

衡过程的研究,把它建立在非均衡的复杂性经济现象研究之上。创新活动经过自组织系统的负反馈行为使系统趋向于唯一的静态均衡点,而正反馈机制是形成系统复杂性的根本原因,正反馈行为使系统可以有多个均衡点。因此,创新行为者在技术创新过程中面对多种技术机会,将无法确保哪一种经济效果更佳,而且一旦选择了某一技术范式下的技术轨道,将不再有其他途径。技术创新具有与非线性物理学中正反馈极为相似的特征:多均衡、不可预测、历史相关性、不对称性等。技术创新必须考虑其自身的复杂性特征形成的自组织机制。

(五) 技术创新系统的非线性导致的复杂性

复杂性理论认为,企业创新过程是一个"复杂适应系统"。斯泰西指出,"为了使得组织产生创造性、创新性,以及持续变革的能力,系统必须远离平衡态,使自己处于稳定与不稳定、可预测和不可预测的矛盾状态"。[①] 复杂性技术创新系统是多种技术渗透、交叉、综合,多种技术相互作用,按照一定的社会目的和内在机制形成具有复杂结构的复杂系统。各子系统之间,不同层次的组成之间,相互关联,相互制约,并有复杂的非线性相互作用,而且相互作用也是多种多样的,并且它们也是相互作用的。20世纪20年代以来出现的高度综合性的技术项目,如高能加速技术、计算机技术、原子能技术、空间技术、生物工程技术等都是横跨各种学科和综合各种不同类型技术非线性相互作用形成的复杂性技术。技术的复杂化,是人类知识的深化,科技发展的深化,社会发展的深化。所以,单项和局部的简单技术的研究已不是当代的技术主流,时代要求对技术实行统摄、组合,创造多元复杂性技术。[②] 人们通常引用 Logistic 曲线或同类型的曲线来描述和预测技术,Logistic 方程是一个假设系统不受外部影响的系统自我演化自治方程,较好地反映了单项技术在不受外界因素影响下的发展过程。Logistic 方程是自治方程,也就是说系统这样的发展轨迹并没有受到环境的影响,完全是系统自身内部运行的结果;这就是系统发展

[①] STACEY, R. D. The Science of Complexity: An Alternative Perspective for Strategic Change Processes [J]. Strategic Management Journal, 1995, 16 (6): 477-495.

[②] 秦书生,陈凡. 复杂性视野中的技术 [J]. 科学技术与辩证法, 2003, 20 (2).

的自组织机理。[1] N·罗林堡和C·弗里希塔克也发现技术扩散的非线性关系。他们发现，发明在早期其技术性能是很差的，成本也很高，因此很难被大量采用。但是，当新产品取得同旧产品大致相当的成本水平时，成本略微下降，就会被广泛采用。这样，新产品的改进率与其被采用率之间在很大程度上存在着一种非线性关系。[2]

当前的管理研究从对个别因素，如研发、市场等因素的研究，扩展到对整个商业组织和不同功能整合的重视；越来越意识到创新和业务发展的非线性特征。20世纪90年代以来，一些学者在自组织理论基础上提出了复杂自适应系统（CAS）理论。这一理论为研究企业创新过程这个复杂系统，如何利用自组织特性推动创新的产生与执行，以及更高层次的创新网络，提供了复杂性科学的理论指导。[3]

此外，人是企业技术创新行为系统中最基本、最重要的因素，因为离开了人，行为无从发生；离开了人的正确意识和健康心理，行为将是盲目的和错误的。从个体角度来看，人是有意识有主动性的实体，个体间存在着十分明显的差异，而且个人的思想、情绪、偏好、行为又会随着时间、地点、条件的不同而不断地发生变化。从企业的角度来看，企业技术创新行为系统中的人，不仅是个体的人，而且是群体的人、组织的人，群体行为、组织行为的发动、协调和控制又要比个体行为复杂得多。因此，人为因素的含量越高的企业技术创新行为系统，非线性特征越为明显。[4]

（六）技术创新过程的自组织导致的复杂性

1. 技术创新系统的自组织

技术创新系统的演化是一个自组织过程。技术发展史表明，技术创新系统具有自创性、自生长、自适应、自复制等自组织特征。技术创新系统自组织是指一种有序的技术结构自发形成、维持、演化的过程，即在没有特定外部干预

---

[1] 任锦鸾，顾培亮. 基于复杂系统理论的技术系统演化分析［J］. 天津大学学报（社会科学版），2004，4（3）.
[2] 向吉英. 论社会主义市场经济的自组织［J］. 系统辩证学学报，1996（1）.
[3] 邓晓岚. 企业技术创新行为非线性系统的理论与方法研究［D］. 福州大学，2011.
[4] 陈功玉. 企业技术创新行为非线性系统的动力学分析［J］. 系统工程，2005（12）.

下由于技术创新系统内部组分相互作用而自行从无序到有序、从低序到高序、从一种有序到另一种有序的演化过程。技术创新系统具有自组织产生的条件：它是一个开放的系统，与人类社会系统、周围自然环境系统不断进行着物质、能量和信息的交换，各类相关技术发展水平之间会产生不一致，这促使技术创新系统进入发展不平衡状态；技术创新系统内部也存在着涨落力，这就是有创造力的技术发明和技术创新。①

在技术创新系统中，技术创新系统不是被动地接受外来干扰，而是主动地进行必要的自我组织，调整、协调系统内部诸要素，使其增加适应外部干扰的能力。这就是技术创新系统的适应性自组织过程。②

2. 技术创新过程的自组织性

正是技术创新过程表现的非线性相互作用，体现了自组织构成和进化的根据，对系统的进化起着决定性的推动作用。首先，技术创新系统本身处在科技——经济——社会的大系统之中，因而是一个远离平衡的开放系统，具有典型的耗散结构特征，呈现着非线性的特点，在和外界环境的相互作用、相互协调的非线性相互作用中，提供了自组织进化过程所必需的负熵流，规定着系统自组织演化的内容、性质和基本方向，使系统自我调节、自我完善和自我发展。其次，系统内部诸要素之间非线性相干的自组织本质，通过竞争和协同效应产生有序稳定结构，成为自组织进化的内在源泉。创新系统内部，当某个创新企业的某项技术创新一旦取得成功，由于经济利益的驱使必然吸引一大批追求者和模仿者进行投资，他们或是利用该项技术创新所提供的技术机会及其连锁效应进行新的技术创新，或是通过某种方式和手段模仿该项技术创新成果直接进行产品生产，或是直接用来改造本企业的生产技术、生产工艺。不同企业之间的相互竞争与协作的过程体现了技术创新过程具有的自组织性。③

---

① 秦书生. 技术创新系统复杂性与自组织 [J]. 系统辨证学学报, 2004 (2).
② 胡宝民等. 技术创新扩散系统演化特征与自组织演化过程 [J]. 河北工业大学学报, 1999 (5).
③ 张培富, 李艳红. 技术创新过程的自组织进化 [J]. 科学管理研究, 2000, 18 (6).

三、技术创新演化过程与演化模式

(一) 技术创新扩散系统自组织演化过程

1. 技术创新演化过程的前提：开放和非平衡

系统的开放和远离平衡，是系统自组织演化的基本前提和必要条件。对于技术创新扩散系统来说，它是一个典型的技术经济系统，通常表现为一个产业组织。它被置于一个更大的技术经济系统之中，与环境的物质、能量及信息的交换，是其生存和发展的必要条件，因此，技术创新扩散系统肯定是开放的。同时，技术创新活动又使这个技术经济系统处于非平衡状态。技术创新的比较优势越大，扩散系统就越远离平衡。技术创新扩散系统内客观上存在的非平衡和与环境的开放性，是其产生自组织演化的前提。[①]

2. 技术创新演化过程的诱因：涨落和失稳

在正常情况下，由于热力学系统相对于其子系统来说非常大，这时涨落相对于平均值是很小的，即使偶尔有大的涨落也会立即耗散掉，系统总要回到平均值附近，这些涨落不会对宏观的实际测量产生影响，因而可以被忽略掉。然而，在临界点附近，情况就大不相同了，这时涨落可能不自生自灭，而是被不稳定的系统放大，最后促使系统达到新的宏观态。从技术创新活动上讲，扩散空间内产生创新程度大小不一的技术创新是不断的，有些是根本型的，有些是渐进型的；有的是产品创新，而有的则为过程或组织创新。对于企业来讲，这些形形色色技术上的称为微涨落的创新活动，能否被企业和环境认可而放大的（指代表技术方向、能为企业带来预期投资收益的技术创新）巨涨落，是决定该技术创新能否被扩散、实现产业技术经济结构高级化的决定因素。同时，成核机制告诉我们，在技术创新被扩散、实现产业结构由原有较低级技术经济结构向高级技术经济结构进化中，采用技术创新成功企业的示范和带动作用十分重要，正如曼斯菲尔德的"传染"理论所讲的，扩散过程是个企业被"感染"

[①] 胡宝民等. 技术创新扩散系统演化特征与自组织演化过程[J]. 河北工业大学学报，1999，28(5).

的过程。技术创新成功企业的示范和带动，即使原有的产业技术经济结构失稳，同时又建立起了该产业新的、高级的技术经济结构稳定性的生长点。

3. 技术创新演化过程的道路：分叉和选择

不同的技术创新或同一技术创新在不同的产业部门、不同的区域或不同的时刻，其扩散轨迹会千差万别、多种多样。造成这一客观现实的原因，是技术创新扩散对扩散系统和环境的初始状态高度灵敏，系统演化表现出强烈的不确定性，系统演化的结果具有多种可能性，即分叉。

但是，企业作为追求利润最大化（或采用技术创新效用最大化）的理性组织，通过对技术创新本身和其他企业采用状况等信息的评价，以及结合自身状况的生存与发展评价。决策是否采用、何时采用和如何采用技术创新等选择，最终使得某种比较优势大的特定技术创新扩散的可能性转变为现实性。对此，戴维与戴维斯的"刺激—反应"说、斯通曼的"学习"说和梅特卡夫与阿瑟的"竞争选择"说等企业采用行为解说均充分说明了这点。

4. 技术创新演化的方式：渐变和突变

在技术创新扩散系统的自组织演化中，突变和渐变是相互联系的，系统的技术经济结构不稳定性是以一种结构稳定性的方式出现的。同时，这种突变与渐变的相互联系还与技术创新扩散研究的层次性相联系。它包括系统整体和局部的突变与渐变，系统整体的渐变中包含着局部的突变。一般地，技术创新扩散系统中的子系统（如企业）是经常突变的，但只有那些得到系统整体响应的子系统突变才能演变成技术创新扩散系统整体层次的突变。

5. 技术创新演化的动力：竞争与协同

耗散结构理论认为：系统充分开放、远离平衡，为系统发生自组织演化创造了必要条件，而真正推动系统实现自组织演化的，则是系统内各子系统间的非线性相互作用。这个非线性相互作用结果导致了系统内各子系统之间的竞争和协同，导致了系统的整体行为。正如哈肯指出的：种种系统"都以其集体行为，一方面通过竞争，另一方面通过合作，间接地决定自己的命运"。因此，技术创新扩散系统的演化过程，也就是技术创新扩散过程，是扩散系统内企业之间以及技术之间的竞争和协同的相互依赖与相互转化的过程表现。竞争和协同的相互依赖、相互转化是技术创新扩散系统演化的推动力。

6. 技术创新演化的行为：惯例与创新

在复杂纷繁的技术经济环境中，企业的创新面临着大量的不确定性。由于受信息不完全性和有限理性的制约，在现实经济中，企业不可能准确知道未来并找出最佳的行动路线和采取最佳决策。这使得企业在创新过程中的决策很大程度上都要受自身结构与当前使用技术的约束。依靠企业创新人员的个人技巧，组织积累的创新经验和默示知识等，这些内在变量形成一系列关于如何开展创新的规则和方式。创新行为由这些规则即"创新惯例"来决定，在很多企业创新已经惯例化。创新过程就是一个适应性的"试错"过程，是知识的产生、创造和应用的进化过程。当企业在竞争中处于不利地位，或是原有的生产要素组合不能适应环境变化的要求时，它将以预期利润为标准去搜寻和选择更为满意的创新策略与行为方式。通过不断的搜寻与选择，创新随时间而演变，创新惯例也随时间发生变异。创新的环境也在不断地发生变化，在一定程度上这种环境的变化也可能是创新过程引起的。即创新、惯例和环境三者之间相互影响、相互改变，并随时间协同演化。正是通过这样一个过程，企业将知识、技能、物质转化为市场接受或顾客满意的产品。由于创新过程受到来自各方面不确定因素（如技术的和市场的不确定性）的影响，创新迈向下一阶段的路径并不是唯一的和确定的。不同的演化路径对应的结果可能是不同的。演化的过程具有随机性，某一时期的创新状况将决定它在下一时期的状况的概率分布。随机因素对演化的结果具有决定性作用。[①]

（二）技术创新自组织演化的阶段

技术创新过程的自组织进化可分为两个阶段，即在原有技术范式中的自稳定过程和新旧技术范式交替时表现出来的自重组过程（如图 3-2 所示）。

1. 自稳定过程

在原有技术范式规定下的技术创新活动，即分叉以前，沿技术轨道所进行的技术创新活动，是直接参与生产活动人员的发明和改进意见的结果，或是用户建议的结果。这种常规的解题活动至少原则上对其进展是可预测的，因而是渐进性的创新，具有累积性和连续性特点，这是通过自稳定过程来实现技术创

---

① 叶金国，张世英. 企业技术创新过程的自组织与演化模型 [J]. 创新研究，2002（12）.

新系统的自组织进化。

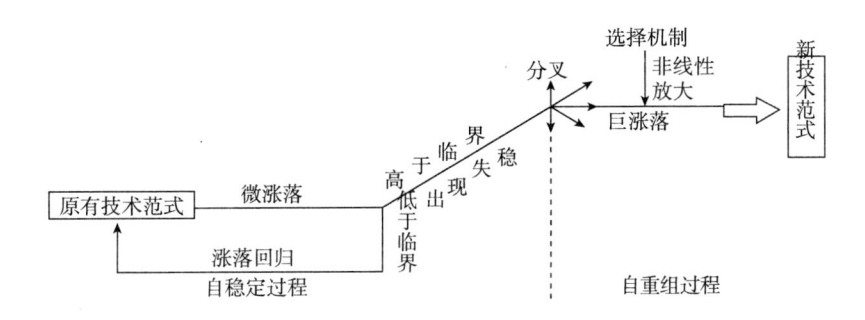

图 3-2 技术创新自组织进化

微小的原因可能导致巨大的结果。一个小干扰正好出现在纠偏机制发生暂时但却致命的衰弱之时，于是局部偏差便可能成为一连串的改变和解构，最后导致严重的后果。巨大的原因可能导致极小的结果。通过重组织和调节之功，系统完全有可能把一个巨大干扰作用消除殆尽。对非线性复杂系统而言，确定性的因果对应已不复存在，"万能的因和顺从的果已是明日黄花"，[1] 决定的必然性被打破。

在原有技术范式下，相互竞争的企业中的科研开发人员共同积累同时也分享技术共同体内的科学技术信息，因此沿着技术轨道，能够对相同技术提出很相近的发展方案，共同影响技术创新过程。原有技术范式形成的制度和规则提供了技术创新过程中诸因素相互作用的稳定模式，影响创新的行为参数，明确哪些行为是可以接受的和可能的，哪些研究活动的方向将可能导致最终成功，降低了创新不确定性。因此，在技术创新过程中的微涨落在低于临界状态下，产生涨落回归，增强了原有技术范式。[2]

2. 自重组过程

新旧技术范式交替下的技术创新活动，即在高于临界状态，系统失稳出现分叉以后，一种新的技术范式出现及对原有技术范式的取代，体现的是技术创

---

[1] ［法］埃德加·莫兰，吴泓缈等译. 方法：天然之天性 [M]. 北京：北京大学出版社，2002：286.
[2] 王耀东. 试论技术发展的复杂性 [J]. 科学技术与辩证法，2004，21 (4).

新过程的非连续性。这就在更大意义上体现了熊彼特对创新的定义，即创新是一种生产要素与生产条件的新组合。通常是企业、大学及科研机构研究开发活动的结果，在技术的某些领域乃至若干经济领域产生的影响，甚至对技术体系乃至经济体系产生的影响。这种非连续性使技术创新过程中某一随机涨落的未来发展情况无法预测，只有通过环境选择机制的非线性放大作用成为巨涨落，从而完成突变性创新，产生新的技术范式。这就是通过自重组过程来实现技术创新系统的自组织进化。

在成熟的技术领域，随着环境的改变，即便是众所周知的技术，也可能被证明是不精确的，从而产生创新。而最新的技术领域充满了模糊和不确定性，充满了新的技术机会，会产生突变性创新。随着技术创新过程中诸要素连续的和非线性的相互作用，需要打破原有技术范式中既定的制度和规则，或多或少的适应现在的或是将来的环境与机会，才会促进突变性技术创新的产生。

第四节 基于复杂性的家族企业技术创新的路径选择

一、家族企业技术创新的战略选择

(一) 关于自主创新与模仿创新的模式选择

自主创新作为率先创新，具有一系列优点：一是有利于创新主体在一定时期内掌握和控制某项产品或工艺的核心技术，在一定程度上左右行业的发展，从而赢得竞争优势；二是一些技术领域的自主创新往往能引致一系列的技术创新，带动一批新产品的诞生，推动新兴产业的发展；三是有利于创新企业更早积累生产技术和管理经验，获得产品成本和质量控制方面的经验；四是自主创新产品初期都处于完全独占性垄断地位，有利于企业较早建立原料供应网络和牢固的销售渠道，获得超额利润。自主创新模式也有自身的缺点：一是需要巨额的投入，不仅要投巨资于研究与开发，还必须拥有实力雄厚的研发队伍，具备一流的研发水平；二是具有高风险性；三是时间长，不确定性大；四是市场开发难度大、资金投入多、时滞性强，市场开发投入收益较易被跟随者无偿占有；五是在一些法律不健全、知识产权保护不力的地方，自主创新成果有可能面临被侵犯的危险，"搭便车"现象难以避免。①

模仿创新是指在率先创新的示范影响和利益诱导之下，创新主体通过合法方式引进创新成果，并在此基础进行改进的一种创新形式。模仿创新并不是原样仿造，而是在原有范式内涵得以保存的前提下有所发展，有所改善。模仿创新具有跟随性，并因而具有被动性。

根据曼斯费尔德的研究表明：模仿的平均成本是创新成本的65%，平均耗时是创新耗时的70%；模仿创新企业比自主创新节约，其中，研发是自主创新的0.28倍，人均技术开发投入是自主创新的0.57倍，人均技术改造是自主创新的0.87倍。

模仿创新使日本汽车工业从无到有，并迅速发展壮大。丰田汽车公司的创始人丰田喜一郎分别于1932年4月和1933年10月购买了雪弗兰的发动机和整车，并进行了拆装研究。丰田汽车公司于1934年9月开始试制发动机，1935年9月即生产出了以福特牌载货汽车为样板的GI牌货车。以美国车为样本起步的丰田汽车20世纪60年代大量销往美国，并使70年代的美国成为丰田汽车的时代。日本汽车工业先后从美国、英国及意大利等国引进405项先进技术，以这些引进技术为基础进行了大量的模仿创新。同时，针对大量非专利技术的模仿创新更是不计其数。比如东洋工业公司对从德国汽车公司购买的转子发动机技术进行模仿创新，克服了缸体与活塞接触产生的振纹，其生产的转子发动机的性能和质量大大超过了德国汽车公司的水平。

韩国现代汽车公司从1967年建厂后直至20世纪90年代中期不断模仿创新使该公司具备了独立开发研制能力。该公司的新车型经历了从单纯地对国外汽车产品的简单模仿到创新性模仿，再到自主开发这样一个渐进性的过程。现代汽车公司借助从国外购买的专利汽车底盘技术，经过消化吸收，逐步开发出Excel微型车、Stella小型车、Sonata中型车等。正是这样持续地模仿创新，使现代汽车公司能够开发出与欧美轿车相抗衡的车型。

---

① 吴奇志，方文红. 新时期我国民营企业技术创新对策研究 [J]. 中国乡镇企业，2008 (10).

吉利汽车作为近10年来迅速成长起来的自主品牌企业，能跻身汽车制造企业10强，应该说是中国民营家族企业从模仿者到自主创新者代表。吉利豪情作为吉利第一款大规模生产并上市的车型，被认为是模仿夏利，但是却奠定了吉利汽车的造车精神——以自我为主。引进国企技术专家和业内退休赋闲专家，带动吉利汽车零部件研发迅速发展。吉利汽车经历第一阶段的模仿之后，开始进行汽车关键零部件的自主研发，以发动机和变速箱最为典型，这两个关键零部件的开发成功使得吉利能够有效地控制整车成本，使得吉利成为成本控制的专家和价格杀手。之后吉利汽车又通过有计划向国外合作和学习研发技能，通过对外合作实现了自身研发能力的快速提升，使吉利汽车在造型、品质等方面实现了飞速的提升，2006年，吉利汽车全年销售近20万辆，公司实力继续增强。先与英国锰铜公司合资生产伦敦TX4出租车并由此进行了一系列研发合作，尤其是吉利并购澳大利亚DSIN澳大利亚变速器公司以后，吉利基本上解决了变速器受制于国外的瓶颈，还有的就是吉利收购沃尔沃以后，沃尔沃的创新能力，在全球是有目共睹的，吉利与沃尔沃完全可以相互合作，这样对吉利竞争力的提升非常重要。这表明吉利的研发思路发生了大变迁。由过去纯粹的"模仿—消化吸收—集成创新"向"联合创新—整合资源创新"模式转变。通过对外合作、引进消化吸收、再创新的方式实现产品的技术创新和研发能力的积累。

宗申集团是一家在改革开放和市场经济大潮中迅速崛起的企业，经过近10年发展，现已成为一家集摩托车、发动机、高速艇、舷外机、通用汽油机的研究、开发、制造、销售于一体的大型高科技家族企业集团。宗申产业是1981～1991年的创业阶段学习摩托车维修起步的；1992～1998年开始仿制"嘉陵"品牌的摩托车发动机，在市场上购买零部件组装；1996年开始制造摩托车。不到20年，重庆民营企业宗申集团就从50万元的资本发展成为中国民营企业的500强，年营业收入超过140亿元。走过模仿创新阶段后，宗申一直注重自主创新，十分重视研发的投入。历年来研发投入占销售收入的比例达到了3%以上，目前拥有研发人员1000人。已经实现了从传统产品向现代服务的转变、从产品制造向"供产销资源垂直整合"的转变、从燃油动力向电动动力的转变、从汽油动力向柴油动力的转变等众多转型。在新能源方面，宗申集团通过海外资本平台，在加拿大实现融资，并借此研发掌握了燃料电池核心技术，开发了中国首家获得生产准入资质的电动摩托车。①

中国近年出现的"山寨机"这一非主流的现象，就是基于对消费者敏锐观察而产生的模仿创新模式。"山寨机"最早在中国广东地区出现，是仿冒品牌产品的仿制产品。这些手机或由生产者自立品牌，或模仿品牌手机的功能和样式。随着市场的发展，"山寨机"的产品也从最初的生搬硬套转变为富有创意的新产品。借助于珠三角发达的电子零部件制造网络，没有高额的研发、广告、促销等费用，再加上成功的成本控制和灵活的分销手段，"山寨机"的终端零售价格往往仅是品牌手机的 1/2~1/3，如此所结成的"虚拟价值网络"形成了极大的商业模式和创新优势。但是模仿创新主要侧重于二次创新，而自主创新则主要依靠自身努力，就本质而言，二者都是一致的。针对武汉市目前的创新情况而言：模仿是手段，创新是目的，应模仿创新与自主创新并重，逐步从模仿创新为主走向自我创新为主。

根据全国工商联研究室 2004~2005 年全国大中型私营工业企业自主创新情况简要分析表明，2004 年，全国大中型私营工业企业中有展开自主创新活动的企业为 799 家，占全国有开展自主创新活动的大中型工业企业总数的 12.2%，占私营大中型工业企业总数的 17.7%。私营企业 R&D 人员占全国比重为 4.6%，R&D 经费占 4.3%，R&D 项目数占全国的 5.0%，专利数占 14.8%，发明专利占 7.6%，发明专利拥有量占 11%；私营企业引进国外技术支出占全国的比重为 0.9%，消化吸收经费支出为 3.2%，购买国内技术支出为 5.7%。2005 年，全国大中型私营工业企业中有展开自主创新活动的企业为 1014 家，比 2004 年增长 26.9%，占私营大中型工业企业总数的 18.8%。②

（二）关于大众创新与精英创新模式的选择

坐落于美国斯坦福大学旁边的硅谷，凭借着其独特的创业文化，富有创新竞争精神的中小企业，以市场为导向，引领了 IT 行业的一个又一个潮流。纵观其发展过程，可以看做是大众创新的典范。所谓大众创新是以市场拉动创新为主，从市场需求出发，开发出市场所需的产品，其过程可以用施莫克乐需求

---

① 中国民（私）营经济研究会家族企业研究课题组．中国家族企业发展报告（2011）[R]．北京：中信出版社，2011：112-121．
② 黄孟复．中国民营企业自主创新调查 [R]．北京：中华工商联合出版社，2007：1-7．

引导的技术创新过程模型（如图 3-3）表示。

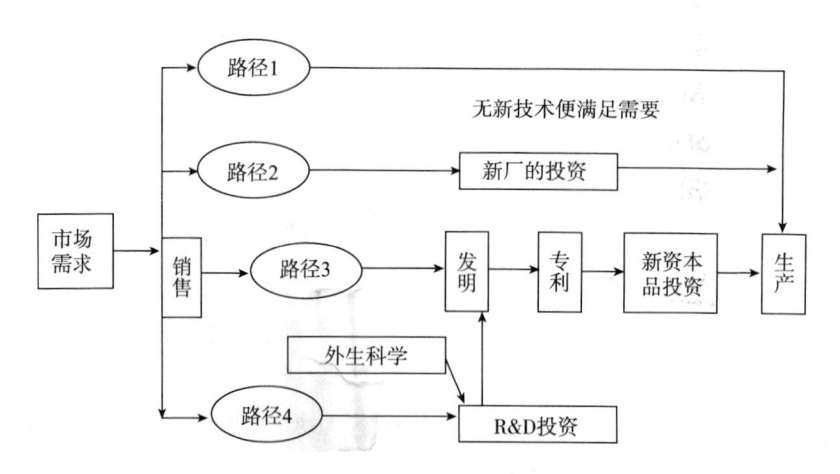

图 3-3　施莫克乐需求引导的技术创新过程模型

以政府为导向，大企业为主体，科研院所参与其中的"武汉·中国光谷"，连续几年来持续快速增长，基本形成了以光电通信、消费类光电子等重点领域为核心的现代信息产业雏形，为武汉工业的结构性调整奠定了基础，对武汉综合竞争力提高的推动作用越来越明显，堪称精英创新的表率。所谓精英创新是以技术推动创新为主，将科研成果推向市场，其过程可以用图 3-4 表示。

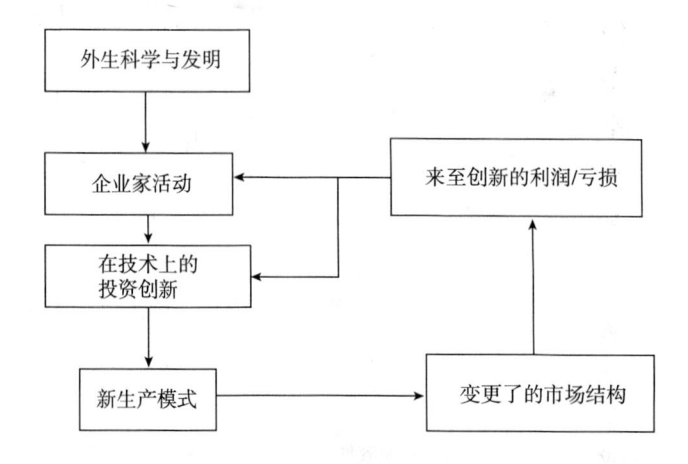

图 3-4　精英创新过程

市场和技术对创新是交互产生作用的，因此，大众创新和精英创新对产品生命周期和创新过程的不同阶段有着不同的作用，单纯的大众创新或者精英创新对经济发展的促进作用是有限的，因此，武汉市在自主创新的过程中，应以"市场为导向，创新为手段，技术为支撑，应用为后盾"，在不同的阶段采取不同的创新方式。如果从基于企业技术战略对于企业技术需求与外部技术环境的关系，企业对于外部环境的技术需求，从作用主体看，主要体现在两种技术需求模式：与大专院校、科研院所和企业之间的技术合作模式以及通过技术市场进行的技术引进模式。[①]

（三）技术合作—消化吸收—自主创新模式

基于技术合作的技术需求对于企业技术能力提高过程，是指以技术创新为目标，以合作为基本手段，以资源互补为核心内容的技术合作活动。参加合作的各方可发挥各自的优势，做到优势互补，以合作的方式进行技术创新，可以将企业外部的技术资源内部化，而且可以通过合作各方技术经验和教训的交流，集中各方的智慧，减少创新过程中的判断失误。最为常见的技术合作有两种：一种是产学研的技术合作；另一种是企业间的技术合作。企业间的技术合作一般可以采取两种方式进行合作：横向合作性技术创新，即产业相关度较高的若干科技型中小企业组成联盟，实行横向技术协作，提高中小企业整体的经济实力。纵向合作性技术创新，即广大中小企业作为大型企业的零件供应商，积极与大中企业保持技术协作，实现生存互补。一方面尽量减少与大企业间的竞争；另一方面还要利用大企业以求得自身生存。同样，由于社会协作和专业化分工，大型企业也需要中小企业的发展，实现互利共生，即与竞争者的技术合作和与非竞争者技术合作。

（四）技术引进—消化吸收—自主创新模式

技术引进是指取得技术的一方为达到一定目的从转让方取得技术的行为过程。这一模式是指企业获取技术促进企业技术能力的提高，是建立在引进国内外先进技术的基础上，通过对引进的先进技术知识不断消化吸收，并结合自身

---

① 韩言锋. 科技型企业创业环境研究 [D]. 吉林大学, 2005: 20-21.

的研究开发,使企业技术能力提高到具有自主技术创新和持续自主技术创新的水平。这种模式的出发点是国内外先进技术的引进。

技术引进促进企业技术创新模式也就是我们平常所说的模仿创新,这种模式是由于企业自身技术研发、财力、人力等方面的弱势,独立完成技术创新会有较大的阻力,所以进行模仿创新具有一定优势。模仿创新对创新能力较弱的企业是比较适合的,科技型企业在创业初期的研发能力是有限的,采用模仿创新的策略,可以在成功的率先者的启发下学习、积累,避免了大量可能的失败,保证在有限的物质条件下获得最大的实践机会,大大提高了学习效率,并不断积累技术经验,实现技术进程上的跨越,但是科技型中小企业在实施模仿创新策略时,要避免单纯模仿的行为。单纯模仿创新策略的缺点是被动性,因为单纯模仿在技术方面只能被动适应,同时也会受到原有技术壁垒的限制。

(五) 创新流程

传统职能型的组织中,都比较注重对经营活动制订一些规章程序,可能是由于经营活动的重复和频繁出现所决定的。一方面,关于组织设计的文献主要集中在经营流程上,而没有关注项目流程;另一方面,复杂产品系统项目的非程序化特点限制了出现工艺提高、标准化和规模经济性的可能性,各个项目的差异性使得项目流程很可能是一次性的而且是独特的。

传统的项目管理研究集中于项目设计、管理和执行的关键成功因素,都是注重项目,而不是企业。两类文献都没有对项目流程和经营流程的联系进行清楚的说明,而复杂产品系统项目正是要求这两者能够达成有效的整合。

二、技术创新与组织形态变迁

(一) 家族企业要在复杂性技术创新观的影响下改变组织形态

技术是这个世界发生变化的重要原因,深刻地改变了人类生产与生活的本质。一百多年来科学技术的进步发展是巨大的,自18世纪开始的五次产业革命的浪潮,见图3-5。代表了技术环境重大变革。第一次技术革命主要是蒸汽机、纺织机械的发明和使用,促使人类社会从农业文明向工业文明转变;第二次技术革命产生的钢铁产业、铁路运输行业等,将地理上相互隔绝的市场一体化;第三次技术革命主要是发电机和电动机的发明以及电力的广泛使用,并在内燃机技术的基础上建立了新兴的汽车工业和航空业,在此过程中,工业生产的组织方式发生了革命性的变化;第四次技术革命是以原子能技术、电子计算机技术、材料技术、空间技术等技术群体的突破性发展为特征,导致社会观念的极大改变;第五次新技术革命仍在展开的过程中,以信息技术为代表的高新技术群体为知识经济的兴起和发展提供了技术基础。

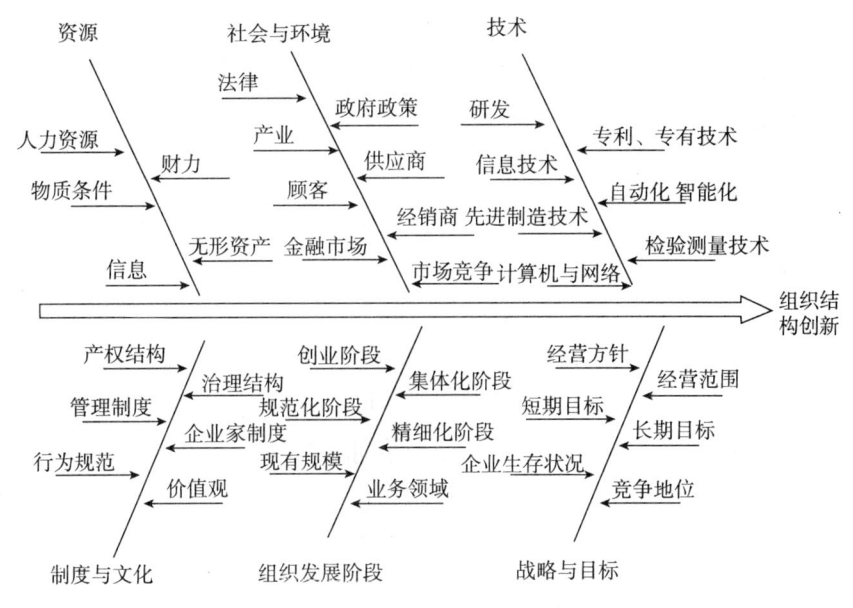

图 3-5 技术创新与组织结构变迁①

(二) 家族企业技术创新是家族企业组织形态演变的产物

沃顿商学院的拉菲·阿密特和哈佛商学院的贝伦·维拉隆格教授在 2006 年对美国企业所做的研究表明,美国的家族企业,以及由创始人担任 CEO 对于公司价值有正面影响,但是如果家族成员对公司的控制超出自己持有的股

---

① 楼园,韩福荣. 企业组织结构进化研究 [M]. 北京:科学出版社,2011.

权,或者由创始人的后代来管理公司,都对企业价值有负面影响。对欧洲公司的类似研究也得出了类似结论。现在的问题是:中国的情况如何?

最近这两位教授和位于上海的中欧国际工商学院的丁远和张华教授联合开展了一项名为"制度发展对于家族企业的盛行和价值的作用"(The Role of Institutional Development in the Prevalence and Value of Family Firms)的研究项目,试图寻找有关问题的答案。论文调研了2007年在中国上市的1453家企业,其中491家是家族企业。研究中的公司价值指的是把公司流通股市值加上非流通股的账面价值和负债净额,除以总资产的比率。这份研究适逢其时。在中国经济市场化改革的进程中,中国的家族企业正在不断扩大其规模和影响力。同时,随着创业板2011年秋天在深圳开板,为小型企业提供公共融资平台的功能正在激励越来越多的私人企业发展壮大。

研究结论表明:首先,家族持股和企业价值有很强的正相关性;其次,家族成员若拥有超过其股权的控制权,公司价值有很强的负相关性。这在中国的家族企业中主要是通过金字塔式的公司结构来实现的。最后,家族成员管理企业,在中国主要是第一代创始人在管理,从总体样本来说和公司价值没有重大关联。

家族企业的发展趋势好比一根抛物线,可以分成四个阶段:第一阶段,所有公司都是国有企业;第二阶段,市场开始向私人投资开放,私营家族企业开始出现;第三阶段,私营企业更加盛行和兴旺;第四阶段,控股股东的股权开始稀释,多数公司成为上市公司,股权分散在更多的小股东手中(丁远)。中国的沿海地区正处于第三阶段;中国内地则处于第二阶段;美国则到了第四阶段。从更长远来看,中国的上市公司会越来越多,股权结构也会更加分散。

(三) 技术创新的复杂性导致家族企业组织的创新

1. 技术创新的复杂性导致企业组织高度柔性化

传统创新组织中每个环节和部门都是按照职能进行专业化分工的,强调一致性、标准化,这是与技术创新活动中的各环节分离的模式相适应的。专业化分工很难提供跨职能的沟通和持续的人员之间的协调;一致性和标准化使组织反应迟钝、对复杂性处理不力,它们不支持创新组织内部的联系。面对技术复杂性,强调部门之间、人员之间的非线性相互作用,它们是一个相互联系、相互依赖的整体。只有高度柔性化的创新组织才能与之相适应,其中各成员之间是相互依赖的,而且智能至上,信息的反馈自下而上,再自上而下形成一个循环。高度柔性化组织松散灵活、分权并具有差异化和高度适应性,具有主动而敏捷的技术创新能力。

企业组织的创新导致组织的高度柔性化还表现在创新人员的高度柔性化。组织成员是构成组织的最重要的资源。创新人员的高度柔性表现为组织中成员的柔性观和他们本身所具备的适应能力和反应能力。他们能根据技术等外界环境的变化,自发组成创新团队,进行自我管理,这充分表现出技术创新活动的自组织性。克瑞纳运用技术复杂性的两个维度绘制了生产系统的复杂性地图。他将生产系统技术复杂性程度分为零活生产、批量生产、装配线和连续加工生产四类,并通过彩色显像管生产的案例来对企业的技术创新的组织与管理加以说明。他把具有不同技术复杂性的企业加以对比,指出随着技术复杂性程度的增长,从事生产与创新的组织从个体工程师走向自发形成的团队,从完全控制走向控制和学习,特别注重工程师、工人和其他人员的相互学习和互动。

2. 技术创新的复杂性导致企业组织高度扁平化

美国管理学家琼·伍德沃得认为,企业中从事技术创新的组织的结构不存在唯一正确的模式,决定组织结构有效性的因素不是产业类型或企业规模,而是生产系统的技术复杂性程度。卡什也描述了伴随生产技术、产品的复杂性进化而出现的创新组织的协同进化。他指出,随着生产模式从手工生产经过大批量制造向新兴综合化、集成化制造系统的进化,创新组织也实现了从个体控制结构性层级结构向更具适应性的高度扁平化、分权化结构的进化。同时,输出的产品也从手工制品经过大批量生产的标准化商品、向具有变动性高附加值的复杂性产品进化。技术复杂性与创新组织一起完成了一个协同进化的过程。

技术复杂性要求创新组织结构尽可能地扁平化、分权化。扁平化组织结构强调的是更加灵活的组织机制,以及对信息流的高度应变性。这种创新组织结构能够使组织根据顾客和组织自身的需要,随时调整组织的战略和把握产品的发展方向,通过重新整合组织内部和外部的机构,不断进行动态调整,以适应巨变的外部环境。被称为现代管理大师的前 GE 总裁韦尔奇,高度重视扁平化组织结构的灵活机制。他强调说:确保创新组织未来成功的关键,在于有合适的人去解决最重要的业务问题,无论他处在企业的哪一个等级和组织的何种职位，也无论他处在世界上的任何角落。在层级组织结构中，强调的是以命令和控制为主的决策方式，组织重视对职责和任务的清晰描述，下级只有被动地服从上级的指挥和命令；与之相反，在扁平化组织结构中，强调的则是充分授权。

高度扁平化组织结构侧重横向协作：部门与部门之间、人员与人员之间在高度分权的基础上，可以进行广泛的协作和交流。在技术复杂性时代，技术创新的效率来自创新组织中各成员的协同作用，只有高度扁平化组织结构才能自发产生各种小型创新团队，并通过它们之间的非线性互动，协同创造创新组织的整体效应。韦尔奇认为，一个组织就像一座大楼，它分为若干层，而每层又分为许多小房间，我们就是要把这些隔层尽量地打掉，让整个房子变为一个整体。网络结构就是高度扁平化组织结构的典型，网络成员都是平等的主体，彼此之间相互依赖并进行信息互动。在这种社会互动的网络结构中，网络成员通过协同作用，使整个创新组织突现出整体性。

3. 技术创新的复杂性企业组织有机适应性

技术创新是一项冒险性的事业，存在着高度的风险和不确定性，特别是面对技术复杂性，需要更具备有机性的创新组织来应对复杂的技术创新。有机性是相对机械性而言的，机械性满足不了技术复杂性的要求。有机适应性是技术复杂性对创新组织的基本要求。有机适应性具备这样的特征：创新是主旋律，学习型组织，自我管理。

学习型创新组织，就本质而言就是一个具有持久创新能力并创造未来的组织，它就像生命有机体一样，在内部建立起完善的"自学习机制"，将成员与工作持续地结合起来，使组织在个人、工作团体及整个系统三个层次上得到发展，形成"学习——持续改进——建立竞争优势"这一良性循环。所以，学习型组织通过全员创造性的持续学习，培养起全新的、前瞻性思维方式，以形成组织学习及动态整合的局面，使成员达到彼此深入沟通，共同实现愿望，适应动态环境，不断在结构上、技术上对组织进行创新的目标。自学习特性使创新组织拥有终身学习的理念和机制，多元回馈和开放的学习系统，形成学习共享与互动的组织氛围，具有实现共同愿景的不断学习的能力。

技术复杂性具有自适应性，这就要求创新组织必须通过组织的自学习机制，积极学习本身和外部的各种知识和技能。组织学习在技术创新方面的作用，表现为针对技术复杂性的出现，成员主动地利用学习机制，不断思考创新，通过学习增进成员间的相互沟通、理解、支持和合作，并使个人行为服从组织行为，提高创新的效率。组织学习使组织更好地适应动态的技术复杂性环境，提高了组织解决复杂技术问题的能力。组织学习主要从几方面得以体现：（1）由于组织呈网络平面结构，组织中的领导者更注重使自己处于事件发生的中心，而不是处于组织等级的上层，更倾向于达成一致意见而不是仅仅发布命令。（2）实行分层式的决策及对员工授权，这使得组织的各个部分（团队）具有自我调节功能，而不完全依靠其外部的因素调节。（3）组织的有序性是动态的，构成组织的各个部分与其外部的联系是发散性的，在不断地与环境交换信息和能量（资源）的过程中保持和发展。（4）通畅的信息交流和反馈系统。在激烈竞争的市场环境下，信息系统可以使企业及时掌握和分析企业所面临的市场环境，为企业决策方案的制订提供支持。

4. 组织复杂性是技术复杂性的本质要求

对技术复杂性的社会技术系统的理解，为我们考察技术复杂性与创新组织提供了更为宽广的视角。社会技术系统的概念在很大程度上与英国的 Tavistock 学会的研究和咨询工作有关。社会技术系统方法的基本假设是：当技术和组织（车间的结构和社会交互）在范围上一致时，公司就能获得更大的生产力和更多的组织输出。社会技术系统是一个具有更大复杂性的系统，社会系统可能包含成千上万的经受高度训练的人员、复杂的设备和许多反馈曲线。[①]

（四）合作创新模式

我们的家族企业与民营企业家都希望单打独斗，不会选择战略同盟与建立战略联盟，以及成立联盟组织来维护和处理他们的关系，更没有发挥联盟的作用。所以要建立完善合作与竞争的机制，不能盲目相互竞争。合作创新模式是指企业间或企业与科研机构、高等院校之间联合开展创新的做法。合作创新一般集中在新兴技术和高技术领域，以合作进行研究开发为主。由于全球技术创新的加快和技术竞争的日趋激烈，企业技术问题的复杂性、综合性和系统性日益突出，依靠单个企业的力量越来越困难。因此，利用外部力量和创新资源，

---

① 张勇，王晓东. 论技术复杂性语境中创新组织特性［J］. 科技管理研究，2004（1）.

实现优势互补、成果共享，已成为技术创新日益重要的趋势。合作创新有利于优化创新资源的组合，缩短创新周期，分摊创新成本，分散创新风险。合作创新模式的局限性在于企业不能独占创新成果，获取绝对垄断优势。[①] 所以，家族企业一是要规模化。随着国家逐步偏重以投资和消费来拉动经济发展，以及城乡一体化步伐的加快，未来十年，中国民营企业将迎来国内更大的发展空间。民营企业将在立足于国内强大需求的基础上，继续进行扩大生产，实现规模经济。在资本市场日益成熟下，许多民营企业将选择上市、发行企业债券，壮大企业资本实力。同时，面对国际技术和人力资本市场成本相对较低的时机，家族企业积极实施"走出去"战略，加强与国际市场的融合与接轨，在全球建厂生产，提高企业国际化经营水平，家族企业应该股权多元化，进行横向一体化于纵向一体化的资源整合，在国内外市场上形成一批有竞争力的大公司、大集团。二是家族企业科技化。在中国的企业创新体系中，民营家族企业已经成为重要力量。截至 2008 年，全国民营科技企业总数为 159384 家，民营家族企业占创新型试点企业总数的 2/3，全国国家级高新技术开发区内 85% 的企业是民营科技企业，民营企业在高新技术产业发展中已是中坚力量。在未来十年的发展进程中，民营企业将会转变传统的增长模式，走到依靠科技进步求发展的轨道上来。[②]

合作模式还要考虑到家族与企业的合作模式，家族企业成员与家族企业的职业经理人的合作。我们知道，家族企业最大特点就是家族关系决定着家族企业的走向。每个家族成员包括七大姑八大姨等，都具有多重身份，既是家庭或亲戚关系中的一分子，又是企业中的股东或职工。家族成员这种双重身份处理不当，是造成目前家族企业技术创新不足的主要原因之一。为了促使家族企业技术创新与产品创新，增加家族企业的核心竞争力，就有必要分清家族和亲戚关系、家族和企业中所处的关系及相互影响。弄清楚这些关系及影响之后，方能扬长避短，进一步促进企业发展。这就要做到：一是要认识到家族和亲戚关系在家族企业存在是客观的，也是具有正负因素。如果处理好，则有可能促进企业发展，如果处理不好，则可能阻止企业的发展；二是家族和亲戚关系必将

---

① 吴奇志，方文红. 新时期我国民营企业技术创新对策研究 [J]. 中国乡镇企业，2008 (10).
② 谷亚光. 警惕：民营经济遭遇产业链低端发展模式严重制约 [N]. 中国改革报，2011 - 03 - 25.

随着企业的不断发展壮大而逐渐淡化，同时以股份合作和利益均沾为主的发展方式将成为家族企业新生命的发展趋势；三是当前市场经济情况下，家族和亲戚关系将在一定时期内在中国企业中长期存在，职业经理人和企业股东必须高度重视这个问题的存在，要正确引导，恰当处理，以利于企业发展为准则。

如果说在企业发展的初级阶段重视"人合"和人们之间的相互信任的话，那么家族和亲戚关系的存在正是适应了这一现实需求而产生存在着；那么在家族企业进一步发展中，在新的基础上加大"技合"与"资合"的作用，使有着显著"人合"特点的家族和亲戚关系将逐渐在企业中淡化，进而逐渐代之以股份合作为主的"资合"方式和以技术创新与产品创新为主的"技合"为主的格局，促进家族企业的进一步发展壮大。

（五）借助复杂性系统的相互作用形成家族企业群落

企业群落与企业集聚的不同之处就在于企业之间存在着相互依存的程度。企业群落中各企业间存在着高度的合作，从而形成利于学习和知识交换的机制。一个成熟的企业群落应存在三种不同形式的相互联系网络：水平联系、垂直联系和个人网络。第一种水平联系与传统职能等级式企业不同，企业群落中单个企业常专注于某项核心技术的开发、专精于产品的某一道工序加工或零配件的生产，这种专业化形式要求其他组织的合作者有互补的专长。当公司壮大后，可以将这种网状组织内部化。第二种是价值链上各部分企业间的垂直联系，一个企业的产出是另一个企业的投入，这种联系类似食物链。第三种联系网络是灵活专业化的关键，它们是特有的基于个人网络的知识共享与传播。[①] 企业群落中不同的高度专业化企业能迅速对技术和顾客需求做出反应，而在一起又有集合的能力与资源，可以生产出供应全球的大量产品。企业之间相互作用会形成一个纵横交错的网络，每个企业都将成为网络的一个结点，它的生存、发展和活力的存在与整个网络有关，与企业存在的环境（自然、社会、经济、生态、技术）相关。网络中任何一个结点的变动，都可能迅速地放大到整个群落，产生所谓的"蝴蝶效应"，从而推动群落的演进。企业群落中，竞争和共生是企业之间存在的两种最基本的关系。竞争使群落中各企业在获取

---

① 蔓纽尔·卡斯特. 网络社会的崛起 [M]. 北京：社会科学文献出版社，2001.

能量、物质和信息方面出现非平衡，造成了群落发展的不确定性；而共生则是群落演进、发展的确定性、目的性因素，使群落沿着既有的方向发展。两者相互依赖，相互制约，共同构成群落成长和演进的动力和源泉。

值得注意的是，企业群落中，企业之间的相互作用是复杂的非线性相互关系，而不是简单的因果关系、线性依赖关系，在数学上不满足叠加原理。这种非线性关系存在正反馈机制、负反馈机制，以及两者共同作用的过程，进而推动系统出现分岔现象。[①] 所以，要鼓励民营家族企业进入新兴产业集群。从民营家族企业发展比较快的沿海地区经验来看，民营家族企业迅速发展和竞争力的大幅度提升，很大程度上与企业集群的形成有关。单体民营家族企业无力开展的业务，通过企业集群可达到拥有甚至控制更多资源、降低更多生产成本和商务成本的目的。企业集群现象的出现，是市场对行业相同或者具有配套关系但规模不同的企业在市场定位上的一种协同与安排。这种市场协同与安排，避免了企业间的恶性竞争，带来了企业间的互补与合作。企业集群现象在浙江和广东表现尤为突出。企业在空间上的集聚，有助于它们"面对面"地沟通与竞争。企业在时间上的继起，则有助于它们相互协调和在发展中的合作。这两个方面的结合，则有助于民营企业建立新型发展机制和企业竞争力提升机制，有助于提高市场透明度、减少企业获取信息的成本、降低企业信用成本和学习成本、防范出现道德风险，有助于形成企业间的良性互动与竞争合作关系、提高企业管理效率、减少企业非生产开支、提高企业的竞争力。[②]

三、借助创新性思维拓展复杂性家族企业技术创新途径

（一）借助创造性思维适应复杂性

莫兰指出，复杂性基本特征就是"有序性不再是绝对的、可分割性是有

---

① 罗庆. 生态学视角下的企业群落成长研究——以长垣县魏庄镇起重机械企业群落为例 [D]. 河南大学，2005.

② 罗发友，刘友金. 技术创新群落形成与演化的行为生态学研究 [J]. 科学学研究，2004，22 (1).

限的而逻辑本身又包含着盲动的"。① 显然，世界的这种复杂性不是仅靠理性因素就能认识的。由理性和直觉、灵感、想象等非理性要素构成的创造性思维是一项综合性的活动，它扬弃了经典科学思维方式片面理性化的价值取向，实现了理性和非理性的统一、确定性与非确定性、逻辑与非逻辑、发散性与收敛性的统一。从创造性思维的活动过程来看，在整个创造性思维过程中，既存在一个严密的逻辑思维阶段，也存在着一个逻辑思维的断裂带，在非理性因素的影响下而进行的非连续性的认识活动，这个活动阶段具有非理性的逻辑的特征。所以创造性思维既有严密的逻辑性，也有不具备认识规律的非逻辑性特征。基于科学立场的复杂性思维也主要是一种理性思维。创造性思维所谓的创造性，主要体现在几个方面：从认识主体来看，创造性思维具有个体性、原创性特征；从形成机制来看，参与思维活动的不仅有理性因素，也有非理性因素，具有复杂性特征；从认识成果来看，创造性思维所形成的认识和认识活动的预期有质的变化；从活动特点来看，创造性思维具有非线性特征等。所以，面对世界的复杂性，要借助创造性思维的思维程序和方法来认识客体、解决问题，从而产生新思想、新知识、新观念的思维活动。要将创造性思维看做是"理性思维和非理性思维的综合运用，是人的理性因素和非理性因素共同起作用的结果"②。从这种解释框架来看，创造性思维正是基于复杂性所作出的人的理性因素与非理性因素统一的认识论变革。

有专家指出，创造性思维方式既是认识复杂性的应有的重要的认识方法，也是现代认识论的重要建构内容。③ 相应于自然的复杂性，我们应借助创造性思维应对复杂性，形成复杂性的思维方式④两种复杂性的解决都离不开创造性思维。"我们将试图前进，不是从简单性走向复杂性，而是从复杂性走向不断增长的复杂性。"⑤

---

① [法]埃德加·莫兰，陈一壮译. 论复杂性思维[J]. 江南大学学报（人文社会科学版），2006（5）.
② 汪信砚. 汪信砚自选集[M]. 北京：中华书局，2009：120.
③ 刘国胜. 复杂性与创造性思维[J]. 江南大学学报（人文社会科学版），2010，9（2）.
④ 赵凯荣. 历史复杂性问题与唯物史观的解决[J]. 马克思主义哲学研究，2008，（01）.
⑤ [法]埃德加·莫兰，陈一壮译. 复杂性思想导论[M]. 上海：华东师范大学出版社，2008：33.

(二) 借助复杂性培育创新性思维的五条路径

创新思维性活动就是披荆斩棘，开辟新的道路。一是培育自己思维的独立性，即与众人、前人不同，独具卓识。独立性特点体现在思维中的怀疑因子：对"司空见惯""完美无缺"者置疑；抗压因子：力破陈规、锐意进取，勇于向旧的习惯传统挑战。二是培育专家的思维联动性，即"由此及彼"性，有创新思维想象的参与。想象是创新思维之母，它能结合以往的知识与经验，在头脑里形成创新思维性的新形象，把观念的东西形象化，从而使创新思维活动顺利展开。其形式有：纵向连动，即发现一种现象后能顺其深入研究，追根到底，比如发现海王星；逆向连动，即由一种现象想到其反面，如卢卡奇发现马克思的劳动异化论。横向连动，即由一种现象联想与之相似、相关的事物，比如魏格纳的大陆板块漂移学说。三是培育自己思维的多向性，善于从不同的角度想问题。多向思维依赖于：发散机智是对同一问题可提出多种设想答案，即扩散思维能力；换元机智是灵活地变换影响事物质和量的众因素中的某一个，从而产生新的思路；转向机智是思维在一个方向受阻后马上转向另一个方向去；创优机智是寻找最优答案。四是培育自己思维的跨越性，从思维步骤看，省略思维步骤，加大思维的"前进跨度"；从思维条件而言，指迅速跨越事物"可见度"的限制，迅速完成"虚体"与"实体"间的转化，在创新思维性思维活动中，新观念的提出，问题的突破，往往表现为从"逻辑的中断"到"思想的飞跃"。这时，通常伴随着直觉、顿悟、灵感状态。创新思维是富于灵感的劳动；加大思维的"转换跨度"；逻辑思维与非逻辑思维的巧妙结合。创新思维既包括逻辑思维，又包括非逻辑思维，是两者巧妙结合，对立统一的过程。五是培育自己思维的综合性，有多种思维方式的参与，如直觉的洞察和灵感的闪现；有想象的驰骋和类比的启迪；不乏演绎与归纳；发散和集中；假想与试探等。只有突破刻板思维的约束，综合灵活地运用多种创新思维方法，才会有非同寻常的创新思维。支持综合性的三种能力是：杂交能力，即选取他人的思维成果，巧妙结合，形成新成果；思维统摄能力，即把大量概念、事实、观察材料综合、概括整理、形成科学概念和系统；辩证分析能力，即对占有的材料进行深入分析,把握其个性特点,从中概括出事物的规律。①

四、基于演化范式的技术创新政策理论

中国民营家族企业技术创新问题,首先还是一个制度设计的问题。民营家族企业技术创新不足的根本性问题的产生有其体制性根源。其根源并非30年前的计划体制,而是中国两千多年封建社会的官僚行政体制。英国经济史学家安格斯·麦迪森(2008)在其《中国经济的长期表现:公元960—2030年》一书中讨论欧洲与中国之间的制度差异时指出:"在农业以外,官僚体制的影响却是负面的。官员和士绅是典型的寻租者。他们法定的、习惯上的特权决定了他们的社会地位、生活方式和生活态度。他们主导着城市的生活,阻碍了欧洲式的独立的工商资产阶级的出现。而在一个缺乏法律保障的环境下,企业活动是没有安全性的。任何有利可图的活动都会受到官僚的盘剥。较大规模的经济活动被限制在国家或得到国家特许权的垄断集团手里。"麦迪森认为,阻碍自身现代化的传统制度再加上外国殖民者的入侵,使中国 GDP 在世界上的份额,在 1820~1952 年,从 1/3 降到了 1/20。显然,今天中国要从世界经济的大国成为世界经济的强国仍有待于对这种阻碍自身现代化的传统制度进行彻底的变革。②

在中国过去的经济发展过程,普遍存在着一种重技术创新,轻制度创新的倾向。事实上,受技术创新自身特点及中国现行经济制度特征的影响,在中国经济发展过程中,更应该强调制度创新的作用,改变过去重技术创新,轻制度创新的倾向。比如,中国东部一些发达地区技术科技基础比较薄弱,却能够在不长的时间内实现快速发展,而中西部一些大中城市,虽然具有良好的科研基础,但经济发展速度始终低于东部;西部地区的发展需要大批科技人才,而西部各地的科技人才却"孔雀东南飞";在中国各地区的大中型工业企业技术开发产出中,东部地区明显高于中部和西部地区。之所以出现这种差异,除了经济发展水平存在地区差异外,一个重要原因就在于制度环

---

① 甘德安. 知识经济创新论 [M]. 武汉:华中理工大学出版社,1998:393-394.
② 金雪军,杨晓兰. 基于演化范式的技术创新政策理论 [J]. 科研管理,2005,26(2).

境方面存在明显不同。

怎样的环境生长怎样的植物。创业、创新环境宽松程度与创新、专利、创业的数量必然成正比。所以，政府应该为技术创新提供较好的体制环境、鼓励机制和社会服务，为企业自主创新提供一个较好的社会环境。中国高新技术开发区的建立就是一个制度创新的榜样。由于高新技术开发区的局限性，很多问题还需要地方政府，乃至中央政府来解决。在制度建设方面还存在相当大的差距，要改变目前的这种状况，制度创新可以从四个方面入手。

1. 改变现行的银行体系

银行贷款难仍然是绝大部分民营企业面临得一个最头痛、最现实、关系到企业生死存亡的问题。民营家族贷款方式以抵押、担保为主，信用贷款非常少，获得银行贷款期限一般不超过一年，中长期贷款仅占民营企业贷款的5%，只能弥补流动资金缺口。但民营企业非常需要长期限的资金，以进行技术改造。为满足长期资金周转的需要，一些企业不得不采取短期贷款多次周转的办法，从而增加了企业的融资成本。一份调查资料清楚显示：目前，我国民营企业的资金来源主要是自我融资。分阶段看，初创时的启动资金有90%以上来自资金持有者、合伙人以及他们的家庭，后继投资中至少62%的资金依靠业主自有资金或企业的前期利润。平均而言，中国商业银行在民营企业融资中的作用相对较小，只有29%的民营企业在前5年中得到了有保障的贷款。[①]

以印度为例，印度有27家政府银行，25家民间银行，47000家非银行金融机构，100多家商业银行，其中70%贷款给民营家族企业。中国基本上是国有银行，但70%贷款给国有企业。武汉市的科技信贷融资条件有限，高新技术企业间接融资的能力不足，投融资主体多为高新技术企业自身，城市金融机构的贷款比例低，根据2003年的数据，贷款比例仅有4.3%。因此，现行的银行体制对成立创新型国家和创新型城市实质上是国家银行制度不能适应创新型国家与城市的建设，因此，有必要对银行体制进行改革，加大对民营家族企业的支持力度，扩大贷款面积，从而有效解决融资问题。

2. 完善风险分担机制，营造良好的市场环境，让民营家族企业敢于创新

首先政府要鼓励民间建立风险投资的母基金，推动中国风险投资事业的大

---

① 余治国．国殇：中国民营企业考察报告［M］．http://www.fanyagroup.com/.

发展。为了扶持风险投资事业的发展，对主要投资于民营家族企业或者说中小高新技术企业的创业风险投资企业，要实行投资收益税减免或投资额按比例抵扣应纳税所得额等税收优惠政策，对风险投资的发展实施有效支持。二是要加大对中小民营家族企业的创业扶持，营造良好的创新创业环境。创业和创新是紧密联系的。家族企业一般通过创业来实现创新，政府对创业的扶持有利于减少企业创新的风险。另外，政府也应对企业开展战略高技术的研发及技术成果产业化给予大力支持。要推进民营家族企业同高科技的对接。

科技型民营家族企业从初创到成熟的过程，会经历不同阶段，在每一发展阶段，企业的规模、盈利能力、发展目标、技术创新活跃程度、抵御市场风险的能力都不相同，因此民营家族企业的资金强度、资金筹措能力等也存在较大的差异。不同成长阶段的民营家族企业适用不同的中小企业融资策略，需要多层次的金融市场体系提供中小企业融资策略与中小企业融资支持。因此，我们应当以完善多层次的资本市场为解决民营家族企业自主创新融资问题的远期目标，拓宽直接民营家族企业融资渠道。

3. 创业投资体制

在国外，通常是几个青年人从研究所或是从大学出来，聚在一起搞一个发明创造，办一个小公司，虽然规模很小，但因为有创新成果，在展示宣传的时候被创业投资机构看中了，就参股进去，推到创业板去上市。上市后企业就成倍地增值，到适当的时候创业投资就带着收益退出，再去寻找支持另外有自主创新、自主知识产权的企业去。但为什么在中国创业投资就这么困难？现在国内已经有一些创业投资公司，但关于创业投资基金却没有法律根据，其中最大的问题就是没有退出渠道。创业投资机构把钱投入进去就不能撤出，不能流动，这就把活水变成了死水，无法规避风险、获取收益，那还搞这个干什么？现在导致的局面是很多有创新成果、富有成长性的公司愿意去国外上市，却不能在国内上市，这是良好上市资源的流失。

在高新技术产业发展的创业环境上，武汉市在2004年中国城市科技创业环境排名中仅居第十三，有待继续改进。在高新技术产业投融资增长速度来看，2003年武汉的投融资规模增长迅速，达到了55.2%，其中，武汉市的政府投资和金融机构贷款的增幅都超过了100%，这主要是由于武汉市近几年来已日益重视高新产业的投融资活动，并采取了诸多有效措施完善投融资体系，不断拓展投融资渠道。但高新技术产业投融资总体规模较小，2004年武汉市的投融资规模仅有30亿元，投融资机制还不够健全，投融资渠道有限，本地资金存量不足，制约着高新技术产业的发展。只有逐步改变目前的创业投资机制，加快创业投资法制定，才能进一步推动武汉市的自主创新战略的顺利进行。

4. 行业支持体制

新兴行业一定要得到政府的大力支持才能发展起来，世界各国，莫不若此。新兴行业之所以新，是因为过去没有，所以一开始建立都是很弱的。同时，新兴行业的利润率也是事前无法预料的。要冒很大的风险，利润率又不可预期，企业就不愿意做。因此，如果没有政府国家的大力支持，新兴行业的发展就难以渡过其体弱的幼年期而茁壮成长起来。具体而言，在经济政策的基本目标上面，要改变以往的GDP偏好，外资偏好和外贸偏好，更多地从国家战略发展方面考虑；在投资政策上，要一视同仁，对外资企业尽快实施国民待遇，有步骤地取消各项优惠政策，积极创造一个有利于国内创业者和企业进行创新的环境和氛围；在税收政策上，要加大自主创新企业各项开支的税收抵扣和信贷力度，深化产权改革，建立现代企业制度，改变过去分配不合理的现象，充分体现科技创新人才的创新价值，调动他们的创新热情；在采购政策上，要优先采购国产技术自主品牌的产品，仿效美国制定《采购本国货物法》。

第四章

The Further Research on Family Business Based on Complexity Theory

家族企业战略复杂性理论

因企业战略创新成功的例子比比皆是。比如19世纪60年代佳能公司向在复印机市场的领导者施乐公司发起挑战,通过向中小企业和个人销售小型复印机而成功占领了个人复印机市场。19世纪80年代星巴克咖啡公司通过为喝咖啡的客户提供与众不同的体验而从一家门店发展为现在遍布全球的连锁咖啡店,其他还有美国西南航空公司、瑞典宜家家居公司、戴尔电脑公司、加拿大太阳马戏团、西班牙Zara时尚零售店等大量成功的故事。中国家族企业成功的企业战略也是有的,比如鲁冠球就是使用了"生存型多元化"、"发展型专业化"、"上台阶型相关多元化"、"做强做大型非相关多元化"战略。[①]

然而,三十多年来第一代民营家族企业战略失败的例子更是层出不穷,之所以迅速崛起之后迅速衰落,战略失误是最主要的原因之一。古人云:不谋全局者不足谋一域,不谋万世者不足谋一时。作为企业家应胸怀全局,立足长远去考虑企业的发展,但是,许多企业家由于急功近利,做出了错误的选择,导致企业的失败。战略管理的根本目的是驾驭全局,不仅驾驭企业现实,而且驾驭企业未来,既要"远虑",也要"近忧"。企业发展战略要求民营家族企业主不能好高骛远,居安思危,谋划长远。在为数不少的民营家族企业主的头脑中,赚钱就是战略目标,业务就是战略,认为根本不需要考虑战略问题,重要的是随机应变的能力。由于民营家族企业是天生的市场派,对业务不仅异常熟悉,而且十分有感情,经常组织讨论业务问题,制订业务战略,以业务战略取代公司整体发展战略。在这方面,原广东爱多集团堪称典范,胡志标最喜欢与一般高级幕僚彻夜秉烛高谈,一旦冒出一个令人叫绝的好点子,他立即实施。可是,作为一家大型企业连一个两年规划都没有制定过。此外,民营家族企业在战略上缺乏一个准确的定位,不知道自己处于什么水平,有多大能力,能干

---

① 赵以国. 鲁冠球对万向集团的战略设计与战略管理[J]. 中国营销传播网, 2007-2-4.

什么，能干成什么，该干些什么，什么能行，什么不行。丝毫未考虑企业优势就盲目地向多元化方向发展，最终使企业竞争力下降。

  这些企业之所以战略失误一是缺乏战略；二是错用战略。所以，我们有必要认真研究家族企业战略问题。战略管理的最大特点是复杂性，首先，企业环境变化存在着很大的不确定性。企业宏观因素或者间接环境因素，包括中国三十多年的改革开放是从农业经济向工业经济转型，从计划经济向市场经济转型，从封闭经济向开放经济转型。所有这些环境因素都是不确定的，这很大程度上增加了战略决策的复杂性。企业环境还包括直接的微观因素，比如客户、供应商、替代品、现有竞争者和潜在进入者等直接影响因素和社会、政治、经济、技术和自然等间接影响因素，其次，源于企业是由具有主动性与创造性的人组成，具有不确定性；特别是创业企业家决策者主观的不确定性。任何一个战略决策都是由企业家根据其对环境的未来变化预测进行的，而这种预测本身就存在着巨大的不确定性，不同的企业家往往对未来环境的把握是不同的，因而会出现不同的战略决策与路径选择。再其次，企业战略决策的正确性不是企业获得战略成功的充分条件。许多公司战略的失败，不是战略决策失误所致，而是由于管理和组织方面的缺陷造成的。因此，企业面临的挑战除了制定正确的战略决策外，还必须发展一种组织能力去真正实现它。最后，自21世纪以来，战略环境的相对稳定性和可知性在被不确定性、复杂性所替代的同时，战略环境的复杂性还在不断升级，表现在许多产业正在走向整合，现在越来越难界定产业的起点和终点；技术边界也在模糊，即影响企业发展的可能不是自己的研究所开发出来的技术，而是行业外企业开发的。同时，战略管理的复杂性升级使得传统战略假设和指导理论已经严重束缚了人们的视角，成为战略思维与决策的缰绳。

  企业战略管理系统的复杂性，已使得传统的战略理论、方法和思维显得落伍，目前急需新的理论指导。而复杂科学研究为经济管理方面的研究获得的新成果和新视野受到学术界和企业经营者的高度关注。无疑复杂性科学研究将给企业战略管理带来许多全新的启示。我们的任务就是借助复杂性科学的理论、视角、方法与模型，构建家族企业战略理论与战略实施的复杂性演化理论，也是在《复杂性家族企业演化理论》的基础上，对复杂性家族企业演化理论的拓展与深化。

第一节 家族企业创业无战略

一、家族企业战略实践的缺失

结合中国民营家族企业的发展历程，我们可以分析发现，中国民营家族企业的战略具有的特征：一是在计划经济及改革开放初期，民营家族企业始终在国家政策的夹缝中生存，因而，民营家族企业根本就没有所谓的"战略"。此时，企业的生存就是能够赚钱，以获得基本的利润为目标。企业自身的发展还没有上升到战略高度。二是在改革开放的市场环境中，民营家族企业是极为典型的机会型战略，但是，由于大政府小社会的环境中，这一战略更多是在弥补国有企业的战略空缺。三是在转型期好新兴市场的环境下，当代民营家族企业战略具有高度环境适应性特征。在三十多年的改革开放的历史中，民营家族企业一直采用低成本战略。在随后的竞争中才逐步采用重视自主创新好技术优势。

也有学者把家族企业发展过程的战略陷阱归纳成六类：一是利润陷阱，以产品为导向，迷失企业宏观战略方向。二是目标陷阱，没有战略目标，即使有也含糊其辞、模棱两可。三是多元化陷阱，民营家族企业都有十分强烈的多元化发展动机。四是组织陷阱，表现为缺乏组织，构建的组织各层次缺乏沟通，重要的组织信息只在家族成员内传递，中层经理以及普通员工得不到来自高层的信息，自然会产生强烈的"外部人"的感觉，影响整个组织的效率，并可能导致企业崩溃，比如三株集团。五是人员陷阱，事实上，家族企业出于从自身利益的考虑，发展初期的家族企业更倾向于从内部，尤其是家族内部来选择经营人员；尽管内部人员对企业更了解，归属感较强，但内部人员有着非常明显的不足之处，内部人员很难摆脱错综复杂的家庭关系的制约，工作受到影响，不能接受外界的经营思想，缺乏创新意识。六是财务陷阱，家族企业通常通过融资来支持企业超速发展；为了更好、更多、更快地把握市场机会，许多家族企业都采取了高风险性的负债式经营，会给企业带来较大的融资组合风险以致带给企业致命的打击。① 因战略失败导致 20 世纪 90 年代在中国经济领域昙花一现的家族企业则比比皆是，如中国第一代民营企业中的"佼佼者"南德、巨人、三株、505、太阳神、沈阳飞龙、爱多等。

二、战略性企业创业理论的缺失

从改革开放三十多年来的探索，中国的创业环境进一步改善，民间创业活动趋向活跃。不过，有的新创企业风光一时便早早夭折，而有些则能由小到大、由弱变强，甚至在某个领域长期独领风骚，成长为大型企业。究其原因，尽管很复杂，但有研究表明，创业者是否具备战略性创业理念是其中最重要的原因之一。

战略性创业是指在战略视角或理念下的创业行为②，即：战略管理+机会型创业，也就是创业者在创造新价值和财富的过程中有意识地、自觉地将创业行为与战略管理行为整合在一起。从战略性创业的含义来看，它本质上不能算是相对于机会型创业和生存型创业而言的又一种独立的创业类型，而是一种全新的创业理念。创业者就会始终站在战略的高度思考和处理创业问题。再者，之所以创业行为和战略管理行为能够紧密整合在一起，究其原因：首先，它们有着相同的终极目的，都将企业财富的最大化作为各自的核心目标，两者结合起来可产生协同作用以增加企业财富的价值；其次，两者的任务也是一致的，都是要使企业适应外部环境，利用环境中出现的不确定性所带来的机会；最后，两者的侧重点相互关联，创业所注重的"机会和创新"是战略管理所聚焦的"竞争优势和绩效"的来源之一，而企业现有的"竞争优势和绩效"又往往是未来赢得"机会和创新"的根据，工作重点的关联为两者提供了相互交融的平台。显然，战略管理能使创业行为如虎添翼。这就需要创业者除了拥有必要的专业技术知识外，还必须具有一定的包括战略管理在内的管理知识与技能。

国外的许多研究已经证明，在创业过程中实施战略管理即从事战略性创

---

① 吕峰. 家族企业发展过程中的战略陷阱 [J]. 企业活力, 2002 (4).
② MichaelA. Hitt, R. Duane Ireland, S. MichaelCamp, Donald L. Sexton. Strategic entrepreneurship: Entrepreneurial strat-egies for wealth creation [J]. Strategic Management Journal, 2001, (22): pp479 - 491.

业，可以明显地提高创业的成功率。一是提供在质量和服务方面不同于其竞争对手的差别化的产品（即差别化战略）；二是将其产品聚集在一个满足客户需求的细分市场，以便获得占优势的市场份额（即集中战略）；三是企业家的行为特征，主要是其识别潜在风险与机会的能力，能够预料公司未来向何处去从而给出总的战略方向的洞察能力。① 国内也有类似的研究，例如，贺小刚等人（2005）对国内277家企业的调查发现，成功的企业家须具备4个能力，即战略能力、管理能力、政府关系能力和社会关系能力。②

三、创业行为与战略管理相结合的意义

1. 可以选择有吸引力的产业

在当今的经济环境下，变化是常态。这种变化，主要是由技术进步和经济全球化所驱动，已经形成了一个充满不确定性的竞争性环境。然而，正是这种不确定性造就了各种机会，并引导无数创业者萌发出创业冲动。创业者开展创业行为实质上就是进入某个产业参与竞争，从竞争中获取所蕴涵的潜在利益。按照战略管理的原理，创业者在创业之初的首要工作就是要进行使命定位，选择一个合适的、有"吸引力"的产业，以便在未来的经营中建立和保持自己的竞争优势，从而使创业取得成功。然而，产业选择并非易事，需要一定的理论根据和专门技术。创业者若能比较熟练地运用各种战略管理的理论、方法和技术，比如资源基础理论、核心能力理论、行业结构理论，以及五力分析模型、SWOT分析法等，对产业进行理性分析与选择，就可以有效地规避和利用产业风险，减少和防止决策失误。可见，在产业选择方面，战略管理可以而且应该融合到创业过程之中。③

2. 建立战略伙伴关系

组织网络是企业间为交换、分享或联合开发新产品或新技术的一种自愿性

---

① Mitchel. l Oral history and expert scripts: Demystifying the entrepreneurial experience [J]. International Journal of Entre-preneurial Behaviour and Research, 1997, 13 (2): pp122-139.

② 贺小刚，李新春. 企业家能力与企业成长：基于中国经验的实证研究 [J]. 经济研究，2005，(10).

③ 叶瑛，姜彦福. 论战略研究与战略管理研究的相互关系 [J]. 中国软科学，2004，(12).

安排。随着经济环境继续复杂多变，外部网络对于各类企业来说具有日益重要的战略意义。这种网络包括与投资者、客户、供应商及竞争对手的关系，还包括与政府的关系。网络之所以具有十分重要的战略意义，是由于它可以给企业提供信息、资源和市场，可以作为信息源，帮助企业识别潜在的机会。有关研究表明，新创立企业可以通过建立战略联盟和进入一个有效率的网络，提升自己生存和最终成功的机会。特别地，外部网络还由于为企业提供了学习新能力的机会而变得愈发重要。这样一来，网络就允许企业在一开始不具备所有必要的资源的情况下展开市场竞争。这一点对新创立企业来说尤其重要，因为这些企业往往只具备有限的资源，它们在成立之初必须尽量把各类投机者吸引到其风险事业之中。[1] 尽管创业者有多种投资资金来源可供选择，然而，在大多数情况下，外部投资者已然与其他各种组织（可能是创业者的竞争对手）建立了联系。这样，新的创业者必须进入到现存的关系网，甚至要打破旧的关系格局，重建新的关系模式，努力跟这样的投资者建立一种战略伙伴或合作关系，而不是那种缺乏战略眼光只顾眼前利益、动辄失信的短暂性的相互利用关系。不仅如此，有效的战略创业者还要试图把握这些关系以及管理这些关系的规则，成功地控制他们在这个网络系统中的地位。另外，网络的建立不光是创业行为的产物，也是战略管理的一项重要的内容。战略管理学科已经将有关网络和联盟的建立原则、类型的选择、信任机制的建立及失败的原因等纳入自己的研究领域。例如，战略管理学科中的集群理论就认为，传统的个体企业之间的竞争正被企业集群之间的竞争模式所代替，企业行为的主要功能就在于创建网络关系并与合作伙伴进行资源整合、协同创新。因此，创业者运用战略管理理论和技能，可以更加有效地建立、利用和维护网络关系，以实现获取外部资源、促进科技创新、避免经营风险和过度竞争、开拓新市场的目标。

3. 培育资源与能力、构建企业竞争优势

企业的竞争力从根本上讲源自其内部的资源与能力。早在1959年，英国经济学家彭罗斯就指出，公司的报酬可能主要归因于它所拥有的资源。[2] 1984

---

[1] Starr JA, MacMillan IC. Resource co-optation via social contracting: resource acquisition strategies for new ventures [J]. Strategic Management Journal, Summer Special Issue, 1990, 11: pp79 – 92.

[2] Penrose ET. The theory of the Growth of the Firm [M]. Wiley: New York, pp19 – 59.

年，沃纳菲尔特提出了"资源基础观"，认为公司内部资源对公司获取并维持竞争优势具有十分重要的意义。企业内部的组织能力、资源和知识的积累是解释企业获得超额收益，保持竞争优势的关键。[①] 最有影响和代表性的要数哈默尔和普拉哈拉德1990年在《哈佛商业评论》上发表的"公司核心能力"一文。这篇文章指出，核心竞争力是企业可持续竞争优势与新事业发展的源泉，它应成为公司战略的焦点。以上观点可归结为战略理论的资源观和能力观，它们实质上是一种强调在企业生产经营中要以独特能力为出发点和归宿点来制定企业竞争战略的思想。在随后的几年里，战略管理学者巴尼（1991），阿米特和苏梅克尔（1993）等人证明，公司战略应建立在公司拥有的异质的独特资源或能力之上，同时，战略成功地调动了这些资源并培育出独特资源和能力，从而使公司获得竞争优势。

这种情形对于创业型企业而言更加突兀。例如，理等人（2001）发现，他们所研究的以技术为基础的创业型企业创造的价值大多是基于它们的内部能力。特别地，他们发现，创业导向、技术能力及财务能力是一个风险性创业企业能够增长的主要预报器。上述研究发现的结论，也得到中国创业型企业的充分证实。例如，创立于1984年的海尔集团，正是凭借着其不断提升的核心能力，成为享誉海内外的跨国企业。可见，一方面，创业的成功离不开一定的企业资源、独特能力和竞争优势；另一方面，按照战略的"资源观"和"能力观"，企业战略的直接目的就在于为企业培育和发展内部战略资源和核心能力，从而形成竞争优势，而战略管理正是培育这种资源能力和优势的有效工具。显然，"资源观"和"能力观"是创业和战略管理的共同理论基础。因此，在培育资源和能力时，创业行为可以与战略管理密切结合。

4. 造就企业活力之源

管理大师德鲁克（1985）指出，创新是企业家的首要活动。创业的本质是创新，创业激励了创新，创业企业推动了经济发展。从现代产业发展历史来看，创新型创业企业创造了新的技术、新的行业和大量新的就业机会，例如，半导体、计算机、互联网等行业的发展都与创业密不可分。对创业者来说，没

[①] Wernerfelt. A Resource-based View of the Firm [J]. Strategic Management Journal 1984, 5（2）: 171–180.

有创新的创业活动难以生存和发展。因此，创业者应将创业和创新有效地结合起来，以创业促进创新。

创新过程需要战略管理。按照熊彼特的理论，创新是对"生产要素的重新组合"，可分为制度创新和技术创新。一般地，创业企业以技术创新为首要的己任。技术创新是一个过程，依次要经历识别和评估新机会、设计一个能满足顾客需求的新产品或新服务、将新产品实际传送给顾客等阶段。诸阶段都存在相当大的不确定性。为了提高技术创新效果，降低风险，制订和实施一个符合自己特点的技术创新战略对创业企业来说是完全必要的。技术创新战略一般涉及创新的基础选择：（1）是从事基础研究，还是应用研究；（2）创新对象的选择：选择产品、工艺抑或生产手段领域进行创新；（3）创新方式的选择：是利用自己的力量独家进行开发，还是与外部的生产、科研机构联合起来共同开发；（4）创新水平的选择，即在设计通过创新可能达到的技术先进程度时，要确定本企业在行业内相对于其他企业而言，是采取一个领先于竞争对手的"先发制人"战略，还是实行"追随他人"但最终超过他人的"后发制人"战略；等等。以上内容都是十分复杂的涉及全局性、长远性的重大战略问题，需要缜密地战略谋划。在实践中，这种技术创新战略可能是有意制定的，也可能是在无意识中形成的。但若企业家在从事创业时，能够自觉地应用战略管理的原理加以制定，对新创企业技术创新的成功或少走弯路将大有裨益。

第二节　家族企业战略理论应用的误区

一、企业战略管理理论演变及发展趋势

企业战略管理理论于20世纪50年代起源于西方，它基于这样一种认识，即企业应连续不断地注视内部及外部的事件与趋势，以便必要时及时做出调整，因此它是研究企业如何动态地适应内外环境变化的理论。企业战略管理理论的发展大致经历了三个阶段。

1. 经典战略管理理论阶段

以安德鲁斯和安索夫为代表人物的经典战略管理理论是建立在对企业内部

条件和外部环境系统分析的基础上的。它分析了企业组织的优势、劣势和环境给企业所提供的机会、威胁（即 SWOT 分析法），并在此基础上确定企业如何制定战略。经典战略管理理论为企业战略的制定提供了一整套基本的思路和程序，特别是 SWOT 分析法的运用充分体现了组织内外部关系对战略形成的重要性。

此理论在 20 世纪六七十年代掀起了多元化发展的高潮，但经典的战略理论也有很大的局限性。首先，其重点是分析和推理，隐含的前提是企业高层管理者可以对未来环境进行可靠的预测，制定合理的战略并加以贯彻执行，这一前提与经营环境相对稳定的特点相适应。但随着经济的日益发展，经营环境的不确定性越来越强，只运用该理论已很难随环境变化及时地做出战略决策。其次，经典的战略理论只是方向性和框架性的，SWOT 分析法也没有给出分析优势、劣势、机会、威胁的具体方法，因此显得有些空洞、抽象，可操作性不强。

2. 以定位为基础的战略管理理论阶段

在整个 20 世纪 80 年代，波特的著作《竞争战略》、《竞争优势》对战略管理的理论和实践产生了深远的影响，形成了以定位为基础的战略管理理论。在《竞争战略》一书中，波特运用了产业组织理论中的产业分析方法，提出了五种竞争力量模型。他认为，特定产业的竞争性质由五种力量决定：现有的竞争者、潜在的竞争者、替代产品的威胁、供应商的议价力量和购买者的议价力量。这五种力量的综合作用随产业的不同而不同，随产业的变化而变化，结果就使不同产业或同一产业的不同发展时期具有不同的利润水平。因此，如何通过五种竞争力量的分析确定合适的定位就成为企业取得优良业绩的关键。在此基础上，波特提出了企业在特定产业中的竞争通用战略，即低成本领先战略、差异化战略和目标集聚战略，这是企业所获得的竞争优势的三个基点。

波特的战略理论也有其局限性。首先，在产业分析中，波特忽略了企业内部条件的差异，认为竞争战略在很大程度上依赖于对高利润产业的正确选择，因此往往诱导企业进入自身并不熟悉的领域或采取无关多元化战略。而事实上，同一产业内企业间的利润差异并不比产业间的利润差异小。其次，波特的价值链分析虽然提供了寻找竞争优势的有效方法，但并没有指出如何根据重要性原则确定企业的核心竞争优势。

3. 战略管理理论的新趋势

20世纪90年代以后，不少通过多元化经营形成的大企业开始出现问题，多元化的热潮也开始消退。其原因主要是随着全球经济一体化进程的加速，企业经营环境的不确定性日益增大。产业边界日益模糊，产业结构的稳定性日益下降，以恰当定位获得竞争优势变得越来越难以持续。在这种严重的挑战面前，企业战略管理的理论研究出现了很大的新趋势。一是竞争优势的理论重点开始由以定位为基础转向以资源为基础的竞争优势观，并出现了核心能力理论。二是强调战略形成中的学习观、认为唯一可持续的竞争优势就是比对手更快的学习能力，其形成的方法是建立学习型组织。三是采用全新的视角。90年代以前的战略理论都比较偏重讨论竞争和竞争优势，但进入90年代以后，随着环境的日益动态化，创新和创造未来日益成为企业战略管理研究的重点，在此背景下，超越竞争成为战略管理理论发展的一个新热点。

二、传统企业战略是拉普拉斯决定论的翻版

（一）经典战略理论的前提假设、理论基础、分析方法及存在的弊端

传统的战略理论将企业看作是一种机械组织模式，认为外界的变化是可预测的，企业能够预测并且控制这种变化，企业更强调自身的发展。传统的战略理论在研究方法和研究思路上均受到牛顿科学范式的影响及研究手段的限制，在研究过程中用机械的相对静态的观点地看待世界和事物，认为事物的变化是有序的，可以进行精确预测，在考察企业战略系统时倾向于假定企业内部因素之间以及它们与外部环境因素之间的关系是线性的、确定的、可解析表达的、可严格逻辑分析的，企业系统以及外界环境是趋于平衡态的、规则的，其理论及逻辑分析是建立在相对封闭、简单和相对静止的基础上的，[①] 如20世纪六七十年代企业经营环境相对稳定，此时发展起来的SWOT分析框架和之后提出的五力模型，以及产业结构分析方法（即建立在整个工业结构是稳定的、可

[①] 刘洪，郭志勇，徐晟. 企业系统演化及管理混沌理论的研究概述 [J]. 管理科学学报，1998，1（4）.

以识别的，未来是可以预见的前提假定基础上的，认为战略只是给一个企业在一个产业中进行定位）。① 其隐含的前提是环境是可预测的或基本可预测的，通过分析、经验和洞察力的结合，高层管理者可以对未来进行可靠的预测，制定合理的战略并加以贯彻执行，战略计划是相对确定的，有刚性的，没有意识到企业与企业、企业与政府、企业与消费者、企业与金融机构，以及企业与职工之间的复杂关系会导致产业基本结构的动态变革，产业结构改变企业行为，同时企业行为也会改变产业结构，而是趋于假定它们之间是没有反馈联系的简单线性关系。②

但进入 21 世纪以后，企业的竞争环境发生并继续发生着重大的变化，复杂的频繁变化的外部环境使全球范围内的产业基本结构发生动态的变革，对产业或企业的未来作出规划或预测更加困难，企业面临的环境越来越不稳定、不确定，传统的战略管理理论已不能满足企业生存和发展的需要，战略管理作为应对环境不确定性、动态性、复杂性的科学变得更加重要。③

从复杂性视角看，企业是一个开放的复杂性系统，具有演化的功能，需要从复杂性科学的角度对企业战略的内涵进行重新界定。战略的本质体现为一种复杂的适应性系统，其适应性的增强与其结构复杂性的提高具有内在统一性，战略系统为了适应环境的变化而改变自身结构的某些功能，战略系统结构的复杂性有利于其更好地适应环境的改变，战略系统适应性与结构复杂性任一方面的变化都会引起另一方面相应的改变，两者的变化都是朝着有利于战略系统自身发展的方向进行。

总之，已有的建立在牛顿科学范式分析基础上的战略理论，忽略了企业内部和外部环境的复杂性、动态性、突变性和随机性，战略理论需要从研究方法和分析基础上进行变革，也就是从研究范式上进行变革，以适应经济社会的复杂性、动态性、随机性及突变性要求，只有这样才能更有效地指导当前的战略管理实践。

---

① 许庆编. 企业经营战略 [M]. 北京：机械工业出版社，1993：47 - 56.
② 武亚军. 20 世纪 90 年代企业战略管理理论的发展与研究趋势 [J]. 南开管理评论，1999 (2).
③ 刘洪. 混沌理论与战略观 [J]. 自然辩证法研究，1995，11 (7).

(二) 研究复杂系统中企业战略管理的必要性

随着企业规模的扩大、产品种类的增多、经营地域的扩张、管理层次和职能部门的增加,以及外部变动加剧,技术创新日益频繁,企业已越来越多地表现出复杂性的特征,使得研究复杂系统中企业战略管理十分必要。

1. 企业外部复杂性提高使其交易成本上升,经营效率下降

一是为了降低和减少环境的不确定性和交易过程中的信息不对称现象,企业必须不断搜集与其经营相关的各种有用信息,面对庞大信息量的挑战。二是为了寻求广泛的支持和合作,加强与相关企业、组织和顾客的协调,企业必须采取各种广告和公关手段,耗费大量的资源。三是为了防范在高度不确定的环境中随时可能遭受到的不利事件的打击,企业必须采取一定的手段、储备一定的资源。

2. 企业内部复杂性提高使其组织效率下降

一是复杂性使企业内部控制困难,加强控制意味着耗费资源;反之,将会造成企业内部管理混乱。二是复杂性使信息交流发生困难,企业内部元素也即部门和个人之间的协调性降低,影响系统功能的发挥。三是复杂性使得企业各种资源的规划和分配发生困难,引起部门和个人利益的冲突及其他冲突增多。四是复杂性使企业内部元素差异性加大,各部门的工作性质、产品、生产流程等完全不同,使得企业在制定政策和运作政策时,出现两难的选择。针对性强的政策可能影响公平,统一性的政策又很难实施,进而影响效率。另外内部结构变化剧烈,政策需不断调整,使得企业政策的时效性和连贯性不断下降。

3. 系统复杂性使传统的决策方法失效,导致严重的决策失误

传统的决策方法以预测为基础,基本条件是,了解全部与决策相关的信息,环境不发生大的变化,忽略次要因素并认为它们保持不变,对各种备选方案可能产生的各种结果作出预测。在此基础上,决策者选择有利于企业经营发展的最佳方案并付诸实施。但在复杂系统中,决策者很难掌握所需要的全部信息,尤其无法预测环境的动态变化,因为一个极其细微的因素就可能使环境发生出人意料的巨大改变,因此对各种备选方案可能产生的结果也难以作出确切的判断,依赖传统的决策方法将不可避免地产生大量决策失误,造成严重的后果。在这种情形下，管理决策者要么盲目决策，使企业承受巨大风险；要么谨慎从事，在环境变化相对比较明了的情况下再作决策，但往往会丧失市场机遇，使企业陷于不利的境地。

综上所述，对复杂系统中企业战略管理问题的研究已成为社会经济发展的需要。从理论上来说，这是复杂性科学和管理理论本身共同推动的结果；从方法论角度看，将复杂性科学与管理理论相结合是研究管理中复杂问题的最佳方法。总之，研究复杂性环境中企业的应对战略不但具有积极的理论价值，更具有重要的现实意义。

(三) 复杂性科学为战略理论范式的转变提供理论与方法

主流经济学的发展历史表明，自然科学每一次理论与方法的重大变革，都成为经济学创造性思维的源泉。经济的复杂性对传统经济理论的挑战，到目前为止，经济学对社会经济系统的认识实际上是一个零维度理论，是不带空间坐标的理论体系。[①] 因此，复杂性科学的兴起必然会对经济学的发展带来深远的影响。从本质上讲，复杂性科学是一种关于过程的科学而不是关于状态的科学，是关于演化的科学而不是关于存在的科学。目前的"自然—社会"两分法割裂了自然和社会的连接机制，经济学领域的企业理论仍难以达到自己所追求的"揭示真实经济世界"的目的。不论是传统的新古典经济学的企业理论、新制度的企业理论都是不能完成这个历史的使命的，即使刚刚兴起的演化经济学的企业理论都不足已完成这个历史使命。原因主要是演化经济学构建的演化的企业理论还是存在不少问题。我们只希望在《复杂性家族企业演化理论》的基础与构架上进一步丰富家族企业研究。

一般看来，对复杂性的理解要从三个层次来进行[②]：第一层次，复杂性是系统内在的基本属性。复杂性就是复杂性，它是客观存在的。它不是由于认识主体认识能力不足，对系统内在关系和机理认识模糊而认为系统"复杂"。复杂性是系统所固有的非人为的客观属性。[③] 第二层次，复杂性是系统层次之间的一种跨越。复杂性是与简单性相对应的一个概念。简单性反映的是系统整体

[①②] 约翰·霍兰. 隐秩序——适应性造就复杂性 [M]. 上海：上海科技教育出版社，2000.
[③] 李锐锋. 复杂性是系统内在的基本属性 [J]. 系统辩证学学报，2002, 10 (4).

与部分或层次间线性式的因果关系;复杂性则反映了系统整体与部分、层次与层次之间的跨越式关系。第三层次,复杂性是系统跨越层次不能用传统科学学科理论直接还原的相互关系。系统结构层次表现为一系列相互关联但又不同质的子系统,复杂性则存在于这一系列层次的相互关系之中。早期的层次思想认为,层次之间虽然表现出质的差异,但总表现出一种约化和还原的关系,总可以通过传统科学学科揭示出的那些规律性的知识还原;可以把高层次属性还原为低层次属性的机械决定论的还原;可以把低层次属性化约为高层次属性的统计决定论的还原。科学实践表明,复杂性概念反映的正是这样一种不能直接还原的跨越层次的相互关系。

复杂性科学从目前来说更像是一场思维方式的变革运动。在这场运动中,一切传统学科都要进行复杂性再审视,把用传统的分析还原思维遗漏、丢弃的东西重新筛选一番,从中找出被分析还原方法忽视的东西。可以说,在这场复杂性运动中,以新方法论为特色的复杂性光芒照亮了分析还原方法的死角,各门传统学科又焕发了青春。所以,复杂性科学与科学方法论具有密切的联系。从科学方法论的角度来研究复杂性,从哲学的角度探索复杂性科学的方法论,是复杂性科学的重要工作。[①]

第三节 复杂性家族企业战略理论探究

一、复杂性企业战略观的基本特征

(一) 企业战略的涌现性

我们知道,复杂适应系统即企业的行为是由构成成员之间的相互作用决定的,一切事情都发生在他们相互作用的过程中,因此,相互关系是企业存在的基础。在这个过程中,由于低层次各要素之间非线性的交互作用,导致聚集行

[①] 黄欣荣. 复杂性科学方法论:内涵、现状和意义 [J]. 河北师范大学学报 (哲学社会科学版),2008 (7).

为产生的后果无法预料,也就是导致了宏观层次上"涌现"的出现。约翰·H·霍兰指出:"我特别强调'相互作用'。这种'指传统的拉普拉斯观念'错误观念认为,要了解整体,必须深入分析最基本的原子部分,并且要将这些部分隔离分别进行研究。这种分析只有在整体能被看成各个部分的总和时,才是有效的"。①

战略从本质上讲是由人选择、比较,通过博弈最终制定的,取决于人的有限理性、过程理性与非理性的能力,如人的意愿、思想、智慧、偏好、价值观等。多个主动的与活力的个体会自发行为产生集合体的整体规划,基于各种目的的相关利益群体相互影响后,形成兼顾到各方的统一的发展规划,即战略,企业系统整体的涌现性通过战略得以体现。约翰·H·霍兰指出:"聚集是我们构建模型的主要手段之一。"他还指出:"较为简单的主体的聚集相互作用,必然涌现出复杂的大尺度行为……它非常像由不聪明的部件组成聪明的生命体"②。战略不是意愿、偏好、环境等,而是这些要素整合后涌现的产物。也就是说这些要素的聚集,产生新的事物,这个新生事物就是企业战略。

(二) 企业战略的适应性

企业作为一个有机生命体同生物体一样对外界环境具有适应性,而企业战略同样具有适应性。企业要生存、要发展,必须要适应,企业是一个复杂适应系统,是适应性导致复杂性。约翰·H·霍兰认为,复杂性产生的根源在于具有适应性的主体与环境不断的交互作用,复杂性是适应性的必然结果。而企业战略能够促使企业改变自身系统结构并与环境保持高度适应性。所谓企业战略的适应性是指复杂的适应性系统为适应环境的变化所采用的策略。企业作为一种复杂系统同样具有适应性,企业保持与环境高度适应时也需要有一种适应策略,这种适应策略是企业的战略。③ 在企业的整个进化过程中,企业战略会随着外界环境的变化而不断变化。在某种环境下有效的企业战略,当环境发生改

---

① 约翰·H·霍兰. 涌现——从混沌到有序 [M]. 上海:上海科学技术出版社,2006:16-17.
② 约翰·H·霍兰. 隐秩序——适应性造就复杂性 [M]. 上海:上海科技教育出版社,2000:11-12.
③ 张青山,徐剑. 企业系统:柔性·敏捷性·自适应 [M]. 北京:中国经济出版社,2004:256.

变,这种战略未必有效,需要重新确定或调整战略,才能保证企业与环境的适应性。

企业战略的适应性需要综合考虑企业的外界环境、企业的系统结构以及适应过程中的历史信息,具体是指企业必须对市场环境、行业结构和演变趋势、行业规划、直接竞争者和潜在威胁者、现行的战略进行充分地分析,清晰业务界定和市场定位,克服企业内部的思维定势,不断研究分析顾客行为和需求的动态变化,从而制定出灵活的战略①。

企业战略的适应性包括战略能力的学习性。复杂适应系统之适应性主体是复杂适应系统的基本组元,它是具有主动性的、积极的"活的"主体;它拥有自身的目的;根据外界环境以及周围主体的变化不断变换自己的行为规则以及内部结构;它能够从过去的经验中学习,不断提高自己的判断和决策能力。② 在动态竞争环境中,不仅企业目前所拥有的能力至关重要,同时还要积极拓展新的能力,能力的学习性是战略得以顺利实施的关键。③

企业战略的适应性需要综合考虑企业的外界环境、企业的系统结构以及适应过程中的历史信息,具体是指企业必须对市场环境、行业结构和演变趋势、行业规划、直接竞争者和潜在威胁者、现行的战略进行充分地分析,清晰业务界定和市场定位,克服企业内部的思维定势,不断研究分析顾客行为和需求的动态变化,从而制定出灵活的战略。

(三) 企业战略的即时性与连续性

明茨伯格和沃特斯指出,管理不确定性是企业的核心能力。企业应该把自己锤炼成为"自组织""自适应"的组织。企业战略的即时性和连续性的统一体现在战略作用于企业进化的某个时点和整个动态进化过程。企业的进化过程是由无数个瞬时稳定状态组成的动态波动过程,在每个均衡截面上,由于环境变化的相对稳定,要求企业制定出符合此时稳定环境的时段战略;这种在瞬间制定的战略与传统意义上的战略相同,需要企业的高层领导结合外界环境与企

---

① 李柏洲,吕海军. 企业战略管理理论的演进及其发展方向 [J]. 中国科技论坛,2003 (7).
② 钱学森,于景元,戴汝为. 一个科学新领域——开放的复杂巨系统及其方法论 [J]. 自然杂志,1990,13 (1).
③ 李柏洲,吕海军. 企业战略管理理论的演进及其发展方向 [J]. 中国科技论坛,2003 (7).

业自身的情况制定战略，实施并予以监控。①

比如，家族企业的历史不仅仅是由一些特定的、重要的事件组成的，它们也隐含在单位、个体之间的时刻发生变化的相互作用之中，分布在整个系统中，家族演变的历史决定了成员的认识模式。因此，两个具有不同历史的企业尽管现在看起来是相似的，但它们仍然是不同的。企业所处的背景决定了他们认识模式的改善，从而决定了内外相互之间的关系和组织中个体及组织整体的行为方式，进而决定了组织未来的状态。

（四）企业战略的确定性与随机性

复杂性科学理论表明：一个确定性的经济系统中可以出现类似于随机的行为过程，它是系统"内在"随机性的一种表现，它与具有外在随机项的非线性系统的不规则结果有着本质差别。对于复杂系统而言，结构是确定的，短期行为可以比较精确地预测，而长期行为却变得不规则，初始条件的微小变化会导致系统的运行轨迹出现巨大的偏差。家族企业作为复杂适应组织可以涌现出不可预测的、新奇的特征。有些事件的发生不取决于企业家的愿望，是不能预先确定的。当一个"意外"事件发生后，企业家往往不能找到它发生的原因，即使找到所谓原因也可能并不是真正的原因。导致这种现象的原因在于企业内部主体之间，以及它们与环境之间存在着多重正负反馈关系，环境中或在一个主体上发生的一个事件，由于环境与这个主体与其他主体之间存在的相互作用关系，从而引起更大范围的变化，并在整体上呈现出涌现新奇事件，其原因就难以用简单的因果对应关系来解释；反过来，我们也就不能根据已经发生的事件来推导出未来的确定性结果。新奇事件对组织发展可能是有益的，比如技术创新；也可能是要加以回避的，比如灾难。但由于它们的发生往往是"意外"的、不能预见的，所以也就难以被抑制。

混沌的这一特征对于拓展企业战略管理理论具有重要的意义，即企业领导者不能忽视战略系统中单一战略要素的变化可能会导致整个战略系统巨大的、不可预知的复杂变化。在企业战略系统中还存在着各种随机的涨落，这些涨落不断地通过各种非线性作用机制形成巨涨落，最终促使企业制定新的发展战

---

① [美] 伊查克·爱迪思. 企业生命周期 [M]. 北京：华夏出版社，2004：88 - 91.

略，导致突变的发生。这些作用机制和作用过程都不是线性的，不满足叠加原理，而是呈现出复杂的非线性作用过程。

有混沌就有分形，混沌强调动力学过程，而分形强调几何结构。因此，企业战略不仅是混沌的，同时也是一个分形体。分形最重要的特征就是自相似性，它是指某种结构或过程的特征从不同空间或时间尺度上看都是相似的，即结构局域性或局域结构与整体相似。

（五）企业战略的线性与非线性

E. 洛伦兹指出，线性过程的本质可以概括为两点：第一，许多实际的现象在所限制的时间内和限制的变量范围内近似可看成是线性的，所以通常的线性数学模型能够模拟它们的行为。第二，线性方程可以用许多方法处理，而这些方法对于非线性方程确是无能为力的。① 非线性科学认为，世界的本质是非线性的，而线性是非线性的特例。正像牛顿力学是爱因斯坦相对论在宏观低速运动情况下的特例一样，我们可以把线性科学看作是非线性科学向线性条件的逼近。非线性科学极大地改变了我们的思维方式，因为非线性科学本身真正体现出了经典科学向现代科学转变所引发的思维方式变革，这就是："从绝对走向相对；从单义性走向多义性；从精确走向模糊；从因果性走向偶然性；从确定走向不确定；从可逆性走向不可逆性；从分析方法走向系统方法；从定域论走向场论；从时空分离走向时空统一"②。随着企业外部竞争环境和内部条件的演化，不断产生推动企业战略变革的外部力量和内部力量，使得该系统成为一个动态变化的动力学系统，并产生出分岔、突变、混沌等奇异性和多样性等系统行为。

小的原因能够有大的结果，反过来，大的原因也能够有小的结果甚至没有结果。这也就意味着，企业家们必须"事无巨细"，不能仅仅"抓大放小"，有些被认为是微不足道的事情却可能改变组织的一切，相反，宏大的战略规划也可能是没有意义的。这并不是说规划没用，关键在于组织的结果不取决于原因的大小，而是取决于组织的背景和历史，即组织发展的动力学机制，如果事

---

① [美] E. N. 洛伦兹. 混沌的本质 [M]. 北京：气象出版社，1997：153.
② 宋健. 现代科学技术基础知识 [M]. 北京：科学出版社和中共中央党校出版社，1994：48.

件与企业发展之间不存在动力学机制，当然也就不存在因果关系和所谓的"蝴蝶效应"了。

所以，企业战略需要从线性思维走向非线性思维。企业战略不仅要考虑要素间线性关系，更要考虑它们之间的非线性关系。不仅要考虑理性因素，更要考虑感性的因素，也就是不仅要考虑线性因素更要考虑非线性因素。比如，家族企业非线性相互作用明显大于非家族企业之间的相互作用。家族要素导入的企业，必然把非理性因素导入企业，而非理性是非线性的。比如，家族共有的传统、价值观念和语言，使得口头和非口头的信息能在家庭、企业内迅速传递和沟通，配偶及兄弟姐妹更能懂得彼此说话的主要意义和隐含内容；这些沟通与传播都是非线性的。

在企业战略变革过程中，一方面存在着自我强化和自我稳定的作用机制，即所谓的战略调整的"路径依赖特征"；另一方面也存在着不断适应环境的行为过程和功能机制，以及战略变革中的学习效应和协调效应。同时，在企业战略系统中还存在着各种随机的涨落，这些涨落不断地通过各种非线性作用机制形成巨涨落，最终促使企业制定新的发展战略，导致突变的发生。这些作用机制和作用过程都不是线性的，不满足叠加原理，而是呈现出复杂的非线性作用过程。[1]

（六）企业战略的开放性与动态性

企业处在开放的自然系统、社会系统和经济系统之中，每时每刻都在与外部环境进行着诸如信息、资金、人才、物质资源、市场需求等方面的交换与交流。企业战略系统从外部环境中获取信息、吸收能量，经过系统内部处理后再向环境系统输出新的信息、释放能量，以维持其有序结构。同时，当企业外部环境、内部资源禀赋以及资源配置能力等参量达到一定的阈值，企业就会适时地进行战略调整和变革，即通过战略—环境的再匹配，再造企业竞争优势，推动企业持续成长。

---

[1] 王德鲁，宋学锋．企业战略系统的复杂性与战略管理设计模式［J］．科技导报，2007（9）．

二、复杂性企业战略环境的升级

由于信息网络化、电子商务、经济全球化，企业战略竞争环境的巨变前所未有。新的竞争者、新的竞争规则、行业结构的新变化、新规制环境、不断增加的客户期望、新雇员和新价值观、新技术、新的政治领导人等，用隐喻的方法来说，这些都相当于洪水和火灾，它们展现了新的竞争景象：混沌无序。

（一）复杂性技术发展与演化的升级

传统的有关技术的假定奠定了现代企业经济兴起的基础和前提。从19世纪到20世纪前叶，本业之外的技术对企业的影响微乎其微。几乎所有企业都基于这种假设，从自己建立的实验室研究开发出满足本身需要的新技术和新产品。反过来说，所有企业实验室所研发出来的新技术和新产品都会被这个企业所采用。但现在这些理论已经不能成立。现在对一个企业影响最大的技术，却很可能在自己的领域范围之外。比如，制药工业，现在越来越需要依赖与自身不同的技术；再比如遗传学、微生物学、分子生物学、医疗电子学等；汽车工业也越来越需要依赖电子学和电脑；钢铁工业，也越来越需要依靠过去未受到重视的材料科学。

现在，各种技术时时彼此交错，在某个企业里闻所未闻的技术，却改变了整个产业和技术。外来的新科技迫使企业学习、获取、适应、改变根本心态，更不用说本部门的技术了。因此，现在越来越难预测本行业技术的发展与市场走势，许多行业外的技术都在适用于这个产业，并对它产生举足轻重的影响。技术边界的模糊，使得企业决定所依赖的关键性技术已变得相当复杂。

（二）复杂性产业发展与演化的升级

传统战略理论在研究企业战略时，一般是从既有的产业市场出发，使企业适应环境，其实质就是在已结构化产业中寻求企业生存和发展的空间。著名战略专家迈克尔·波特所提出的"竞争战略"理论的核心思想正是在于产业选择，目的是使企业避免栖身于无吸引力的产业，但波特的竞争战略理论中所强调发现"有吸引力"的行业是基于行业结构固定不变的假设，然而经验表明行业结构发展得非常迅速。

由于产业发展所依赖的技术的融合，许多产业正在走向整合，其边界在不断模糊。现在越来越难准确地定义行业的开端和结束的边界。"你从事什么行业？"正变得越来越难回答。革命者不仅从根本上改变了产业内部的价值增值结构，还在模糊产业空间的界限。全球经济一体化、所不在的信息以及新顾客需求给了革命者超越产业界限的机遇。产业革命者从不问他们在哪个行业中，因为传统行业的分界线正在消失。

（三）复杂性竞争对手界定的升级

来看一个简单的例子，一个螺母、螺栓制造商觉得自己是在从事金属制造业，想在这个基础上开创新的业务，但他的顾客们是怎么想的呢？他们的问题是要把产品组装起来。所以，该企业就可能与生产焊机、铆钉、插销、胶水等产品的企业引起竞争。因此，它的对手不单是生产螺母、螺栓的直接竞争者，而应该是所有能实现产品组装功能的企业。

在过去说出谁是对手、谁不是对手相对容易些，但现在很难分清谁是竞争者。现在聪明的领导者懂得要想知道企业开始和结束的边界是很困难的。一个公司可能只拥有相关价值链上的一小部分。在一个公司并不能直接控制许多对自己公司起关键作用的资产的地方，那种导致真正创新的激进战略正变得相当复杂。各公司常常意外地发现，自己正在与许多以前认为不大可能面对的对手进行着激烈的竞争。因此，更多的时候打败自己的不是行业内的竞争者，而可能是行业外竞争者或影响因素，比如其他行业的企业群、上游供应商群、下游顾客群或政府新政策等。尽管许多公司还没有认识到这一点，但这却是一个重要事实。

三、基于复杂性视角的家族企业战略选择原则

企业内外部系统具有明显的复杂性特征。从动态复杂性角度看，在初级阶段，家族企业大都由个人、家庭或少数合伙人出资形成，规模小、结构简单，整个经营管理过程渗透着缔造者浓厚的个人色彩，具有较强的灵活性、不规则性。而在发展阶段，企业规模不断扩大，管理跨度和层次增多，组织结构清晰

稳定，分工明确，建立起一整套严格的规章制度规范部门和员工的行为。在成熟阶段，企业规模进一步扩张，内部结构重新趋向灵活，企业文化等社会文化属性在管理中的地位突出。企业内部部门和个人间相互作用频繁、多样，使内部复杂性不断提高，并推动企业以更快的速度演化。企业外部系统同样是复杂多变的。但它们总的趋势都是从低级向高级、由简单向复杂演化，并不断影响企业的发展。从静态复杂性角度看，家族企业的复杂性突出体现在其发展和生存活动中需要的大量信息，以及其管理决策的难度和有效性。

(一) 降低复杂性战略

尽管企业的行为对外部环境的影响和改变是极为有限的，从某种意义上讲，对外部环境只能适应，不能控制，但为了适应内外部环境变化的需要，减少竞争中的风险，战胜竞争对手，企业仍然可采取一些降低复杂性的措施。包括标准化管理战略、稳定战略与收缩战略。当然仅靠稳定与收缩企业规模和被动降低多元化程度，不足以充分解决复杂性问题。复杂性的降低是有限度的，尤其是外部复杂性，其不断升高的趋势不为人的意志所左右，因此更为积极的战略是主动适应复杂性。适应复杂性的关键是适应环境的迅速变化，而且通常是动态的、不确定的变化。

(二) 适应复杂性战略

企业战略管理系统的复杂性是客观必然的，尤其是外部复杂性，其不断升高的趋势不以人的意志为转移，因此企业必须采用积极的战略主动适应环境的变化，主动适应企业的复杂性。包括随机应变战略，即企业必须采取措施，及时发现环境的变化，通过产品、技术、管理的不断转型以适应新环境而持续生存与发展的战略。稳妥应对战略，也即保存实力战略。当环境变化很不确定、前景模糊不清时，必须采取稳妥的办法积累势力，以便将公司置于有利的地位，适应未来的挑战。

(三) 利用复杂性战略

企业面临的竞争越来越激烈，仅仅降低和适应复杂性是不够的。企业要在竞争中占据主动并获得持续的竞争优势，必须能够利用复杂性。利用复杂性就

第四章
家族企业战略复杂性理论

是要利用系统的自组织演化特性，主动影响和改变企业内外部系统，使其向有利的方向发展演化。从内部来说，自组织使企业持续变革与创新，不断获得更高效率；从外部来说，企业参与了外部环境的塑造，并从其演化中持续获得发展的机遇。企业面临的竞争越来越激烈，因此，仅仅降低和适应复杂性是不够的，企业要在竞争中占据主动，并且获得持续的竞争优势，必须能够利用复杂性。利用复杂性就是要利用系统的自组织演化特性，主动影响和改变企业内外部系统，使其向有利的方向发展演化。因此可以把这一战略称为自组织战略或演化战略。自组织战略不但从根本上消除了系统复杂性对企业的不利影响，相反利用复杂性为企业创造价值，获取竞争优势。并且，这种竞争优势渗透在整个企业及其所处的环境中，复杂性系统在理论上无法复制，因此其他企业很难简单模仿。显然，它是应对系统复杂性的最理想战略。

在中国企业进一步发展的战略定位问题上，不少学者及政府官员认为中国企业的当务之急，就是要在全球竞争中，将企业发展重心从以 OEM 生产制造为主的价值链低端部分，转移到以技术、研发、品牌等为主的高端部分。我们认为，经济发展是一个过程，作为刚刚融入全球化的发展中国家之一的中国企业，还是应当遵循构成市场经济，即交易的基本理论前提的比较优势原理。当积蓄到足够的力量时再向高端转移。首先在低复杂性的市场环境中锤炼自己，借助发展中国家的自然资源和劳动力资源丰富且便宜的优势，借助发达国家具有资本和技术方面的优势发展自己。中国的市场经济以及中国企业参与全球化竞争仅仅有 30 年左右的历史，取得的成就就是降低复杂性，包括技术复杂性、产业复杂性与环境复杂性的成果。家电行业的发展是降低复杂性和利用复杂性的最生动的佐证。世界家电行业的百年历史铸就了一个相当成熟的产业。在如此态势之下，刚刚进入的中国家电业要想在高端与外国品牌比拼是相当困难的，成功的选择是挣现阶段能挣的钱。

当然，昔日借助降低复杂性、适应复杂性取得的 30 年的成就是远远不够的。我们要看到一些发达国家的企业早已远离了传统的竞争领域，并牢牢占据着高复杂性的产业、技术与市场规则。诸如技术、研发、品牌等环节，他们不仅改变了竞争的领域，而且改变了竞争的规则。比如在知识产权等一些服务贸易中，美国等一些西方国家早已通过世贸组织制定了严密的规则。面对这些复杂性，中国民营家族企业在今后必须逐步向研发、复杂技术、资本密集和高风险行业进军，做好控制复杂性和利用复杂性。

第四节　复杂性家族企业战略理论与实践

一、中国家族企业发展家族战略基本构架

（一）家族与企业关系平衡战略

家族，不像一般社会团体那样，其成员只不过是因某个时期、某种方面的共同利益、共同愿望、共同感受或相同的信仰而形成的群体，如宗教团体、慈善事业中的教友、会友；如军队或其他作战团体中的"战友"；如行业公会中的"同行"；如同时拜师学艺的师兄师弟；同时在校求学的同学等，他们之间的关系，都具有局部性和短暂性的特点。家族则不然，家族是中国传统社会中一个最强固的制度或机构。家族成员，是同一祖先的后代，身上流着同一祖先的血，血浓于水；家族成员资格是自动的，永久的；一代一代的人死去了，但家族永存。

克莱蒙特大学德鲁克管理学院院长艾拉·杰克逊说，创办公司的企业家对于公司充满了热情，这种热情甚至成为一种信仰，但是却不能够薪火相传，没有人能够保证自己的家族，代代都有人才出，公司可以传给子孙，但是经营公司的禀赋却不一定能够遗传，要想实现公司无限大和公司万年长这两个梦想，如何平衡家族与企业的战略显得格外重要。[①]

中国著名的社会学家费孝通先生认为中国的社会结构和人际关系实质上是一种差序格局，在差序格局中，社会关系是逐渐从一个一个人推出去的，是私人联系的增加，社会范围是一根根私人联系所构成的网络，这一社会网络是以亲属关系为基础而形成的。亲属关系就是根据生育和婚姻事实所发生的社会关系，从生育与婚姻所结成的网络，可以一直推出去，包括无穷的人，过去的、

---

① 转引自潘丽平．李锦记的百年传承之梦［J］．http://www.xinrenli.com/lilunjingdian/17134.html．

第四章 家族企业战略复杂性理论

现在的和未来的人物，这个网络的中心就是自己。家庭是社会的细胞，家庭结构正是社会结构的缩影。

具体来说，它们都遵循两条重要原则：一是亲情原则（人情法则）。它是由亲情和建立在亲情基础上的互惠构成的人们相互对待的基本原则。在现代家庭中，稳定的基础是亲子关系和夫妻关系，它们形成了家庭结构中父母子女稳定的三角基础。也就是说，在强调传统的亲子关系、父系一支的亲属关系的基础上开始重视夫妻关系和母系方面的姻亲关系，血缘关系和姻亲关系已成为当今家族的最基本的纽带。二是利益原则或者说理性法则。它主要是建立在物质利益基础上的互惠互利构成的人们相互对待的基本原则。在现代化进程中，中国社会发生了深刻地变革，亲属之间的关系的亲疏与远近，除了人情之外，越来越多地取决于他们在生产经营中相互合作的效果和互惠互利的维持。即使是有亲属关系的人，是否被纳入现代家族中，也要考虑利益原则；而对于非亲属关系的成员，是否被纳入现代家族中，利益原则更是被放在首位，只有懂技术、懂经营、有资金等这样的人才可能被纳入现代家族中。例如，认干亲曾经是中国家庭特别是农村家庭扩大成员的一种形式，干儿干女虽不是家庭的正式成员，但通过认亲之后，两个家庭就联为一体，并由此产生某种认同感，使两个家庭能相互帮助和互相支持，从而扩大了家庭的社会资源。又例如，认同宗、拜把兄弟等形式，也是把原来的正式关系或者说业缘关系转换成一种类似血缘的非正式关系，从而纳入现代家族中。

家族与企业之间应该是存在深刻的矛盾的。最为著名的案例就是荣氏家族企业的家族与企业之间的矛盾。我们知道，在荣宗敬与荣德生兄弟的共同努力下，荣氏家族企业在中国民国时期在经济界占有举足轻重的地位，中国人民大学经济学院教授高德步评价说：从近代开始，荣家三代对中国经济的发展做出了巨大贡献。荣宗敬和荣德生兄弟创办的企业是中国民族企业的前驱。然而，荣氏企业度过艰难的抗战后，荣氏家族企业希望进行内部改革，但由于家族企业自身的局限性，不能进行这种内部改革。由于家族意见不统一，最终分化成三大系统：大房以荣溥仁为代表，管辖申新一、六、七、九及福新的一、二、三、四、六、七、八各厂，沿用茂福申新总公司名称；二房以荣德生为代表，管辖申新二、三、五及福新的一、二、三、四各厂和天元、合丰，称之为"总管理处系统"；再有以李国伟为代表，管辖汉口的申新四厂、福新五厂和战时内迁与新建的各厂，称之为"申四福五系统"。①

由于家族的参与，家族企业的目标很可能与公众公司和由职业经理人管理的非家族企业的价值最大化目标不同。因为家族与企业是两个截然不同的系统，所以，家族企业内部存在彼此冲突的目标：家族看重感情，他们把注意力集中在成员内部，通常抵制变化。而想要继续生存发展，企业必须关注业绩，把眼光投向外部环境，应对变化。

对家族企业战略目标的制定主要存在两种观点：辛格（Singer）等人认为，家族企业的目标是在家族导向和企业导向的目标中进行二选一的结果。②戴维斯等人则认为，家族系统与企业系统相互依赖，其中任何一个系统的行为或事件都会对另一个系统构成影响。③

卓兹道和卡罗尔充分结合家族企业治理特性，分析了对家族企业战略管理具有较强针对性的战略规划工具。他们认为，适合家族企业的战略规划方法应该满足的标准：（1）顾及创建者和家族成员的利益；（2）使企业战略和企业所有权能够协调；（3）促使家族成员勤于思考战略事项；（4）帮助家族成员加速战略审视的速度。④

肯拉克和沃德提出家族企业平行计划流程的新概念，并在家族企业治理的三维结构基础上，详细分析如何整合家族计划和企业计划，科学制定家族企业战略。⑤

平衡家族与家族企业关系应该是家族企业最大的、最重要的战略。为了保持家族与企业的一种平衡关系，必须调整好家族与企业两者之间的关系。制订家族与企业的平衡战略可以保证家族和企业关注的问题都能得到重视。制订家族发展战略可以鼓励下一代和旁系亲属了解家族的历史和价值观；可以强化畅通无阻的家庭沟通过程；可以支持家族在必须做出某项具体决策之前就诸如雇

---

① 傅国涌. 大商人——追寻企业家的本土传统 [M]. 北京：五洲传播出版社，2011：87-166.

② Singer J, Donoho C. Strategic management planning for the successful family business [J]. Journal of Business and Entrepreneurship, 1992, 4 (3): 39-51.

③ Davis J A, Tagiuri R. The influence of life-stage on father-son work relationships in family ompaniess [J]. Family Business Review, 1989, 2 (1): 47-74.

④ DrozdowN, CarrollV P. Tools for strategy development in family firms [J]. Sloan Management Review, 1997, Fall: 75-88.

⑤ Carlock R S, Ward J L. Strategic planning for the family business: Parallel planning to unify family and usiness [M]. New York: Palgrave, 2001.

第四章
家族企业战略复杂性理论

佣或所有权等问题达成统一看法；可以为家族的计划和决策提供公平的程序；可以明确家族成员在围绕诸如金钱、事业和控制权等本身非常棘手的问题时应该有什么预期。

平衡地处理这两个子系统是健康的家族关系和家族企业的遗产经久不衰的基础。必须以公平的方式有效建立企业怎样在家族内部、管理层和企业所有权方面做出决策的科学程序；必须使不同的家族成员都能在企业内部找到自己的事业道路、得到提升机会并根据业绩得到回报；必须明确制度和统一的规定，使家族成员能够再投资，必要时，在不损害其他家族成员利益的条件下获得投资回报或转卖他们的投资。必须能有效化解家族企业面临的矛盾，因为他们的工作和个人生活密切地交织在一起。必须利用家族价值观来制订计划，采取行动。家族企业文化是家族价值观的体现。为此，家族与企业之间应建立一个平衡战略。

家族也可能在考虑问题时过分强调家族事务，这些看法会损害企业的利益，家族的考虑和需求成为影响企业发展战略和决策的首要因素。为了让大家都高兴，结果可能会让不称职的成员插手商业活动，威胁下一代的有效领导。把家族放在第一位的企业往往忽视对家族成员进行客观的业绩评估和领导能力的培养。

传统的家庭企业计划始终围绕两个问题展开——财产计划和继承。对今天的家庭企业来说，这些目标太局限了。家庭企业不仅希望把企业作为盈利工具，还希望它是自我表达，革新和创造家族财富的工具。作者引入平行计划流程的新理念，解释说明怎样把家庭和企业两方面的需求和预期结合起来，以便建立有机的企业单位。这种家族企业模式的新思想阐释了家族的承诺和企业的战略潜力是怎样影响家族的投资决策的。书中包含若干计划和决策模板，并对一些著名家族企业进行了全方位的研究，是有关家族企业战略不可多得的佳作。[1]

我们来看一个难得的家族与企业战略平衡成功的案例——李锦记。从李锦记创始人李锦棠在广东珠海发明蚝油，并创立李锦记，至今已世袭四代，这在中国这样坚信"富不过三代"的文化土壤里，显得格外扎眼。李锦记却幸运

---

[1] ［美］卡洛克·沃德著，梁卿译. 家族企业战略计划 [M]. 北京：中信出版社，2002.

地走过了愈百年，其基本经验就是平衡家族与企业的战略利益。

李锦记的传承也并非一帆风顺，历经数次曲折和变数。1920年，李锦裳把生意传给了李家第二代。三个儿子接班后，生意一度蒸蒸日上，但是对公司经营发展方向的分歧，促使二子李兆南及其子李文达反向收购了另外两兄弟的股份，这也使得李锦记进入负资产状态，数年之后才渐渐步入正轨。但好景不长，1986年，过来帮忙并被赠与高额股份的李文达兄弟俩再度上演了父辈的悲剧，由于矛盾不可调和，兄弟二人最终闹上了法庭，李锦记也受此牵连，关闭达半年时间。两代人的家变，使得李文达及其儿女对家族成员间的关系处理心有余悸，为了摸索出一条更好的出路，李锦记开始引入西方流行的家族契约制度。

家族大于企业。世界上的很多知名家族企业都碰到的一个历史难题：家族利益大还是企业利益大？接班人选择来自家族还是引入职业经理人？福特、通用、联合利华都遇到这个难题，最终西方的管理方式在经过数百年的坎坷与迂回之后，选择了现代企业制度，引入了经理人来弥补家族企业中人才的匮乏，比如利华去世之后经理人接任CEO，与苏格兰的竞争对手合作，创立联合利华这一超级大公司；日本的丰田公司及数十年坚持将公司与自己视为一体的亨利·福特，后来都不得不为了企业利益牺牲了家族利益，引入外姓的职业经理人来发展家族企业，将企业的基业长青放在家族利益之前。李锦记一是选择了家族利益大于企业利益的前提下平衡家族与企业的关系，通过培养家族的接班人来平衡家族与企业战略分歧问题。在李锦记，除了投入大量的精力和金钱进行下代接班人的教育和培养之外，实行双向选择。同时借助家族委员会的方式来实现企业和家族战略的平衡。李氏家族成立"家族委员会"，作为整个家族的最高权力机构，一般事项的决议，需有50%以上成员同意才可以通过。若支持、反对方各为50%，则抓阄决定，任何个体都没有决定权，即使是家族中的最长者，这样集体决策代替了个体独裁。[①]

（二）家族企业产权与控制权演化战略

近年来，国内已经有学者借助复杂性科学研究公司治理问题。邓莉认为企

---

① 潘丽平. 李锦记的百年传承之梦 [J]. http：//www.xinrenli.com/lilunjingdian/17134.html.

第四章
家族企业战略复杂性理论

业治理系统作为经济系统的子系统，它具有三种复杂性的特点，即动态复杂性、结构复杂性，又有显著的主观复杂性。对之考察也应从经济系统复杂性的三个方面着手，即不仅研究系统本身构成的复杂性，还应研究其运行过程的复杂性，最后还要考察其复杂性对整个经济系统（大系统）的影响[1]。徐金发等用耗散结构理论来分析企业治理系统的特征，透视企业治理的系统本质，提出一个有生命力的企业治理系统必然是一个具有开放的、非线性的和远离平衡态的有序的耗散结构[2]。杨纯玲通过对企业治理内外系统的构造过程和企业治理系统行为的分析，从层次性、动态性、涌现性、非线性、反馈性、开放性、模糊性几个方面论证了企业治理是一个复杂系统。[3] 目前还没有学者借助复杂性科学，包括复杂适应系统研究家族企业的治理结构问题。

家族企业治理结构演变的过程是一个扬弃的过程，一方面要在符合家族企业自身发展规律的基础上，推动家族企业从婴儿期、学步期走向青春期、壮年期，保留家族企业制度中适应目前经济发展阶段和生产力发展水平的特征；另一方面要对家族企业进行必要的现代化改造，使家族企业的管理和经营规则能够适合现代市场经济的要求，逐步推动企业由家族管理转变为专家管理，从人治阶段向法治阶段过渡，使家族企业自身的发展日益规范并与市场经济规则相适应，从原始的"企业家族化"演进到适合现代市场经济的"家族企业化"。

第一，企业人资本与社会资本应有效融合。开放家族企业产权，走出产权结构一元化、封闭化的陷阱，拓宽融资渠道。据《中国家族企业发展报告（2011）》数据显示，私营企业主家族平均持有 80.61% 的股权，其中非家族企业的企业主家族平均持有企业 21.51% 的股权；家族所有企业的企业主家族平均持有 90.98% 的股权；家族管理企业的企业主家族平均持有 93.82% 的股权。[4] 私营企业中治理结构变动将直接影响到公司的组织管理方式及治理结构。在后金融危机阶段，家族企业完全可借助资本市场和产权交易市场，通过收购、兼并、改造等手段，实现家族企业的产权重组，使家族企业走出单一纯

---

[1] 邓莉，张宗益. 公司治理复杂性分析 [J]. 重庆工商大学学报（西部经济论坛），2004（01）.
[2] 徐金发，常盛，谢宏. 公司治理系统的耗散结构特征研究 [J]. 技术经济，2007（1）.
[3] 杨纯玲. 公司治理复杂系统研究 [D]. 暨南大学，2004.
[4] 中国民（私）营经济研究会家族企业研究课题组. 中国家族企业发展报告（2011）[R]. 北京：中信出版社，2011：234.

粹的所有制性质，成为混合型经济形式，突破产权封闭化、一元化的圈子。

第二，由家族式管理转向专业化管理，走出人才封闭化的圈子，广泛吸纳社会人力资源。引入非家族的专业经理人员来营运企业，并建立一系列的监督、约束、激励机制。此外，可以让管理人员、技术人员以管理、技术等无形资产入股。引入期权制，减少业主对非家庭经理人员监督成本的同时，激励非家庭成员着眼于企业的长远利益和长远发展，促使经营人员与企业主利益一致化。实现从个人权威管理走向制度管理。

第三，逐步实现由传统企业制度向现代企业制度转变。中国家族企业中独资企业和合伙制企业都属于传统企业制度范畴。家族企业要适应社会主义市场经济纵深发展和不断完善对企业这一微观主体的要求不断成长，必然要逐步实现由传统企业制度向现代企业制度转变。现代企业制度所特有的有限责任、独立的法人资格和法人财产、两权分离的法人治理结构、股份的流动性等特点必将推动企业在市场经济条件下健康成长。[1]

（三）构建一个具有战略性力量的家族企业董事会

1. 当前家族企业董事会存在的问题

一是在现实中，家族企业普遍存在股权高度集中、董事会虚置的现象。根据调查，在中国民营企业中，私人股份所占比例平均在 90% 以上。其中最大股东的所占比例高达 66%，处于绝对控制地位，再加上企业主的家族成员所占股份，其股份总额可达企业总股份的 95% 左右。高度集中股权导致董事会被家族内部成员所控制，在决策机制上，大部分采用"家长式"集权决策，企业文化表现为一种"老板文化"，阻碍了企业可持续发展。董事会形同虚设，不能真正起到决策与监控作用。[2] 据《中国家族企业发展报告（2011）》数据显示，家族所有的企业主家族成员平均占董事会席位的 40.89%，家族管理企业的企业主家族成员平均占董事会席位的 52.56%。[3]

二是家族企业董事会成员不懂事。在家族企业的董事会上常出现的几种现

---

[1] 金波. 我国家族企业成长中的制度变迁 [J]. 湖州师范学院学报，2002（8）.
[2] 黄叙新. 家族企业：如何建立有效的董事会 [J]. 金融界 2007（11）.
[3] 中国民（私）营经济研究会家族企业研究课题组. 中国家族企业发展报告（2011）[R]. 北京：中信出版社，2011：235.

象：（1）小事冲淡大事，把企业具体战术问题放到董事会上研究；（2）近景掩盖远景，董事会主要研究近几天、近几周的事，而对筹划近几月甚至近几年的事则关心较少；（3）经验代替科学，公司过去成功的经验往往代替科学的思考；（4）长辈压制小辈，家长对小字辈所提的建议不屑一顾，甚至根本无权发表言论；另外还有家事转移正事等。

三是家族企业董事会不过是橡皮图章。当前私营企业重大决策决策主体首先是企业主本人（占 50.3%），其次是董事会（占 21.2）和股东大会（占 20.3%）。这表明当前中国私营企业的重大决策的有效性高度依赖于企业主。[①]一些家族企业建立董事会仅仅是满足法律上的形式需要，并没有明白董事会的真正作用。董事会的主要功能是代表企业股东利益，监控公司长期战略，成为主要经理人的咨询顾问，并反馈其经营行为，实施战略能力评估。此外，建立董事会并使之有效运作，还需考虑企业特定的发展阶段，以及特定的需要。中小规模家族企业，由于大多数由股东管理，企业一般不可能聘请高水准的职业经理人加盟，董事会的有效运作在于其咨询建议及目标反馈功能。当企业发展到较大规模发展阶段时，董事会的功能才能得以发挥，尤其是专业经理人担任了主要管理职务时，需由董事会代表股东利益。[②] 根据《中国家族企业发展报告（2011）》的最新研究成果表明，目前，中国家族企业的正式治理结构尚在形成过程中，已有不少家族企业建立股东会、董事会等正式治理结构，设立这两项的占到了 55.3%、55.4%，均超过了一半，而设置监事会的家族企业只有 28.3%。家族对董事会的控制非常明显。董事长绝大多数（98.5%）由企业主及其家族成员担任。相应地，家族也控制着企业的重大决策。57.6% 的家族企业重大决策由企业主本人作出，即使在家族管理的企业中，也有超过六成的重大决策是由企业主作出。[③]

2. 怎样建立符合复杂性组织要求的家族企业董事会

一是借助复杂性分叉理论构建三元要素的董事会。吴虹认为，家族企业董

[①] 中国民（私）营经济研究会家族企业研究课题组. 中国家族企业发展报告（2011）[R]. 北京：中信出版社，2011：245.

[②] 苏珊·F·舒尔茨著，李犁等译. 董事会白皮书——使董事会成为公司成功的战略性力量[M]. 北京：中国人民大学出版社，2003.

[③] 中国民（私）营经济研究会家族企业研究课题组. 中国家族企业发展报告（2011）[R]. 北京：中信出版社，2011：20-21.

事会必然经历一元结构、二元结构和三元结构的董事会，这三种董事会结构分别代表家族企业董事会的三个阶段：初级阶段、发展阶段和成熟阶段。一元结构董事会是指董事会全部由创业者构成，创业者的关系包括家人、同学、同事、邻居、生意合作伙伴等，总之是亲戚和朋友。二元结构的董事会是指董事会由创业者和外部后来进入的代表资金或技术的新股东董事构成。引入的董事可分为三类人：行业专家、财务和资本运营专家、管理专家。三元结构的董事会是指在二元结构上，加上第三方董事后形成。① 杨丹与刘自敏在吴虹论文的基础上绘制了图4-1。② 我们可以用复杂性的分叉理论解释董事会结构的演化过程。因为家族企业是一个非线性系统，在自组织过程中必然出现分叉，这个分叉也是组织发展到一定阶段的必然，家族企业董事会结构的演化也是家族企业从传统向现代家族企业演化的必然。

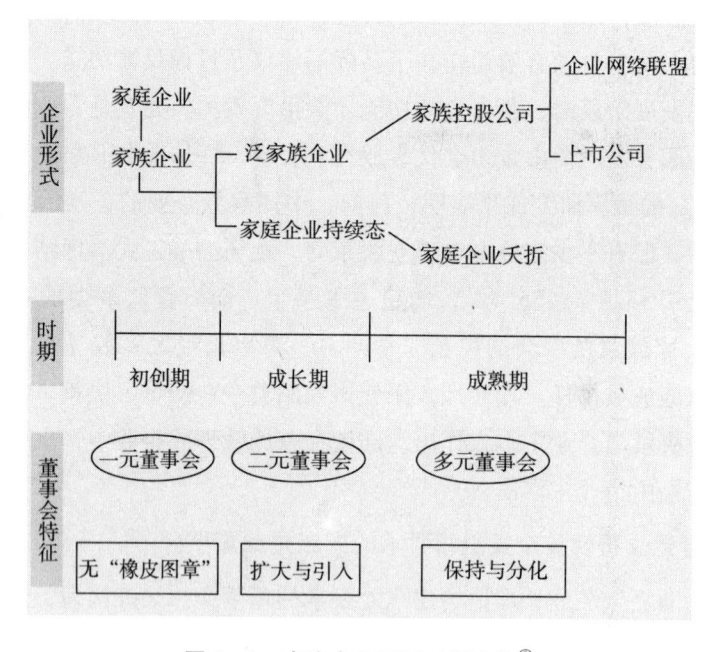

图 4-1　家族企业不同时期演化[③]

---

① 吴虹. 构建独立有效的家族企业董事会 [J]. 当代经济（下半月），2007（03）.
②③ 杨丹，刘自敏. 我国家族企业董事会的演进与突破 [J]. 董事会，2007（11）.

二是建立规范的议事机制。家族企业董事会改造以及公司治理的根本目的都是要打破现有的"家族成员决定一切"的混乱经营状态，通过建立规范的公司制度，形成"由战略决定流程，流程决定组织"的科学化企业运作模式。由于家族管理往往缺乏规范的管理制度，造成董事会与管理层的权力界线不明，经理人的专业特长难以充分发挥。规章制度还不完善，控制手段不健全，内部沟通不畅通，没有科学的激励机制，这些都会使所有者及董事会不敢完全放手让经理人充分地行使日常经营管理权。此外，少数企业主过强的控制欲望，阻碍了家族企业的正常经营。家族企业要实现质的飞跃，必须重视所有权与经营权分离。

三是构建具有独立董事的家族企业董事会。建立规范的议事制度离不开从外部引进独立董事。独立董事在董事会决策制度中占有重要地位，独立董事的积极参与是董事会会议进行有效决策和独立决策的重要保证。因为独立董事是家族企业获得新的资源、能力与信息的有效手段，是减低家族企业内部正熵，获得家族企业外部负熵的有效手段。我们知道，只有不断获得外部负熵才能克服企业的生命周期，增强企业活力。

（四）中国家族企业传承战略

悉心研究中国的历史，我们会发现刘鸿生的感慨具有历史的必然性，"富不过三代"是绝大多数中国家族企业的客观规律。自春秋战国时代民营作场的兴起至辛亥革命封建专制结束，中国没有出现过像日本三井这样的传承几百年不倒的家族企业。制约的因素有很多，中国诸子平分的产权制度，使得第一辈积累的资本在传承到第二代时被迅速地瓜分了。此外，在中国这一封闭的封建专制经济环境中，经济的增长非常得缓慢，缺乏快速致富的渠道，资本的积累非常有限。加上纨绔子弟的挥霍，富贵的延续时间相当之短，贫富交替，财富难以积累。从辛亥革命至1978年改革开放，由于政局的动荡和政策的左右摇摆，中国私人资本始终没有连续的积累，这种间断性再一次使家族资本传承失败。

在"差序格局"理论的支撑下，中国传统的家庭结构呈现出以下基本特征：一是中国的家庭是一个伸缩性很强的事业组织。费孝通先生认为，中国的家是一个事业组织，家的大小依事业的大小而决定，如果事业大，夫妇两人的合作已足够应付，这个家也可小得等于家庭，如果事业大，超过了夫妇两人所能担负时，兄弟伯叔全可以集合在一个大家庭。中国传统社会更倾向于大家庭，由众多小家庭组成的群体也可称为家族。

具体来说，它们都遵循两条重要原则：一是亲情原则（人情法则）。它是由亲情和建立在亲情基础上的互惠构成的人们相互对待的基本原则。在现代家庭，稳定的基础是亲子关系和夫妻关系，它们形成了家庭结构中父母子女稳定的三角基础。也就是说，在强调传统的亲子关系、父系一支的亲属关系的基础上开始重视夫妻关系和母系方面的姻亲关系，血缘关系和姻亲关系已成为当今家族的最基本的纽带。二是利益原则（理性法则）。它是建立在利益（主要是物质利益）基础上的互惠互利构成的人们相互对待的基本原则。在现代化进程中，中国社会发生了深刻地变革，亲属之间的关系的亲疏与远近，除了人情之外，越来越多地取决于他们在生产经营中相互合作的效果和互惠互利的维持。即使是有亲属关系的人，是否被纳入现代家族中，也要考虑利益原则；对于非亲属关系的成员，是否被纳入现代家族中，利益原则更是被放在首位，只有懂技术、懂经营、有资金等这样的人才可能被纳入现代家族中。例如，认干亲曾经是中国家庭特别是农村家庭扩大成员的一种形式，干儿干女虽不是家庭的正式成员，但通过认亲之后，两个家庭就联为一体，并由此产生某种认同感，使两个家庭能相互帮助和互相支持，从而扩大了家庭的社会资源。又例如，认同宗、拜把兄弟等形式，也是把原来的正式关系（业缘关系）转换成一种类似血缘的非正式关系，从而纳入现代家族中。

关于家族企业传承的战略制定，西方学者为此构建了一系列模型，以下是七个家族企业传承的继任模型，也可以称为家族企业传承战略。

1. 角色相互调整的传承战略

角色相互调整模型是亨得勒在经过与多个家族企业继任者深度访谈的基础上提出的。他认为，继承过程是创始人与继承人之间角色相互调整的过程。这个过程包括四个阶段的角色相互调整，其中创始人的角色转变经历了唯一的执行者、统治者、监督者到顾问四个角色，而继承人的角色转变则从无角色、助手、管理者到领导者，此过程中创始人对公司的影响力逐渐减少而继承人的影响力不断增强。他指出，角色调整的最后两个阶段是决定企业继承能否成功的关键，大多数继承往往在第三、第四个阶段出现问题。由于其重要的理论和实践意义,该理论一经提出,便受到广泛关注。但该理论过于强调创始人在继承过程中的作用,而忽视了继承人的作用和影响。该理论进一步认为:儿子的角色是由父亲塑造的,父亲在此过程中处于主动地位,如父亲角色是君主,儿子的角色就对应为帮助者。此外,他还从继任者的角度提出了有利于成功交接的继任者应当具备的素质。

在众多的理论中,亨得勒的角色调整理论无疑是最有影响力的理论。第一次从角色这一角度,动态的解释了继任过程中父子关系的变化,具有较大的理论和实践意义。但由于此理论是基于对继任者访谈的基础上提出的,着重强调了领导者在继任中的作用,却对继任者的作用认识不足,因此,该理论有明显的缺陷。

2. 认知归类传承战略

马修斯等人运用心理学中的认知分析方法,从父辈领导人的角度,运用认知归类法对父辈和子辈接班人进行评估。该模型假设在继任过程中也同样存在这种归类,并从认知角度提出了四个命题:(1)领导者的自我评价归类。父辈通常即使是感受到,也不愿接受自己在体力和新知识上的局限,而潜在的对儿女的妒忌导致不愿放权,并坚持施加更多的对公司的影响力,直到死亡或衰老的威胁感增加或是有了新的兴趣培养点。(2)领导者对子辈的评价。领导者对子辈的评价受其自身框架效应影响。桑南菲尔德(1988)根据领导者对权利的控制欲望把领导者分为四类:国王、将军、大使和长官。前两者的控制欲强,视子女为竞争对手和新手,容易给传承带来负面影响。后两种类型才能有较少的冲突。将子女归为哪类要受性别角色的影响,如女儿一般易被归为孩子和学习者,很少被归为领导者。(3)子辈的自我归类。子辈对自己的评价会受到其身份的影响,如经理人的继承者对自己能力的看重程度较父辈对其能力的看重程度要低一些,而那些企业主兼经理人的继承者,对自身能力的看重程度则和父辈差不多。此外,教育程度、能力和新技能的获得也能很大程度地影响子辈的自我评价,子辈是否能接受继任者的角色,基于其自我评价是否能胜任此项工作。(4)子辈对父辈的归类。子辈对父亲的归类评价很大程度上影响其自身的能力,当子辈对父辈的领导能力积极赞成时,就可能导致消极的接班,并愿意接受父辈的领导,反之,当子辈与领导者的意见相反时,就积极准备接班。

认知归类模型从心理学认知归类的角度阐述继任过程，有助于加深对继任过程的理解，同时，有助于理解父辈和子辈各自不同的心理归类对其行为和接班过程的影响，有较强的现实意义，但应当看到：继任还受到其他因素的影响，归类的途径也应当更多，同时，父子间的认知归类会受到其年龄周期的影响，因而也是一个动态的过程，这点从杜恩的焦虑理论中可以进行更深入的了解。

3. 焦虑分析模型

杜恩等人提出的"鲍恩家族系统学说"的基础上，构建了基于个人、家族与企业需要的接班研究模型。鲍恩家族系统学说的主要精髓是提出了自我鉴别的概念。所谓自我鉴别，就是家族企业中的个人必须通过有意识地思考某个问题，并产生给定条件下的观点，并本能地表达出自己的感受。按照他的理论，"自我鉴别"能力，表示了个人在家族里面能否畅所欲言的水平。因此，那些自我鉴别水平低的家族企业，很可能过分迁就第一代领导成员的感受而很少进行变革。那些自我鉴别水平较好的家族，其成员可以很清楚地了解自己在接班过程中的作用以及自己对家族企业的贡献，可以表达他们的观点，并且不畏艰险，克服危机，迎接挑战，因而更容易成功地实现第二代的接班目标。该模型认为，两代间的相互尊重和家族管理是决定家族企业接班成功与否的关键因素，而父子间的关系也是动态变化的过程。戴维斯（1982）对89对父子展开的调查发现，不同的生命周期影响父子工作关系质量。结果表明：当父亲年龄为60~69岁，儿子年龄为34~40岁时，父子关系最为紧张。同时，不同生命周期具有不同的工作目标和个人渴望，而对家族生意不太感兴趣的个人渴望将会导致接班过程的混乱，一般发生在接班人30岁和38~45岁的过渡期。

4. 多代传承传承战略

兰贝茨特对传统的企业、家庭和所有权三环模型提出质疑，认为它忽略了一个事实：有些家庭不再拥有企业所有权却还在进行日常管理。兰贝茨特提出了一个新的模型：家庭成员个体、家庭和企业由内到外构成三环，时间轴贯穿其中。这三环相互作用，并非静止不变。因此，继承不是一个短期的过程，它很早就开始了，而且永远没有结束。换言之，继承并非在大约25年（一代的持续期）的不连续时间间隔里从一代向下一代的传承，而是向更多代不断的传承过程。六种基石为该过程铺平了道路，它们是：企业家精神、学习、正式的内部教育、外部经验、企业角色的正式开始、书面计划和协议。在这个传承过程中，企业中的家庭应当坚持的原则是：家庭成员个体属于家庭，而家庭属于企业。多代传承理论突破了以往研究把继承看成一个短期的过程的观点，考虑了家族企业的特殊形式——家族管理型企业，对多代继承具有较强的指导意义，但缺乏实证研究。

5. 家族企业交接班的系统模型

该模式认为，家族企业实际上是由两个重叠的系统构成：家庭和企业。这两个圈子各有自己的标准、成员身份准则、价值结构和组织结构，因而形成了家族企业独特的继承机制。而继承过程就是两个系统不断相互调整、相互作用，由平衡走向不平衡，再由不平衡走向平衡，并最终完成继承过程的动态过程。双系统模式开辟了从家庭和企业两个角度来理解继承过程的视角，为后续研究奠定了理论基础，但过于简单。在双系统模式基础上，盖尔希克等人（1997）构建了三极发展模式来分析继承过程。该模式把家族企业表示成三个独立而又相互交叉的子系统：企业、所有权和家庭。把时间因素考虑进来，这三个子系统都有一个独立发展的进程，就形成了三极发展模式：企业的所有权发展进程、家庭发展进程和企业发展进程。该模式的中心观点是，继承远远不只是老领导人的退出和新领导人的进入，继承是沿着所有三极而进行的复杂的转变过程。相对于双系统模式，三极发展模式考虑了所有权的继承，更能揭示继承过程的复杂性，也是当前被广泛接受的理论。

系统模型是从家族企业独特的治理模式角度来对继任过程做出描述的，较好地阐述了两系统间和系统内部的相互作用对继任过程的影响，打破了把继任过程研究仅限于父子两人的局面，并提出继任过程是由一个个平衡走向不平衡和不平衡走向平衡的动态过程。但此理论缺乏一个更具体而清晰的模型。

6. 根据企业生命周期制定的战略模型

该模型通过父子两代的生命周期描述了家族企业"子承父业"的继承过程，继承过程分为四个阶段：所有者管理阶段、培训与发展阶段、父子合作阶段和权力传承阶段。该研究从生命自然规律角度阐述了继承过程的推动力量，但仅考虑了父子两代间的继承而忽略其他可能的继承形式。有学者通过家族企业的生命周期将继承过程描述为一个动态的过程。家族企业由家庭、管理、产权和企业四个部分交织而成，因此继承问题是在它的历史中所面临的最复杂的问题之一。继承过程可以通过两个生命周期来分析：企业所有者的生命周期和家族企业的生命周期，每个生命周期分为开始、发展、成熟和衰退四个阶段。有学者认为，如果继承能及时进行，企业将进入另一个生命周期重新繁荣发展，反之会导致不良后果直至关闭。该研究从跨学科的角度把继承看成一个动态过程，具有开拓性意义，但在实践上缺乏操作性。

7. 接力赛跑模型

戴克等学者把继承过程形象地比喻为接力赛跑，因此，继承过程受四个因素影响，这四个因素分别是：次序、时机、技巧和沟通。该理论的观点是家族企业在进行继承决策时，要根据企业所处的历史阶段和企业面临的任务选择合适的继承人，尤其要根据企业所处的环境合理地考虑权力传递的时机、技巧和沟通。接力赛跑理论为我们理解继承过程提供了一个新的理论框架，但目前缺乏实证支持。

这些研究从不同侧面让我们深入了解继承过程的复杂性，并且形成了一些逻辑严密的理论，为后续研究提供了理论依据，具有重要的实践和理论意义。但是，还缺乏对这些理论的整合研究和实证研究。

（五）探索跨越家族企业边界的可持续发展战略

家族企业形态在其历史发展的演进历程中，必然存在着一个历史的、动态的发展逻辑，这一历史的逻辑，具体体现为家族企业形态不同范式之间的转换。这是一个演化与革命、积累与创新、连续与间断交替发生的过程；是受某一哲学范式支配的积累性常规发展，同突破旧范式的创新非常规发展交替出现的历史进程。家族企业应该建立转型期的四大战略。

1. 通过跨越企业的边界从外部及其他企业获得负熵

边界跨越能力是企业将组织与外部环境中的关键资源结合并协调的能力，是搜寻外部信息和获取资源的能力，也是企业传播信息和让渡资源的能力，这还是从市场与其他企业获得负熵的能力。主要包括捕捉机会能力、搜寻用于过程转换的知识与资源能力、向外部传播信息和产品能力，主要发挥企业的边界跨越作用。有了这类能力就可以保证企业处于企业生命周期的成长阶段。

2. 通过企业重组与并购落得负熵的能力

企业组织与过程重构能力是企业内部活动的开展方式、行为模式和学习机制等组成的常规性惯例和创造性程序，主要体现在：整合资源的动态能力（如产品开发与过程组织等常规惯例）、动态地调整或重构内部业务单元的动态能力（如被管理者用来复制、转变和重新组合资源）[①]。这些能力也正是作为复杂适应系统内部的聚集、非线性、层次性等内部机制获得负熵的手段与机制，若如此，就会改变企业生命周期成长阶段的振幅与波长，使企业长期处于生命周期的成长与成熟阶段，导致企业的持续发展。

3. 通过序参数把握企业的路径选择能力

将企业从不同的突破口入手实现企业成长的方式称为企业成长路径。实际上，不同的成长阶段可能会有几种成长路径，企业应慎重考虑选择一种最恰当的成长路径。混沌理论告诉我们，初始条件稍有一点不同，企业就会向完全不同的方向发展，企业的创始人及其创业条件对企业的性质至关重要。当然，企业选择成长路径必须与企业的知识、技能及企业拥有或拟开发的能力一致，应能有效地实现组织学习、知识获取和知识转移；所选择的成长路径放在创新的开拓性动力上，克服既有能力惯性，创造一种"低路径依赖"的成长模式。这些序参数关键参数是企业家精神、战略把握、家族企业中新一代接班人的企业家精神培养等。

4. 增强家族企业的学习与创新能力

"学习能力"是指企业在学习中求创新的强度，是为了改进经济结果而获得、使用和创造知识过程的能力。它不仅在于个体如何提升创造新知识的能力，更重要的是将个人知识创新汇聚并加以支持、应用及升华，从而形成整个组织创造知识的能力。学习与创新能力是作为复杂适应系统的具有主动性活动主体的要求，是获得企业外部负熵最重要或者首要的道路。企业学习与创新的过程从表面上看是可被看做是一个组织在环境中获得、编码、复制、传播、积

---

① 陈又星. 企业生命周期不同发展阶段变革特征比较研究［J］. 经济与管理，2004（2）.

累知识或促进知识创新并使之内化成为整个组织隐形知识的过程[①]。实际上，就是获得适应性的过程，获得负熵的过程，是远离企业系统的平衡态的过程。所以说，打造学习型与创新型企业是可持续发展的企业，因为它不断获得负熵、不断远离平衡态、不断使系统内部具有活力与适应性，如果这样，家族企业是可以打破"富不过三代"的魔咒的[②]。

二、基于复杂性科学的战略管理行为

面对企业战略系统的复杂性及其战略竞争环境的复杂性升级，企业必须学会运用复杂科学的基本原理，即整体性、动态性、时空统一性、宏观与微观统一性、确定与随机性原理进行系统思维，超越落后的传统战略假设，把企业放在一个与外部环境（由本行业竞争者、其他行业竞争者、企业股东、供应商、供应商的供应商、中间商、顾客、顾客的顾客等、金融机构、政府组织、社会公众、学校等直接竞争环境和由社会、经济、文化、自然环境等间接生存环境组成）构成的生态共同体中进行战略分析与决策，选择战略管理行为。

（一）制定超越传统的产业界限的产业发展战略

产业发展战略也有人把它称为产业定位战略，首先，它是明确企业的经营领域选择的问题。家族企业在未来的产业定位上是搞一个产业、还是搞多个产业，即选择专业化经营、还是多元化经营战略。其次，产业发展战略还要考虑企业发展战略的地域选择范围的问题。面临困境的企业，这类企业的战略绝大多数是分离、重组、出售或破产清算，也就是说需要重新调整产业定位。

现在，众多产业正在走向聚合。面对战略系统和战略环境的复杂性，超越传统行业界限是经理们识别公司面临的真正挑战和机会的唯一方法。对产业边界的重新划分，有助于认识和发现其竞争对手和合作伙伴，从而找到新的竞争与发展空间，也有助于创造全新的产业机会。那些被传统行业观点束缚其眼界的经理们将不可避免地错过公司面临的真正挑战和机会。不能正确认识多元化

[①] 贺小刚，李新春，方海鹰．动态能力的测量与功效：基于中国经验的实证研究［J］．管理世界，2006（3）．

[②] 黎群，李海燕．基于企业生命周期的企业文化变革方向研究［J］．中国行政管理，2007（7）．

经营的"相关性",把多元化经营基础建立在一般相关性资源或产品与市场特性上,因此其多元化经营很少成功。同时也难以建立起真正的核心能力,即使具有核心技能也会因为认识不到更多的扩展机会(缺乏积累)而逐步萎缩,甚至消失。

(二) 制定超越传统的市场边界的市场发展战略

所谓市场发展战略,实际就是企业开拓和争夺市场的全部措施和手段的总和,其措施和手段主要表现在四个方面:(1)取得市场及产业垄断权。如杜邦公司对尼龙、塑料行业等化学产品的垄断。(2)模仿与创新。巧妙的"模仿"也是一种创新,因为它比原来的创新者更好地理解了创新的真正含义。早在1946年,美国的贝尔实验室就意识到晶体管即将取代真空管,当美国的各大制造商们还没有做好转化晶体管的产品时,日本索尼公司以200万美元的低价从贝尔实验室的手中购得了晶体管的制造和销售权,最终占领了美国的收音机市场,索尼公司利用同样的战略进军电视机、摄像机的市场。(3)制定标准,使自己免遭外来者的挑战和入侵,比如麦当劳的战略,谁想用麦当劳这个标准,谁就需要付给麦当劳钱。(4)创造新客户。创造新客户是一种商业新策略,主要目的在于推出"创新"。我们知道,改变是从非顾客之中开始的。因此必须超越固有的市场边界,假设某一种产品或服务并没有特定的单一最终用途;相反,某一最终用途也不一定与某一产品和服务相互关联。管理必须以"什么是顾客认为有价值的"作为起点。产业革命者每天都在重新确定顾客对于可行性的预期,他们将精力集中在全部可想象到的市场上,并为产品的个性化而奋斗。事实上,从上层阶级到普通群众,从成人到小孩,从职业人员到消费者,从国内到全球,传统的市场空间范围正在被重新界定。固守传统市场边界的公司将发现自己很难识别新的市场商机,战略竞争总是处于被动。

(三) 制定超越传统的技术界限的技术创新战略

技术创新发展战略是指企业对所要实施的技术创新活动的总体谋划,具有全面性、方向性和长远性的特征,其内容包括:产品创新战略、工艺创新战略、高新技术创新战略。基于现代科学技术的融合趋势,企业必须超越传统技术边界,善于洞察行业外的新技术及其对本行业产品与技术发展的影响,预测未来技术发展的走势，使企业基于产业先见培育核心能力。对于那些固守本业技术的公司将发现自身很难进行产品开发与升级，越来越需要外界支持和帮助，最终失去创新的基础，逐步失去最终产品的市场竞争力，并且难以发现本行业以外的技术的产生、发展对本行业技术发展与产品的影响，很难预测本行业技术与市场走势。为此，超越传统技术边界的战略管理行为是应对这一复杂性问题的有效方法，即假设某一种特定技术不再只与某个产业相关。相反，许多技术都适用于这个产业，并对它产生举足轻重的影响。

（四）超越"顾客导向"假设

"顾客导向"被认为是市场营销观念的重要假设，它意味着根据顾客的需求改进现有产品。但这个假设已经不再适应公司发展的需要，因为顾客向来是缺乏远见的，他们不可能知道自己几年、甚至十几年后需要什么产品，因此，顾客导向不足以建立产业先见。以顾客为导向也只能使企业处于追赶的地位，无法领先。同时，市场调查在针对特定阶层顾客的需求改进现有产品方面的确有用，但很少能刺激崭新的产品观念。而且，今天的顾客不一定是明天的顾客，顾客的需求会随着外界社会经济条件的变化而变化，被动地以顾客为导向，将会使企业难以把握顾客的需求，从而使企业疲于应变，难以认清究竟谁才是企业真正的顾客。因此，对于要取得未来产业领先地位的企业，仅仅局限于"顾客导向"是不够的，必须超越"顾客导向"。

（五）超越最终产品与市场地位之争

传统战略理论所关注的焦点是如何营造市场竞争优势。基于此，许多企业都把获取品牌份额（最终产品市场份额）作为经营目标和判断企业竞争力的重要标准。这种评价体系导致企业依据产品、产业的市场吸引力来进行战略决策，使企业难免陷入盲目多元化、过度多元化。

尽管对市场竞争优势的关注本身并没有什么错，但它忽视了核心能力与产业先见，针对症状的处方难以解决根本问题，在提升企业持续竞争优势方面显得力不从心。因此，现代企业必须超越最终产品与市场地位之争，即建立市场优势的同时，注重产业先见和未来核心能力的建立。

（六）超越传统竞合观念，建立战略生态共生系统

传统的竞争观念往往把本行业对手作为竞争者，这种观念已经严重制约了企业的战略视角。事实上，整条价值链上的供应商，顾客、中间商既是合作者也是竞争者。众所周知，供应商和顾客的砍价能力将影响企业的利润。如果把价值链进行延伸，企业的竞争者范围将很大。竞争的本质就是价值链上所有各级企业共同争夺社会公众手中所持有的"货币"。哪个行业内的企业若能通过协同战略吸引更多社会公众手中的"货币"，那么这个行业（企业群落）整体获利水平和行业结构将得到极大改善。在这场"广义竞争"中，任何单个企业可能都显得力量单薄，难成气候。

尽管竞合观念比"你死我活"的狭隘竞争观念更进了一步，但仍然显得视野狭窄。商业环境不仅有竞争、合作的模式，也有共同进化的模式。共同进化是一个比竞争与合作更重要的思维。随着时代的变迁和共同进化，整个系统会变得更加协调。世界上少数最有效率的公司，通过学习领导经济共同进化，发展了新的商业优势。例如：英特尔公司、惠普公司、壳牌公司、沃尔玛特公司等都认识到自己是在一个丰富、动态的集体于环境中生存。其高级管理人员的工作是寻找潜在的革新中心，通过和谐地将网络成员各自的贡献结合起来，从而给顾客和生产者们带来巨大的利益。公司总经理不仅领导当前的竞争者和行业，而且还力争将无关的商业要素结合到新的经济整体中去，形成新的商业、新的竞争与合作的规则、新的行业。超越传统竞合观念，建立战略生态共同体是应对这一复杂性问题的重要战略选择。[①]

[①] 吴勇．家族企业发展战略研究［J］．企业论坛 2009（3）．

第五章
The Further Research on Family Business Based on Complexity Theory

家族企业环境复杂性理论

这部分曾在《复杂性家族企业演化理论》中作过探究,这里除做简要回顾外,主要探究复杂性的环境问题,提出基于复杂适应系统的家族企业环境复杂性理论。

第一节　企业环境理论的探索

一、问题的提出

理论界对企业(组织)环境的关注由来已久。如 1938 年,巴纳德在《经理人员的职能》中,就从组织与协作理论的角度,提出了"组织行为可以看作是对环境条件的反应""组织的存在取决于协作系统平衡的维持"。这种平衡开始时是组织内部的,是各种要素之间的比例,但最终和基本的是协作系统同其整个外界环境的平衡①。

国内外的学者普遍认为,企业环境理论则是从 20 世纪 60 年代,随着开放系统理论和权变理论的提出和产生影响后发展起来的。或者说,管理理论的产生先于企业环境理论。1966 年,本尼斯在《组织发展与官僚体系的命运》中,提出由于环境的复杂程度急剧增长,企业不再能随心所欲地取得成功,被迫开始系统化地研究环境所能提供的机会,否则就无法实现组织的目标。他认为,未来的组织是"有机性—适应型"结构,以解决组织适应环境问题②。现代社会中的环

---

① [美] 巴纳德著,孙耀君译. 经理人员的职能 [M]. 北京:中国社会科学出版社,1998:157,67.
② 孙耀君. 西方管理学名著提要 [M]. 南昌:江西人民出版社,1997:279 – 282.

第五章
家族企业环境复杂性理论

境正变得越来越动乱，环境正在变得更加动态和不确定。未来的组织将更受外界力量的影响，组织必须不断地适应环境。管理者必须把各个子系统以及它们在具体环境中的活动结合起来加以平衡①。林恩在《管理思想的演变》中则更加明确地指出，管理思想的各种学派日益增多而对管理环境的意识日益加强。管理既是环境的产物，又是环境中的一个过程②。卡斯特和罗森茨韦克在《组织与管理：系统方法与权变方法》中，运用系统观念和权变观念，研究组织及其管理问题，认为组织是个开放系统，每个组织都是一个环境分系统。

迄今为止，管理学家们多把企业环境界定为组织的外部环境。如卡斯特认为，"从广义上说，环境就是组织界线以外的一切事物。"③ 理查德 L·达夫特把组织环境定义为"存在于组织边界之外，可能对组织总体或局部产生影响的所有因素"④。加雷思·琼斯等人把组织环境定义为"超出组织边界但对管理者获得、运用资源有影响的一组力量和条件的组合"⑤。托马斯·卡明斯等人认为，"组织的环境是指任何组织之外的直接或间接影响组织绩效的事务。"⑥ 斯蒂芬 P·罗宾斯则认为"环境是指对组织绩效起着潜在影响的外部机构或力量。"⑦ 值得注意的是，理查德 L·达夫特在《管理学》一书中，也提出了"需要注意，组织还有其内部环境，它是由那些处于组织内部的要素所构成的"⑧。但实际上，他对内部环境的分析，着重是对组织文化方面。乔治·斯蒂纳在《企业、政府与社会》一书中，提出了"企业内部环境中的利益相关方"图示，即把雇员、经理、所有者、董事会作为企业内部环境进行了分析⑨。

目前国内外理论界和实际管理工作者在对企业环境的概念、内涵、特征、作用机理以及企业与环境的相互关系等方面的基本理论认识上，以及在面对现实

---

① [美] 卡斯特，罗森茨韦克. 组织与管理——系统方法与权变方法 [M]. 北京：中国社会科学出版社，1985：126－182.
② [美] 丹尼尔·A·雷恩. 管理思想的演变 [M]. 北京：中国社会科学出版社，1986：566－568.
③ [美] 卡斯特，罗森茨韦克. 组织与管理——系统方法与权变方法 [M]. 北京：中国社会科学出版社，1985：164.
④ [美] 理查德·L. 达夫特. 组织理论与设计 [M]. 北京：清华大学出版社，2003：149.
⑤ [美] 加雷思·琼斯等. 当代管理学 [M]. 北京：人民邮电出版社，2003：40.
⑥ [美] 托马斯·卡明斯，等. 组织发展与变革精要 [M]. 北京：清华大学出版社，2003：251.
⑦ [美] 斯蒂芬·P·罗宾斯. 管理学 [M]. 北京：中国人民大学出版社，1997：64.
⑧ [美] 加雷思·琼斯等. 当代管理学 [M]. 北京：人民邮电出版社，2003：69.
⑨ [美] 乔治·斯蒂纳等. 企业、政府与社会 [M]. 北京：华夏出版社，2002：34.

环境的剧烈变化的管理实践中，还存在着不少偏差或误区。例如，当提到企业环境时，就认为是企业外部环境；当提出要营造良好的企业发展环境时，就认为是政府的事情。甚至有人认为，企业经营绩效的好坏，完全取决于外部环境等。

虽然有的学者也提出了"内部环境"的概念，但一是未对企业内部环境及其内容作出明确的界定；二是缺乏对内部环境及其与外部环境的关系作深入具体的分析。席酉民指出，"企业环境分为内部环境和外部环境。内部环境主要讨论企业内部的氛围、企业组织制度和政策形成的感受系统"①。但并未对企业内部环境进行更多的具体分析。

赵锡斌认为，上述种种定义都难以表达企业环境的基本内容与特征。因为，把企业环境只定义为外部环境，或把内部环境只理解为组织文化、利益相关者等，均只具有局部性意义，因而不能全面地认识和把握企业环境系统并对其进行深入的分析研究。赵锡斌认为，"企业环境是一个内容较广泛的概念，它既包括企业的内部环境，也包括企业的外部环境"。因此，应当把企业环境作为一个整体的概念来定义。所谓企业环境，是指一些相互依存、互相制约、不断变化的各种因素组成的一个系统，是影响企业管理决策和生产经营活动的现实各因素的集合。这一定义，既不是专指企业的外部环境，也不专指企业的内部环境或内部环境的某些方面，而是指一个环境系统。既反映了企业环境的内容、作用，也反映了企业环境的基本特征。② 在此基础上，他将企业环境看作是由社会环境、市场环境、企业内部环境和自然环境四个子系统组成的复杂系统（如图 5-1 所示）。

二、企业环境理论研究进展

"管理既是环境的产物又是其过程"③。在近百年的管理理论发展过程中，关于企业环境的理论也与之相伴地产生和发展着。只不过在不同的环境下，研究者的视角和研究重点不同，对环境的认识也不同。概括起来，企业环境理论的产生与发展大体经历了封闭系统观和开放系统观两个时期，以及产生、发展

---

① 席酉民.企业外部环境分析［M］.北京：高等教育出版社，2001：1.
② 赵锡斌.企业环境研究的几个基本理论问题［J］.武汉大学学报（哲学社会科学版），2004（1）.
③ ［美］Wren D A. 管理思想的演变［M］.北京：中国社会科学出版社，1997：566.

(理论丛林)、尝试融合三个阶段。①

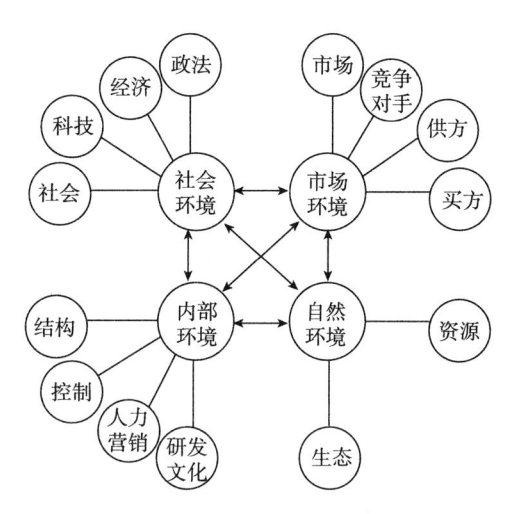

图 5-1　企业环境系统结构

资料来源：赵锡斌．企业环境研究的几个基本理论问题．武汉大学学报（哲学社会科学版），2004（1）．

无论是泰勒的科学管理、法约尔的一般管理理论，还是巴纳德的协作系统理论、马斯洛的行为理论、梅奥的人际关系理论、西蒙的决策理论等，他们的研究重心都是如何提高生产效率的企业内部管理问题。但这一时期，对企业的环境问题也提出了一系列重要的思想或理论观点。可以把它划分为第一阶段，即企业环境理论的产生阶段。

1911 年，泰勒在其《科学管理原理》中，就提出了改善"作业环境"。这当然是指企业的内部环境问题。1916 年，法约尔在《工业管理与一般管理》中，较明确地提出了"由于环境的压力或其他某种原因"，计划应当作"相当灵活"的调整，领导人选择的管理办法应与外部环境相适应的思想。②

20 世纪 20 年代末 30 年代初，传统的经济学和管理学理论已难以解释现实经济和企业发展的问题，环境对企业的影响已有明显的表现。可能是受这种环境变化的影响，1938 年，巴纳德出版了《经理人员的职能》，虽然该著作的

---

① 赵锡斌．深化企业环境理论研究的几个问题 [J]．管理学报，2006（7）．
② [法] Fayol H. 工业管理与一般管理 [M]．北京：中国社会科学出版社，1999：27，54．

核心内容仍是研究企业组织内部的管理问题，研究企业组织的协作系统和正式组织中经理人员的职能和工作方法，但把散见于全书各处的有关企业环境问题的论述综合起来看，就可以发现作者对企业环境的内涵（外界力量、外界环境）、环境的要素、企业与环境的关系、决策与环境的关系、环境的分析与环境识别等方面，提出了一系列的理论观点，甚至专门有一章分析决策的环境。可以认为是初步奠定了企业环境研究的理论基础。[①] 遗憾的是，企业环境理论研究在当时及以后的较长一段时期内，并没有引起人们足够的关注，因而没有取得更大的进展，或者说是"把它丢在一边"。

从20世纪60年代开始至今，由于环境的变化速度加快，管理环境的意识日益加强，开放系统论的提出及其被广泛的认同，使得企业环境问题得到了西方组织理论家、管理学家、经济学家和社会学家等多方学者的关注。这一时期，对企业环境的理论研究，交替形成了两个阶段，即发展或理论丛林阶段和尝试融合阶段，我们把它称作第二阶段和第三阶段。

20世纪60年代初到90年代初，这一时期的学者从不同的学科背景出发，在不同的研究层次上，以不同的研究角度，对各自关注的不同核心问题作出了丰富多彩的解释，形成了众多的理论学派。如权变理论、战略选择理论、种群生态学、资源依赖学派、网络协作学派、商业生态理论等。在理论的发展过程中，产生了决定论、适应论、战略选择论和相互影响论[②]等具有代表性的理论观点。总体来看，西方学者对企业环境的理论研究可说是众派林立，出现了理论的"丛林"。他们对环境的概念、环境的要素、环境的特征、企业与环境的关系、环境分析方法等问题，分别进行了多视角、多层面的研究，取得了大量的研究成果。如劳伦斯等1967年出版了《组织与环境：管理的分化与整合》一书，运用系统论和权变理论，通过实证研究，揭示了不同环境状态下建立高效组织的方式选择。该书的出版，标志着组织行为领域研究范式基本转变的新时期的出现，它将研究的基本问题由原来的什么是管理和组织的单一最好的方法，转变为研究解决"何种管理风格和组织形式最适宜于某种特定处境，或

---

① ［美］巴纳德 C. I. 经理人员的职能［M］. 北京：中国社会科学出版社，1997：5, 146, 163, 224.

② Pfeffer J, Salancik G R. The External Control of Organizations: A Resource Dependence Perspective [M]. New York: Harper & Row, 1978.

者说，焦点问题是组织与其所在环境之间的相符。"因此，该书就成为权变理论的代表性著作，作者也成为权变理论的代表人物。① 又如，1978 年，普费弗等出版了《组织的外部控制：资源依赖的视角》一书。该书是资源依赖学派的代表作，主要内容是组织环境如何影响与限制组织，以及组织是如何回应外在环境的。② 这是组织理论研究的一个重大进展，他除了分析组织依赖环境、受外部环境的影响或限制外，还指出了组织可以操纵或控制环境，减少组织对环境的依赖。"管理者作为社会限制因素的适应者以及管理者作为组织环境的操纵者"③，从组织行为的外在控制视角来提供一种经验性的展示与范例。

20 世纪 80 年代初至今，一些学者试图将不同学派的理论进行融合。如乌尔里希等人在比较分析资源依赖学派、交易成本理论和种群生态学理论的基础上，从研究层次、稀缺资源和企业生存三个角度，寻求不同理论之间存在的内在逻辑联系，并提出了整合三个学派的理论框架。④ 又如，达夫特从环境的不确定性、复杂性和资源依赖性等特征出发，通过对组织应对环境的分析，建立了一个整合权变理论和资源依赖学派的组织与环境关系的理论框架。并在综合与比较分析资源依赖理论、组织生态理论、合作网络理论、制度理论的基础上，从组织间关系的角度，对企业与环境的关系类型进行了整合等。⑤ 虽然，理论丛林还会存在，但各种理论并不一定是不可调和的，而是可以相互补充或相互借鉴与融合的，这应是一种发展趋势。

三、环境因素在企业发展中的作用

对于环境因素在企业经营活动中所发挥的重要作用，学者们进行了一系列探索工作。资源学派的公认先驱潘罗斯（1959）认为，环境改变能引发企业

---

① Lawrence P R, Lorsch J W. Organization and environment: managing: differentiation and integration [M]. Boston: Harvard Business School Press, 1967.
② Pfeffer J, Salancik G R. The External Control of Organizations: A Resource Dependence Perspective [M]. New York: Harper & Row, 1978.
③ Pfeffer J, Salancik G R. The External Control of Organizations: A Resource Dependence Perspective [M]. New York: Harper & Row, 1978.
④ Ulrich D, Barney B. Perspectives in Organizations: Resource Dependence, Efficiency, and Population [J]. Academy of Management Review, 1984 (9).
⑤ [美] 理查德 L·达夫特. 组织理论与设计 [M]. 北京：清华大学出版社，2003：174 – 213.

内部资源的变化，分析环境是至关重要的。对于环境因素在企业经营活动中所发挥的重要作用，学者们进行了一系列探索工作。威廉姆森（1991）认为，经济组织与环境因素的适应性是研究工作的中心问题。巴尼1992年提出，价值创造来自于内部能力与战略行为的结合，来自于战略活动与竞争环境的结合。亨得森（1997）认为，总的说来，环境变化影响企业的战略和运行，这种环境变化与企业内部因素发生作用。他特别提到，很少有研究工作明确考虑能力与环境二者的相互结合的问题，这是令人遗憾的。

在家族企业环境研究方面，首先是美国哈佛大学经济学者弗朗切斯和尼古拉（2003）构建了一个关于资本市场效率、家族企业主的跨代赠与激励强度及管理天赋遗传能力的动态博弈模型，研究在弱投资者保护的资本市场中家族企业演进的动态均衡。[①] 郑文哲（2003）认为，在一个要素市场发育程度不高，法治不完备，信用体系缺失的社会里，由于社会交易成本过于高昂，即使企业内部最基本的职能分工也不得不借助于亲缘、血缘、地缘形成的信用关系来维系时，家族制企业向非家族企业的制度转换，不可能得到有效的、实质性的推进。周鸿勇、李生校（2004）分析了家族企业主素质、企业管理不规范和产权界定不清对家族企业制度变迁的影响。陈学志、郑若娟（2005）认为，在社会信用资源稀缺的背景下，家族企业不得不依赖家族规则的支撑。陈凌和曹正义等人认为，制度环境决定民营企业的生存空间和总体表现，而企业的组织能力，尤其是企业家团队的个人能力和管理水平决定了个体企业的成功。[②]

从生物进化规律来看，物种之所以不断演化，源于物种自身的变异性。某一物种之所以能够生存下来，是因为该物种与其生存环境相互适应。企业组织的演化规律与此相似。达尔文主义者认为，适应外部环境是企业得以演化的条件和动力，外部环境通过自然选择方式推动企业演化过程的实现。近30年改革开放产生的中国家族企业是中国经济从计划经济制度向市场经济的经济制度演变下的产物，是社会生态演变——从身份到契约演变的产物，是企业家创

---

① 王晓萍. 国内外家族企业研究的最新动态［J］. 杭州电子科技大学学报（社会科学版），2005（12）.

② 陈凌，曹正义. 制度与能力：中国民营企业20年成长的解析［M］. 上海：上海人民出版社，2007.

业、创新的产物,是政府从全能政府到有限政府演变过程的产物,更是文化传承——传统文化的复兴与演变的产物。①

四、企业环境研究的现状

有关企业环境,目前国内外不少的学者都做过相应的研究,并形成了一些很实用的理论和模型。其中具有代表性的就是 PETS 分析模型。此外,波特从产业竞争的角度考察企业的环境即产业竞争分析模型。PETS 分析模型②和产业竞争分析模型分别集中于对宏观环境和中观的产业环境进行分析,后来有研究者在 PETS 模型的基础上又加上法律和生态形成 PEEST 分析框架。而我们认为实践中的企业在应对环境变化时所考虑的远不止这些。从更广泛的意义上来讲,战略管理视角的企业环境是一个包含不同层次、不同内容的多元素集合体,这些元素自身的及随环境变动而变化的特性构成了复杂环境的特点。

在对企业与环境的关系的认识上,目前主要存在着三种观点:决定论、适应论和战略选择论。持决定论的种群生态学学者们套用生物学中的变异—选择—保留模式,将是否适应环境作为企业的最终检验,适者生存是最高法则,如奥尔德里奇、汉娜和弗里曼等人。适应论则从权变的视角,认为企业可以根据环境的变化作出相应的组织结构上的调整。如伯恩斯和斯陶克等人。战略选择论更重视战略选择的作用,并把它视为一个受到多方面因素影响的过程,但这种选择,也是在既定环境下的选择,或者说是对现实环境的利用。

实际上,企业内部环境与外部环境之间、企业环境各构成要素之间,以及企业与环境之间,是一种相互依存、相互影响的动态的、互动的关系,或如前文所述的互为环境,并非是一种单向的传递或影响力的主从关系,如由外部影响内部,或简单的决定与被决定、适应与不适应、选择与被选择的关系。例如,同样的外部环境,对有的企业来说可能是威胁,而对有的企业则可能是机会;对有的企业具有决定性意义,而对有的企业来说,并非具有决定性意义。即使是同一企业,在不同的条件或不同的时期,各环境子系统及其各构成要素

---

① 甘德安. 构建家族企业演化博弈研究基础的初探 [J]. 学海, 2006 (5).
② PETS 分析模型表示用政治 (P)、技术 (T)、经济 (E) 与社会 (S) 的视角整体研究拟研究对象的一种方法. P – Political, E – Economic, T – Technical, S – Societal.

对企业的影响力也是不同的。在某种情况下，企业对其内部环境的改造更具有决定性意义，甚至通过内部环境的改造，影响或改变外部环境，从内部影响外部。又比如，在企业对环境的可控性问题上，一般认为，内部环境是可控的，外部环境是不可控的。这一观点也并非全面、准确。应该说，内部环境一般来说是可控的，但对有的内部环境要素来说，由于受内部或外部某些强力环境因素的影响，也可能变成难以控制的；外部环境一般来说是不可控的，但企业通过努力，也可能会引起外部环境的变化。

第二节 基于演化的企业环境理论

一、企业环境的演化理论流派

著名组织理论学家 GarethMogran 认为，生物学的各个层次都有其组织对应物，如分子、细胞、复杂器官、种群、生态学对应着个人、群体、组织、组织种群和社会生态学。后来，亚当·布兰登勃格和拜瑞·内勒巴夫对企业之间的合作和竞争关系也进行了深入研究，提出了很多观点。组织与环境关系理论的发展先后经历了开放系统组织理论、权变理论、种群生态学理论、组织生态学理论、合作竞争理论等过程。

(一) 开放系统组织理论

组织要认识环境的重要性以贝塔朗菲[①]为主。他们提出的主要观点是：组织要满足自身的各种需要，要生存和发展下去，就必须与其所处的环境进行物质、能量和信息等各方面的交换，否则就会死亡。因此，组织必须像生物体一样对环境开放，建立一种与周围环境融洽的关系。这一观点与古典管理理论有着根本的不同。开放系统理论的出现开辟了组织理论和管理理论的新

---

① 贝塔朗菲（Bertalanffy, Ludwig von 1901－1972）美籍奥地利理论生物学家，一般系统论的创始人，从物理学、生物学与心理学探讨同型性的系统论原理，并应用开放系统论于生物学研究的概念、方法与数学模型等，奠基了系统生物学，并导致了系统生态学、系统生理学的学科体系发展，以及影响了中国科学家 20 世纪 90 年代提出系统医学、系统遗传学与系统生物工程的概念与原理。

思路，打破了官僚和封闭式的思维方式。这正是企业发展所必须具备的基本观念。

（二）权变理论

进入20世纪70年代以来，权变理论在美国兴起，受到广泛的重视。权变理论的兴起有其深刻的历史背景，70年代的美国，社会不安，经济动荡，政治骚动，石油危机对西方社会产生了深远的影响，企业所处的环境很不确定。但以往的管理理论，如科学管理理论、行为科学理论等，主要侧重于企业内部组织的管理的研究，而且大多都在追求普遍适用的、最合理的模式与原则，而这些管理理论在解决企业面临瞬息万变的外部环境时又显得无能为力。正是在这种情况下，人们不再相信管理会有一种最好的行事方式，而是必须随机制宜地处理管理问题，于是形成一种管理取决于所处环境状况的理论，即权变理论，"权变"的意思就是权宜应变。

美国学者卢桑斯在1976年出版的《管理导论：一种权变学》一书中系统地概括了权变管理理论。他认为：首先，权变理论就是要把环境对管理的作用具体化，并使管理理论与管理实践紧密地联系起来。其次，环境是自变量，管理的观念和技术是因变量。这就是说，如果存在某种环境条件下，对于更快地达到目标来说，就要采用某种管理原理、方法和技术。比如，如果在经济衰退时期，企业在供过于求的市场中经营，采用集权的组织结构，就更适于达到组织目标；如果在经济繁荣时期，在供不应求的市场中经营，那么采用分权的组织结构可能会更好一些。最后，权变管理理论的核心内容是环境变量与管理变量之间的函数关系即权变关系。环境可分为外部环境和内部环境。外部环境又可以分为两种：一种是由社会、技术、经济和政治、法律等所组成；另一种是由供应者、顾客、竞争者、雇员、股东等组成。内部环境基本上是正式组织系统，它的各个变量与外部环境各变量之间是相互关联的。

伯恩斯和斯陶克从环境不确定性的角度说明了机械性和有机性这两个组织形式的不同及各自的适用环境。[1] 当外部环境稳定时，机械性组织系统比较适

---

[1] Alchian A A, Demsetz H. Production, Information Costs and Economic Organization [J]. American Economic Review, 1972 (12): 777-795.

用，内部组织具有规章、程序和明确的权力层级等特点，组织被规范化，也被集权化，大多数的决策是由高层管理者做出。在迅速变化的环境中，内部组织是相当松散、自由流动和具有适应性的，规则和章程通常是非书面的，权力层级不太明确，决策权力分散化，这属于有机性管理系统。劳伦斯和劳斯奇的研究则从组织内部着眼，他们认为，不确定的环境要求组织具有较高的分化程度和整合水平，相反，环境的不确定性水平较低时，对组织的分化程度和整合水平要求也较低。只有组织的分化程度和整合水平与环境的不确定性水平相匹配时，组织的运行才处于良好状态。[1]卢桑斯很好地总结了权变理论，发展出一个包含环境变量、管理技术和两者权变关系的框架。[2] 同时，面对古典管理理论和行为管理论的"丛林"，权变理论被赋予清理丛林和指引道路的重任。卓因和万得温探讨了权变理论中匹配这一核心概念的发展过程，区分了选择、互动和系统方法这三种匹配的方式。[3] 选择是环境与组织结构之间的一致，并不讨论它们对绩效的影响；互动强调环境与组结构要素的互动作用，及其对组织绩效的影响；系统方法则从多维度考察环境组织结构要素的特点以及它们对组织绩效的影响效果。随着权变理论的发展，规模、技术、地理位置、参与者的个人偏好、资源依赖、国家和文化差异、组织生命周期等外部环境和组织内部要素都渐次作为权变因素进入权变理论家的视野。此外，作为较早探索企业与环境关系的理论，其"没有最佳，一切视环境而变"的核心思想也已经渗透到组织理论的不同领域中去。

应当肯定地说，权变理论为人们分析和处理各种管理问题提供了一种十分有用的方法。它要求管理者根据组织的具体条件，及其面临的外部环境，采取相应的组织结构、领导方式和管理方法，灵活地处理各项具体管理业务。这样，就使管理者把精力转移到对现实情况的研究上来，并根据对于具体情况的具体分析，提出相应的管理对策，从而有可能使其管理活动更加符合实际情况，更加有效。所以，管理理论中的权变的或随机制宜的观点无疑是应当给予肯定的。同时，权变学派首先提出管理的动态性，人们开始意识到管理的职能

---

[1] Aldrich H E. Organizations and Environments [M]. Stanford: Stanford university press, 2008.

[2] Aldrieh H E. Environment of Organizations [J]. Annual Review of Sociology, 1976: 79 – 105.

[3] Andrews K R. The Concept corporate Strategy [A]. Foss N J. Resources firm and strategies [C]. Oxford university press, 1997.

并不是一成不变的,以往人们对管理的行为的认识大多是从静态的角度来认识,权变学派使人们对管理的动态性有了新的认识。

但权变学派存在一个带有根本性的缺陷,即没有统一的概念和标准。虽然权变学派的管理学者采取案例研究的方法,通过对大量案例的分析,从中概括出若干基本类型,试图为各种类型确认一种理想的管理模式,但却始终提不出统一的概念和标准。权变理论强调变化,却既否定管理的一般原理、原则对管理实践的指导作用,又始终无法提出统一的概念和标准,每个管理学者都根据自己的标准来确定自己的理想模式,未能形成普遍的管理职能,权变理论使实际从事管理的人员感到缺乏解决管理问题的能力,初学者也无法适从。

权变理论试图改变一种局面,变各派理论互相"诋毁"为相互"承认",因此有管理学家说权变理论犹如一只装满管理理论的大口袋。在权变理论产生之初,不少管理学者给予它高度的评价,认为比其他一些管理理论有更光明的前景,是解决企业环境动荡不定的一种好方法,能使管理理论走出理论丛林之路。然而,没有过多久,他们就不得不承认,这个期望又一次落空了。

概括起来,权变理论的主要思想包括:(1)组织是开放系统,需要精心管理以满足和平衡内部需要并适应环境。(2)没有最佳的组织形式,组织的适当形式取决于任务或所处环境的类型。(3)在同一组织中,完成不同的任务需要不同的管理方法。(4)不同的环境需要不同的组织类型。

(三) 种群生态学

种群生态学致力于探讨组织种群的创造、成长及消亡的过程,以及其与环境转变的关系。该理论的重点放在解释"为什么会存在这么多种类型的组织?"身上。[①] 同时探讨相同行业内的不同组织形式如何在长期的竞争环境压力下作出反应。汉娜和弗里曼则是该理论的主要创立者。种群生态学的观点不同于其他组织理论,因为它强调组织的多样性和在组织同体或组织种群内的适应性。在这里,分析的单位不再是单个的组织,而是种群。种群是根据蓝图来划分的,它包括对组织输入进行获取和加工以转化为组织输出的规则和流程。它是指进行类似活动的一系列组织,它们在经营中利用资源的方式

---

① Aldrieh H E. Environment of Organizations [J]. Annual Review of Sociology, 1976: 79-105.

类似,其经营结果也类似。同一种群内的组织为了类似的资源或相近的顾客展开竞争。

种群生态学主要是将达尔文的自然选择学说移植到了组织分析中,认为组织像自然界中的生物一样,其生存依赖于它们获得充足资源的能力。由于面临其他组织的竞争及资源的稀缺性,只有"最适应"环境的组织才能够生存。在某个特定时间里,组织的性质、数量和分布依赖于可得到的资源及各种组织种群内部和相互之间的竞争。因此,环境通过优胜劣汰选择最强者,环境成为决定组织成败的关键因素。这种观点强调竞争。由于组织必须争夺有限的资源以维持自身的生存和发展,因此,组织之间的关系以竞争为主,尤其是属于同一种群的组织,更是互为直接竞争者。要对种群生态学深刻表达莫过于借助种群动力学的数学模型。[①] 关于种群动力学深入的阐述读者可以参考林振山教授的《种群动力学》。

尽管种群生态学方法应用广泛,但有些学者认为这种观点轻视了组织决策的作用。因为,如果环境最终选择企业,那么管理者与决策者所做的工作从长期的角度来看将是无意义的。但事实上,组织对环境有能动的影响作用。此外,种群生态学方法强调资源的稀缺性,忽视了资源可以丰富、自我更新,在这种情况下,合作与竞争可以并存。组织可以通过发明原来没有的资源来创造价值。

(四) 组织生态学

组织与环境是合作关系。组织生态学认为,整个生态系统的演变包括了组织与环境的关系集合的演变。正如自然界中生物组成环境一样,组织的环境也是由大量组织构成的,因此,组织与环境是互动的。不仅环境会选择组织,组织也会主动构造自己的未来,尤其当组织联合起来时,环境就会变得可协商,而不是独立的、影响组织的外在力量。组织生态学强调的是合作,即一个相互联系的群体之间通过相互适应实现整个群体生存,这是个动态的过程。在前面最适者生存的进化理论中,竞争被视为组织生活的基本形式,强调个体组织的生存。然而,关注现实生活中的各种经济现象,可以发现合作与竞争常常同时

[①] 林振山. 种群动力学 [M]. 北京:科学出版社,2007:1.

存在。譬如，同行业组织经常组成协会以便于合作并分享利益，企业间联合进行研究开发以降低风险。

（五）合作竞争理论

合作与竞争共存组织生态学强调组织与环境的合作，而合作竞争理论则强调合作与竞争的同时性。亚当·布兰登勃格与拜瑞·内勒巴夫对企业之间既合作又竞争的关系进行了深入研究，在《合作竞争》一书中提出与书名相同的新名词——合作竞争。这个词显然是合作和竞争两个词的合写。他们指出，企业之间既不是单纯的竞争，也不是单纯的合作，而是合作与竞争共存。企业经营活动是一种特殊的博弈，是一种可以实现双赢的非零和博弈。他们认为企业间的竞争与合作是对网络经济时代企业如何创造价值和获取价值的新思维，强调合作的重要性，有效克服了传统企业战略过分强调竞争的弊端，为企业战略管理理论研究注入了崭新的思想。同时，利用博弈理论和方法来制定企业合作竞争战略，强调了战略制定的互动性和系统性，并通过大量的实际案例进行博弈策略分析，为企业战略管理研究提供了新的分析工具。合作竞争战略管理理论的核心逻辑是共赢性，反映了企业战略在网络信息环境下，要以博弈思想分析各种商业互动关系、与商业博弈活动所有参与者建立起公平合理的合作竞争关系为重点。关于合作竞争的案例可以参见洛根·斯托克司所著《合作竞争——如何在知识经济环境中催生利润》。[①]

合作竞争理论核心逻辑分析包括五点：

（1）合作竞争理论的逻辑思维是：绘制价值链→确定所有商业博弈参与者的竞争合作关系→实施 PARTS 战略来改变博弈→分析和比较各种商业博弈结果→确定合作竞争战略→扩大商业机会、实现共赢。即首先将商业博弈绘制成一幅可视化的图——价值链，利用价值链定义所有的参与者，分析与竞争者、供应商、顾客和互补者的互动型关系，寻找合作与竞争的机会。在此基础上，改变构成商业博弈的 5 要素（参与者，Participators；附加值，Added values；规则，Rules；战术，Tactics；范围，Scope，PARTS）中的任何一个要

[①] ［美］洛根·斯托克司著，陈小全译. 合作竞争——如何在知识经济环境中催生利润 [M]. 北京：华夏出版社，2005.

素，形成多个不同的博弈，保证了"PARTS 不会失去任何机会"、"不断产生新战略"，并分析和比较各种博弈的结果，确定适应商业环境的合作竞争战略。通过实施，最终实现扩大商业机会和共同发展的战略目标。

(2) 基于合作竞争理论的战略起点，是分析商业博弈活动参与者之间的互动关系。合作竞争理论提出了参与者价值链的新观念，利用价值链来描述所有的参与者的竞争合作的互动关系。价值链的思想强调了企业经营活动中同时竞争与合作两种行为，两者的结合意味着一种动态的关系，而不是"竞争"和"合作"两字单独的意思，有效克服了波特经典竞争战略管理理论利用 5 个力量模型仅从竞争的角度来分析所有参与者竞争态势的弊端。

(3) 基于合作竞争理论的战略目标，是建立和保持与所有参与者的一种动态合作竞争关系，最终实现共赢局面。合作竞争理论提出了互补者的新概念，认为商业博弈的参与者除了包括竞争者、供应商、顾客外，还有互补者。强调了博弈的参与者之间的相互依存、互惠互利的关系，要创造价值，就要与顾客、供应商、雇员及其他人密切合作。这是开发新市场和扩大原有市场的途径。因此，企业的生存与发展离不开其他组织的支持和合作，这是对经典竞争战略管理理论的完善和补充。

(4) 基于合作竞争理论的战略制定过程，贯穿了博弈思想。战略要"从其他参与者的认知角度"来制定战略，克服了传统战略仅从企业本身的利益制定战略的弊端。同时，通过 PARTS 的 5 个要素对博弈行为和结果的作用分析，选择合适的战略，使企业战略更具有互动性、现实性和可行性。博弈思想是一种结合了合作与竞争思想的革命性战略思维，博弈的理论方法为网络竞争环境下企业战略管理研究提供了新的分析工具。

(5) 基于合作竞争理论的战略，是一种着眼于未来的动态战略。合作竞争理论认为，商业博弈是一种重复博弈，而且构成博弈的五要素 PARTS 会随时间而变化，从而改变每次博弈的行为和结果。因此，企业战略并非都是事先计划好的，而是一种不断调整和变化的动态战略，以适应商业博弈的改变。同时，在商业博弈中，"没有什么东西是固定的"，而且"充满活力，不断进化"，PARTS 模式的变化带来博弈的变化，不断创造新的机会。因此，基于合作竞争的企业战略必须着眼于未来的博弈，才能把握住未来的机遇。

合作竞争理论也有明显的不足之处。一是从组织的有限理性出发，按 X

理论来考虑企业之间的合作竞争博弈关系，忽略了企业的社会性和复杂性对博弈的影响。二是仅研究了参与者两两之间的二元合作竞争关系，没有结合企业网络理论来研究合作竞争的网络关系。三是没有建立一套完整的合作竞争战略管理过程。

（六）共同演化理论

演化经济学家们认为，共同演化现象除了发生在生物演化中，也同样存在于社会经济系统中。诺尔哥得第一个比较系统地将共同演化概念运用到社会经济系统演化中。诺尔哥得认为，在经济系统中，共同演化主要反映了知识、价值、组织、技术和环境五个子系统的长期反馈关系，其中，每个子系统的变异都受到由其他子系统构成的选择环境的影响。[①] 主要涉及三个主要方面。

一是组织与其环境的共同演化。近些年来，许多学者逐渐意识到，组织与其所处的环境是处在共同演化中的。如果仅仅将组织视为对环境的简单适应，而不考虑环境变化和组织行为变化之间的因果关系，就很难正确理解组织的行为和绩效。卢因和福尔博德认为，组织与其环境的共同演化分析包括的内容：（1）运用纵向的时间序列来分析组织历时的适应性变化；（2）将组织的适应特征置于一个更为广阔的背景和社会环境中；（3）明确考虑到组织微观演化和环境宏观演化的多向因果关系；（4）考虑到组织的复杂性特征；（5）路径依赖不仅在企业层面制约企业的发展，也作用于产业层面；（6）考虑到制度系统不同层面的变化，并且企业和产业是内嵌于这些制度系统中；（7）考虑到经济、社会和政治等宏观变量随时间的变化，以及这些变化对于微观演化和宏观演化的结构性影响。[②]

二是技术与制度的共同演化。纳尔逊强调，技术和制度应该被理解为共同演化，因为技术进步的速度和特征受到支撑它的制度结构的影响，制度创新也是强烈地以新技术在经济体系中是否和怎样被接受为条件的。在纳尔逊看来，制度可以被理解为相关社会群体所掌握的标准化的社会技术，是一种协调联合

---

① Volberda H W, Lewin A Y. Co-evolutionary dynamics within and between firms: from evolution to co-evolution [J]. Journal of Management Studies, 2003 (40): 8.
② Volberda H W, Lewin A Y. Co-evolutionary dynamics within and between firms: from evolution to co-evolution [J]. Journal of Management Studies, 2003 (40): 10.

操作（工作）的知识。这样一来，技术就不再是先前我们所理解的物质技术，还包括社会技术。①

三是个体与制度的共同演化。霍奇森认为，任何社会经济现象都不能仅仅由原子式的独立个体来解释，还必须包括个体间的互动关系（即制度），个体和制度是共生的，构成了经济研究的二重本体。经济学不能抛开个体谈制度，也不能抛开制度谈个体。因此，个体与制度不是谁决定谁的单向关系，而是一种双向关系。这种双向关系主要体现在两个方面。其一，制度构成了个体的内在和外在约束。信息约束是一种物理结构约束，它描述了个体行为的所有逻辑和技术可能性。内在约束是指个体行为选择面临的认知约束。制度对于个体而言不仅仅是信息集合，还具有认知功能，它塑造了个体对于环境的感知、理解、解释和预期等认知结构。制度构成了个体间共享的心智模型。因此，制度构成了个体行为选择的物理结构和认知结构。其二，个体既受到制度的内外约束，又具有能动性，能够推动制度的演化。个体既在选择，也处于被选择中，受到"知"和"无知"的共同作用。这意味着既不是个体完全选择制度，也不是制度完全塑造个体，个体与制度之间存在某种程度上的交互作用。② 我们把这些理论与流派通过表5-1表达。

二、复杂适应系统环境观是协同演化观

复杂性环境观不仅可以深化我们对复杂适应组织变革的理解，同时也有望给复杂适应组织变革的管理实践带来有益的启示。亚当·布兰登勃格和拜瑞·内勒巴夫提出的合作竞争理论从静态的角度上考察了企业同其所处的环境——顾客、供应商、互补者和竞争者之间合作与竞争并存的关系，但是没有从更广的范围内研究企业之间的关系，以及这种关系随着时间而变化。詹姆斯·莫尔于1993年在《哈佛商业评论》上发表文章"A New Ecology of Competition"③。

---

① 纳尔逊. 作为经济增长驱动力的技术与制度的协同演化 [A]. Foster J, Metcalfe J S. 演化经济学前沿：竞争自组织与创新政策 [C]. 贾根良译. 北京：高等教育出版社，2005：3.
② Hodgson, G. M. Institutions and individuals: interaction and evolution [J]. Organization Studies, 2007 (1): 95.
③ Moore J F. Predator and Prey: A new ecology competition [J]. Harvard Business Review, 1993: 75-86.

在这篇文章中他将生态学中的协同进化理论引入到企业之间关系的研究上,提出任何一个企业都应与其所处环境协同进化,而不只是竞争或合作、或单个企业的进化。

表 5-1　从组织演化的角度对企业环境研究的理论对比

理论名称	英文名	代表人物	主要观点
开放系统理论	Open system theory	Bertalanffy	重视环境,企业必须与外界进行物质、能量和信息等的交换
权变理论	Contingence theory	——	根据具体的环境建立相适应的组织
种群生态学	Population ecology	——	在资源有限的情况下优胜劣汰
组织生态学	Organizational ecology	——	进化是相互适应者生存,非最适者生存
合作竞争理论	Co-competition theory	——	静态的合作竞争观
商业生态理论	Business ecosystem theory	James F. Moore	共同进化论
动态适应论	Dynamic	Chandler, 1962 Andrews, 1971	结合内部资源、能力实现与环境的互动

资料来源:周晓东、项保华. 复杂动态环境、动态能力及战略与环境的匹配关系. 经济管理,2003(20).

1. 企业变革的有效性取决于复杂适应组织与环境之间的适应性

管理者的任务是寻求组织与环境之间的最佳适应性。例如,针对不同的环境采用适宜的组织结构、领导方式,制定与具体环境条件相适应的发展计划等,同时,复杂适应组织变革的管理要求尽可能地考虑到组织与环境关系的复杂性,运用整体观来把握复杂适应组织变革与环境的关系,要从根本上杜绝头痛医头,脚痛医脚的现象。

2. 强调企业与环境的相互适配和合作,从而实现整个系统的生存和进化

在复杂适应组织中,如果不同的行为主体能够自主地决定自己与其他主体以及与环境的相互作用方式,适应即可发生。组织变革管理者的任务就是帮助复杂适应组织实现与环境的互动,紧紧围绕提高适应性这一目标[①]。在企业日常管理实践中,管理者应该认识到,企业与环境及其他企业之间不仅存在着竞争,更重要的是存在着互利合作的空间。例如,高科技企业之间联合进行研究和开发(R&D)活动,不仅可以有效地回避风险,更可以大幅度地降低研发成本,为合作各方带来更好的收益,最终实现"共赢"。

3. 企业决策者把环境也作为主体来对待,这样环境就具有了主体所具有的自治性、智力性、适应性等特征

环境与复杂适应组织共同构成了更大的复杂适应系统。复杂适应组织与环境的关系就变成了主体与主体之间的关系,环境通过对组织的构成单元——主体的作用而对复杂适应组织产生影响。根据这一思想,组织与环境之间存在着相互作用与相互适应,两者完全变成了"对等"的关系。这种组织与环境之间对等的相互作用与相互适应构成了组织环境大系统的进化动力。

4. 企业决策者应该认识到,企业在很多方面同环境是相互依赖的

环境对企业产生影响,企业也改变和选择环境。环境不仅可以为企业的变革与发展提供必要的资源支持,还可以和企业相互融合渗透或结成更大的系统,形成一种共生进化的关系,这实际上正是多主体企业的一大特征。

5. 企业决策者应从两个方面调整企业发展思路

首先,从宏观角度而言,企业的发展不仅要适应其社会经济环境,如政府相关政策及社会经济发展状况等。同样,政府有关部门在制定社会经济政策时也要与本国企业的发展水平相适应。这种企业与其外部环境之间的相互适应是实现最佳社会经济综合效益的前提。其次,从微观角度而言,由于企业可以被看成是由一个个行为主体构成的系统,那么整个企业就是其中的主体的生存环境。根据适应环境观,企业中的个体成员或部门必须要适应企业的要求,同时企业在制定发展规划及日常决策时也应当要考虑到其中的个体成员及部门的利益和状况。只有二者"相互适应",才能促进企业的健康发展。

6. 企业决策者应当着力构建不同主体之间的网络关系

收集有利于主体之间传递的信息,促进不同主体及企业不同部门之间的资

---

① 刘洪. 组织变革的复杂适应系统理论 [J]. 经济管理,2006(9).

第五章
家族企业环境复杂性理论

源共享、交流，实现整体优化。同时，从微观上讲，企业决策者也应致力于构建企业内部不同部门之间的"网络结构"，这种网络结构可以促进不同部门为实现共同的企业目标而积极合作，从而有效地降低组织运作成本，提高复杂适应企业变革的整体有效性。

三、环境演化过程中的家族企业演化

企业环境是一个系统，它不仅包括企业的外部环境，还包括企业的内部环境。企业的外部环境和内部环境，构成了一个相互联系的有机整体——企业环境。因此，研究企业环境，就不只是研究企业的外部环境，还必须研究企业的内部环境；当研究企业与环境的关系时，就不是把企业和企业环境看成是两个相互对立的端点，而是把企业看成是企业环境的组织部分，企业内部环境与外部环境是相互依存、相互影响的有机系统，或者说是互为环境，两者之间存在着对立统一、共同演化的关系；当研究企业决策与企业环境的匹配时，不仅要考虑外部环境的形态，而且要考虑内部环境的形态；当研究如何营造良好的企业环境时，环境营造的主体就不只是政府，企业也是营造环境的主体。[①]

回看百年民营家族企业的历史，可以看到家族企业是离不开当时具体的外部环境的。从国内环境看，清末民初，中国社会是从农业开始向工业转型的社会。从晚清到民国，中国主要还是一个农业国，工业在整个工农业总产值中的比重从未达到过1/5，据估计，1920年只有4.9%，到1936年才达到10.8%，1949年也只有17%，中国尚没有从农业社会全面进入工商业社会。外在制度环境永远是每个具体的个人创造的前提，从1898年开始，清政府出台了许多鼓励民间办企业的政策。[②]

从国际来说，西方世界叩开中国的大门之后咄咄逼人的经济压力，他们不仅要把本国的产品倾销到中国市场，而且还利用中国的廉价劳动力、廉价原材料，以及利用不平等条约赋予他们的一切特权，包括治外法权等居高临下的优势，在中国大办企业，就地消化产品，中国当时民贫国穷，处于绝对的竞争劣

[①] 赵锡斌. 企业环境分析与调适——理论与方法 [M]. 北京：中国社会科学出版社，2007.
[②] 傅国涌. 大商人——追寻企业家的本土传统 [M]. 北京：五洲传播出版社，2011：7-11.

势。中国人从一开始投身办企业，就注定不光是赚钱发财这么简单，而是有着迫在眉睫的救国压力。第一次世界大战给中国企业家带来空前的机会，张謇、荣氏兄弟的企业高潮都在这时，许多人的创业起点也在这时。从 1904~1909 年，中国平均每年有 50 家工厂注册；1914~1919 年，每年注册的工厂达到 90 家。

近代民营企业在做大、做强之后，共同面临的最大难题首当其冲的是什么？一般都说这个威胁来自外资企业和外国产品的竞争。这里只想简略地指出一点，对于近代中国的企业家来说，事实上，最大、最强致命的威胁还是来自官资和官企兼并的威胁。荣德生的大女婿李国伟回忆，北洋军阀比较容易应付，他们的办法也简单，一般是把各银行、各厂的主持人请去开会，关上门"讲斤头"，不满足他们的胃口，就不让出来。但是，如果你事先看出苗头，可以托故不去，也可以硬挺软磨，讨价还价，到了国民党时代就不行了。自 1927~1949 年，以宋子文、孔祥熙为代表的豪门资本力量，包括资源委员会掌握的官营资本力量，处于绝对强势，荣氏企业、刘鸿生企业、民生公司和永利公司等，几乎所有成熟的大型民营企业，都处在他们的虎视眈眈之下，多次面临被吃掉的危险。这些企业家寻求国外贷款时不仅得不到官方支持，反而常常受到要挟。卢作孚孙女卢晓蓉对《中国企业家》记者说，1999 年出版的《卢作孚文集》收入此文时，有一句话被删，大意是："我自从事这桩事业以来，时时感觉痛苦，做得越大越成功便越痛苦"。我相信，"做得越大越成功便越痛苦"和豪门资本对民生公司再三地觊觎有很深的关系。

制度变迁是决定企业命运的根本原因，左右着企业的生存、发展和死亡，这几乎是一种不可抗力。制度是刚性的，与此相比，其他的障碍都微不足道，因为那些障碍总有办法可以克服，可以超越。因此，企业的发展有赖于环境的不断改善，特别是制度的保证。

我们必须认识到十七大后中国社会转型的基本特征，或者家族企业面对的基本环境。中国社会已经从"富人主义"走向"公正主义"，其政治主张是要富人也要穷人。开始从"权力主义"走向"宪政主义"；从"GDP 时代"走向"人本时代"；从发展是硬道理到公正是硬道理；从以经济建设为中心转移到以制度建设为中心；从"单边时代"走向"多元时代"；从经济的单边走到价值的多元的价值观。在家族企业生存环境变迁的新情况下，家族企业应该采取怎样的战略来适应？我们认为，应该有如下一些战略与策略。

（一）保持家族企业家的创新精神

熊彼特首次提出企业家的本质特征是创新。科斯认为企业家的作用是降低交易成本，获取最大利润。在企业外部，价格机制发挥作用；在企业内部，企业家代替市场结构组织生产。奈特指出企业家就是在极不确定的环境中自我决策并自我承担后果的人。[①]

作者认为，企业的产生是企业家的主观想象，是企业家的发现和创新的产物，是企业家基于其对利润机会进行成功策划的结果。企业既不是像科斯所认为的那样是市场机制的抑制物，也不像阿尔欣和德姆塞茨所坚持的是一个准市场，企业只能是企业家精神的产物，是市场过程的产物。家族中的创业者既不能被投资、搜寻，也不能被其他人所雇佣或利用，他只能创业，组织家族成员、运用社会资源创立家族企业。此外，民营家族企业家在艰难而倔强的成长过程中，不仅塑造着人们的市场经济观念，而且塑造有独立人格、有竞争意识和市场意识的公民，也逐渐塑造了家族企业家经营与管理企业的能力。[②]

（二）加大家族企业对环境适应性学习

在企业的演化中，环境的"自然选择"和家族企业的"适应性学习"是紧密相连的，家族企业竞争力的形成发展都是在环境的自然选择和家族企业适应性学习的相互作用下进行的。当环境发生变化时，原来的惯例可能已经不适应变化了的外界环境，这必然会导致企业竞争力的变化，即家族企业要根据环境的变化进行适应性学习，通过搜寻、主动实现自身变异来达到适应环境，从而增强自身竞争力的目的。在企业适应性学习中，市场选择起到了刺激和引导作用，通过这种刺激和引导，家族企业必须有意识去采取适应性行为，如积极的搜寻和变异。当某种搜寻行为为家族企业带来某种满足时，家族企业就会强化这种搜寻行为，使其成为家族企业惯例的一部分（即通过学习对原来惯例进行适应性调整），以强化其在市场选择中的优势地位。那些总能很好地进行

[①] 甘德安. 成长中的中国企业家［M］. 武汉：华中科技大学出版社，1997.
[②] 甘德安. 构建家族企业演化博弈研究基础的初探［J］. 学海，2006（5）.

适应性学习和调整的家族企业，就能紧跟着环境的变化，在环境变迁中得以保留并发展壮大起来，而那些不能根据环境变化较好地进行适应性学习的家族企业，就不能顺应环境的变化，其竞争力将逐步减弱最终被淘汰。因此，家族企业的竞争过程，实质是家族企业对不断变化着的市场做出反应和适应性调整的过程。家族企业竞争力的变化过程是家族企业不断采取新对策来主动适应环境变化的一个家族企业与环境间无休止的动态博弈过程，而不只是达尔文式的"随机变异、自然选择"的过程。

（三）从原始家族企业向现代家族企业形态演化

家族企业形态在其历史发展的演进历程中，必然存在着一个历史的、动态的发展逻辑，这一历史的逻辑，具体体现为家族企业形态不同范式之间的转换。这是一个演化与革命、积累与创新、连续与间断交替发生的过程，是受某一哲学范式支配的积累性常规发展同突破旧范式的创新式非常规发展交替出现的历史进程。

家族企业在其发展过程中，由于股权结构的变化，企业相关各方对企业控制权和剩余索取权的要求也随之发生了变化，从而推动着家族企业内部治理结构的演化，所以家族企业的治理并不是一个静止不变的制度安排，而是随着企业所有权结构的变化而不断发展演进的过程。潘必胜认为家族企业将会沿着家庭式企业→企业家族化→家族企业化→经理式企业的模式演变；赖作卿则认为家族企业是按照原始企业→家族式企业→公众公司的模式发展；汪和建认为家族企业的演进模式为家族企业→合伙制企业→股份制企业；储小平等人则认为家族企业的发展趋势将是家庭式企业→纯家族式企业→准家族制企业→混合家族制企业→公众公司。[①] 甘德安认为，家族企业组织形态的演变与可持续发展的路径可以按 SHEMP 模式演化。[②] 木志荣、王志明和顾海等（2004）从企业形态的演变、控制权的转移和管理岗位的开放程度三个维度概括了中国民营家族企业内部治理结构演变的路径和模式，他们认为，企业控制权的转移是企业内部治理结构演变的决定力量，控制权的转移体现在企

---

① 韩经纶，郑秀芝. 当代家族企业研究综述与展望 [J]. 华侨大学学报（哲学社会科学版），2004（1）.

② 甘德安等. 中国家族企业研究 [M]. 北京：中国社会科学出版社，2002：353－436.

业内部各种管理岗位对非家族外来人员的开放顺序上,管理岗位的逐步开放导致了企业形态的演变①。周鸿勇,李生校绘制了家族企业社会化变迁模式②,见图5-2所示。

虽然各位学者认定的家族企业演进模式不同,但有一点是相同的,就是家族式管理肯定会走向演化,演化的最终方向是一致的。

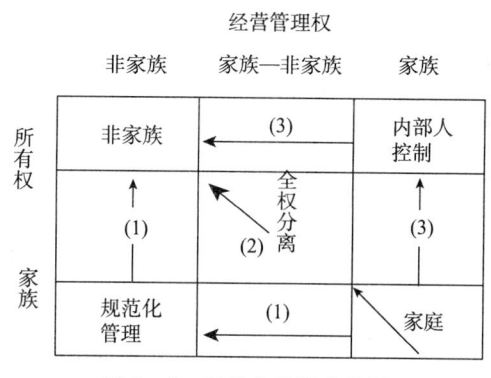

```
                       经营管理权
          非家族      家族—非家族      家族
       ┌─────────┬─────────┬─────────┐
       │  非家族  │←── (3) ──│ 内部人  │
  所   │         │          │  控制   │
  有   ├─────────┤   全权   ├─────────┤
  权   │   ↑     │   分离   │    ↑    │
       │  (1)    │  (2)     │   (3)   │
  家   ├─────────┤          ├─────────┤
  族   │ 规范化  │←── (1) ──│  家庭   │
       │  管理   │          │         │
       └─────────┴─────────┴─────────┘
```

图5-2 家族企业演变路径

第三节 基于复杂适应系统的企业环境理论

在《复杂性家族企业演化理论》中提出了基于复杂适应系统的企业环境观。其基本观点是:提出复杂适应系统的环境观是适应环境观、主体环境观、参与环境观、网络观等。同时研究了系统与环境的交互作用是企业与环境协同演化的基础。根据热力学第二定律表明,如果把高度有序、功能强大的系统与环境完全隔绝开来,使其成为孤立系统,那么随着时间的推移,系统的有序会自动降低,最后达到完全无序的热力学平衡态,此时,系统的功能完全丧失。只有系统与环境发生物质、能量和信息交换,才有可能使系统的有序结构和功能保持下来并且不断提高与企业与环境协同演化导致企业的组织智能。在这个基础上,我们进一步探讨。

我们知道,企业系统的开放性使得企业与环境是相互作用的,环境的变化

---

① 木志荣. 中国私营企业内部治理模式的演变及完善[J]. 厦门大学学报, 2004 (6).
② 周鸿勇, 李生校. 家族企业社会化变迁模式研究[J]. 武汉理工大学学报, 2005 (2).

必然会导致企业对环境的适应。企业作为一个复杂适应系统，其最大的特点就是企业是由大量具有适应性的主体构成的。企业主体的这种适应性，使得企业系统能够与环境协同进化。用 CAS 理论来分析企业与环境的协同进化主要是因为这种适应性系统的主体不但具有适应性、学习性、自组织性而且具有主动性。企业内部主体的主动性和适应性使企业既可以被动的适应外部环境的变化，又可以主动进行企业内部变革和创新。同时，企业与环境的相互作用使得企业具备了与环境协同进化的基础。

一、基于复杂性科学视角的环境观

如果从复杂性科学的角度分析企业与环境的关系看，自组织理论认为环境是企业生存的条件。耗散结构理论认为，环境是企业变革的条件。只有在系统开放时，才能处于远离平衡态并出现非线性反馈。环境对于系统的控制参量的变化会促使系统进入临界点状态，使慢变量与快变量的界限清晰起来，支配原理发挥作用，形成高一级有序结构。从分形理论看，企业作为环境的一部分，与环境的"信息同构"多层次、多视觉、多维度相关联。协同论认为，在系统开放条件下，系统各子系统之间及系统与环境之间产生了协调、同步、默契的非线性的相互作用。

对于企业的边界，复杂性科学是用熵来解释的。自组织的存在，决定于两个熵。一是正熵，是组织内产生的从有效能、物质和信息到无效能、物质和信息的转化；二是负熵，是从外部环境获得的信息、物质和能量。企业的规模取决于这两种熵的产生能力。正熵的产生取决于企业内部的"力"，在耗散结构理论中指不可逆的流的各种梯度，在企业中是指投入产出的比率。正熵的产生，与企业的管理、技术等有关。负熵的获得，取决于企业开放的程度和企业获取能量、物质、信息的能力。企业足够开放、企业有足够的管理生产的能力，企业就可以足够大。但企业不可能代替全部市场。否则，企业就成了近平衡系统，迟早会死亡。

企业环境复杂理论的代表人物是莫尔，1996 年出版了其代表作《竞争的衰亡：商业生态系统时代的领导和战略》。他认为，网络经济世界的运行并不都是你死我活的斗争，而是像生态系统那样，企业与其他组织之间存在"共同演化"关系。在企业的商业生态系统中，为了企业的生存和发展，彼此间应该合作，努力营造与维护一个共生的商业生态系统。因此，他强调企业战略管理必须有"新的语言、新的战略逻辑和新的实施方法"，从而形成商业生态理论，该理论的核心逻辑是复杂性，反映了企业战略在动态非线形的复杂环境下，要以创建一个商业生态系统，注重嵌入于系统的不同参与者和过程的动态张力及其相互关系为重点。

二、基于 CAS 理论分析的企业与环境协同演化

任何系统的发展都有动力的推动，企业作为一个复杂适应系统也不例外。企业系统是一个与环境协同进化的系统，而 CAS 理论所强调的主体的主动性，以及它与环境的反复的相互作用正是企业与其组织环境协同进化的动因。

1. 主体主动性是企业适应性提高的一种来源

霍兰教授在提出复杂适应系统概念之初，就借鉴经济学中主体的概念，将构成复杂系统的大量的具有主动性的元素称为主体。在这个概念之中，正是强调了主体的主动性，才体现出主体的智能性。主体的主动性主要表现在它不仅能够被动地根据环境的变化做出反应，而且它本身具有能够预测环境的机制，在环境变化之前就会对环境的变化做出判断。生态系统中的生物种群在进化过程中是被动地适应环境变化，其进化是盲目的，没有目标的。与生物进化相比，企业进化的方向确定，是有目标的。造成这两种系统进化巨大差别的原因是，构成企业系统的最基本、最重要的因素是人，而人与生物相比是主动的智能体，其主动性很强。由于作为企业细胞的个体（agent）在参与企业之前已经具备了思维能力，并具备了对未来事物的预测能力，所以企业在主体的相互作用中涌现出了组织的智能性，并根据对未来环境的前瞻性分析，基于自身管理水平和资源能力的积累，进行积极主动地变革，以谋求未来市场上的可持续竞争优势。

2. 主体的主动性还表现在主体与系统的其他个体主动地进行交流

企业中的员工因所在部门、所学知识，以及对环境敏感性的不同，所以从环境中所获得的信息也不尽相同。把组织看做复杂适应系统时，更强调系统各部分相互作用的重要性，正是这种相互作用活动使组织能够学习和适应[1]。特

---

[1] Kauffman S. At home in the Universe [M]. Oxford: Oxford University Press, 1995.

别是以信息为内容的高密度、丰富化的交流活动可以促进主体的价值创造,并为组织提供了一个改进自身学习能力的良好途径。在企业系统具备这样一个能够自由交流的平台的前提下,员工将各自所掌握的信息在正式组织与非正式组织中主动的与其他员工进行交流,进而提高了组织的学习能力,同时也提高了组织的适应性。

传统的机械性组织阻碍了员工之间的信息交流,降低了企业的价值创造力,也扼制了员工的主动性。缺乏员工主动性的企业必然是缺少活力的企业,在外界环境变化时,主要依靠高层领导者对环境敏感性进行战略规划,其决策能力局限于企业管理者的范围之内,基层员工缺乏危机意识,企业的适应性降低。与之相对比,将企业看做复杂适应系统时,主体的主动性得以发挥,员工通过内部之间的交流获取了更多的企业信息,当企业面对激烈变化时,群策群力,主动地学习并积累经验,与企业管理者共同提出解决问题的方案,基于企业资源积累运用知识进行资源重组,以适应环境变化。同时,员工主动的进行技术、产品创新,甚至是组织变革,完成企业对环境的前瞻性反馈。为什么一些家族企业面对环境变化时,特别是环境突变时走向死亡?主要是因为面临危机的只有家族企业所有者有危机意识而不能使整个家族企业成员,特别是非家族成员的员工群策群力共同面对危机,化危为机。

企业系统中,除主体具有主动性之外,由主体聚集而成的各子系统也具有相互的主动适应能力。当企业内某一子系统因突变而功能加强时,其他子系统常常会主动增强自己的功能以满足功能增强的子系统的需求;当某一子系统遭到破坏而不能发挥应有的功效时,相关子系统能在整个系统做出统一调整之前,部分地替代被破坏的子系统,以维持整个系统的正常活动。正是由于子系统之间的主动的相互作用,企业才可能在环境变化时继续保持着对环境的适应能力。

三、企业的自组织能力

所谓自组织系统即指:无需外界特定指令而能自行组织,自行创生,自行演化,能够自主地从无序走向有序,形成有结构的系统。哈肯关于自组织的定义则是:如果一个体系在获得空间的、时间或功能结构过程中,没有外界的特定干涉,我们便说体系是自组织的。H.哈肯还认为,自组织系统演化的动力

第五章
家族企业环境复杂性理论

是系统内部各子系统通过竞争而协同，从而使竞争力的一种或几种趋势优化，最终形成一般总的趋势。自组织系统包括两个方面，一方面，内部多样性和复杂性是其固有特征并且自发产生；另一方面，在与外部环境的相互作用过程中完成对内部选择性的稳定化。这里需要强调两点：一是"没有外界的特定干涉"并不是说系统可以脱离环境自主发展。相反，系统的自组织强调强烈依赖于与外部环境交换物质、能量与信息，只有外部环境向系统输入的物质、能量和信息达到一定阀值时，系统的自组织才能发生。二是"没有外界的特定干涉"强调的是那种结构或功能并非外界强加给体系的，而是外界以非特定的方式作用于体系。[1] 综合以上两种关于自组织的定义，我们认为，企业的自组织能力是指企业在没有外界指令的情况下，从无序走向有序或由较低程度的有序走向较高程度的有序的一种能力。企业的自组织能力促使企业自动地走向目的地、实现有序和达到动态平衡。企业在复杂的环境中，面对环境的变化，依靠指令系统来推动企业发展的管理方式已经无法及时处理大量复杂的内外部信息，而企业的自组织能力是指企业能够根据环境的变化趋势，在企业制度、企业文化的作用下，自动调整企业的目标、功能、结构和行为以保证与环境的协同演化。

在自组织演化的复杂系统里，内部行为者在相互作用下所产生的结构和状态模式不是由像传统的企业组织那样由上层的或外部的力量强制实现的，而是涌现于系统行为者的相互作用之中的。企业是一个开放性的系统，它能与外部环境不断地进行物质、能量和信息的交换。当企业内部或外部环境发生变化时，在来自于企业成员之间的相互作用以及影响成员相互协作的管理规则的内部动力机制作用下，企业能够产生出适应新环境的新结构和相应的演化模式。因此，具有自组织性的企业可以看成是能够自发地产生新的演化模式的一种复杂适应组织，当环境的条件改变时，它能够自行转变其运行模式，以适应环境的需求。

企业的自组织能力强调企业的适应机制，企业适应机制使企业自身得到调整，以对环境变化做出应变反应。企业的经营管理方式已由原来依靠刚性的指令系统逐渐发展成为由组织内部上下互动共同完成，并且还不断进行调整、改进。因此，企业应建立起适应机制，适应动态变化的环境及时调整自身的行

---

[1] Haken H. Information and Self-Organization: A Macroscopic Approach to Complex Systems [M]. Spring-Verlag, 1988, p11.

为，而这需要企业具有较强的自组织能力。企业系统的自组织是依靠员工的交流网络重新安排信息传递方式的一系列活动，这样做的好处在于，在子主体要素的需求处于敏感状态时，它能创造具有流动性的组织结构。企业的自组织活动是企业的员工，依据自身的特点和偏好，依托个人的、群体的知识，针对具体作业，在没有外界的特定干预下，对企业资源的运用过程。系统自组织所以能够发生是由于系统环境的变化和系统内连接要素的相互关系变化。系统和环境是一个相互适应的关系，它们是协同进化的。协同进化就意味着系统中一些根本要素的变化。自组织就可以由外部事件触发，但是自组织自身创造的组织系统变化也会使环境对此产生反应，而且持续相互学习和适应的循环就发生了。有一点十分重要，组织不是简单地去试图适应环境，而是学会适应一个适合组织系统发展的环境。

我们知道，人类社会在自身探索并不断试错式演化过程中，证明了自组织演化方式优于被组织演化。例如经过近百年的经济演化，几经反复，市场经济已被证明优于计划经济，而前者的思想方法基本上是自组织，后者的思想基本上是被组织。民营家族企业是自组织而国有企业是被组织的。家族企业就是一种自组织。民营家族企业自组织的产生作为一个过程，有两种发展形式：一种是由非组织向组织的有序发展过程，其本质是从无到有的演化，从组织程度较低向相对较高演化，比如草创时的家族企业没有组织，所有者、决策者、管理者与生产者都是一个人或者一个家庭。在发展的过程中经历孕育期、成长期、成熟期等，表现出间断性的突变。这一过程反映了企业组织层次跃升的过程，相当于民营家族企业的创业者在掌握了先进的技术后组建企业，使新兴企业具备简单结构和功能，并将知识、技能等无形的资源转变为有形的商品，初步形成企业的过程。这是一个突变的过程，企业从无到有。另一种则是维持相同组织层次，但复杂性相对增长的过程。其标志着组织结构与功能从简单到复杂的水平会聚，组织表现出连续性的渐变。这一过程突出表现为民营家族企业在发展过程中，由组织结构的完善和各部分功能的增强所带来的企业整体实力和应对内外变化能力的提高。当企业技术革新成功、市场需求增加、资金供给充裕等内外有利因素居于主导地位时，民营家族企业可通过管理手段利用这些涨落，放大"涨起"，强化它们对企业发展的积极作用，引导企业向着有助于经营目标实现的方向发展。当竞争对手研发成功、市场萎缩及细分、资金供给不足等内外不利因素居于主导地位时，可通过管理抑止这些涨落，形成"落伏"，消除企业发展的障碍，从而化解危机，避免企业出现大的变动。正是合理的调控突变与渐变，使三一重工、比亚迪、美的、华为等一批民营家族企业在成长中逐步完善，不断向国际大型企业的行列迈进，从优秀走向卓越。

　　用自组织理论可以很好的指导家族企业传承。我们知道，智力资本是相对于传统的物质资本而言的，是知识企业最为重要的资源，是一种潜在的、无形的、动态的、能够带来价值增值的资源，是企业真正的市场价值与账面价值的差距，是物质资本与非物质资本的合成。这些资本的转移只存在于高度信任和利他主义的社会环境中。幸运的是，家族企业具有这种高信任和利他主义的环境。所以，家族企业创业者传承家族企业时，他是可以把相应的隐性知识依靠家族企业这种自组织来实现的。我们知道，显性知识已经被编码，并以讲座、数据库、文件、文章、书籍等形式贮存起来。接触这些载体的人们，可以将其解读出来并应用到实际工作中。显性知识最便利的收集方法便是使用互联网。但是隐性或孤立的知识，比显性知识模糊，经验、人脉关系、市场机遇的捕捉等隐性知识，只有通过第一手经验或与知识更丰富的人共同工作，才能获得。

　　组织创新的高级形式是自组织，自组织的经济系统具有良好的动力性能和良好的平衡性能。过去这种从上至下的线性作用关系，使企业系统很难发生变化和产生协同效应。随着改革的深入，中国民营家族企业所面对的环境，所接受的信息将更加复杂，为了寻求新的平衡，非线性作用机制必然产生。这种扁平的柔性组织结构，就是企业内部非线性关系的一种表现形式，将使企业成为一种富有生命力、充满智慧的组织。信息将充分流动，企业员工将自我调动，发挥自己最大的能力和创造性，从而使企业这个系统整体效率更高、更灵活，对外部环境的适应能力也更强。

第四节　中国家族企业成长的复杂环境

　　中国三十多年民营家族企业发展的历史，就是在计划经济背景下，不断吸纳市场经济要素的历史，或者说，中国民营家族企业就是在计划经济与市场经济的夹缝中挣扎的历史。所以，中国民营家族企业经营行为既不像传统国有企业，也不像西方现代企业在完善的法制背景下经营的特征，而是在政府主导、政商勾结、法治缺乏、人性扭曲的背景下形成的自有特征的历史。所以，我们有必要对中国民营家族企业的生存环境有一个清醒的、深入的、全面的认识。进而在这个背景下梳理中国民营家族企业经营与管理行为之乱象，并从复杂性视角分析与解释民营家族企业行为之乱象；最后从复杂性视角给出民营家族企业与政府关系改进的对策建议。

一、认识环境：中国经济的不平等制度现象仍存在

随着民营经济的显著发展，民营企业为增加税收、扩大就业和提高人民生活水平做出了极大的贡献，但是相对于国有经济而言，民营经济的政治地位依然不够"光鲜"、民营企业的市场准入依然受到种种限制。这可以从以下几个方面体现。

1. 从企业发展史看

近代以降，"官商结合"当然是从"洋务运动"开始的。学术上总结了三种模式：官办、官商合办和官督商办。正是这三种企业发展模式，构成了百年以来中国企业发展最主要的方法论。企业究竟应该由谁来办？私人，还是政府？官僚，还是商人？这是跨越百年的中国问题之一。困扰中国经济百年的问题，就是政企不分。中国人进入近代以来，似乎理所当然地选择了一个错误的路径：企业只能由政府主办；退而求其次，至少只能由政府和商人合办；或者是政府监督，商人执行。所以，百年之间，中国企业的商业模式一直是在官商结合的道路上徘徊，而不具有确定性。在民国时期，1928~1938年，有史学上的"黄金十年"的称谓。在那短短10年间，中国出现了一批看上去比较规范、具有近代企业或者现代企业特征的私人企业。它们产权清晰、产业稳定、品牌架构突出，成为中国企业史上最辉煌的一页。但可惜历史并不宠幸它，这种比较规范的企业，竟然昙花一现，接下来马上又被强大的官商结合传统深深遮蔽。[1]

中华人民共和国成立以来，企业发展的导向是以党为导向、以政府为导向

---

[1] 苏小和. 中国企业家黑皮书：一份尖锐的官商结合调查报告 [M]. 重庆：重庆出版社，2010.

第五章
家族企业环境复杂性理论

及以企业家为导向的发展模式。"以政府为导向",比如计划经济、政府干预、行政垄断等等。它们不过是实践凯恩斯主义的政府导向原则,或者说是重商主义的翻版。首先是政府的过度干涉导致企业大面积国有化,私人企业发育缓慢;其次是无所不在的官僚主义现象;最后是各种利益群体几乎绑架了国家。① 2008 年金融危机中国政府的强力救市其结果就是国有企业的一路凯歌,民营家族企业哀鸿遍野。

威廉·鲍莫尔、罗伯特·利坦和卡尔·施拉姆指出,国家指导型资本主义指的是把增长作为核心经济目标(这一点与其他两种资本主义的形式相同),但试图通过优先发展特定的公司或行业来实现目标的经济体。政府分配信贷(通过直接拥有银行或指导私有银行做出信贷决策)、提供直接补贴或税收激励、批准贸易保护或利用其他调控措施来"选择获胜者"。东南亚经济在国家指导下取得了巨大的成功,直到 20 世纪 90 年代末,美国国内都不断有人呼吁仿效这些国家的做法。但国家指导的致命弱点是一旦上述经济体接近"生产可能性边界",决策者就会跳出行业和科技的圈子进行模仿。当政府官员而不是市场试图选择下一个获胜者的时候,他们就会冒着选错行业的巨大风险,或者将太多的投资——还有过多的产能引导至已经存在的行业。这样一种倾向在 1997~1998 年的亚洲金融危机中发挥了重要的作用。②

我们需要的是企业家导向的企业发展模式。说起民族英雄,人们眼前浮现的是那些浴血奋战、抵御外侮、不怕牺牲的将领与战士们,是他们救民族于水深火热之中。可是谁又想到那些发展民族资本和民族工业做着贡献的企业家。他们改善着人民的生活水平,推动着国民经济的增长,提高着国家在世界民族中的地位。杰出的企业家无愧于民族英雄,他们的精神具有一股强烈的民族自尊心和社会责任感。他们成就绝不是一人之业,而是民族的事业、人类的事业。③ 威廉·鲍莫尔、罗伯特·利坦和卡尔·施拉姆合著的《好的资本主义,坏的资本主义》一书中的基本观点是把资本占有方式分为四种,最具有效率

---

① 苏小和. 中国企业家黑皮书:一份尖锐的官商结合调查报告 [M]. 重庆:重庆出版社,2010.
② 威廉·鲍莫尔、罗伯特·利坦、卡尔·施拉姆著,刘卫、张春霖译. 好的资本主义,坏的资本主义 [M]. 北京:中信出版社出版,2008.
③ 甘德安,黄振宇. 创新型城市建设的路径选择——武汉市实证研究 [M]. 北京:经济科学出版社,2009:66-71.

的资本占有方式或者说资本配置方式还是企业家型的配置方式。①

2. 从国有企业与民营家族企业的关系看

国有央企数目在减少,但垄断性在增强;只是退出一些产能过剩的领域,依然垄断着高利润的行业。政府经过始于金融危机之后的产业振兴与宏观调控,把民营家族企业从诸多关键产业清洗出局。不仅银行金融、土地资源、能源、航空、铁路、教育产业系统等这些本来就不打算放开的核心领域,就连看上去已经有限市场化的互联网,政府的频频触及。中国的国有垄断企业越来越强大,在世界500强里排名不断上升,中石油更是一度成为全球市值第一的国有企业。从来自全国工商联的数据表明,民营企业500强2009年税后净利润2179.52亿元,但与两大央企巨头中国移动和中国石油的利润比起来,实在羞涩。两大巨头2009年的净利润分别为1458亿元和1033亿元,其利润之和超过了500强民营家族企业的利润总和。民营家族企业家们精力与时间不是花在管理创新或是商业模式创新上,而是花在研究政策风向与制度创新上,花在与政府官员搞好关系上。

现在由于国有企业的高垄断地位,民营家族企业都在想着傍央企、傍政府、当二奶。云南红酒业有限公司董事长武克钢说,如果政策上没有出现重大调整,在这种背景下,2006年是优质民营企业的卖身年,不是给国有企业当小妾,就是给外资企业当二奶。如果今天的政策这样推进,可能是民营企业委曲求全准备夺权当大奶的好办法。②王石说,对于中国市场来说,和大型国有企业合作是进行资源整合的重要方式,所谓合作,对于许多民营企业更是依附与归降。有的民企老板甚至说,希望被并购被重组,"哪怕成为央企的雇员也行"。③张维迎有一个精彩的比喻:国有企业与民营企业竞争,就像皇帝与大臣下棋,大臣要想赢很难,即使能赢也不能赢,因为赢了麻烦就大了。中欧商学院的黄明教授认为,中国最稀缺的是有长久打算,有产业升级志向的企业,更稀缺的是理解与支持民营企业的政府。只有两种稀缺资源对接,才可能产生有核心竞争力的企业。

---

① 威廉·鲍莫尔、罗伯特·利坦、卡尔·施拉姆著,刘卫、张春霖译. 好的资本主义,坏的资本主义 [M]. 北京: 中信出版社出版, 2008.
② 陈君. 2006年中国民企摆脱歧视关键年 [N]. 法制早报, 2006-01-22.
③ 刘军廷. 民营企业生死账: 高息高税挤压民企利润空间. http://blog.renren.com/.

3. 从商业环境方面看

《2007 年全球商业环境报告：改革之道》表明在过去的一年里，中国以多项重大的法律法规和机构改革措施，荣获全球商业环境改革的第 4 名，变革步伐在东亚地区内第一，综合商业环境排名提升了 15 位。根据该报告，通过改革有关法规，中国加快了企业登记注册程序，加强了对投资者的保护，简化了跨境贸易的繁琐手续，还建立了消费者征信系统。这些措施都对商业活动和经济发展有积极的作用。

然而，即便取得了这么大的进步，中国商业环境的综合指标排名仍然靠后，位居 93 位，在 175 个国家和地区中属于中等偏下。特别是，中国在"新企业建立"排名第 128 位；"行业经营许可"排名第 153 位；"信贷获取"排名第 101 位；"税收制度"排名第 168 位。中国企业完成所有规定的注册程序到合法经营这个过程需要经过 13 个步骤，花费 35 天时间和相当于人均年收入 9.3% 的成本，还必须筹集相当于人均年收入 2.1 倍的初始资本金，而在澳大利亚和加拿大，这个过程仅需要 2~3 天，很多国家和地区（包括美国、香港地区等）并没有初始资本金的门槛。中国企业的税收负担也是最重的，一个中等规模的企业每年必须完成 44 次税收支付，耗时 872 个小时，总税负达利润总额的 77.1%，这三项指标都远远高于东亚地区的平均水平。需要指出的是，中国的调查样本还是沿海某大城市，中国的大部分地区商业环境比这个大城市要差得多。并且，这里有一个假设，即企业家可以随时获取信息，所有政府部门及非政府部门都在有效地行使其职能，不存在腐败。[①]

尽管中国过去三十多年的改革在建立市场经济制度方面取得了很大成就，但中国经济仍然是一个被高度管制的经济，中国企业家在创业和经营企业方面仍然受到太多不合理的约束。事实上，过去计划经济下政府管理经济的许多措施都在规制的名义下保留了下来。审批制是政府部门用行政手段控制经济活动的主要形式，企业做任何一件事，都得与政府官员打交道，浪费了大量本来不该浪费的时间和金钱。

尽管，2005 年 2 月发布的《国务院关于鼓励支持和引导个体私营等非公有制经济发展的若干意见》，俗称"非公 36 条"。"非公 36 条"旨在为民营企

[①] 张维迎．中国经济仍然是一个被高度管制的经济．http://www.sina.com.cn 2006-09-19 文汇报．

业创造平等的市场准入条件和更自由的商业环境,但大部分条款并没有真正落实。事实上,一些本已废除的审批项目又在产业政策和宏观调控的名义下重新引入。在一些重要行业,"产能过剩"成为阻止民营企业进入的借口。宏观调控期间,银行甚至连贷款合同也不履行,导致一些民营企业经营困难。

2010年5月国务院发布《鼓励和引导民间投资健康发展的若干意见》,俗称"新36条"。在学者们看来,"新36条"与"非公36条"没有本质上的区别。2010年7月22日,国务院办公厅发布了《关于鼓励和引导民间投资健康发展中重点工作的分工的通知》,对"新36条"的细则制定进行了任务分解,40个工作被分解到30多个部委局办和各级人民政府,由不同部门制定相关鼓励引导民间投资的措施。如今,上述通知发布已经过去15个月,但多数部门的细则制定工作并无实质性的进展,部门与部门之间的着力程度也存在明显差别。①

4. 从产业进入情况看

据媒体报道,近四成的民营家族企业信贷并未被民企用作生产资金,而被挪用于"副业"的短期投机,包括炒金、炒期、炒汇、炒股。更有大量民营家族企业贷款流入地下金融市场被用作二次、三次放贷,也即眼下时兴的地下"炒贷"。还有数量可观的民营家族企业信贷被房地产商转手"高价买断",用来"拆东墙补西墙"。这些现象背后的深刻原因是中国产业经济政策的不平等导致的。问题主要出在民间能进入的领域的限制,民营家族企业大多是进入产能过剩了,不赚钱的行业。看得到进不去,或者进入了,又被弹出。正如保育钧会长所说的,行业进出存在玻璃门与弹簧门。玻璃门与弹簧门的实质是垄断门,实际是垄断门下的中小民营家族企业只能进入中低端制造业,该制造业板块内各行业普遍呈产品含金量低、产能过剩、利润微薄状态,遇到国内银根收紧外加国际市场出口不畅,民营家族企业把信贷资金挪作短期投机套利,只是一种无奈的"理性选择"。② 一个行业,如果有持续的高利润,一定是政府用行政手段保护国有企业进入,阻止民营企业的进入。

---

① 方辉. "非公36条"细则难出台:垄断部门阻挠民企不敢进入 [N]. 中国经营报,2011-10-22.
② 鲁宁. 救中小民企,减费负更紧迫 [N]. 四川日报,2011-10-25.

5. 从税负过重看

中国税收主要依靠企业。在中国，个人所得税、个人交纳的印花税、车船税等约占税收总额的10%，其余90%的税收是通过企业征收上来的。中国2010年税收总收入为73202.3亿元，个人收入所得税为4837.17亿元，占税收总额的6.6%；契税、证券交易印花税和车辆购置税共4801亿元，我们假定其中的一半即2400.5亿元由居民个人交纳，这样，居民个人交纳的税款为7237.67亿元，约占税收总额的10%，企业交纳的各项税约占税收总额的90%。也就是说，2010年73202.3亿元的税收总收入中有65882.07亿元是由企业交给政府的。在企业交纳的65882.07亿元的税款中，增值税和消费税为37650.95亿元，占企业纳税总额的57%；企业所得税为12842.79亿元，占企业纳税总额的19%；营业税为11157.64亿元，占企业纳税总额的17%，这几项税占到企业纳税总额的93%。[①]《2011年全球商业营运环境报告》表明，中国在税收制度方面，中国排名168位，表现最差。在中国一个中型企业每年必须完成44次税收支付，耗时872个工作时，远远高于东亚地区平均水平，总税负达到企业总利润的77.1%。

我们还可以把中国企业税负与美国企业税收做个比较。美国税负主要依靠个人收取。2011年，美国联邦、州和地方的财政总税收预算为36280亿美元，全国居民总收入预计131070亿美元，所以，美国2011年的税负工作天数为102天。在居民为税工作的这102天里，为联邦政府的各种税收工作64天，为州和地方政府的各种税收工作38天，即中央政府的税收占全国税收总额的63%，州和地方政府的税收占全国税收总额37%。美国由企业交纳的税主要是社保税（公司与个人六四分摊）和企业所得税，企业交纳的社保税为13天，企业所得税为12天，企业交纳的税大致就这25天，占全国税收总额的25%。[②]

美国的消费税或使用税主要由州政府征收（新罕布什尔、俄勒冈、蒙大拿、特拉华和阿拉斯加5州没有消费税），但不是由企业交纳，而是居民购物时直接通过零售商交给政府。在美国购物，商品价格里不含消费税（美国对生活必需品免征消费税），消费税要单独计算交纳。可见，美国税收主要是直

---

①② 刘军廷. 民营企业生死账：高息高税挤压民企利润空间. http://blog.renren.com/.

接税，也就是居民个人直接交给政府的税，而直接税里又以个人所得税为主。在美国，企业只要雇工，就要为员工交纳社保税（也叫工资税），根据2010年的税法，社保税要由雇主交纳工资总额的6.2%，个人交纳工资总额的4.2%，社保税交到106800美元时封顶。除社保税外，老年医保税也由雇主和雇员分摊，各交纳工资总额的1.45%，按工资实数交纳，上不封顶。①

6. 税费外收费层出不穷

中国每年到底有多少不合理税费外的收费，目前尚没有公开数据统计。但据中央党校教授周天勇保守估计，企业除了向政府各部门正规缴纳税外费用外，用于支付行政管理、审批、监管、执法等方面寻租设置发生的费用，在8000亿元人民币以上。北京大学林肯研究院城市发展与土地政策研究中心主任满燕云研究发现，中国宏观税负在2007年就已经达到27%的水平，2009年达到约30%。2011年前8个月，中国财政收入74286.29亿元，同比增长30.9%，按此速度，即使未来4个月零增长，财政年收入超过10万亿元也已成定局，远远超过年初制定的8.9万亿元、增长8%的目标。综合来看，2011年中国的宏观税负水平应该在35%~40%之间。②

7. 民间借贷成本高昂

据不完全统计，2011年4月份以来，因资金链断裂而"跑路"的温州老板已经不下100个。2011年1月，温州中小企业发展促进会会长周德文便向社会发出了预警：如果目前的银根紧缩政策不改变，如果政府再不出手相救，2011年下半年，国内存量中小企业中的40%将会半停产，甚至倒闭。2011年6月，周德文在接受本报记者采访时直言："现在中小企业已经出现新一轮危机，而且比2008年那一轮更为严重"。全国工商联对17省市中小企业调研的结果也与周德文不谋而合，该调研摸底的结果亦显示，当前中小企业生存非常艰难，困难程度甚至超过了2008年金融危机爆发初期。③

---

① 刘军廷. 民营企业生死账：高息高税挤压民企利润空间. http://blog.renren.com/.
②③ 陈岩鹏等. 消息称中小企业扶持政策上报，将减免69个收费项目 [N]. 华夏时报，2011-10-15.

二、中国民营家族企业绕不开的人情、面子与关系

将中西方对人情的表达方式进行对比,我们不难发现,以契约关系为基础的西方国家,人情往来纯粹以实现快乐为单一目的;而在以人情关系为基础的中国,具有更多额外的功能性色彩。

(一) 中国民营家族企业面对的人情围城

不少民营家族企业家认为,中国民营家族企业家首先是人情的受惠者。很多家族企业家创业的起点,就是依靠血缘、地缘所形成的人情关系。尤其是对于一个新兴市场,一段人情关系,足以成就一个行业。很多中国民营家族企业的老板,在改革开放之初,市场经济体制在初创与完善的过程中,关系发挥着举足轻重的作用,有没有关系,足以决定一个人的成败,一家企业的生死。在那个年代里,可以说关系就是机遇,就是商机,就是财富,就是生产力。

对于民营家族企业家而言,人情不仅在起步阶段发挥着巨大的作用,人情的影响也贯穿于企业发展的始终。随着企业规模的扩大,企业对于人情的依赖并没有随着企业的发展和行业的发展而减弱,而是日益加深。中国式人情的另一个特点便是,它具有强烈的依赖性,用得越多,依赖越重,直到你彻底养成"有事找熟人"的习惯。不少民营家族企业家从开始与政府部门合作,承接政府工程的物业管理项目,就体会到和政府部门做生意,其实本质上就是做关系。但是,当民营家族企业家把人情成为一种商业化的市场手段,也必然会带来相应的成本。中国式人情潜规则体系中的另一条法则便是:当你享受了人情的便利,也必然会为其付出相应的代价。一种是现实的经济成本。建立关系需要成本,维护关系需要成本。尤其是对于草根型的民营家族企业,请客送礼都只是"常规"手段,从一个酒桌到另一个酒桌,从一家洗浴中心,到另一家娱乐会所也是常态。另一种成本,在于其负债性。虽说人情越用越深,然而当欠了人情,别人便有权索取相应的回报。欠人情债是需要还的,这已经成为约定俗成的社会意识,让人从心理上无法回避。

(二) 中国民营家族企业面临的亲情之困

长三角地区某一个典型的家族企业的创业者,一直困扰他的难题是,是否

要改变家族企业的性质。20 世纪 90 年代，创业者兄妹四人共同出资建立了集团，创业者出资 50%，成为董事长。20 年来，企业在成长的过程中同样经历了所有家族企业所面临的共同问题：管理落后、人才流失、家长作风蔓延、决策时常出现"人情票"大于"股权票"，进而影响效率，然而创业者却无法改变这种现状。一是因为在感情上难以割舍创业之初家族所提供的支持，更是因为在实际经营中，兄妹四人手中各有各的资源与渠道。2008 年的金融危机中，正是靠四人的同心协力，企业才渡过难关。

家族企业与生俱来的信任基础，的确是再优秀的职业经理人也无法代替：当黄光裕身陷囹圄，与其争权的是小股东兼职业经理人陈晓，为其奔走的是妻子和胞妹。树倒猢狲散，真要到了要命的时候，外人能跟你一条心吗？更何况，做企业十几年，多少有些不能摆上台面的事情。这么大的权力，除了自己人，交到谁手里能放心？从俞敏洪到黄光裕再到任正非，中国的家族企业，无论大小，多少都受着家族企业病的困扰。集权式领导、任人唯亲、制度缺失、富二代接班争议……家族企业病，其实是典型的人情病，很多时候病因仅仅在于：算不清、想不开、放不下。[①]

（三）中国民营家族企业面对的关系之惑

关系是什么，关系是隐蔽的"组织"。关系或关系网，从微观机理、宏观功能两方面都与"组织"这个概念类似。社会学所谓"组织"，是由许多个人经排列组合形成一个可标识、有功能的统一体。家族人脉，就是关系。以私人关系为基本规则来运作社会机器，主要集中在亚洲儒教文化圈——中、韩、日和东南亚，尤以中国为甚。如果说中国的关系与西方有什么不同，那就是一种不同的档次：把原本一种普通的人际关系，变成一种隐形的社会制度，从而拥有广泛的影响力和统治力。近代以来在中国，关系是民间社会运作的基石，也是某些官场和商场的实际通道和游戏规则，是混迹中国社会的一种必需的"维生素"。离开了它，许多人就像离开了维生素一样无法生存。

关系的精髓是什么呢？如果国人要把"关系"译成外文给外国人解释，是意译而非音译，就碰上概念内涵问题。一位在美国讲授英美文学的华裔教授

---

① 刘旗辉. 中国式人情的经济学反思. http：//www. sina. com. cn，2011-01-28.

指出，关系二字不可翻译成 Relation。Relation 只代表关系的字面含义，应该翻译为 connection。英文 connection 是联结、衔接、接驳的意思，这恰是关系在江湖语境中的准确含义——一个人联结到另一人，就像互联网网页的"链接"。有时用英文解释中文名词，反倒比中文还管用。[①]

产物关系这个符号，连带它背后营造的关系网和惯例制度，是儒教制度后期的移民生活演变的结果，是移民和游民群体习俗逐步演化的。往前看，在古代定耕农业社会中，走后门的关系没有存在价值。在自给自足的小农经济圈内，人们相互交换和利用的空间很小，亲戚仅是亲戚，朋友就是朋友，熟人还是熟人，不是相互利用的工具。在缺乏大规模合作的小农经济体系里，社会交换和相互利用的空间很小。在一个固定的村里，粮食蔬菜自给自足，家族以外人的利用价值微乎其微，没有经济意义上可观的工具价值。只有在农耕经济开始瓦解以后，大范围移民格局形成，同时宪政秩序尚未建成，市场经济和公共行政制度尚不存在，仅有的、数目少得可怜的亲戚、朋友、熟人、同乡就变成个人向外发展的过河桥和敲门砖，成为相互交换、合作的稀缺资源。在人们赖以生存的制度秩序前不着村、后不着店的时候，关系网就这样形成了。换言之，关系网是传统与现代制度断层的产物。[②]

三、改善环境：依然是个不可企及的梦想

曾有专家指出，新旧 36 条的关系首先是一脉相承的关系。"旧 36 条"是改革开放以来国务院出台的首部以促进非公经济发展为目的的政策文件，"新 36 条"是改革开放以来国务院出台的第一份专门针对民间投资发展、管理和调控方面的综合性政策文件。两者是相互补充、一脉相承的关系。"新 36 条"为什么刚好是 36 条，正是为了强调新旧 36 条的政策连续性，强调"旧 36 条"的存在和意义。其实，"新 36 条"是"旧 36 条"的细化和深化。可以说，"旧 36 条"是一部"纲领性、指导性"的政策文件，而"新 36 条"则更侧重具体性和操作性。"旧 36 条"涉及民营经济发展的市场准入、融资和税费负担等六方面问题，而"新 36 条"剑指民间投资，紧抓民营经济发展的核心问

---

①② 于阳. 江湖中国——一个非正式制度在中国的起因 [M]. 北京：当代中国出版社，2006.

题，是贯彻和深化"新36条"的体现。[①]

但是，我们以全国工商联开展了"非公经济36条"第四次问卷调查与"新非公36条"为基础，看看民营家族企业当前生存与发展环境的改善。[②]

本次问卷调查调研与环境相关的简要结论有三点：一是民营企业对"非公经济36条"执行情况满意度呈现逐年下降的趋势。有80%的民营企业认为"非公经济36条"颁布后，民营企业发展环境有一定改善。但是，对国务院有关部门执行情况满意的比例仅为51.3%，对地方政府贯彻落实情况满意的比例仅为43.2%。相对前几次调研，民营企业对国务院有关部门、地方政府贯彻落实情况的满意度下降了13~18个百分点。二是绝大多数民营企业认为"非公36条"缺乏可操作的配套实施细则。在制约民营企业发展因素上，受访者认为融资困难、税费负担重、执法环境、行业准入、自身素质是影响民营企业发展前五位的突出问题，比例分别达到75.7%、53.9%、43.4%、37.3%和35.3%。促进民间投资方面，完善中小企业金融服务体系、合理界定国有与民营经济领域，以及打破垄断被认为最为重要。三是在对"中小企业29条"的贯彻落实实施细则仍心存疑虑。96.9%的企业认为"中小企业29条"将会促进民营企业发展。70%以上的受访企业对"中小企业29条"的贯彻落实充满信心。但也有60.9%民营企业认为缺乏配套实施细则可能会影响"中小企业29条"的效果。

"新36条"起草过程中，国家对制约民间投资发展的困难和障碍进行了专门调研，根据调研情况，主要问题有四个方面：一是行业准入存在不少障碍。特别是在一些传统垄断行业和领域，仍然存在着制约民间投资进入的"玻璃门"或"弹簧门"问题，厉以宁就专门论述过"玻璃门"现象。二是创业门槛高。中国居民创业申请中存在注册资本要求高、审批程序环节多、要求严、费用高等问题，对创业活动形成了巨大障碍。据有些地方反映，企业注册登记需要前置审批的共有100多项。有测算表明，中国每千人不到10个中小企业，而发达国家和发展中国家每千人拥有的中小企业数量分别平均为50个

---

① 李小红，赵华伟．关于发展"非公经济"的探讨——落实"非公经济新36条"的对策建议[J]．经济问题探索，2011（7）．
② 全国工商联通讯（2010年第3期）《国务院关于鼓励支持和引导个体私营等非公有制经济发展的若干意见》贯彻落实情况调研专辑（一）．

和20~30个。三是市场准入门槛高。有调查显示,全社会80多个行业中,允许国有资本进入的有72种,允许外资进入的有62种,而允许民营资本进入的只有41种。2007年民营企业调查结果也表明,中国民营企业进入电、煤、气、水等领域的民营企业占比只有1.1%,进入金融业的只有0.1%,进入公共设施领域的约占0.4%,进入教育、卫生、文体合起来不足2%。四是市场准入限制导致了企业竞争中的两极分化,国有大企业依靠垄断获取了高额利润,而在一般性竞争领域中中小企业竞争激烈,利润较低。[①]

这个旨在破除民资进入垄断行业障碍的"新36条"条例,究竟在多大程度上改变了民资的境遇?参与"新36条"起草文件起草,并任工作组副组长国际经济交流中心副秘书长陈永杰直言,"一年以来,一些中央部门没有任何动静,有些部门政策甚至与'新非公36条'相矛盾"。例如,提高行业准入条件、行业集中度、淘汰落后产能以及整顿行业秩序等,诸多标准以国有大中型企业为标杆,客观上限制民间投资,排挤民营企业。[②]

第五节 复杂性视角的中国家族企业行为乱象分析与对策建议

一、百年来中国民营家族企业行为乱象

(一)民营家族企业经营行为乱象之一:没有红顶商人哪来商人

在中国,政商(或者政企)关系一直畸形。关系畸形的前提,一是千年以来的官商"一体两面"。自吕不韦、白圭、陶朱公以降的商人群体,一直到晚清的晋商、徽商,乃至民国时期的孔宋家族,无一不体现了这一特征。二是千年以来的中央集权制度。因集权之需要,中央就必须对某些战略资源进行垄断性控制,因此,重要的经济权力和资源便毋庸置疑地控制在官员手上。由

[①] 厉以宁等. 长风破浪会有时——"非公经济36条"落实情况区域调查. 北京:经济科学出版社,2008.

[②] 官员称"新非公36条"下发一年未破垄断. 21世纪网-《21世纪经济报道》,http://business.sohu.com.

此，中央集权—资源控制—权贵商业，似乎内生为一种坚不可摧的利益结构。正是基于以上两个原因，民营家族企业为了适应环境不得不采取一些钱权交易行为，通过钱权交易获得特许经营。

我们知道，不同商业环境有不同的企业模式。比如洋务运动时期，产生的企业基本上是官督商办的企业。改革开放以来，市场意识强的地区，比如温州，基本上都是民营家族企业，地方政府介入经济较深的地方，基本上是乡镇集体企业，当市场经济不断发展过程中，政府的不断退出，大部分集体乡镇企业也演化为民营家族企业。中西部国有中小企业随着市场经济的发展，也逐步演化为民营家族企业。

中国商业史上最重要的商业赢利模式，就是"相互依赖的政商关系"。在几乎每一个拥有丰厚利润的所谓"老字号"企业背后，几乎都有官员的身影，胡雪岩就是明例。到21世纪有了新版本："你发财、我发展"＝权钱交易的神圣联盟。通过上市、融资、公共工程等渠道公开掠夺国家及公众资产。我们可以看到，在每一个倒下的腐败官员的背后，几乎都会看见民营家族企业主和老板的影子。

当前，有些企业家拥有公司负责人和政府行政角色的双重身份，个别民营企业家通过各种手段成为人大代表或政协委员，让外界倍感质疑。这种运作背后的实质，不仅可以借此提高自己的社会地位，更多是为了利用身份资源进行各种非市场化运作的"权力寻租"。

按照胡润研究院的统计：在2011年成功上榜的1000名企业家中，有152人拥有国家政治身份，占总比重15%。其中，前50名中，有15人拥有国家政治身份。大连万达的王健林、泛海建设的卢志强、河北新奥的王玉锁和四川通威的刘汉元位列全国政协常务委员；梁稳根、沈文荣、李登海等7人则为十七大代表；王健林、张近东、许荣茂等12人还兼任全国工商联副主席。此外，部分企业家在地方政坛则更接近"实权"。比如沙钢集团董事长沈文荣曾在1993年当选张家港市政协主席，随后还担任过市委副书记；重庆力帆集团的尹明善曾在2003年当选重庆市政协副主席；拥有65亿身家的传化集团董事长徐冠巨至今仍担任浙江省政协副主席。①

---

① 陈勇，许伟明. 首富梁稳根：商而优则仕［N］. 经济观察报，2011-09-30.

市场经济下的政商结合不仅与整个中国社会公平、公正和进步背道而驰，还给我们当前最受诟病的腐败现象提供了场所和平台。国内媒体评论富豪榜说："富豪榜不仅曾是人们所谐谑的'囚徒榜'，如今看来也是'官员榜'，在所有的前50位富豪中，没有'官衔'的屈指可数。企业和政治正依靠经济的力量渐渐融合。"①

（二）家族企业经营行为乱象之二：行贿成为生财之道

世界上最大的贪婪，其实是制度的贪婪。制度对权力的贪婪之大，超过任何个人。在中国，这种最贪婪的制度是高度集权的统治模式。正是在这一制度之下，中国的宏观经济和工商文明呈现出早慧而后熟、先盛而后衰的发展态势。

民企行贿不容忽视。近年来，媒体不断曝光民营家族企业行贿事件，比如黄光裕的单位行贿罪，据公开媒体报道涉案金额456万元人民币。郁国祥的单位行贿罪，郁国祥单位行贿四幅字画合计373.7万元。李松坚的行贿罪，有关起诉材料显示，李松坚曾向上海电气集团人力资源公司借款5000万元，并向上海电气涉案管理人员行贿70万元。

国家工商行政管理总局5年来查处各类商业贿赂案件的案值达52.8亿元。据商务部的统计，仅在全国药品行业作为商业贿赂的回扣，每年就侵吞国家资产约7.72亿元，约占全国医药行业全年税收收入的16%。南开大学国际经济法研究所所长程宝库教授指出，民营企业在做假账方面有便利条件，相对于国有企业和外资企业来说，行贿更加方便。②陕西省的一位民营企业家算了笔账：企业一年的销售额有4000万~5000万元，打点各级官员的"渠道费"至少就要花掉400万~500万元。这样的"潜规则"让他深恶痛绝，但为了企业的生存和发展，只有适应，还不敢举报，因为这样会让企业在整个行业无法立足。

20世纪80年代，钱权交易的方式主要是倒卖批文，倒卖大宗物资，获利以百万计；90年代主要是证券市场的审批权寻租，获利以千万计；21世纪初，

---

① 曹辛. 老板从政，还是少些为好 [N]. http://roll.sohu.com/20111027/n323727113.shtml.
② 辜口. 警惕民企掉进商业行贿怪圈：行贿风险将提高 [N]. 中华工商时报，2006-06-20.

钱权交易的方式主要是围绕以土地交易为核心的房地产业来进行，获利以亿计。改革开放中一些大起大落的能人，之所以曾一度走红，重要原因是他们善于用"钱"铺路。2003~2007 年，全国检察机关共立案查处贪污贿赂犯罪案件 136570 件、157569 人，其中，查处司局级官员 791 人，省部级官员 32 人。而这些巨贪的"落马"原因以"权钱交易"最为突出。

《瞭望》周刊文章称，接受采访的民营企业家、公司老板普遍表示，当前最痛恨的就是官员搞"权力寻租"，以权力配置市场资源，扭曲了正常市场经济原则，使守法经营的人也不得不接受权钱交易的"潜规则"。他们说，企业为此支付的"隐性成本"至少占收入的 10% 以上。①

（三）民营家族企业经营行为乱象之三：投资多元只是因为守不住一元主业

中国民营家族企业发展一直存在一个发展模式的争论，就是多元化与专业化之争。迈克尔·波特认为，企业只有专心做事，走所谓的专业化发展之路，才能将企业做大。比较压倒多数的代表性观点是，摊子铺得太大，会过度分散企业资源，使企业缺乏鲜明的主营业务，从而失去市场上的竞争力。这种观点似乎已经得到了越来越多的实际情况的支撑。在市值最高的前几十家国际公司中，除了通用电气，其他都有自己鲜明的主营业务，比如比尔·盖茨只做 Windows；巴菲特只炒股；丰田则专注在汽车领域。反面的例子，最著名的就是韩国多元化经营模式的彻底失败，由于盲目的多元化扩张战略，使得现代、大宇这样的大型企业集团一夜之间几乎销声匿迹。②

或许有人无法想象，巴菲特如此富有，为什么不涉及房地产？为什么不涉及银行？在美国市场，这完全可以做到，因为产业没有准入限制。但巴菲特只专心做一件事情。当然，美国也有多元化的例子，比如著名的 GE，但是 GE 的多元化是基于专业化的多元化。GE 在每一个产业里都是龙头老大，而中国企业的多元化战略则是什么都想做，但什么都做不好。

---

① 腐败增加企业隐性成本，中小老板仇官心态严重 [N]. http：//news. QQ. com. 2007 - 01 - 25.
② 曾新如. 规模企业该走"多元化"还是"专业化"发展之路 [N]. http：//zxy0864. blog. 163. com.

第五章
家族企业环境复杂性理论

麦肯锡季刊有文根据412家标准普尔500公司（S&P500）所公布的收入进行分析研究，得到了这样一个结果，即专业化经营企业运作得比多元化经营的企业更好。[①]

《中国私营企业研究》课题组第八次全国私营企业抽样调查数据分析综合报告表明，中国民营家族企业所从事的行业趋于多元化，但主营行业仍集中于制造业和批发零售业。本次调查设计填报的行业可多达5个，企业在开业时平均从事1.588个行业，到2007年已扩展到1.827个行业。这表明企业的行业分布趋于多元化。与上次调查相比，私营企业的产业及行业分布没有明显差异，第一产业占7.1%，第二产业占52.7%，第三产业占40.2%；依然集中在制造业和批发零售业，合计比例61.8%，仅下降3.6个百分点。[②] 根据2009年对全国的私营企业进行的第六次抽样调查的结果显示，近两年来私营企业主营行业出现多元化趋势，被调查企业的主营行业有两项的比例为16.73%，主营行业有三项的比例为6.42%。也就是说，在调查企业中有近1/4的企业主营行业已经多元化了。[③] 而中国民（私）营经济研究会家族企业研究课题组的《中国家族企业发展报告（2011）》显示，家族企业所从事的主要业务集中在制造、批发零售、农林牧渔、建筑业和住宿餐饮等行业，涉足制造业和批发零售的企业分别占40.7%和24.8%。同时，有3197份有效问卷中，有248家企业同时涉足3个行业，461家企业同时从事两个行业。这些数据表明，中国民营家族企业是具有多元化冲动的。"鸡蛋不要放在一个篮子里"一度成为企业多元化的哲理基础。

在过去的二十多年，中国民营家族企业发展多元化战略的企业整合失败率高达97%，中国企业多元化失败率为什么这么高，主要是中国民营家族企业选择多元化战略而不是主业化发展战略。许多学者认为，这是企业家投资的失误，是盲目发展的结果。其实，这只是其中一个原因，更主要的原因是政府参与了盈利的产业，如银行、石油、电力等，而用自由竞争的方法来经营企业的

---

① THE McKINSEY QUARTERLY 2002 SPECIAL EDITION：风险与反弹力．http：//www．crcmagazine．com．
② 《中国私营企业研究》课题组．第八次全国私营企业抽样调查数据分析综合报告［N］．中华工商时报，2009年03月26日．
③ 中国民（私）营经济研究会．2009年中国私营企业调查报告［R］．http：//www．baidu．com．

产业并不多。所以,对于中国的民营家族企业来说,一个产业如果不赚钱,就会去寻找另外的产业;两个不行,就去开发第三个、第三十个。大家熟悉的德隆就是这样。① 当前温州民营家族企业为什么出现那么多炒房团、炒股团而不在自己的主业发展,原因是中国制造业利润空间太薄,资源、金融与战略性产业因垄断而无法进入,资金只好也只能在虚拟经济领域游离行走。

民营家族企业在多元化的道路上越走越远,源于中国经济的妻妾的权力二元结构。其一,正是由于处在资源垄断地位和具有产业链上游优势的国有垄断企业剥夺了民营家族企业的大部分利润,才导致民营家族企业难以完成积累。在国企、外资的超国民待遇中,民营家族企业只能向农民工的微薄收入下手,导致其生存环境日益狭小;其二,由于政府对民间金融的严格控制,勒紧了民企融资的喉管,导致民营经济无法获得金融资源整合进而发展、壮大。可以说,正是因为国有垄断企业与民营资本的权力二元结构的存在,才导致民营家族企业的多元化道路,导致竞争环境不断恶化。②

(四) 家族企业经营行为乱象之四:家族企业主与职业经理人的零和博弈

德鲁克说:"成功的企业不会采用一人当家的做法,而是有一个良好的经理班子"。如果美国企业只有郭士纳、比尔·盖茨、麦克利尼和钱伯斯,没有一个职业经理阶层和职业经理的市场,美国经济根本不可能会有持续强劲增长。韦尔奇、郭士纳代表的不仅仅是他们个人,而是代表着西方发达国家的经理人群体。他们的经验并不仅仅是个人经验的集成,而且是几十年甚至百年市场经济中优秀人物集体智慧的结晶。任何一个家族企业要想成长壮大,要持续成长,职业化的管理就变得必不可少,这不是个人的意志所能转移的,而是来自整个中国家族企业的召唤。职业经理人阶层的形成是中国转轨经济背景下深刻的时代反映。

职业经理人与家族企业之间的合作是管理分工的必然结果,所以家族企业所有者与职业经理人之间存在着天然的合作与冲突,即委托——代理矛盾。

---

① 苏小和. 局限——发现中国本土企业的命运 [M]. 北京:中国发展出版社,2007:2-8.
② 林涵. 中国民企无法成规模的关键是什么? [N]. http://www.ftchinese.com/story.

第五章
家族企业环境复杂性理论

我们曾在理论上把家族企业主语职业经理人的矛盾总结为三种情况：一是企业主与职业经理之间存在着基于委托代理关系的利益矛盾。二是企业主与职业经理之间存在着基于企业控制权的权力矛盾。三是企业主与职业经理之间存在着基于知识和能力的理念矛盾。①

更有学者深入调研了中国 5000 多家家族企业后发现，家族企业老板与职业经理人的矛盾主要表现在以下几个方面：一是由于家族企业大都是老板一手遮天、一言九鼎，因而形成了上上下下都对老板负责而不是对主管负责的现象，使其职业经理人不能正常的履行职务。二是许多家族企业的发展初期，都是父子、兄弟一起打天下。企业规模做大以后，由于在利益分配上或者在观念和思维方式上存在冲突，造成内部父子、兄弟之间互不买账。由于他们之间存在矛盾，而一些真正优秀的经理人，如不选择跳槽最终只能成为牺牲品或替罪羊。三是家族企业中亲戚中存在一部分胆大妄为者，他们仗着自己是老板的亲戚，加之又占据着重要岗位，于是大肆吃拿回扣，体外循环，垄断生意。在这种复杂的环境中，一些"聪明"的职业经理人往往也会和这些亲戚强强联手，各取所需；而另一些正直的职业经理人也就很难有市场，更别说发挥作用了。二是由于中国的私有产权的法律保护制度、商业机密保护制度、职业经理人市场制度和职业操守制度等并未健全；因此家族企业与职业经理人之间存在着种种内在的冲突。在家族企业当中，几乎所有请过职业经理人的企业都有过被经理人抛弃的伤痛。

最为典型的案例莫过于国美的黄光裕与陈晓之争。乐于在网络上抒发己见的看客中绝大多数人都不喜欢陈晓，而支持黄光裕，他们喜欢用"狼子野心"来形容管家陈晓，而黄光裕就是那个被"欺骗的主人"。虽然这样的说话有些不公正。但如果说网络上的言论的确可以代表一部分人的真实看法，那么，至少有一个规模不小的人群将国美的管理震荡视为陈晓的个人败德行为。② 王核成认为，此次"黄陈之争"是给民营企业家们上了一课，告诉他们职业经理人猛于虎也；也有人说，这给职业经理人上了一课，为公司着想还是为老板着想需要谨慎选择。更有人说，这给中国目前的公司治理制度上了一课，若没有

---

① 甘德安. 复杂性家族企业演化理论 [M]. 北京：经济科学出版社，2010：178 – 198.
② 韦桂华. 国美之战：公司股东博弈的中国启示 [M]. 北京：中国经济出版社，2010.

从公司的规章制度上来保证公司各方利益,想要建成像外企那样百年基业的商业帝国终不过是纸上谈兵。其实本次事件的发生并不是一种偶然,从本次事件中我们可以挖掘出中国民营企业深层次的管理问题,包括现代企业制度的建设、企业文化的建设、企业信任机制的建立以及企业家对公司治理观念的认识。[1]

(五) 民营家族企业经营行为乱象之五: 社会责任不强

1. 民营家族企业对社会责任的缺乏主要是对消费者缺乏诚信

作为市场经济基础的信用状况目前正在经历一场危机。一段时期以来,民营家族企业存在生产假冒伪劣商品、欺诈客户、违约毁约等乱象不断,这些不道德的工商活动给企业、社会和个人带来了损害,严重地干扰了市场经济秩序。主要表现在几个方面:一是生产不合格的商品,却贴上合格的检验证,以次充好或贴上名牌商品的商标,欺骗顾客。商品信息不全,或刻意删减不利信息。二是虚假广告发布虚假信息。三是利用回收产品,低进高出,牟取暴利,采取不正当手段价格欺骗。四是利用对方法律素质低或法律文件的不健全,在合同中设下种种陷阱,骗取对方财物。[2]

2. 片面追求利润的最大化,侵害员工的合法权益

其主要表现是:包括工作超时、保障不到位、侵犯员工人身权利。企业对员工存在性骚扰、强迫劳动、扣押职工居民身份证、强迫职工缴纳保证金等侵权行为。

3. 对环境缺少保护意识

环境是人类赖以生存的最基本的物质条件,人类需要新鲜的空气、正常的气候、纯净的水资源等。但是,由于企业缺少环境保护意识,任意地、超标准地排放"三废",导致环境污染、气候变暖、土地荒漠化、生物多样性锐减、臭氧层破坏、资源短缺等现象发生,严重地威胁着人类的生存。高投入、低产出、高污染的粗放型经济增长方式越来越受到资源环境的制约,经济与社会、

---

[1] 王核成. 转型社会中的国美控制权之争 [J]. 管理学家, http://opinion.hexun.com/2010 - 11 - 09.

[2] 刘锡荣,韩乐义. 民营企业社会责任缺失原因及对策分析 [J]. 人民论坛, 2011 (8).

人与资源环境之间的矛盾逐步激化。

4. 对社会公益、慈善事业关注甚少

企业从社会所得之后,应该主动地回报社会。但事实并非如此,据有关数据统计,国内工商注册登记的企业超过 1000 万家,但有过捐赠记录的企业不超过 10 万家。可见,企业对自己应承担的社会责任没有引起高度的重视。①

5. 对政府缺乏责任

企业首先要如实纳税。当然,政府税负过重那是另一个问题。据有关部门统计,民营企业如实纳税还有待进一步强化,有相当一部分企业还不能如实纳税,偷税漏税时有发生。

民营家族企业社会缺失责任的主要原因：一是企业的经营理念落后。企业的社会责任要解决的一个主要问题是资本与公众的矛盾和企业与消费者的矛盾。传统的经营理念是追求企业利润最大化,利润的获得是企业生存发展的唯一使命和动力。现代的经营理念认为企业本质上是利益相关者缔结的一组合约,它有股东投入的物质资产,也有职工投入的人力资产以及债权形成的资产,此外还有政府支持等。按照谁贡献谁受益的原则,这些产权主体都有权参与企业创造价值的分配。因此,企业在创造利润、对股东利益负责的同时,必须要承担对员工、社会和环境相应的责任。企业社会责任缺失普遍存在的原因就在于现代经营理念并没有渗透到企业的运营中去,导致企业只注重眼前利益,忽视长远利益,导致企业经营行为短期化。二是企业承担社会责任的能力薄弱。民营家族企业在发展壮大的过程中,都得经历这样一个从无到有、从小到大、从弱到强的轨迹。现实中国,由于改革开放时间还短,政策歧视、民营家族企业家整体素质等多方面原因,做强做大的企业很少,做大做优的更少。在竞争激烈的市场环境下,企业维持其生存都很困难,更不用去谈履行社会责任。三是企业的利益相关者监管力度不够。这是企业社会责任缺失的外在因素。其中包括企业的社会责任评价体系不完善,利益相关者的维权意识与行动能力薄弱,政府与有关部门的监控能力与执法力度不强,社会机构、媒体与公

---

① 韩颖,马增林. 企业社会责任缺失的原因及对策分析 [J]. 哈尔滨市委党校学报,2008（1）.

众的舆论导向与舆论监督的影响不强等。[1]

二、中国家族企业行为乱象的复杂性解释

作为复杂性科学发展的一个里程碑，1994年约翰·霍兰在多年复杂系统研究的基础上，提出了以进化的观点认识复杂系统，形成了复杂适应系统比较完整的理论。其基本思想可以这样来概括：把系统中的成员称为具有适应能力的主体，简称为主体；所谓具有适应性，就是指它能够与环境及其他主体进行交互作用，在这种持续不断的交互作用的过程中，不断地"学习"或"积累经验"，并根据学到的经验改变自身的结构和行为方式，整个宏观系统的演化，包括新层次的产生、分化和多样性的出现等，都是在这个基础上逐步衍生出来的。围绕"适应性造就复杂性"这个核心思想，霍兰德进一步提出了研究适应和演化过程中7个重要概念：聚集、非线性、流、多样性、标识、内部模型和构件，同时他在遗传算法基础上，建立了所谓的"回声"模型，用以模拟和研究一般的复杂适应系统行为。

复杂适应系统理论的主要特点是：（1）主体是主动的、活的实体。（2）个体与环境相互影响、相互作用，是系统演变和进化的主要动力。（3）把宏观和微观有机地联系起来。（4）引进了随机因素的作用，使它具有更强的描述和表达能力。

1. 适应性导致复杂性

适应性主体具有感知和效应的能力，自身有目的性、主动性和积极的"活性"，能够与环境及其他主体随机进行交互作用，自动调整自身状态以适应环境，或与其他主体进行合作或竞争，争取最大的生存和延续自身的利益。但它不是全知全能的或是永远不会犯错失败的，错误的预期和判断将导致它趋向消亡。因此，也正是主体的适应性造就了纷繁复杂的系统复杂性。约翰·霍兰指出，"从生物学角度说，适应是生物体调整自己以适合环境的过程。粗略地说，生物体结构的变化是经验引导的结果。因此，随着时间的推移，生物体将会更好地利用环境达到自己的目的……总之，我们将CAS看成是由用规则

---

[1] 韩颖，马增林. 企业社会责任缺失的原因及对策分析 [J]. 哈尔滨市委党校学报，2008（1）.

描述的、相互作用的主体组成的系统。这些主体随着经验的积累，靠不断变换其规则来适应。在 CAS 中，任何特定的适应性主体所处环境的主要部分，都由其他适应性主体组成，所以，任何主体在适应上所做的努力就是要去适应别的适应性主体。这个特征是 CAS 生成的复杂动态模式的主要根源。要理解 CAS，我们必须理解这些随时间不断变化的模式。"[1]

2. 多样性导致复杂性

民营家族企业复杂性行为涉及企业内外治理的多样性。外部治理的多样性包括传统社会的家族与封建性因素传承，传统封建社会的集权因素的沉淀，以及中国传统封建集权社会下的关系文化的演变都会导致家族企业行为的复杂性。市场、技术、资本等因素进入民营家族企业也会导致家族企业行为的复杂性。而内部治理的多样性包括股权的不断稀释，外部股权不断进入导致家族财产权结构多样性的变化；包括企业发展中的横向一体化与纵向一体化导致的股权多样化变化。内部治理还包括规模导致组织的产生，大量非家族成员进入家族企业导致的家族企业控制权多样化的演变；也包括直线组织的形成，中层管理人员与技术人员的进入；U 型组织、M 型组织的形成，高层管理者的进入导致企业成员的多样化导致的复杂性行为。企业规模的扩大，多利益主体的形成，导致行为剩余索取权的多样性与复杂性行为。社会进步，利益相关者理论与新利益主体的形成，亦可导致家族企业多样化的行为。

3. 演化性导致复杂性

适应性主体从所得到的正反馈中加强它的存在，也给其延续带来了变化自己的机会，它可以从一种多样性统一形式转变为另一种多样性统一形式，这个具体过程就是主体的演化。但适应性主体不只是演化，而且是共同演化。共同演化产生了无数能够完美地相互适应并能够适应于其生存环境的适应性主体，就像花朵靠蜜蜂的帮助来受精繁殖、蜜蜂靠花蜜来维持生命；共同演化是任何复杂适应系统突变和自组织的强大力量，并且共同演化都永远导向混沌的边缘。

4. 复杂性适应系统具有趋向混沌的边缘特征

复杂适应系统具有将秩序和混沌融入某种特殊的平衡的能力，它的平衡点

---

[1] [美]约翰·霍兰. 隐秩序，适应性造就复杂性[M]. 上海：上海科技教育出版社，2000：9–10.

就是混沌的边缘，也即一个系统中的各种要素从来没有静止在某一个状态中，但也没有动荡到会解体的地步。一方面，每个适应性主体为了有利于自己的存在和连续，都会稍稍加强一些与对手的相互配合，这样就能很好地根据其他主体的行动来调整自己，从而使整个系统在共同演化中向着混沌的边缘发展；另一方面，混沌的边缘远远不止是简单地介于完全有秩序的系统与完全无序的系统之间的区界，而是自我发展地进入特殊区界。在这个区界中，系统会产生涌现现象。

约翰·霍兰指出，"旨在用适应性主体研究有限理性及随之而来的经济动态的努力，对我来说很有启发，也充满了希望。因为这种系统并不会稳定下来，甚至也不会长期处于准平衡（quasi-equilibrium）状态，这为经济学提供了一个窗口，而通常的严格研究不容易得到这种结果。经济学家可能会问，'在这样一个呈现恒新性的系统中，我们究竟能学到什么东西呢？'但是，这种情况并非与气象学家面对的情况有很大差别。不论是从时间还是空间的角度看，天气处于永不重复的变化之中。虽然我们不能详细预测几天以后的天气，但我们能够充分认识相关的现象，以便做出许多有用的调整，无论是短期的还是长期的。对于我们基于适应性主体的经济学研究，如果想要取得进展，就必须找到与气象上的锋面和射流极为相似的东西（即具有标识的聚集）。那么，我们就能够揭示出一些关键性的杠杆支点了。"[①]

5. 复杂性适应系统具有涌现特征

涌现现象最为本质的特征是由小到大、由简入繁。沃尔德罗普认为："复杂的行为并非出自复杂的基本结构，极为有趣的复杂行为是从极为简单的元素群中涌现出来的。生物体在共同进化过程中既合作又竞争，从而形成了协调精密的生态系统；原子通过形成相互间的化学键而寻找最小的能量形式，从而形成分子这个众所周知的涌现结构；人类通过相互间的买卖和贸易来满足自己的物质需要，从而创建了市场这个无处不见的涌现结构。"涌现现象产生的根源是适应性主体在某种或多种毫不相关的简单规则的支配下的相互作用。主体间的相互作用是主体适应规则的表现，这种相互作用具有耦合性的前后关联，而且更多地充满了非线性作用，使得涌现的整体行为比各部分行为的总和更为复杂。在涌现生成过程中，尽管规律本身不会改变，然而规律所决定

---

① ［美］约翰·霍兰. 隐秩序，适应性造就复杂性 [M]. 上海：上海科技教育出版社，2000：86.

的事物却会变化,因而会存在大量的不断生成的结构和模式。这些永恒新奇的结构和模式,不仅具有动态性还具有层次性,涌现能够在所生成的既有结构的基础上再生成具有更多组织层次的生成结构。也就是说,一种相对简单的涌现可以生成更高层次的涌现,涌现是复杂适应系统层级结构间整体宏观的动态现象。

三、借助复杂性理论消除家族企业行为乱象的若干建议

我们知道,企业是由各种生产要素(包括人、物、能、信息等)组成的,企业组织结构就是企业系统内部各要素的排列组合方式,从方向上看,表现在水平和垂直结构两个方面。位于水平结构和垂直结构的子系统的种类繁多,都有各自通讯方式,以自己特有的方式获取知识,又以不同的方式进行表达。从结构上看,企业由不同的功能单元相互交织,形成不同的企业组织结构,如 M 型、H 型及矩阵结构等。形成员工——团队——企业这样系统意义上的分层。在现代知识密集型企业中的扁平状或网络状结构中,员工亦隶属于某个正式或非正式的团队,由多个团队组成一个企业整体。类似于生物体的细胞组成器官,然而细胞与生物体器官具有不同的功能,而生物体器官与整个生物体又有不同的功能。在企业的组成要素之间不仅有信息的相互作用、知识的相互作用、资金的相互作用,彼此之间还有复杂的信任管理关系、利益分配关系等,这些相互作用体现了企业系统内要素之间丰富的、动态的、非线性的、短程的、有反馈的相互关系。同时,企业也具备复杂系统的演化特性。面对环境的机会和威胁,企业能够主动发生内部和外部变异。企业的内部变异可能是新的战略定位,新的组织结构;企业的外部变异可能是兼并收购或采取影响政策的活动等。[①]

家族企业是家族与企业两个性质截然不同的子系统组成的一个复杂性适应系统。当家族成员创办企业时,实际上是把家族与企业两个子系统整合成一个更高层次的系统,具有复杂性、层次性与非线性的系统。它的非线性来自于两

---

① 邢以群,田园. 企业演化过程及影响因素探析 [J]. 浙江大学学报(人文社会科学版),2005(7).

个不同的子系统。家族是一个以血缘与亲情为基础的社会组织，不以赢利为目的；企业是配置社会资源以赢利为目的的社会组织，是以契约为基础，以经济互惠为前提的经济组织。此外，中国家族的差序结构实际上是系统层次的体现，正是系统的层次性导致家族企业的产生。复杂系统具有对环境的自适应特征。复杂系统理论同系统演化的研究是天然紧密结合在一起的，如国家政策的演变；家族企业从无到有，从小到大，从弱到强。家族企业作为复杂系统还是具有适应性与主动性的企业，家族企业是具有智慧的组织体——有思想、有主动适应和影响环境的能力；具有强烈的家族特征的企业。

(一) 政治体制改革，理顺政商关系

健康的政商关系应当是一种新型关系，它使经营者追求企业家精神，政府追求公共精神；而不良的政商环境，则具有负的外部性，它使经营者以公关获取资源，政府丧失公共性，大搞寻租行为。健康的政商关系应当是政府、企业各归本位，不必水乳交融。

"凯撒归凯撒、罗马归罗马"，同样，中国社会主义市场经济体系建设过程中，也应该是市场的归市场，政府的归政府。如何打造一个好的政商生态呢？一是政府还原其公共性。（1）政府管理的对象是公共事务，对所有企业一视同仁；（2）政府的公共性要求在决策中政府与企业互动，平等协商；（3）政府的公共性要求增强对企业的服务性，也就是政府的决策必须是为企业提供保障；（4）政府的公共性要求精简机构，转变职能，理顺关系；（5）政府的公共性要求改革公共服务体制，实现公共资源的优化配置。二是市场准入平等化。市场准入平等化是改善企业生存环境，实现有效竞争的关键。在此框架下，要允许民营资本进入法律未禁入的基础设施、公有事业及其他行业和领域。民营企业在投融资、税收、土地使用和对外贸易等方面，应与国有企业享受同等待遇。三是靠企业家精神赢得发展。企业增强市场意识和竞争意识，提高企业竞争力，逐步改变把精力过多放在政府攻关上的"取巧"行为，与政府官员保持一定的距离，端正企业行为，靠企业家精神赢得发展。台湾著名企业家张忠谋在黑金横行的社会大环境下依然从来不走后门、不靠政商关系，更拒绝钻法律漏洞，赢得企业界和民众的极大尊重，官员也因此从来不敢故意刁难他的企业。政商生态建设是重中之重。因为，只有构建现代良性政商生态，

政府真正以"裁判员"和"守夜人"的身份亮相于市场，才能真正形成好的现代市场经济。①

（二）调整国有企业与民营家族企业的关系

我们认为，民营家族企业与国有企业之间的关系是互补的。体现在四个层面：一是"伙伴"关系，萨瓦斯认为，由于资金技术等方面原因，社会就要向混合经济发展，国有经济与民营经济可以形成股份制经济。二是"分工"关系，当出现"市场失灵"和"政府失灵"的时候需要国民经济"有进有退"的战略性调整，建立国民经济和民营经济之间的合理分工。三是"委托"关系，政府委托民营企业经营，实现两权分离。四是"耦合"关系，形成国有，民营上下游关系。

民营经济与国有经济互补关系形成的内容和原因。一是市场与资金的互补，"市场失灵"的公益性部门，政府进入；"政府失灵"的行业，企业进入，客观上产生了互补的要求。二是经营与效率的互补，国有部门有经营无效率，民营部门有效率无经营，现在可以互补。三是功利与公益的互补，民营经济逐利性强，国有公益性强，独立学院就是在逐利性与公益性找到平衡点。四是存量与增量的互补，当部分国有部门的存量资产闲置缺乏增量投资，而民间部门增量投资效率高却难以扩大存量资产规模时，这样就产生了国有部门与民营经济的资产存量和投资增量的互补关系。

（三）在家族企业的多元化与专业化战略中寻求平衡点

企业之所以发展多元化走上失败的道路，是因为企业在实施多元化战略时，不顾自身的基础，而只看重产业暂时的高利润率。企业多元化战略可以分为相关多元化和不相关多元化两类。有些学者把企业多元化的失败归罪于不相关多元化。然而，是否选择相关多元化道路不是区分多元化战略成功的标准。企业多元化成功的关键，在于企业在多元发展中是否基于自身的核心竞争力。所以，民营家族企业是采用多元化发展还是主业化发展，我们认为可以根据三个原则处理：一是企业的主业在市场的占有率、技术水平、管理水平等已经达

---

① 贾品荣. 商业生态呈现重大变化——政商关系犹存四大忧患 [N]. 中国经济时报，2007-10-15.

到非常高的水平,主业发展到顶了,可用资本还有剩余,可以多元化;二是新进入的领域必有优势所在;三是实行多元化应该是围绕核心技术、核心能力而实行相关多元化,而不是无关多元化。所以,当成功的企业变得越发成熟的时候,他们必须选择更加多元化的投资以获得更大的生存空间。一旦如此,公司股东的回报率将会戏剧化般地得到提高。唯一的问题在于多元化投资的时机和方式。

但是,多元化经营战略也是一把"双刃剑",把握不好,反而会弄巧成拙。首先,多元化经营会分散企业的资源,而有限的资源分散投放在多个产品领域,势必造成各个产品领域的"投入不足",难以形成强力的市场效应,出现既存在资源不足,又存在资源浪费的状况。结果不断削弱了原有优势产品的竞争力,而且给企业增加了新的负担,两不讨好。其次,多元化经营会模糊企业的战略理念、战略定位及品牌概念,难以形成企业个性,不利于公众认知。市场营销中的"概念集中法则",揭示了最强有力的战略是在潜在用户心目中只拥有一个概念,想同时拥有多个概念反而会适得其反,因为在今天这样一个信息充塞的时代,公众对一个企业的认知,只可能对其领先的、独特的、印象最深的一个概念产生印象并固定化。正如 DELL 是以 PC 起家的,虽然继续留在 PC 产业得到的只有很低的利润率,但是打印机、网络、服务器这些市场同样存在容量过剩,竞争激烈,环境恶劣的问题,新市场用户对 Dell 品牌的认同仍是未知之数。所以 DELL 多元化战略是否能够产生规模效应同样是个问号,其多元化之路必将充满荆棘和坎坷。

企业发展多元化的关键取决于企业在当时的成长时期和成长环境。如果一个企业在某一领域发展得非常成熟,没有别的企业能够威胁到它的地位时,它完全有可能实施由单个产业向多个产业发展的战略。如果一个企业当时所在的某一个产业已经饱和,其产业扩张的力度已经几乎没有多少弹性,成长环境也随着市场饱和而不甚良好了,那么这时当然企业就要转向多个产业发展战略。特别在中国,如果政府不改变国有企业行业垄断地位,民营家族企业专业化是死,多元化亦是死。

有国外专家研究表明,有限度相关多元化投资体现在完全专业化经营和大范围多元化投资间的一个战略性平衡点。这个平衡点不是那么容易找出。最适宜的平衡点在各企业之间和各经济运行周期中的位置千差万别。而且,掌管投资范围的管理者不能把这个平衡点看成一个一成不变的状态,他必须在紧缩投资范围和加大投资范围之间不断地寻找两者之间的平衡点。这需要通过业务重组、购并企业及其他相关手段来实现。我们相信这个目标应该在当前的经营状况和潜在的发展可能之间去寻找,这个目标应该通过强有力的资产重组和把握经营目标来实现,这样的经营将会迎合市场的需要。[1]

(四) 形成家族企业主与职业经理人的双赢博弈

我们曾在《复杂性家族企业演化理论》一书中就家族企业主和职业经理人之间进行了演化博弈分析,并就实现家族企业家与职业经理人双赢博弈的内外治理两方面对策建议。健全家族制企业进行职业化管理的外部环境的建议包括完善职业经理人市场,培养职业经理人阶层,重建经理人的社会信用体系,加强对家族制企业知识产权的保护方面等。内部治理方面的建议则强调要强化家族企业的内部管理以迎接家族企业的职业化管理。一是在引进职业经理人之前,企业主必须根据本企业目前的实际情况,有计划、有步骤地推进职业化进程,力求稳扎稳打,步步为营。二是企业主必须妥善安置家族成员和创业元老。三是在职业经理人刚进入企业时,要给予必要的引导和支持。四是建立内部人才竞争机制,以"赛马"代替"相马"。企业主吸纳外部经理,会带来新的思想和新的管理风格,但是,职业经理人的到来往往会妨碍原来的管理梯队中的某些人的职务晋升,滋生不满情绪,影响正常工作。因此,企业主尽可能在企业内部形成人才竞赛的格局,给内部人才提供公平的发展机会,像海尔那样"赛马"而不"相马"。五是企业内部要建立一整套完善的激励和约束机制,创造使职业经理有效的工作环境条件。六是还要建立有效的监督约束机制。要适度加强过程控制,"防患于未然",防止职业经理人经不住外界诱惑"叛逃"。信任和监督并非方枘圆凿,格格不入,而是相辅相成,不可分割的关系。关键是一个度,运用之妙,存乎一心,全靠企业主自己把握。[2]

李前兵等通过实证研究提出的建议是,家族企业在引入职业经理之后,并不必然采用较强的契约治理与关系治理以减少双边机会主义行为。同时,不同

---

[1] THE McKINSEY QUARTERLY 2002 SPECIAL EDITION:风险与反弹. http://www.crcmagazine.com.
[2] 甘德安. 复杂性家族企业演化理论 [M]. 北京:经济科学出版社,2010:178-198.

的家族企业采用契约治理与关系治理的强度是不相同的。家族企业内部治理模式可以以契约治理和关系治理作为分类的两个维度，根据契约治理和关系治理的强度高低分为四类：强契约治理与强关系治理；强契约治理与弱关系治理；弱契约治理与强关系治理；弱契约治理与弱关系治理。这从一个侧面也证明了文献中关于契约治理与关系治理是替代的看法并不成立。在契约治理较强的家族企业照样可以采用较强的关系治理。研究结果也支持了家族企业内部治理模式与企业绩效关系的假设。家族企业内部治理模式对企业经营绩效有着显著的影响。当家族企业契约治理和关系治理强度较高时，企业绩效就高。因此，他们建议，家族企业在推动管理专业化的过程中，应当不断加强企业内部的契约治理和关系治理，最大限度地约束双边机会主义行为，以促进企业顺利融合外部人力资本，实现家族企业持续成长。[1]

引进职业经理人必须要在家族企业产权与职业经理人的行政权中进行平衡与制衡。国美公司职业经理人权力没有受到约束与制衡，导致职业经理人的越权行为。由于委托人与代理人信息不对称使委托人无法掌握代理人的所有行动，职业经理人就可能为了实现自身利益的最大化而不顾股东利益，滥用权力。陈晓作为公司的代理人应站在全体股东的立场上执行股东大会的决议，履行忠实义务，但他却违背公司法，率领董事会推翻股东大会关于"否决贝恩资本三名代表连任公司非执行董事"的决定，改变股权结构，稀释黄光裕的股份，在贝恩股份债转股后黄光裕家族所持 33.98% 的股权将被稀释到32.47%。陈晓未与大股东商议即进行高管激励，寻求全面的主导和控制，明显超越其权利范围。陈晓的做法显然也违背了职业经理人的信托义务。这从另一个层面也说明了创始者与职业经理人的关系不能仅凭"情感信任"来维系，而是应该通过信任机制来约束职业经理人的行为，靠健全的规则来确立相互的权义务关系，做到授权明确，防范其中的法律风险。[2]

如果从更宏观的视角，更历史的考虑。我们认为家族企业与职业经理人合作与博弈是必然的。问题是我们对家族企业家与职业经理人不同类型合作与博

---

[1] 李前兵等. 家族企业引入职业经理后的内部治理模式与企业绩效——来自中小家族企业的证据 [J]. 经济科学，2006（2）.

[2] 肖杰. "国美之争"折射出的家族企业公司治理问题 [J]. 北京市经济管理干部学院学报，2011（9）.

弈应该有不同的策略。结合中国文化的特色以及国际上家族企业的成功管理经验，我们认为，下述几点思路是中国家族企业可以选择的发展路径。一是考虑家族全部控制企业股权与管理权时，则要加大，加快培养自己的职业经理人。二是如果家族希望控制全部企业股权，分离部分管理权的合作博弈模式。则应该以优厚待遇招聘职业经理人，延揽人才，但在整个国家的制度和法律环境尚不健全的现阶段，要注意吸取国美之战的经验教训。三是家族希望或者无奈放弃部分家族企业股权，分离部分家族企业股权，放弃全部管理权的合作模式。即从博弈论的角度研究 MBO 在家族企业发展中的合作与冲突博弈模型。四是家族企业多代传承股权稀释或者其他原因股权结构多样化后，家族企业的治理结构已经发生变化情况下，要探索家族企业与职业经理人的新的合作与博弈的模式。

（五）加大民营家族企业社会责任外部治理机制建设的建议

民营家族企业主如果没有以社会为责任的目标，就不会整合到丰富的社会资源；如果没有以客户为责任的目标，就不会与客户持续共赢发展；如果没有以员工为责任目标，就不会带来人力资源乃至企业整体的提升及可持续发展。当今时代，强调企业社会责任已成为世界性趋势。近年来，美国的《财富》杂志每年都会发表"企业社会责任评估"报告。且《财富》和《福布斯》杂志在企业排名评比上都增加了"社会责任"这一必要条件，并于 2000 年 7 月在联合国总部正式启动"全球协议"。协议要求所有的公司遵守在人权、劳工标准和环境方面的九项基本原则，即一是企业应尊重和维护国际公认的各项人权；二是绝不参与任何漠视与践踏人权的行为；三是企业应该维护结社自由，承认劳资集体谈判的权利；四是彻底消除各种形式的强制性劳动；五是消灭童工；六是杜绝任何在用工与行业方面的歧视行为；七是企业应对环境挑战未雨绸缪；八是主动增加对环保所承担的责任；九是鼓励无害环境技术的发展与推广。[1] 世界上许多国家成功的企业都把承担社会责任作为企业经营管理和发展战略的重要内容。[2]

---

[1] 《联合国全球协议》，www.csr.ied.cn.
[2] 单东. 论民营企业的社会责任——由巴菲特捐赠 370 亿美元所想到的论民营企业的社会责任 [J]. 特区经济，2007（1）.

按照 CAS 理论，企业社会责任外部治理的功能是发布企业必须履行社会责任的刺激信号，并通过法律、行政和市场手段强化企业的社会责任遵从意识。其外部治理机制包括以下措施。

1. 明确民营家族企业承担社会责任有利于企业发展

有学者从企业自身视角，借助 Logistic 模型对企业社会责任对其盈利目标的影响做了分析。他指出，企业承担社会责任不但不会减少其盈利，相反还会增加盈利，企业社会责任与其盈利目标是正向影响关系，因此从经济人主体角度出发，企业要主动去承担社会责任，以实现其利润最大化目标，企业应该把承担社会责任作为企业的一种定位内在于企业的发展之中。①

2. 把诚实守信的信念与行为融入到民营家族企业承担社会责任的血液中

在市场经济条件下，民营企业之间的竞争归根到底是信用的竞争，企业是否讲信用是企业能否生存的决定性因素。扎扎实实抓好产品质量，让消费者认同企业产品，以产品和服务塑造企业的形象；在企业经营管理的各个环节都贯彻诚信思想，企业对股东诚信、企业对员工诚信、企业对消费者诚信、上级对下级诚信、上道工序对下道工序诚信等，形成一个良好的诚信氛围。②

3. 政府在引导企业承担社会责任过程中主要以经济手段为主

从根本上说，企业毕竟不是慈善组织，不能要求其牺牲生存和合理再发展的利益来支持公共利益，企业的根本目标必然是利润最大化。因此，在促进企业承担社会责任的过程中，政府的主要工作不是以行政手段强行要求企业承担过度的社会责任。企业的社会责任是多层面的，在遵守税收法律、遵守产品安全及环保条例、企业员工的基本福利待遇等方面，必须承担相应责任，并且这种责任是强制性的，以法律为后盾。但是更多的社会责任，或者说更高层面的社会责任，则应当通过激励、引导机制激发企业自愿承担的良好动机。以此为前提，政府通过税收减免优惠、物质奖励等经济手段来激励企业主动承担社会责任将具有更好的效果。西方国家的税收减免优惠手段是激励企业承担社会责任的主要经济手段，其实施过程具有明确的法律细则，

---

① 邱明星．从企业自身视角看企业社会责任对其盈利目标的影响［J］．华东经济管理，2008（1）．
② 刘锡荣，韩乐义．民营企业社会责任缺失原因及对策分析［J］．人民论坛，2011（8）．

操作非常严格。

4. 开展企业社会责任认证

中国的企业社会责任标准建设滞后，已经给社会责任管理造成了障碍。虽然国际上广泛采用的这些认证体系对中国制定企业社会责任标准都具有重要的借鉴意义，然而由于国情、文化和经济发展阶段的差异，国外的标准尚不能完全照搬到中国。可行的做法是在政府指引下，发挥各行业协会的作用，在参照国际相关标准的基础上，结合中国实际情况，制定符合行业特点的企业社会责任标准，组织专门机构开展企业社会责任认证工作，对通过认证的企业给予市场准入等方面的优惠政策。同时，鼓励政府或民间的企业社会责任评估机构对企业的社会责任绩效进行评估，定期发布以社会责任指数为代表的企业社会责任排行榜，举办"最具社会责任企业"评选等活动，为企业各利益相关者的行动提供社会责任指南。

5. 推行企业社会责任报告制度

企业定期将社会责任履行和自评情况以《企业社会责任报告》的形式在媒体或网站上发布，接受利益相关者和社会各界的监督。目前中国绝大部分企业是采取自愿方式，在年度报告内以分散披露的方式处理社会责任信息。为更好地推进中国企业社会责任报告制度，一方面应该在法律法规中强制性要求企业定期披露社会责任信息；另一方面应该在披露形式上予以规范，逐步从年度报告内分散披露过渡到独立性报告形式，保证认证机构、利益相关者和社会公众可以随时对企业社会责任的履行情况进行审查、监督和评价。

6. 发展企业社会责任型投资

社会责任型投资（SRI）是一种为了适应可持续发展而产生的金融衍生产品，通过整合多方面的指标（社会正义性、环境可持续性、财务绩效）于投资过程中，使得社会责任型投资可以同时产生财务性及社会性的利益。社会责任型投资并不是一个特定的商品名称，而是指一种为投资组合设定特定价值的应用方法。它是指将融资目的和社会、环境以及伦理问题相统一的一种融资模式，即以股票投资、银行贷款等形式为那些承担了社会责任的企业提供资金支持。它要求企业在对其盈利能力加以"合理"关注以外，同时也关心另外两项对所有企业生存影响与日俱增的因素：环保和社会公正。社会责任型投资能使环境和社会业绩同时出色的公司脱颖而出，约束经理层参与到社会责任治理问题，从而改善企业在这些领域的业绩。中国的社会责任投资仍处于起步阶段，在宏观调控层面应积极借鉴国外经验，促进各类社会责任投资基金和各种社会责任投资工具的发展。

第六章
The Further Research on Family Business Based on Complexity Theory

家族企业家人格复杂性理论

作为我们这个时代精英的阶层之一，企业家正成为社会注目的中心。他们在经济大潮中翩然挥洒，他们从无到有的掘金故事和以小搏大的智慧传奇成为人们茶余饭后最津津乐道的话题。然而，上帝之手在赋予他们名誉、财富和事业的同时，也顺手拿走了阻挡精神洪水的闸门。这让他们在运筹帷幄的同时，不得不艰难地独自面对内心深处越来越难以排遣的焦虑、孤独和苦闷。正是企业家的人格大小决定企业的命运，有什么样的企业家的人格就有什么规模与品味的企业。一个民营家族企业能够做多大，取决于企业家本身的文化底蕴、人格修养、价值观和精神境界。许多民营企业之所以做不大甚至是失败，就在于老板本身的境界就没有达到企业家精神的境界，很多中国的民营家族企业主有太多的个人英雄主义。正所谓时势造英雄，英雄造企业，但同时又随着这个英雄的衰退而导致企业的衰亡。所以，我们不仅要从经济、社会、文化等角度研究家族企业与家族企业家的问题，我们还可以从人格的角度来研究中国家族企业家的人格本质与扭曲对家族企业发展的影响，而且从复杂性人格新论入手，探讨在中国经济转型期的背景下，如何以家族企业家的人格转型来推进中国家族企业制度的健康发展。

曼弗雷德·凯茨·德·弗里斯认为，在企业家，特别是创业企业家身上，既聚集着光彩、荣耀和丰功伟绩，同时他们也有巨大的性格阴暗面，甚至是可怕的一面。他们像普罗米修斯和奥德修斯那样的神话英雄，或者成为新一代的独行侠，敢于和环境作斗争的人。企业家就是那种喜欢尝试、敢于冒险、经历种种艰难困苦最终"成功"的人。但是，企业家是非常复杂的人：动机、欲望和愿望经常不一致，自己深感困惑；经常顶着巨大的压力；经常看似不理性、冲动的行为让人感到不安。一般而言，他们出身卑微，立下奇功，志得意满之际心生骄傲，最后遭遇背叛或者英勇牺牲。一位企业家想让父老乡亲看看自己是多么的成功，于是在家乡建造了气势宏伟的办公楼和工厂，与周围环境的破败形成鲜明对比，这一举动让公司陷入财务困难。遗憾的是，学术界对创业型企业家从心理治疗和精神分析的角度考察工作世界的研究相对较少，而且已有文献中，大部分关注的是工作世界中的抑制症案例或者强迫症案例，偶尔有一篇探讨的是创造性职业从业人员，没有一篇关注企业家，尽管企业家对经济发展做出了主要贡献。[1] 所以，我们要研究家族企业家人格的问题，特别要研究家族企业家人格复杂性问题。

《现代汉语词典》对人格的解释是：人的性格、气质、能力等特征的总和；个人的道德品质；人的能作为权利、义务的主体的资格。由于通过分析人格，可以预测人的行为倾向，心理学家也十分关注人格问题。心理学意义上的"人格"亦称"个性"，指个人稳定的心理品质。包括两个方面，即人格倾向性和人格心理特征。前者包括人的需要、动机、兴趣和信念等；后者包括人的能力、气质和性格。这两个方面的有机结合，使个性成为一个整体结构，共同决定着人的行为方式上的个人特征。实际上人格是一个复杂的心理学范畴，不同时期的心理学者们从不同的角度对其概念与内涵进行了探讨和发展，但至今没有统一的定义。美国心理学家杰里·M·汉堡在综合各种定义后认为，"人格是稳定的行为方式和发生在个体身上的人际过程"[2]。特质是人格的基本要素，"是一种长时间不变的特征或个体差异"[3]，具有某些相同因素的人会表现出一些共同的特质，同时在他们身上也会体现出一些区别性特质。维克多·巴尔诺指出："人格是个体的各种内在力量的较为持久的组织，这些内在力量和个人较为一致的态度、价值、认知模式组成的复合体有关，通过这一复合体，我们可以对个人行为的一致性做出部分解释"。人格既有一致性，又有可塑性。

企业家人格是指一个企业家所应具有的基本的性格特征，它不仅仅是指道德伦理上的人格，它是多种要素的复合体，这一复合体可以对企业家行为的一致性做出解释。正如资本家是资本的人格化一样，企业家是企业家精神的人格

---

[1] 曼弗雷德·凯茨·德·弗里斯著，丁丹译. 至高无上的囚徒 [M]. 北京：东方出版社，2011.
[2] Jerrym Burger, 陈会昌等译. 人格心理学 [M]. 北京：中国轻工业出版社，2000.
[3] Mowen Jc, & Minorm. Consumer Behavior. Upper Saddle River [M]. NJ: PrenticeHal, 1998.

第六章
家族企业家人格复杂性理论

化,而企业家人格则是企业家的内核。[①]"是企业的灵魂和人格化"[②],"作为一种特殊而稀缺的人力资本,企业家是决定企业绩效的关键要素"[③]。目前,关于企业家的研究很多,但主要集中在创新素质、激励等方面,对于其人格的研究却相对较少且不够深入,即便有一些对企业家人格研究的成果也大多是简单的定性分析或经验性描述,理论价值和实践意义不大。而相关研究表明,企业领导者是否具备想象力、毅力、幽默感、活力等个性品质,是影响企业创造性潜能发挥的重要因素。企业家的人格素质,不仅直接关系到企业职工的认同度,在相当程度上也制约着企业家的影响力大小,甚至还直接影响企业存在的生命周期。因此,深入研究企业家的人格具有重要的意义。[④] 家族企业家的人格特征除与企业家人格特征基本一致外,一个主要差别是家族企业家在家族成长经验、家族在创业中的影响及家族企业传承对家族企业家的人格影响,更值得深入研究,特别是借助复杂性心理学理论进行研究。

何谓企业家人格?从民国创业的张謇到卢作孚这些成功的企业家中,我们可以给企业家的人格或者角色有一个清晰的界定,企业家与资本家、富人、有钱人是不同的。至少可以包括四个特征:一是经济创造力,就是敢于挑战风险、勇于掌握新事业机会的创业精神,这是企业家的内在驱动力。中国传统文化中往往缺少类似的冒险、开拓、创新等因素。二是核心价值观,实业救国、工业救国、民生救国、棉铁救国等理念曾风行中国。他们抱定一不做官,二不从教,终身以实业救国为己任。三是社会责任感,不以赢利为唯一目标,重视社会信誉,以服务社会为自己的最高选择。"永久黄"团体制定的"四大信条",民生公司在抗日战争特别是宜昌大撤退中的巨大牺牲和出色表现,都是最好的证据。"天之生人也,与草木无异。若遗留一二有用事业,与草木同生,即不与草木同腐。故踊跃从公者,做一分便是一分,做一寸便是一寸。"这是张謇的名言;荣德生的座右铭是"立上等愿,结中等缘,享下等福";卢作孚信奉的是"忠实地做事,诚恳地对人"。四是管理制度化,现代企业不是旧式作坊,不是手工生产,而是组织起来的大规模机器生产。大生纱厂创办之

[①] Victor. Barnouw,周晓红等译. 人格:文化的积淀 [M]. 沈阳:辽宁人民出版社,1989.
[②] 甘德安. 成长中的中国企业家 [M]. 武汉:华中科技大学出版社,1997.
[③] 赵晓芳等. 企业家激励机制探析 [J]. 商业研究,2006(3).
[④] 甘德安. 成长中的中国企业家 [M]. 武汉:华中科技大学出版社,1997.

前,张謇就制定了《厂约》和一系列章程,早期得到了较好的执行。在抗日战争之前,荣氏企业、刘鸿生的一系列企业、卢作孚的民生公司、范旭东的"永久黄"团体等,都已经往制度化轨道上走去。这四个特征成为衡量一个企业家健全人格的基本要件。

自改革开放以来,中国家族企业家的心理发展经历了巨大变化。从宏观层面上看,首先是中国经济从计划经济走向社会主义市场经济,为创业者创办家族企业提供外在的社会条件,也为家族企业家心理演变创造了外在社会条件;其次,创业者在创办企业,最初选择家族企业的独特发展阶段时,由于创业过程中创业者不得不依靠家族的力量,所以,家族企业家对家族的依赖心理或者随着企业不断发展对家族束缚感受不断加深,形成对家族血缘的依赖与反叛的心理;最后,传统中国儒家文化也包括传统计划经济对民营家族企业主的社会偏见与歧视也对民营企业家的心理发展起着潜移默化的影响。从微观层面上讲,民营企业家的身份的转变、企业经营知识的提升及社会、经济及政治地位的提高也直接影响着其自身的心理发展。个体道德素质和精神层面需求的改变[①]。

第一节 家族企业家人格行为特征

一、家族企业家的人格是家族企业可持续发展的核心

法国学者白吉尔在名著《中国资产阶级的黄金时代》[②]中有个论断,与西方17世纪的新教徒企业家不同,20世纪中国的企业家把自己的成功看做是拯救国家命运的希望之举。"地方精英阶层所以承担起社会公益事务的责任,是出于社会开放和现代化的强烈愿望。"这就可以理解穆藕初一掷万金去助学的义举,理解张謇在南通的作为,以及企业家群体在推动工业化过程中为促进城市化所做的一切努力。

[①] 陈传锋等. 民营企业家的心理演变探析 [J]. 心理科学, 2008 (5).
[②] 白吉尔. 中国资产阶级黄金时代 (1911 - 1937) [M]. 上海:上海人民出版社, 1994.

第六章
家族企业家人格复杂性理论

  他们对公益事业的关心,已经不是造桥修路、做善事那么简单,而是具有以工业化带动城市化的深刻内涵。张謇是第一个例子,他是中国企业家的标杆、榜样、楷模。他生于一个大转型的时代,以30年的时间致力于实业、教育、自治和宪政,成为那个时代最具代表性的人物。如果说梁启超是以文字,那么张謇就是在实践上开风气之先。古老中国的现代化之路在他的脚下伸展,实业、教育、宪政(以地方自治为基础)正是现代化的三个支点。①

  中国的家族企业家的人格随着改革开放社会经济结构发生了巨大变化。有学者把民营家族企业发展大体分成三个阶段,相应的也可将民营企业家的心理演变历程也分为三个阶段。② 第一阶段是民营企业家的心理萌芽阶段(1978~1992年),此阶段多以"个体户""专业户"等私人经济形式出现,这些经济组织主要从事农副产品加工业和城镇小手工业,规模都较小,而且很分散,具有浓厚的家庭作坊色彩。该阶段的非公有经济经营者还没有形成现代所谓的"民营企业家",也没有形成系统而正式的企业家集体心理,他们对自身心理发展关注甚少。同时,由于此阶段仍然存在一定的政治偏见和社会传统思想偏见,给该阶段的私有企业经营者带来了对自身身份地位的否定和不认同,并存在着一定的自卑心理。第二阶段是民营企业家的心理发展阶段(1992~2004年)。在这个阶段,民营企业家心理发展经历了至关重要的蜕化,一部分民营企业家由于抗压能力弱、信息不对称、知识素养不高等因素而无法适应改变了的市场环境乃至最终破产。另一部分在企业发展和经济竞争中生存下来的民营企业家却能充分利用资源将企业进一步做大做强、并形成规模化。在此阶段,社会大众和政策体制对民营企业家的传统看法也由"歧视""社会偏见"逐渐转向"羡慕""尊重",由此也带来了民营企业家对自身经济财富、政治地位和自身群体身份的肯定和认同。另外,民营企业家开始逐渐关注自身知识、素质甚至是心理健康和心理需求问题。第三阶段是民营企业家的自我超越和心理发展多样化阶段(2004年至今)。国家对非公有制经济的政策由"引导、监督和管理"变成"鼓励、支持和引导",并以宪法的形式明确了私营经济的地位和作用。因此,民营企业家在此阶段获得了更大的社会关注和尊重,得到了来

---

① 傅国涌. 大商人——追寻企业家的本土传统[M]. 北京:五洲传播出版社,2011.
② 陈传锋等. 民营企业家的心理演变探析[J]. 心理科学2008(5).

自经济、法律等政策的更大扶持和帮助。同时对政治经济局势的焦虑也逐渐降低，一方面，由于具有了一定的经济地位和社会财富，民营企业家群体越来越关注身心和谐与追求自我价值的社会实现，开始关注企业的社会效益和社会责任，并在一定程度上开始追求社会名誉和社会贡献，实现了自我超越。另一方面，由于中国社会传统的仇富心理与2004年以来的"国进民退"在一定程度上给家族企业家带来更大的心理问题和心理压力。另外，此阶段的民营企业家开始更加关注个体需求、精神需求、心理需求的层面和深度都较以前不同，其心理发展表现出多样性特点。

很多民营企业老板呈现出一种双面人格：一方面，他们接受了很多现代企业管理的理念，认同很多国际公认的企业运作原则，在公开正式场合中，他们个个都能侃侃而谈、长篇大论，把经营说得娓娓动听，甚至在言语之中的管理观念都属十分前卫型。另一方面，在日常工作中又会很自然地流露出其思想最深处的那种劣根性。在大部分民营企业家头脑中，很少有尊重人才、尊重员工、以人为本的管理思想，有的只是"效率和利润"观念，血缘亲缘观念、自我崇拜意识、帝王观念。

大部分中国民营企业家缺少一种作为企业家必备的东西，那就是对人的尊重、对人性的尊重、对人文主义的崇尚、对民主自由的理解、对封建专制的排斥、对客观事实和科学原则的承认、对人的深层次需求的了解。事实上，这不仅仅只是一种企业家精神，更是一种民族精神、一种社会精神，是整个社会和整个国家文明进步的根本动力。对于一个落后的社会而言，整个社会都缺乏这种精神；对于一个文明社会而言，整个社会都充满着这种精神。纵观世界各国，这种精神越多的国家、其经济也就越发达，而这种精神越少的国家、其经济就越落后。一个国家的经济发展绝不是由地理位置、能源矿产及自然资源等因素决定，而是由这种精神因素决定。同样，一个企业的经济发展更是由这种精神所决定。[①]

构成企业人格的因素是十分复杂的，但其核心仍是企业家的人格。围绕企业家人格，又可分为内部因素和外部因素两大类。内部因素除了企业家本人的性格、气质和能力外，还可延伸到围绕企业家本人所形成的决策层人格，管理

---

① 余治国．国殇：中国民营企业考察报告，http：//www.fanyagroup.com/．

第六章
家族企业家人格复杂性理论

层人格及员工层人格等。外部因素则是指对企业人格施加影响的外在因素，如社会环境、政策法规、人际关系及企业交往关系等。既然企业人格对于企业的命运如此重要，那么如何来打造健全的、高尚的、富有个性的企业人格呢？关键是要把握两个问题，即"企业的人格化"问题与"人格的企业化"问题。

人本自然，每一个人都是从自然人逐步转化到社会人，由社会人而后转化到职业人。自然的属性是人天生的烙印，是很难简单地用好坏来区分的。但是面对企业的特性，人的属性就需要有所阐扬，有所保留了。所以在提出"企业的人格化"的时候反而更要求"人格的企业化"了。管理中对人本和人性的重视不是以个人的特性作为管理的立足点的，因为单独的人只有在和企业的链接过程中才能体现价值，而离开了企业背景的烘托，再成功的人士也不免形单力薄。所以从微观角度来讲，在企业人的培养和使用中，发挥人的个性是有选择的，也就是说必须坚持"人格的企业化"。因为企业是团队文化的结合体，是共性的综合体现。面对市场和客户的时候，是企业的特性甚至是企业人格化的特征提供客户一定的信心保证，客户要的是产品或服务带给他的价值增值。所以，这种特性不是某个人的个性，而首先是团队的共性，其次才是在此基础上的人的个性发挥。难免的是人的个性在某些方面与团队共性发生冲突，这是"人格的企业化"形成过程中的必然情况。事实上，"企业的人格化"与"人格的企业化"之间的冲突，犹如一枚硬币的两个侧面，他们是相互贯穿于企业人格形成的同一过程中的，其实质是企业团队中个人与集体、个性与共性的对立，解决它们之间的问题也必须依据唯物辩证的思维与方法。

20世纪之交，即1900年前后，这是一个特殊的时代，是张灏所说的转型的时代。晚清状元张謇认为自己在读书人的道路上已经走到了末路，这条路不可能再给中国以及他自身带来新的发展动力。在给一个朋友的信里，张謇说他要走一条更实实在在、踏踏实实的道路。这条路即是从地方建设开始，"得寸则寸、得尺则尺"。因缘际会，他找到了一个切入口——办实业。

1896年，张謇在南通兴办大生纱厂，办厂的源起本是因张之洞之命促成，但张謇受命之时，动因则是要为病在空言、为世所轻的书生争一口气。他在书中写道："以为举事必先智，启民智必由教育，而教育非空言所能达，乃先实业，实业、教育，既相资有成，乃及慈善，乃及公益"。1903年开始，他致力于家乡南通的城市建设，以大生纱厂为中心创办了一系列辅助性企业，奠定经济基础，同时兴学以提升民众素质，进而以交通水利和慈善公益等事业，改善生态和人文环境。张謇"言商仍向儒"，最终目标是将南通变为一个"新新世界的雏形"。

1926年，张謇去世，这位清末状元留下的是大生集团，以及彼时已经成为"全国模范县"的南通。他对近代企业家产生的深远影响没有因为他的离去而消失。同年，卢作孚的第一艘轮船"民生号"开始运营，南通自治的模板也成为他在重庆北碚进行社会改造的灵感来源。与此同时，深受"南通模式"影响的荣氏兄弟也在无锡倡导"劳工自治区"的实验，并提出以"企业为核心"，辐射建设"大无锡"的蓝图。张謇是具有实业救国人格的人。

二、家族企业家人格心理的基本特征

1. 成就、使命与责任感是家族企业家最为重要的心理特征

根据戴维·C·麦克莱兰的"三需求理论"："成就需求是行为主体想超越别人，追求成功的欲望；高成就需求者有把事情做得比别人更好的欲望；高成就需求者有设立挑战目标，肩负责任，设法解决问题，获得清楚的绩效回馈，据以改善的欲望。"熊彼特讲："企业家存在有征服的意志，战斗的冲动，证明自己比别人优越的冲动，它求得成功不是为了成功的果实，而是为了成功本身"。可见，成就需求或成功欲是企业家性格的核心特质。其实，民营家族企业的创业者都有"英雄"情结、"帝王"倾向。可能不光是中国，全球企业的创始人所在年代都是个人英雄的年代，在中国表现得尤为明显。马克斯·韦伯说过，权力的基础有几个：要么传统、要么个人魅力、要么制度等，创始人一般都是个人魅力极强的人。这就是成就、使命与责任的产物。

使命与责任感主要是一种历史感或一种"有所为"的理念，一个真正的企业家不仅要有强烈的成就需求，更要有深沉的历史使命感和责任感，缺乏使命感和责任感的企业家人格是不健全的。法国学者白吉尔在名著《中国资产阶级的黄金时代》中有个论断，与西方17世纪的新教徒企业家不同，20世纪中国的企业家把自己的成功看做是拯救国家命运的希望之举。"地方精英阶层所以承担起社会公益事务的责任，是出于社会开放和现代化的强烈愿望。"这就可以理解穆藕初一掷万金去助学的义举，理解张謇在南通的作为，以及企业

家群体在推动工业化过程中为促进城市化所做的一切努力。①

看民国时期的民营企业创业者,从张謇到卢作孚身上,我们可以看到他们创办企业过程中所体现的社会责任感。从企业取名即可看出一些端倪,"大生"源自《易经》"天地之大德曰生","茂新"、"福新"、"申新"都有一个"新"字,"民生"本身就是宗旨,胡厥文办机器厂叫"新民","久大"、"永利"、"德大"、"厚生"、"大中华"……也都寄托了创办人的怀抱。20多岁就做了老板的古耕虞说:"信用是买卖人的无价之宝,是不能以数字来衡量的。"他百分之百地信守合同,一向保持AAA的银行信誉纪录。这位爱穿中国长袍的"猪鬃大王"还将自己一丝不苟、一贯遵守约会时间的好习惯,称为"企业家风度"。②

2. 创业与甘冒风险是家族企业家最为重要的心理特征

没有甘冒风险和承担风险的魄力,就不可能成为企业家。如近代的大企业家荣宗敬讲过创业的四项原则:造厂力求其快,设备力求其新,开工力求其足,扩展力求其多就体现了甘冒风险和承担风险的魄力。③坎迪隆和奈特两位经济学家,将企业家精神与风险或不确定性联系在一起。企业创新风险是二进制的,要么成功,要么失败,只能对冲不能交易,企业家没有第三条道路。对1939年在美国硅谷成立的惠普、1946年在日本东京成立的索尼、1976年在中国台湾成立的宏基、1984年分别在中国北京、青岛成立的联想和海尔等众多企业而言,虽然这些企业创始人的生长环境、成长背景和创业机缘各不相同,但无一例外都是在条件极不成熟和外部环境极不明晰的情况下,他们敢为人先,第一个跳出来吃螃蟹。④

3. 勤奋敬业是家族企业家精神最为基本的行为特征

马克斯·韦伯在《新教伦理与资本主义精神》一书中主要考察了16世纪宗教改革以后的基督教新教的宗教伦理与现代资本主义的亲和关系。在马克斯·韦伯看来,"资本主义"不仅仅是一个经济学和政治学的范畴,而且还是一个社会学和文化学的范畴。他把"资本主义"当做一种整体性的文明来理

---

①②③ 傅国涌. 大商人——追寻企业家的本土传统[M]. 北京:五洲传播出版社,2011:17,14,110.

④ 刘剑非. 刘晴辉. 企业家人格新论[J]. 经济与管理,2003(4).

解，认为它是18世纪以来在欧洲科学、技术、政治、经济、法律、艺术、宗教中占主导地位的理性主义精神发展的结果，是现代西方文明的本质体现。在这样一种文明中，依靠勤勉、刻苦、利用健全的会计制度和精心盘算，把资本投入生产和流通过程，从而获取预期的利润，所有这一切构成了一个经济合理性的观念。这种合理性观念还表现在社会的其他领域，形成一种带有普遍性的社会精神气质或社会心态，弥漫于近代欧洲，这就是韦伯所说的"资本主义精神"。它作为近代欧洲所独具的价值体系，驱动着人们按照合理化原则进行社会行动，最终导致了资本主义的产生。他在书中写道："这种需要人们不停地工作的事业，成为他们生活中不可或缺的组成部分。事实上，这是唯一可能的动机。但与此同时，从个人幸福的观点来看，它表述了这类生活是如此的不合理：在生活中，一个人为了他的事业才生存，而不是为了他的生存才经营事业"。[①] 货币只是成功的标志之一，对事业的忠诚和责任，才是企业家的"顶峰体验"和不竭动力。勤奋努力、积极进取是迈向任何成功的第一要素。出身卑微的李·艾科卡经过不懈努力当上了当时世界第二大汽车公司——福特公司副总裁，却一夜之间又被踢进解雇的"地狱"，但壮心不死的他东山再起出任第三大汽车公司——克莱斯勒总裁，经过一番艰苦卓绝的努力，仅3年时间就使这个濒临倒闭的汽车王国起死回生。他说，"我本人坚忍不拔、百折不挠的进取精神是成功的关键"。

4. 执著是家族企业家最为鲜明的本色

英特尔总裁葛洛夫有句名言："只有偏执狂才能生存"。这意味着在遵循摩尔定律的信息时代，只有坚持不懈持续不断地创新，以执著的，咬定青山不放松，才可能稳操胜券。在发生经济危机时，资本家可以用脚投票，变卖股票退出企业，劳动者亦可以退出企业，然而企业家却是唯一不能退出企业的人。正所谓"锲而不舍，金石可镂；锲而舍之，朽木不折"。"在20世纪80年代诺基亚人涉足移动通讯，但到90年代初芬兰出现严重经济危机，诺基亚未能幸免遭到重创，公司股票市值缩水了50%。在此生死存亡关头，公司非但没有退却，反而毅然决定变卖其他产业，集中公司全部的资源专攻移动通讯。坚

---

① 马克斯·韦伯. 新教伦理与资本主义精神 [M]. 上海：上海人民出版社，2010.

忍执著的诺基亚成功了,如今诺基亚手机在世界市场占有率已达到35%。①

赵章光本是一名乡村赤脚医生,但他历经百次艰苦试验,苦心钻研于脱发的研究和治疗,屡遭挫折而不悔,以其坚韧的性格和务实的精神,终于研制成功了这一"疑症"的灵丹妙药——章光101生发精,随后开发的系列产品很快就风靡全球,他不仅为患者带来了福音,为中药的研发提供了可贵的探索,而且本人也成为誉满全球的发明者和企业家。

5. 创新是家族企业家生存与发展的核心

熊彼特关于企业家是从事"创造性破坏"的创新者观点,凸显了企业家精神的实质和特征。一个企业最大的隐患,就是创新精神的消亡。一个企业,要么增值,要么就是在人力资源上报废,创新必须成为企业家的本能。但创新不是"天才的闪烁",而是企业家艰苦工作的结果。创新是企业家活动的典型特征,从产品创新到技术创新、市场创新、组织形式创新等。创新精神的实质是"做不同的事,而不是将已经做过的事做得更好一些"。所以,具有创新精神的企业家更像一名充满激情的艺术家。

熊彼特(1942)用"创造性破坏"诠释经济秩序以及均衡市场的"相变"现象,正是企业家的"创造性破坏"使得"相变"得以发生。实际上,熊彼特的"创造性破坏"类似于热力学系统的"巨涨落"以及复杂适应系统的"涌现"。企业家的"创造性破坏"使得"相变"得以发生,但所聚焦不是旧秩序的破坏,而是这种破坏如何产生的积极效应或正面影响,也就是新的实体得以产生、新的财富得以创造、新的秩序得以建立。鉴于此"创造性破坏"而引发的新经济秩序产生同"相变"之间的联系,复杂性理论被运用来解释这种现象,而"涌现"又重新引起关注。②

日本任天堂(玩具)企业的第三代社长山内博,在其接手时企业已到难以为继的地步。但他有强烈的创新意识和对市场有敏锐的认识,当第一台个人电脑面世时,他大脑里马上闪电般地印下"电脑时代"这个词,随即产生将电脑和游戏结合起来的史无前例的大胆构想,并果断地成立了开发部,于

---

① 刘剑非,刘晴辉. 企业家人格新论[J]. 经济与管理,2003(4).
② McKelvey, B. Towards a complexity science of entrepreneurship [J]. Journal of Business Venturing, Vol. 19, No. 3, 2004: 313-329.

1986年首推了"电视游乐器"，即家庭电脑游戏机，很快就在日本刮起游戏旋风。后又不断推出适宜不同人群的教育、游戏软件、如"学习盒"、"第四代超级玛利"等，让整个世界的玩具业都掀起了"任天堂"家庭游戏机的旋风，成为名副其实的"游戏大王"。

6. 诚信是企业家精神的基石

中国自古是礼仪之邦，中国人过去以守信义、讲信用著称于世。孔夫子一句"人而无信，不知其可"，成为中国人最正统、最经典的人生哲学。但是，现在，在经济活动中不讲信用的行为屡见不鲜。

诚信是企业家的立身之本，企业家在修炼领导艺术的所有原则中，诚信是绝对不能妥协的原则。市场经济是法制经济，更是信用经济、诚信经济。没有诚信的商业社会，将充满极大的道德风险，显著抬高交易成本，造成社会资源的巨大浪费。其实，凡勃伦在其名著《企业论》中早就指出：有远见的企业家非常重视包括诚信在内的商誉。诺贝尔经济学奖得主弗利曼更是明确指出："企业家只有一个责任，就是在符合游戏规则下，运用生产资源从事利润的活动。亦即须从事公开和自由的竞争，不能有欺瞒和诈欺"。

诚信是由企业活动的契约性决定的，企业的经济效益来自商务活动，商务关系实质是人与人之间的契约关系，契约关系必须建立在相互信赖的基础上，因此企业家的诚信品格是其成功的必要条件之一。海尔集团的张瑞敏认为，企业的核心竞争力"是在市场上可以赢得用户忠诚度的能力"，且将"卖信誉，而不是卖产品"定为海尔的市场观念之一，并融入其强烈而独特的企业文化，三星集团的创始人李秉哲曾说，"在我一生从事企业活动中，体验并获得证实的最重要一点是，一个企业赖以生存的基础是国家，因此企业应为国家和社会的发展作出贡献。"如今的海尔已成为中国最具价值的品牌。万科的王石更是"以诚信为企业的底线"，从"公正摇号"到"红线外风险提示"，王石以诚信促销，不仅使万科获得少有的社会"诚信企业"称号，还在同行业中遥遥领先。可见，"诚信"确实是制胜的法宝。

7. 学习是企业家精神的关键

荀子曰："学不可以已"。彼得·圣吉在其名著《第五项修炼》说道："真正的学习，涉及人之所以为人此一意义的核心"。学习与智商相辅相成，以系统思考的角度来看,从企业家到整个企业必须是持续学习、全员学习、团队学习和终生学习。日本企业的学习精神尤为可贵,他们向爱德华兹·戴明学习质量和品牌管理;向约琴夫·M·朱兰学习组织生产;向彼得·德鲁克学习市场营销及管理。同样,美国企业也在虚心学习,企业流程再造和扁平化组织,正是学习日本的团队精神结出的硕果。

8. 合作尽职家族企业发展的生命线

企业家作为企业的经营者和管理者,个人对企业的尽心尽职不容置疑,但企业的发展单靠个人的力量是不够的,企业家还必须重视团队的力量,善于合作。台湾的吴舜文在68岁时才临危授命于裕隆,随即全力以赴投身汽车行业。她深知合作的重要性,主张用人唯才,大胆放权。为研发汽车发展企业,重金聘用朱信成立设计中心,花巨资培训人才、建立资料库等,终于带领团队成功研发了"飞羚101",登上台湾"汽车女王"的宝座。尤其在当今市场经济的时代,竞争日趋激烈,缺乏合作意识和尽职品格,靠自己单打独斗自然难以取得成功。

三、家族企业家人格障碍的主要特征

中国创业的第一代家族企业家中,很多都是为生计所迫才走上经商办实业的道路,他们特殊的成长背景,在一定程度上影响了他们的人格完善,一些民营家族企业家虽然白手起家成就家族企业,但当企业发展到一定规模时,其自身素质管理发展起来的企业还相对欠缺。此外,由于受到长期的封建体制与后来的计划经济体制的束缚,在中国人的传统观念里,民营家族企业家是一个受到普遍贬抑的阶层,没有得到与其贡献相配的社会地位与公众认同,无商不奸、唯利是图、投机倒把等曾一度成为民营家族企业家的本质属性的代名词,完全忽视了民营家族企业家作为社会物质财富创造者、经济发展推动者的正面角色。正是由于这些因素,在一定程度上导致中国的一些民营企业家出现人格缺陷等问题。

著名调查机构零点公司曾经对北京415位大公司"白领"的健康状况进行过调查,结果显示:有61.4%的人心理疲劳非常严重,身心健康正受到严重的威胁。《财富》杂志一项针对中国高级经理人的调查也表明,全国参与调查的1576位高级经理人当中,有70%的被调查者感觉到压力的困扰。这份调查还专门用到了一个心理学的专用名词,即心理衰竭。结果显示:27%的高级经理人心理衰竭水平较高。这些情况都足以表明,心理障碍是企业家自杀的根源。①

(一) 家族企业家人格障碍特征之一:自大

阿德勒认为人的一切行为都受"向上意志"的支配,因此羡慕别人、胜过别人、征服别人等行为都是追求优越的人格表现。在追求优越的过程中可能会产生两种结果,追求优越既可能成为向上的动力,激励人去追求更大的成功;另外也可能会由于追求自己个人优越,而忽略他人和社会的需要,变得骄傲、专横、虚荣自大、妄自尊大,缺乏社会兴趣。②

从整体看,改革开放30多年来,民营家族企业主从社会不被社会接受和认可,到成为受人尊重的既仇富又羡慕的财富拥有者的企业家。他们再也没有以前的自卑,取而代之的则是自豪和自傲。但是,过犹不及,迅速的拔高也让他们陷入了过度自信的泥淖,搞一些造神运动、企业英雄主义、轻度妄想症和赌徒心理等。③ 细说下来,中国草创型的民营家族企业家群体,他们对民众智商极度地蔑视,在营销和推广上无不夸大其词,随心所欲,对市场游戏规则十分地漠然,对待竞争对手冷酷无情。

民营家族企业家在决策中有太多诗人般的浪漫与臆想,太多的模糊、太多的任性、太多的一相情愿、太多的不确定性、太多的可变性,而鲜有一种科学精神、严谨作风和理性思维。往往以自己的主观意志代替客观规律,决策中只考虑利益、不考虑人性,决策不按正常的逻辑顺序进行,思维方式呈跳跃性,行为方式表现出非理性和模糊化。这些都是狂妄自大导致的。

很多民营企业家都有一种强烈的自我崇拜心理,这与其年轻时期的生活工作经历有关,他们总认为自己有某种过人之处,总是有一种救世主的心理,总是在心里便把自己看成某个朝代的开国君主。托普集团掌门人宋如华的失败是

---

① 李天才. 不去法院就去医院——企业成功人士心理疾病扫描 [N]. 理财,2005.10.14.
② 阿德勒著,陈太胜译. 理解人性 [M]. 北京:国际文化出版公司,2000.
③ 吴光炳. 民营企业家的人格障碍及克服 [J]. 福建论坛(经济社会版),2001 (1).

一个生动案例。在托普帝国冉冉升起的时候,宋如华被鲜花、掌声和吹捧所陶醉,很难听进不同意见。一个资深高层曾经委婉地对其身边的人员某些做法提出意见,被宋当面驳回:"皇帝还要养几个太监解闷取乐呢?"进言者哑口无言。[①] 中国的民营企业家大多集创业者、所有者、决策者和执行者为一身,董事会形同虚设,下级只能俯首帖耳。这些条件与权力的结合,必然使我们的企业家个人拥有全世界最高的经营失误机会和决策错误机会。个人说了算要把企业引向成功,决策者必须具备很强的决策能力和善于听取各方面的意见,并能及时发现错误并迅速改正错误。[②]

(二) 家族企业家人格障碍特征之二:自卑

人一出生起就处于弱小、卑微、幼稚、依赖和无助的境地,都体验着自卑。阿德勒认为人出生后就带有自卑感,因此要超越自卑,就要树立正确的生活意义。要改变自卑情结者的行为方式,就必须让他们分析自己的生活目标,改变对自己或世界的看法,重新鼓起勇气,才有可能克服自卑。[③] 自卑情节容易使人产生孤立、离群的心理,并且抑制个体的自信心、荣誉感和成就感。

中国民营家族企业的创业者最初大部分是在那些从传统体制里不能得到更多更好利益的人员中发展起来的,加之当时经济短缺,民营经济的发展较为容易,因而使得民营家族企业先天地存在着素质上的缺陷,表现在个人的修养、受教育的程度及人际交往的层面等都有一定的局限。通过三十多年的社会主义市场经济的发展,民营家族企业家的文化水平参差不齐,部分民营企业家缺乏应有的生产经营知识,原本的文化根底也不厚实,又缺乏必要的系统学习,对现代科学技术、管理模式、市场经营知识所知甚少,这无疑都成为了他们最大的缺陷,导致民营企业家深刻的自卑。此外,中国传统观念对这一阶层的贬抑,特别是在社会中与国有企业所享有的待遇有所差别,也在一定程度上成为民营企业家产生自卑的根源之一。

[①] 余治国. 国殇:中国民营企业考察报告 [M]. http://www.fanyagroup.com/.
[②] 吴光炳. 民营企业家的人格障碍及克服 [J]. 福建论坛(社科教育版),2001(1).
[③] 阿德勒著,黄光国译. 自卑与超越 [M]. 北京:作家出版社,1986:13–15.

(三) 家族企业家人格障碍特征之三：自闭

自闭心理很平常，大概每个人都得经历一个自闭时期，才能走向成熟。医学心理学认为，自闭型人格主要特征是过度回避外界、过度内心丰富、过度情感冷漠和过度高评自我、过度孤独等。自闭型人格在认知方式上是充满积极、高于现实生活的；在思维内容上自闭型人格的内心世界是丰富多彩但往往超现实的；在言语表达上的区别，自闭型人格的案主不言不语、不声不响、不说不讲和沉默寡言为多见；在情绪情感上的区别，自闭型人格的情绪情感是强烈激情但不外流露的；在人格行为上的区别，自闭型人格在外部世界是主动积极回避不愿出家门的。自闭心理的产生主要由以下三个因素所造成：第一，自我和外界的沟通遇到障碍，而自己又不能克服或无力克服；第二，自闭往往由于不自信、有自卑心理；第三，不能忍受的被羞辱的因素。阿德勒认为，人在四岁以前受外部环境的影响所形成的行为模式，将成为他一生中不易更改的生活风格而固定下来。每个儿童在家庭中所处的情况不同，家庭的经济状况、社会地位、父母的性格、兄弟姐妹的相处，以致邻居的关系和亲友的交往等，处处都对他产生影响。[1]

国务院发展研究中心中国企业家调查系统在 2003 年所作的《中国企业经营者成长与发展专题调查报告》中显示，企业经营者对于自己身心健康满意程度的平均值为 3.55，相当百分制的 71 分，一些与工作有关的慢性疾病在企业经营者中具有较高的发病率；与工作压力相关的一系列生理与心理症状在不少企业经营者的身上出现。"有时出现"或"经常出现"的有关症状比重依次是："烦躁易怒（70.5%）"、"疲惫不堪（62.7%）"、"心情沮丧（37.6%）"、"疑虑重重（33.1%）"、"挫折感强（28.6%）"和"悲观失望（16.5%）"。当问及"当工作中遇到麻烦、心情不佳时，您最愿意与谁交流"时，调查结果显示：选择"单位以外的朋友"和"本单位领导班子成员"的分别占 47.9%和47.6%，尤其值得我们注意的是，居然有 42% 的企业经营者选择了"独自忍受，一般不跟他人交流。"[2]

---

[1] 阿德勒著，黄光国译. 自卑与超越 [M]. 北京：作家出版社，1986：105 – 133.
[2] 李兰. 中国企业家成长 15 年——1993 – 2008·中国企业家成长与发展报告 [R]. 北京：机械工业出版社，2009：290.

第六章
家族企业家人格复杂性理论

日前，杭州市第三人民医院公布了 2004 年 12 月对杭州部分百万元企业的企业家进行健康体检的结果，令人吃惊的是 91.7% 的企业家患有各种疾病，人均患病 3.2 种。更令人惊讶的是，有 30% 左右的企业家表示宁愿要资产而不要健康。企业家心理自闭潜藏危机。来自北京心理危机研究与干预中心的数据表明，自 20 世纪 80 年代以来，中国已有 1200 多名企业家因种种心理障碍走向了自杀之路。近年来，中国学者对一些年龄在 30~40 岁左右的企业总经理、厂长所做的调查发现，53% 的企业家存在不同程度的心理健康问题。

（四）家族企业家人格障碍特征之四：自恋

生存本能以自身为目标时所产生的倾向称为自恋。这里作为生命基本倾向的自恋，是一个较为宽泛的概念，它是生命体自我肯定、自我保存的基本力量。自恋可分为"自我生存"、"自我肯定"、"自我欣赏"、"自我崇拜"等四类。[1] 其他表现还包括需要不断被关注、崇拜、自私、缺乏同情心、利用他人，以及心怀嫉妒。自恋人格特征表现为：对批评的反应是愤怒、羞愧或感到耻辱；喜欢指使他人，要他人为自己服务；过分自高自大，对自己的才能夸大其辞，希望受人特别关注；坚信他关注的问题是世上独有的，不能被某些特殊的人物了解；对无限的成功、权力、荣誉、美丽或理想爱情有非分的幻想；认为自己应享有他人没有的特权；渴望持久的关注与赞美等。

作为人之天性的一部分，自恋本身并不是坏事。适度自恋可以使人自信果断、富有创意。这些都是商业领导人非常可取的素质。那些有所成就的人，不论这种成就是著书立说，还是经营公司，亦或是监管项目，都多多少少有点自恋，否则他们无法激励自己走向卓越。不少家族企业创业者都具有明显的自恋心理。

欧洲工商管理学院（INSEAD）教席教授曼弗雷德·凯茨·德·弗里斯指出，有 20% 的人由于经历了艰苦的童年。在缺乏关注中长大，或是太娇生惯养，就无法将内心的自我形象与外部真实世界相联系。当他们进入成年，就很难保持稳定的自我意识，可能一生都在追求被人欣赏和尊重的感觉，他们决心要证明自己的价值，形成自恋型人格特征。

---

[1] 李化侠. 蝴蝶效应对早期人格教育的启示 [J]. 济南职业学院学报，2010（2）.

家族企业家自恋的一个显著标志就是创业者的父亲不愿意把家族企业的财产权与管理权传承给自己的孩子。这已经是企业界普遍存在的现象，不仅在中国，世界上很多著名企业都有类似问题。例如 IBM 公司创始人老托马斯，80多岁依然不肯彻底放权给儿子，对企业与家族的各类事务仍具有强烈的控制欲望。直到离世，才最终罢手。

父亲为什么不愿意交权？其中的原因之一就是自恋情结。企业创始人往往经过了千辛万苦的创业过程，才取得如今的骄人业绩，企业的每一步成长都饱含着创始人的血与泪。在他们眼里，企业就是自己倾注了毕生心血，辛苦抚养长大的孩子。这样深厚的感情使得创始人始终不愿离开企业，放弃对企业的掌控权。小到企业里的一草一木，大到关乎企业生死存亡的战略决策，都要征询他的意见，由他说了算。

很多父辈企业家人生经历丰富，接受过诸多艰难险阻的考验，总觉得现在的年轻人生活安逸，没经过大风大浪的洗礼，他们的才能与心智还不足以领导一家企业，因此坚决不交权。例如上面提到的 IBM 创始人老托马斯，他对儿子在工作中毫无建树非常失望，经常贬低儿子，一旦儿子犯错，就指责他难成大器，使得儿子小托马斯生活在父亲的阴影下非常痛苦。

创业者的自恋情结是可以理解的。但始终不交权的危害，也是非常大的。一方面，这会影响企业与家族的兴旺发达。美国的达特集团，因父亲权力控制欲过强，导致家族矛盾严重，许多家族成员抛售公司股票，组建新公司，与其父成为竞争对手，最后两败俱伤，整个家族产业迅速衰败。另一方面，也会影响子女顺利接班。子女在企业中没有权力，处处受到老爸压制，使得子女无法树立领导威信，结果会严重伤害子女的接班信心，对子女的成长非常不利。

第二节 复杂性心理学关于人格的基本要点

一、复杂性思维对现代心理学的影响

（一）基于线性科学模型的心理学

从牛顿、伽利略时代开始，线性思想一直是近现代自然科学所遵循的基本准则。科学相信宇宙的和谐，并以研究自然界的秩序和规律为宗旨。"经典科学"或"牛顿体系"所描绘的世界是一个机械的、由决定论支配的世界，在这个世界中，每一个事件都由初始条件决定，而只要给出了初始条件，我们就不仅可以预言未来，甚至还能追溯过去。决定论的思想在拉普拉斯那里被发挥到了极致。① 人们坚信世上万事万物的形成和变化都有其确定的内在原因，而对确定的因果规律的探寻就成为科学研究的终极目标。决定论及实证主义的思想使得心理学在20世纪的大部分时间里一直在追求一种线性的、或者说一种简单明了的因果关系，并试图用这种因果关系来说明人类行为的确定性规律并预测行为的变化和发展。将线性的科学模型作为自己理论基础的最典型的就是行为主义和精神分析理论。

就线性科学对心理学的影响来看，可以概括为这样三个方面：一是认为心理的发展是渐进的，过程是平稳的。心理发展的间断、跳跃及突变既是心理疾病的原因，同时也被看做是心理疾病的症状。换句话讲，心理的平衡与稳定往往就被看做是心理健康的标志，治疗的目的主要是将不平衡转化为平衡，使不稳定趋向于稳定。二是认为整体是局部之和，通过分析性研究即可获得关于心理现象的整体性知识，比如人格的整体性就可以通过其组成部分来表示。三是强调行为的客观性和因果制约性，同时追求因果的透明性和相互作用的简单性，力求在每一种情形中都辨认出原因和结果来。

（二）复杂性科学对心理学的影响

在20世纪80年代中期兴起的复杂性科学，是一门新兴的交叉学科，是针对近现代科学中形成的一切可以用还原论方法解决的简单性问题而创立起来的。它以"复杂系统"为研究对象，强调的是按照事物的本来面目认识和把握研究对象，并认为客观世界存在着不能用还原论解决的问题，诸如生命问题、意识问题等。

复杂系统一般具有非线性、混沌和分形、涨落和突变、随机性和偶然性、组织和自组织、约束和紧致性、适应性、动态性等特征。复杂性科学给人们提供了一种观察自然和社会的新角度，它以非线性思维、整体思维、关系思维等思维方式来考察事物运动变化的方式，被称之为复杂性思维。复杂性思维在当

---

① 丘仁宗. 科学方法和科学动力学 [M]. 上海：知识出版社, 1984: 77.

今得到了广泛的应用，形成了一种跨科学的方法论，并日渐实现着自然科学研究和人文科学研究的自觉的、密切的结合。① 这种新的思维方式，为我们重新审视现代心理学的特征与误区提供了新的视角或视野。

当前所处的时代正是一个复杂性的时代，这个时代可以从不同侧面加以标志，如非线性时代、信息化时代、多极化时代等。这些标志的一个共同点就是反映了人们对世界的一种新认识——世界具有复杂性。复杂性是一个普遍适用的概念，从客观物质世界的客体来讲，存在着事实上的复杂性；从认识主体来讲，存在着认识上的复杂性；从主客体间的相互转化来讲，存在着种种中介复杂性、过程复杂性或阶段复杂性。在人文环境中难免也有人为的复杂性。因此，把复杂性理论引入到心理学研究之中，无论是在整体的认识论上还是在具体的研究方法上都为心理学的发展带来了一种全新的视野，开辟了一条崭新的道路。

首先，从复杂性理论出发，要改变以往心理学研究过程中追本溯源式的本质主义的思维倾向，不要强为复杂多变的心理世界寻找一个唯一的、永恒不变的本质或答案，或发现一种"放之四海而皆准"的普遍规律。应该充分认识到，心理现象是一个有序与无序、确定与不确定、简单与复杂相互交融的世界，是各种影响因素持续不断解体与重组、和谐与噪声反复交织的复杂过程。这具体表现为，每个人的人格形成过程中要受到包括：生物遗传、自然环境、家庭背景、社会、学校等诸多因素的影响，这些影响是广泛的、深远的、多变的，并呈现出和谐与不和谐、一致与不一致的复杂交混。在这个过程中，不同的原因可能会导致同一个结果，同一个原因也可能会导致不同的结果。这就要求人们绝不能因循非此即彼、寻求唯一因果关系、追求唯一本质的思维模式，而应以一种开放的、多元的、整合的、非线性的观念来认识和研究心理现象。埃德加·莫兰说：现实世界的"一个理论不是一个目的地，它只是一个可能的出发点。一个理论不是一个解决的办法，它只是处理问题的可能性"②。因此，在心理学研究中，必须创设一种多元共生的空间地带，尤其是应该提倡和强化运用各种个性化的理论及描述性的观点来解释和理解纷繁多变的心理现象，力求通过多视角的理论表现和多样性的阐释来对人们的生活实践产生积极的意义。

---

① J. 布里格斯，F. D. 皮特. 湍鉴——浑沌理论与整体性科学导论［M］. 北京：商务印书馆，1998.

② 埃德加·莫兰. 复杂思想：自觉的科学. 北京：北京大学出版社，2001：271 – 271.

其次，复杂性理论认为应该在复杂性视角下认识世界、研究世界，这意味着复杂性是世界的本质特征，简单性只是特例。心理学的研究对象是心理现象，它的研究对象包括了从感知觉到意识再到一些精神现象，这些现象构成了一个复杂的系统。即使单个心理现象比如意识，包括了与注意相联系的"执行控制"层面的意识现象，也包括了哲学中与物质相对应的意识现象，前者可以作为认知科学这样的自然科学性质很强学科的研究对象，而后者可以作为宗教学等人文科学的研究对象。心理学研究对象作为一个整体具有复杂的层次性，其一些具体研究对象本身也具有复杂的层次性。这种复杂的层次性决定了心理学理论的评价不可能从单一层次、单一类型和单一水平的标准进行评价，打破占主流地位的实证主义的单一评价体系也就成为当务之急。[1]

随着时代的进步和科技的发展，以机械论自然观和实证主义为存在和发展基础的现代心理学在20世纪遭到了挑战。爱因斯坦的相对论和量子论带来了物理学的两场革命，成功地揭示了能量与质量之间的关系，改变了传统的空间、时间观念。量子力学从根本上改变了经典科学世界，突破了经典科学的机械决定论，遵循因果加统计的非机械决定论，使得科学认识方法由还原论转化为整体论。四五十年代的信息论、控制论、一般系统论，六七十年代的协同论、突变论、耗散结构论的问世不断冲击着经典科学的传统观念，试图效仿物理学的科学研究模式的心理学的研究范式也不可避免因此受到冲击，从而产生了研究范式的危机。人们不得不思考在新时代背景下重建心理学的途径，以使其对人类的心理生活更具实践指导性并获得更好的发展。"21世纪的科学"——复杂性科学的兴起，就提供了思考这个问题的更好的可能方式。[2]

二、复杂性心理学的基本特征

（一）心理学范式向复杂性转型

如果说，在心理学发展的早期，线性思想作为一种科学形态的方法论尚能

---

[1] 王传东.复杂性理论在心理学研究中的价值[J].心理学探新，2009（4）.
[2] 王红椿.论复杂性科学对现代心理学研究的影响[J].惠州学院学报（社会科学版），2009（4）.

促进心理学的发展的话,那么时至今日,当我们面对真实、复杂的人的心理的时候,以确定性和简单性为特征的线性思想就会阻碍心理学的发展。其实,就像牛津大学的杰罗姆·布鲁纳所说的,在心理学与自然科学结盟并采用传统的自然科学方法来研究心理现象的那一天开始,就已经开始饱尝将心理学的研究与真实的人的心理相分离的苦果[1]。这是因为线性的方法只是在简单系统中是有效的,而对复杂的、充满能动性与创造性,即以非线性为其本质特征的人的心理来讲,线性方法是难以探究人的真实的心理活动规律的。

复杂性科学揭示,世界从本质上是复杂的、非线性的,线性的相互作用和规则简单的秩序是一种例外,这打破了自得莫克利特和亚里士多德以来科学家们笃信的复杂性下必有某种"简单物"或"简单力"的观念,这种"简单性思想正在瓦解,你所能去的任何地方都存在着复杂性"。[2] 心理学其研究对象是人,是生活在一定社会文化背景下的人,具有复杂性,人的心理具有多层次、多水平、多因素作用的特点,人与自然、社会之间以某种或多种方式发生复杂的非线性相互作用,各系统之间是相互联系和相互作用,而不仅仅是两因素之间的单向作用。

复杂系统的非线性关系表明,事物之间的联系是因果不等性的,这样系统在其发展中必然导致"对称性破缺"和"不可逆"。非线性完全改变了人们的传统因果观,更好地诠释了世界的多样性。因此,对于一个复杂的非线性系统,我们就要从各种不同层面、不同的角度、不同的途径提出问题,而不能满足于那种一因一果的简单解释。[3] 而且,非线性思维要求我们排除那种对复杂系统的演化进行长期预测的愿望,因为复杂系统的一个固有性质是:它在微观尺度上的非线性动力学和对于初始条件的敏感性依赖,不允许人们对于系统的终态作出预见。但是现代心理学认为,人的一切活动都是先前的某种原因和几种原因导致的结果,人的心理和行为是可以根据先前的条件,经历来预测和控制的。现代心理学家试图用信息加工的术语和利用计算机工作的原理来解释、推论人的心理过程。现代认知心理学还受生物决定论的影响,"它承认脑的机

---

[1] 杰罗姆·布鲁纳. 心理学与人的图像 [A]. 亨利·哈里斯. 科学与人 [C]. 北京:商务印书馆,1996:41.
[2] 乐国安. 论现代认知心理学 [M]. 哈尔滨:黑龙江人民出版社,1986:271.
[3] 彭新武. 复杂性科学:一场思维方式的变革 [J]. 河北学刊,2003 (3).

能，但是限于模拟人脑的活动原则，而忽视了人脑的特殊实质和人的心理活动的社会实践性。"① 自然界和人类社会中的确存在一些客观规律和因果联系，但是人不同于动物或机器，人对客观事物的反映是具有能动性和主动性的，在活动中还表现出一定的创造性。因此，这种只强调必然性而否定偶然性的机械决定论，理应受到扬弃。

（二）非线性科学对心理学发展的影响

非线性科学认为，世界的本质是非线性的，而线性是非线性的特例。正像牛顿力学是爱因斯坦相对论在宏观低速运动情况下的特例一样，我们可以把线性科学看做是非线性科学向线性条件的逼近。也正如牛顿力学的这种近似处理方法足以适用于我们的日常生活而被保留，线性科学同样也不能简单地被否定。"整形几何与分形几何，精确性科学与模糊性科学，线性科学与非线性科学，简单性科学与复杂性科学，都是人类认识和改造世界的智力武器，既不能以前者否定后者，也不能以后者否定前者②。"

在 20 世纪 50 年代，美国麻省理工学院的气象学家洛伦兹在选择数值天气预报方程时，由于偶然的原因，他把输入计算机的数值改变了万分之一，而就这微小的误差竟使得计算机输出的结果发生了极大的改变。对气象现象来讲，这万分之一的误差大约相当于一阵轻柔的微风，结果却使得天气预报变成了一片混乱。这就是后来被称为的"蝴蝶效应"③。从这偶然的发现，洛伦兹得出了一个结论："一个确定性的系统能够以最简单的方式表现出非周期的形态。"④ 哈肯在《脑的协同学》的前言中写道："人的大脑最有可能是目前我们所知道的最复杂的系统……"而协同学则提供了一个"将实验的结果和理论的探索相交叉以处理脑的结构和功能的复杂问题的方法。"⑤ 就协同学在神经生物学的应用来看，众多的研究已经揭示出脑是一个高度复杂的协同系统，它具有对称破缺、临界慢化和临界涨落等特征。在这样一个系统内，因果关系是

---

① 乐国安. 论现代认知心理学 [M]. 哈尔滨：黑龙江人民出版社，1986：103.
② 刘华杰. 方法的变迁和科学发展的新方向 [J]. 哲学研究，1997 (11).
③ Lorenz, E. N. Does the flat ofa butterfly swings in Brazil set off a tornado in Texas? 1979, Address at the annual meeting of the American Association for the Advancement of Science in Dallas, Texas.
④ 洛伦兹. 混沌的本质 [M]. 北京：气象出版社，1997：129.
⑤ Haken, H. Preface. In E. Basaretaleds, Synergetics of the Brain, 1983, Springer - Verlag.

非线性的，即因果之间具有随机性，确定性的因果关系在一因多果和一果多因以不确定的方式出现。比如当来自各种不同的感觉道上的冲动汇聚在大脑的网状结构上时，只有一部分达到相应的皮质区域（特异性激活），而另一部分则表现为弥散的、非特异性感觉形态的激活，它使大脑半球的状态具有了随机性。

从20世纪80年代末开始，非线性理论不仅在神经科学中，而且在心理学的各个领域受到越来越广泛的重视，并吸引了众多的心理学家将非线性科学的概念和方法运用于心理学的研究中。具有标志性意义的是1991年在美国成立了"心理学与生命科学混沌理论协会"（The Society for Chaos Theory in Psychology and Life Sciences）。该协会坚持每年召开一次年会，并出版一本名为《人类行为中的非线性动力学》的论文集，到2003年已经是第13卷了。另外，"非线性动力学、心理学和生命科学"、"动态心理学"等刊物也相继问世。《心理学中的混沌理论》（Abraham, F. D. & Gilgen, A. R. 1995)、《心理学和生命科学中的混沌理论》（Robertson, R. & Combs, A. 1995)、《非线性动力学：在心理学中的技术与应用》（Richard A. Heath, 2000）等十多本探讨非线性理论在心理学中的应用的著作先后出版。

将非线性的概念，尤其是混沌的思想用来解释心理治疗中的问题，产生了新的看待心理疾病的视角，并形成了新的治疗理念和方法。如果把非线性看做是生命运动的主要特征，那么混沌就是个体适应新环境时由于受到挑战与冲突而产生的一种正常心理状态，也是心理在发展过程中出现的转折点。所谓心理的疾病则是来自个体对自我的封闭，即拒绝与环境沟通与协调，以企图维持旧有的认知方式，并抵制实际上是不可避免的变异进入他的生活。所以，心理治疗就不是让患者的心理恢复常态或重返有序，而是帮助个体协调与环境的关系，重新组织认知结构并建立新的平衡关系。

将非线性的概念和方法在人格心理学、认知心理学、发展心理学、社会心理学中也产生了很大影响。比如，在人格心理学中，勒维斯等人提出了人格吸引子的概念，他们将人格吸引子定义为"人在社会与情绪性行为中表现出的熟悉的和可预测的状态"。[1] 人格吸引子既是变化与发展的人格中相对稳定的

---

[1] Marc D. Lewis and Natalka Junyk. The Self-organization of psychologicaldefenses, In Frank Masterpasqua and PhyllisA. Perna (Ed.), The PsychologicalMeaning of Chaos: Translating Theory into Practice. Washington, 1998, D. C.: American Psychological Association., P. 44.

第六章
家族企业家人格复杂性理论

那部分内容,也是个体的心理在历经种种变化甚至突变后又复归于稳定的主要原因。同样把吸引子理论用于心理与行为研究的还有查尔斯·卡弗等人,用动态系统和突变理论来重新认识皮亚杰自我调节的观点。他们认为人的行为是由目标导向和调节,并通过反馈来控制的,而目标就是一种"吸引子"[1]。在认知心理学中,多瓦尔德等人指出,最近认知科学的发展表明复杂性理论与动力学的一般方法对行为和认知科学正产生重要影响,这种影响主要表现在两个方面:一是已经建立的动力学范式在方法上可以给我们最好的帮助;二是智力活动的目标导向观点很好地体现了动态协同方法的思想[2]。另外,将线性与非线性的时间序列分析应用于认知研究,可以检测人类认知精细的时间过程以及对反应时心理运动技能和决策过程进行分析。[3] 在发展心理学中,非线性的观点将个体的发展看做是间断、跳跃,并存在突变的,而不是平稳和连续的。在社会心理学中,诺维克与瓦莱契所著的《动态社会心理学》用非线性动力学的观点分析了社会生活中的自组织活动、人际互动、社会判断与社会影响等社会心理现象[4]。

值得一提的是,将非线性科学的观点用于创造性研究也是近年来的一种趋势[5],有的研究将复杂的学习过程看做是具有混沌性质的动态过程,而个体的创造活动正是在混沌状态下认知发生突变的结果[6]。

由于非线性科学或混沌理论对心理学的普适性意义,在美国心理学会早在1993年1月出版的月报中甚至发表过一篇题为《混沌,混沌,无所不在的理论》(Chaos,chaos everywhere is what the theoriststhink)的文章。美国北得克萨斯大学的马哈里等人更是认为,非线性动力学将成为"21世纪心理学最重要

---

[1] Charles S. Carver & MichaelF. Scheier. On the Self – Regulation of Behavior, 2001, CambridgeUniversity Press. pp. 252-265.

[2] Jean – Pierre Dauwalder & Wolfgang Tschacher. The Dynamical Systems Approach to Cognition: Concepts and Empirical Paradigms Based on Self-Organization, Embodiment, and Coordination Dynamics (Studies of Nonlinear Phenomena in Life Science), 2003, N. J.: World Scientific Publishing Co. Pte. Ltd.

[3] Richard A. Heath. Nonlinear Dynamics: Techniques and Applications in Psychology. 2000, Portland, OR, Book news, Inc.

[4] Nowak, A., & VallaccherR. R. Dynamical Social Psychology. 1998, N. Y.: The Guilford Press.

[5] Sheldrake, R. Chaos, Creativity, and Cosmic Consciousness, 2001, Park Street Press.

[6] Robert E. Kahn. Chaos theory, scientific revolutions and creativity in learning, In W. Sulis & A. Combs (ed.), Nonlinear Dynamics in Human Behavior. 1996, N. J.: World Scientific Publishing Co. Pte. Ltd. pp. 319-334.

的中心之一,而且非线性动力学与心理学的关系在应用领域将尤其明显。"①瑞士苏黎世大学的西契尔教授曾就非线性科学对心理学发展的科学意义作了较为精辟的概括,她认为,非线性科学之所以对心理学有强烈的吸引力是因为:(1)非线性科学提供了一套新的概念去阐明那些复杂的、看起来不可捉摸的心理现象。(2)非线性科学的数学方法使心理学理论更精确、更具有普适性意义。(3)非线性的时间序列分析使对心理现象,尤其是具有动力学性质的大尺度范围的心理系统演化的实证研究成为可能②。

就非线性动力学对心理学发展的哲学意义来看,它改变了心理学长期赖以生存的实证主义哲学基础和信奉的决定论的思想。它告诉我们,对任何一个演化、开放、复杂的对象,都不能用决定性的简单模式来反映。对决定性的简单模式的服从仅在线性系统中是有效的。而在非线性或复杂系统中,则表现出混沌现象,即在非线性系统中存在一种并非由外界随机因素所驱动而是系统自身所固有的随机行为。尤其是心理学所面对的是和别的自然科学完全不同的有意识、有无限创造性和能动性的人,我们更应该认为某种心理现象的产生是概率的而不是决定性的。作为世界上最复杂事物之一的人的心理,在我们多年追求行为变化的确定性规律而未果之后,我们应该醒悟到,那些被认为是意外的、不确定的和理论不符的、甚至在心理学研究中希望加以摆脱的,正是我们应该致力去认识的更具有普遍性意义的东西。心理世界的本质是概率的,而一心想获取任何简单的因果性联系并因此来解释人类复杂的心理活动的努力肯定是行不通的。

(三) 整体性思维对心理学的影响

对于一个复杂的非线性系统,系统的整体行为并非简单地与子系统的行为相联系,必须从整体上去把握系统的发展趋势和特点,不能简单地从局部的个别行为的细节去判断。③ 整体论强调系统内部各部分之间的相互联系和作用决

[①] Michael J. Mahoney and Amy J. moes. Complexity and Psychology: Promising Dialogues and Practical Issues. In Frank Masterpasqua and Phyllis A. Perna (Ed.), The Psychological Meaning of Chaos: Translating Theory into Practice. Washington, 1998, D. C.: American Psychological Association. P. 187.

[②] Christian Scheier and Wolfgang Tschacher. Appropriate Algorithms for Nonlinear Time SeriesAnalysis in Psychology. InW. Sulis& A. Combs (ed.), Nonlinear Dynamics in Human Behavior. 1996, NJ: World Scientific Publishing Co. Pte. Ltd. pp. 27 – 28.

[③] 方锦清. 令人关注的复杂性科学和复杂性研究 [J]. 自然杂志, 2002, 24 (1).

着系统的宏观性质，系统的整体呈现了各个组成要素没有的新特征。而科学心理学家所坚持的最基本的研究途径是还原分析，将复杂的心理现象简化为物理、化学、生理过程，试图以生物的、生理的或机械运动形式来解释人的复杂的心理现象。早期的心理学家铁钦纳、冯特就曾这样把心理还原成无意义的感觉特征，行为主义将人简单地分解为可以观察到的外显行为，以可被观察到的作为研究对象，将肌肉收缩和腺体分泌还原为物理和化学的变化，而现代认知心理学将人与计算机类比，这种机械还原的立场为心理学的进一步发展设置了很大的障碍。[①]因此，在心理学研究中，那些属于"整体大于部分之和"的行为是无法把它还原成其组成部分来解释的，那种把人的心理进行分解的研究必然会造成人的整体功能的分解，研究结果也就无法适应于拥有知、情、意的整体的人。

（四）适应性与人格心理学

我们知道，不同的心理学家对人格有各不相同的定义。于是有学者开始关注人格与适应关系，开始探究个体与环境的适应互动关系，站在适应的角度去理解人格的现象就是许多研究者持有的观点。不过从适应的角度理解人格的内涵，较为深刻和富有启发的是进化心理学的观点。进化心理学认为，人类是进化而成的，那么，作为标榜人类独特性的人格属性也是进化的结果。[②]

如果说适应是生物有机体（包括人类）在长期的进化过程中获得自然生存的基本法则，那么，社会适应就是人们在现代社会中获得社会生存的基本法则。个体只有适应社会了，才有生存空间；适应社会了，才有事业的法则和自我价值的实现；适应社会了，才有个人的幸福生活和心理健康。有人说，适应社会是媚俗，是同流合污，是向庸俗的社会低头，是向破坏道德的坏人弯腰。[③]如果说人类共同的心理机制是长期进化适应的结果，因此基本上是由遗传决定的，那么个体差异由遗传和环境因素共同决定的。人格的行为遗传学表明，人格特征通常表现出中等的遗传性，一般在30%~50%之间。[④] 而环境变

[①] 方俊明. 信息加工认知心理学的发展和面临的问题 [J]. 心理科学，1998，6 (21).
[②][③] 陈建文. 人格与社会适应 [M]. 合肥：安徽教育出版社，2009：1.
[④] 巴斯. 人类的本性与个体差异：人类人格的进化 [M]. Pervin L. John O P. 人格手册：理论研究 [M]. 黄希庭主译，上海：华东师范大学出版社，2003：41-74.

量的作用大小比例在50%~70%之间。①

环境好每一次变化都会带来新的选择压力。由于进化过程缓慢，往往需要选择压力在数千代中的不断出现，所以，现代人类其实是史前人类社会环境设计的产物。换句话说，我拥有石器时代的大脑，却生活在现代社会中。比如，对脂肪的强烈需求，在过去那些食物资源稀缺的环境中是具有适应性的，但是现代社会它却能够导致动脉阻塞和心脏病。同样，情感强度系统在生存威胁的现代社会中，由情感强度系统衍生而来的神经质机制却可能是社会适应不良的根源。②

从本质上说，适应是主体与个体之间相互作用的过程。起初，在生物学意义上，"适应"也包含三个层面的含义：首先，适应是一个过程。对整个人类来说，它是一个长期进化发展的过程；对一个个体来说，它是个人成长发展的过程。其次，适应是一个生理机构或心理结构，即人类长期进化过程中所形成的适应装置。人类区别于其他动物的独特的心理现象就是一种人类特有的适应装置。最后，适应是一种状态。即有机体的适应过程最终要到达一个什么样的状态，那种状态就是最优的状态。牛顿力学强调，事物的运动必然对应于某一个外在作用；拉马克也认为，每个适应现象形成的背后，都对应一种环境的变化。达尔文在解释生物体的进化过程也强调基因变异的作用。不过他不是强调有机体内在调节和选择能力对基因变异的作用，而是强调于基因突变的自然选择的作用。自然选择是进化的关键过程，也是适应的关键机制。在达尔文所谓自然选择，就是保留有利的变异，淘汰有害的变异。③

第三节　基于复杂性的家族企业家人格分析

一、家族企业家人格行为的整体性

根据弗洛伊德的三维人格结构理论，一个人的人格分为"本我"、"自我"和"超我"三个层次。"本我"是动物的我、自然的我，充满了各种本能欲望

---

① 陈建文. 人格与社会适应 [M]. 合肥：安徽教育出版社，2009：5.
② 陈建文. 人格与社会适应 [M]. 合肥：安徽教育出版社，2009：9.
③ 陈建文. 人格与社会适应 [M]. 合肥：安徽教育出版社，2009：24-25.

第六章
家族企业家人格复杂性理论

的我,这个"我"按潜意识行事,是人类赖以生存、繁衍的原动力,行事遵循"快乐原则",有点我行我素;"自我"是社会的我,文明化了的我,他按现实社会的规矩、规则,指导"本我"行事,让"本我"既获得满足又避免伤害,它遵循的是"现实"原则;"超我"是精神的我,道德化了的我,大境界、大智慧的我,至善至美的我,它始终居于人格结构的最高处,遵循的是"至善原则"。

作为一个家族企业家的人格,三个"我"是整体行动的。可以这样比喻,"本我"像是拉车的马,无拘无束,只顾往前奔跑;"自我"是那个驾车的马夫,掌握着行车的方向;"超我"则是藏在车夫脑子里的意识、智慧,虽然无形无状,却能主宰全局。家族企业家,只有这三个"我"保持均衡,和谐相处,才有健康的人格,才能用正确的方法做正确的事。

我们可以把家族企业家的"本我"看做是人格化的资本获取财富的原始冲动。这种原始冲动是天然的,与生俱来的,不可扼杀的。没有获取财富的原动力,社会不能进步,人类难以生存。改革开放之所以能解放生产力,就是顺应了中国人民追求富裕生活的历史趋势。所以,改革开放这个大闸一开,获取财富的愿望就形成了波涛汹涌的浪潮,奔腾而来,呼啸而去,形成无与伦比的历史巨流。但是,这种原生态的获取财富的"本我"冲动在创造财富的同时,也具有巨大的破坏性。让"本我"赤裸裸的幽灵在人间自由行走是一件很可怕的事情。马克思曾说过,一旦有适当的利润,资本就胆大起来。如果有百分之十的利润,他就保证被到处使用;有百分之二十的利润,他就活跃起来;有百分之五十的利润,他就铤而走险;为了百分之一百的利润,他就敢践踏一切人间法律;有百分之三百的利润,他就敢犯任何罪行,甚至冒绞首的危险。比如中国近年来相继发生"毒奶粉"、"瘦肉精"、"地沟油"、"彩色馒头"等事件,这些恶性的食品安全事件足以表明,诚信的缺失、道德的滑坡已经到了何等严重的地步。不断出现煤矿的恶性安全事故?为什么官商勾结的腐败案件会"前仆后继"地延续?为什么资本主义原始积累时期的许多丑恶现象在 21 世纪的中国仍然不绝于耳?这一切都是由于获取财富的方式背离了合理原则,背离了善的原则。所以,人类社会必须对"本我"无休止地满足财富需求的行为加以限制和规范。

企业家与商人的区分是什么?从人格方面看,单纯意义上的商人就是以利益为唯一目标，而且他可能把自己所经营的事情当做敲门砖或者过渡，目标还是指向权力或者别的，也就是说，商人只有"本我"。而真正的企业家就是把创办企业当做终生的事业来做，而不是作为过渡，不是拿这个作为一个工具、道具或敲门砖，所以他就会用所有的精力去经营。所以，真正的企业家不仅有"本我"，而且还有"超我"。

所以，民营家族企业不仅在创业与创新中发现"本我"，还要涉及人格结构的第二个层面，修炼"自我"。"本我"的外层是"自我"。从心理学的角度看，"自我"是一个人在意识上对外界环境和客观现实的适应性和依从性。对民营家族企业家来说，"自我"是一个企业家对社会共同遵循的价值理念、行动准则的认同，以及对国家法律制度的服从。一条是道德红线，一条是法律红线，两条红线都不能越过。"自我"修炼的目标，就是要不断地强化道德和法律意识，让不违德、不违法成为自为、自觉的行动准则。

"自我"的外层，是第三个层面——"超我"的修炼。企业家的"超我"表现在哪里？表现在人文精神。最有魅力的企业家是闪烁着人性光芒的企业家。"超我"是具有道德底线的"自我"的进一步升华。企业家办企业、搞经营，离不开科学。管理科学100年，得益于西方工业文明的抚育，已经成为全世界企业家必修的课程。但是，20世纪末以来，管理科学遇到了前所未有的挑战，比如，企业到底是谁的？为股东盈利是企业的第一目标吗？社会责任是不是属于企业的管理范畴？企业软实力和硬实力是什么关系？人文精神在管理学领域的地位和表现形式是什么？等等。很多问题，传统管理学没说过，或者说得不清楚，或者有些内容根本就已经超出管理科学的范围。

企业家"超我"的体现形式就是企业家的责任，包括经济责任和社会责任。一个企业家要想赢得尊重，必须从最基本的经营活动做起，创造良好的经营业绩和先进的文化理念，不能为了盈利而不惜采取一切手段。同时一个企业家的一举一动都应该力求对社会带来积极的辐射效应，关心慈善公益事业、热心"服务社会"。在目前中国的社会环境中，企业家还肩负着一个特殊的"社会责任"，就是通过自身的行动影响和带动更多的企业群体，以营造良好的社会氛围，构建和谐社会。企业家的信仰缺失使许多企业的发展都受到了阻碍，也使许多企业家自身陷入困境。牟其中由曾经"首富"沦为"首骗"，英雄黄昏；资本枭雄唐万新以命豪赌，霸业随风飘逝；一代标王胡志标，人生潮起潮落最终无言；国美帝王黄光裕，内幕交易终至锒铛入狱；这些案例，都提醒着我们，企业家的信仰对于企业健康发展至关重要。

二、家族企业家人格行为的非线性

非线性主要通过混沌方式体现出来。混沌控制实质上就是把"蝴蝶效应"为我们所用，利用初始条件的微小变化来产生随后行为的巨大变化。目前，混沌控制理论已经成功地应用在自然科学各个领域，在经济学与管理学也有广泛的应用。[1] 混沌理论也可以应用于心理学，尤其是人格的发展和心理健康的预防等方面。[2]

人的本能与其他的刺激，如生命本能、外界的刺激等共同作用、相互影响，使生命体呈现出复杂的、开放的、演化的体系。"人生无常"，由于人生系统的复杂性，对生命进程进行微扰，就可能会产生完全不同的结果，因此对人的行为不可能进行精确的预测；但是混沌系统对初值的敏感依赖又使对行为的方向进行预测有了一定可能。

自我心理学代表人物埃里克森认为，人格在人的一生中都在不断地发展，并经历八个不同的阶段，每一个阶段对人格发展都至关重要，[3] 而且人生的发展是一个整体，每一阶段都受前一阶段所发生情况的影响，并对下一阶段的发展有影响。这就像是一个不断运动的混沌体，要经过八次突变，每一次突变都导致混沌体发生巨大变化，而且突变的结果会作为下一次运动的起点。生命历程中的特定时期，人格发展的某个转折点、某个危机时期，其中的某一个阶段会成为最关键的时期，解决危机的方式决定了人格发展的方向，并影响到如何解决今后的危机。这一转折点、危机期问题的解决方式——适应还是适应困难——即成为系统的初值，人格发展对这一初值非常敏感，能否形成对自我对他人的信任感、形成对外部世界的自主性、对问题解决的主动性、体验到勤奋的愉悦、形成良好的自我认同感、发展出与他人的亲密关系、感受到繁殖的满足、产生自我完善的感觉将作为人格发展的一系列输入值，在人生的发展过程中不

---

[1] 甘德安.复杂性家族企业演化理论 [M].北京：经济科学出版社，2010.
[2] 李小平.非线性科学及其在心理学中的应用 [J].南京师大学报（社会科学版），2005（2）.
[3] [美] L·A·珀文著，周榕等译.人格科学 [M].上海：华东师范大学出版社，2001：189.

断迭代，只要在初始阶段有一点点微小的差异都可能导致生命历程朝向完全不同的发展轨道。如埃里克森认为：如果儿童没有体验到生物和情感的满足，他就会形成基本不信任感，这种不信任感大大增加了今后产生顺应不良的可能性。

因此，家族企业在培养接班人的最初数年具有十分重要的意义，个体的人格，无论如何发展，无论生成为何等模样，只要生命不息（犹如风筝未断线），他总是与童年的经历、心志密切相关，它总是能在幼儿的爱洛斯冲动中找到自己的原点。因此，对儿童早期经验的关注尤其重要。在个体的发展过程中，来自各方面的因素都可能导致心理性欲的发展偏离常态。

从这种意义上来说，重视个体早期的发展，增加人的"爱欲"，让人体悟"爱"的本质，学会关心、尊重、了解他人，培养责任心[①]，引导他们与外界和谐相处，减少自恋与攻击行为，是摆脱消极人生观的重要方式，它可以预防各种形式的心理疾病，让人的生命沿着健康完善的道路发展。正如罗素所言："美好的人生是由爱支撑的"，当死亡本能让位于"爱"的时候，我们便真正能够心理健康，走上一条自我完善、自我发展、自我超越的道路。

三、家族企业家人格行为的多样性

民营家族企业家的人格形态是复杂多样性的。一部分企业家非常具有社会责任，比如，美国竟然有120名富翁联名登广告，反对政府取消遗产税。其中包括比尔·盖茨的父亲老威廉、沃伦·巴菲特、索罗斯、石油巨头洛克菲勒等。你可能认为这是大话或者神话，但你知道为什么吗？因为我们都不是这么教育我们老百姓的。我们中国的企业家都是什么心态呢——强烈的家国情怀、对超速成长的渴求、隐藏于内心的不安全感和对官商文化的膜拜！所以，我们实在应该感谢危机，只有危机到来，我们才会冷静下来，想想自己内心深处最根本的动机和心态是不是出了什么问题！

在中国，也有相当一部分民营企业家不是依靠诚实的劳动和合法的手段来积累财富，而是采取投机行为，甚至是非法、无视人类基本道德法律的手段来

---

① [美] 埃利希·弗洛姆著，刘福堂译. 爱的艺术 [M]. 合肥：安徽文艺出版社，1986：9.

牟取利益。在他们当中唯利是图，其逐利手段多种多样，无所不用其极。"小胜在智，大胜在德"，"无道者不可成大事也"。如果一个企业缺乏起码的商业道德，这样的企业还能做得下去吗？甚至还有一部分企业经营者会选择违法经营与涉黑。有资料表明，中国也有不少这样的案例：上海首富周正毅落马，东北富豪仰融出走，走私大王赖昌星覆灭，某些家藏万贯的贪官还来不及享受就锒铛入狱。①

四、家族企业家人格行为的适应性

人格支撑着人的行为，驱动着人趋向或避开某种行为，它也是构成人的内在驱动力的一个重要方面，这种驱动力与情绪无关，它可以说是一种生来俱有的力量。这种驱动力对人的生活具有适应性。人格并不是完全孤立存在的，社会文化方面和自然方面对人格都有着非常重要的影响，甚至可以说他们也是人格形成的主要因素之一。也就是说，人格在很大程度上是受社会文化影响的。但是，人格还是以个体的神经解剖生理特点为基础的。

五、家族企业家人格行为的开放性

开放性既是健康人格的一个重要特征，又是通向自我实现的一种应战机制。所谓人格特征，是指"一个人所具有的相对稳定的重要的心理特征"。当我们用"开放性"一词来描述健康人格之时，它具有一些其他系统所不具有的更丰富的内涵。

人具有理性与反思能力，当具有健康人格倾向的人意识到"开放性"对其人格健康有好处时，他就会设法保持以及提高"开放性"。而只有一个人所体现的"开放性"特征具有稳定性和连续性之时，"开放性"才算是他的人格特征。因此，用"开放性"一词来描述健康人格，它具有主体在输入和输出全过程中，一种与外界交换信息、能量的最佳调控功能。从这个角度亦不难理解自我实现者的精粹的人际关系特征。"他们的朋友圈子较小，他们深爱的人

---

① 仲大军. 中国民营企业家涉黑的原因分析 [N]. http://www.dajunzk.com/heishh.htm.

在数量上是很少的，其原因部分在于这种自我实现状态中去接近人似乎需要占用很多时间。忠诚不是一时的事情。"

可以推论，开放系统总是首先指向开放系统。在人际关系上，具有自我实现倾向的人总是尽量对自我实现程度高的人开放。只有灵感最容易激发灵感，只有天才最容易启发天才。当然，由于环境条件的限制，健康人格的信息输入与输出上不可能总如人意，不过，与常人相比，他们往往更能在后一个过程中弥补前一个过程的不足。在信息的加工上他们甚至能做到"点石成金"、"化腐朽为神奇"；在信息的输出上"吃的是草，挤出来的是奶"。

作为健康人格特征的开放性主要具有的含义：一是接受信息前的选择性。健康人格在接受信息前总是能把注意指向最具有价值的信息，并具有一种箭在弦上跃跃欲试的临界状态。就像一个经过热身赛，进入最佳状态的运动员。另外，他在信息选择上，一旦发现错误，又能迅速地调整和重新选择。二是接受信息时的容纳性。健康人格在接受信息时没有心理障碍，他虚怀若谷，有一种"万物皆备于我"的气魄。三是处理信息时的创造性。健康人格在处理信息时能够举一反三，左右逢源，使信息发生质的突破。四是输出信息时的效益性。健康人格在输出信息时具有最大效益，他们往往能避免"对牛弹琴"、"瞎子点灯"、"杀鸡用牛刀"等情况，而且在输出的过程中同时也有反馈，这种反馈使得主体获得补充与提高，从而能输出更多更好。开放性作为通向自我实现的一种应战机制，是指个体（包括非健康人格）在遭遇挑战时，以自身的道德力量为主导人格力量表现出来的战胜挑战、获得成长的一种方式。开放性也可以看成是达到和保持最佳心理功能的一种重要的心理机制。开放性与人所特有的自我反省意识也有密切关系。从这个角度看，开放性就好像是人的"精神免疫能力"，有了开放性，人就可以少犯错误。开放性的重要性是由人的特点决定的。人是容易犯错误的动物，开放性使人留有余地，随时修正自己的错误。如果说人只有一个优点，或者说只能有一个优点，那么，这个优点可以是开放性。开放性是最起码的一个优点。没有它，人的成长就不可能。与马斯洛描述的自我实现的特征相比，开放性更容易判断和操作。开放性这一素质，与人格三要素的发挥关系密切。开放，首先是对自己的人格力量开放。人在走向自我实现的过程中，三要素必须要平衡、全面地发挥和发展，否则，人会变成片面力量型人格，为此，人必须要进行自我调节。具有开放性，才有调节的可能性。例如，理想主义的错误就是一个典型。它常常是由于从智慧力量角度单方面地考虑，而没有从意志力量和道德力量的角度充分考虑实现的可能性。开放性不是单独某一种人格要素，它是从全部人格力量中升华出来的一种综合素质。但是其主导人格力量往往是道德力量。它相当于人在精神上的免疫调节能力。从道德力量来看，开放性意味着个体对自身、他人、社会的态度的真诚。人在观念上的醒悟首先需要开放性。如果你自以为已经醒悟，却仍然没有找到出路，那么，你的这种"醒悟"就还要打折扣，实际上，你还没有真正醒悟。真正的醒悟必须发现出路，而且是行之有效的出路。

六、家族企业家人格行为的动态性

动态复杂性：表现在系统产出与反馈的时间延滞和敏感性效应。时间延滞效应表现为企业系统的产出与反馈具有一定的时间延滞过程。譬如广告投入的效果、新产品研发周期等。敏感性效应表现在放大和调节作用。企业在成长中的动态复杂性，往往体现其脆弱性。特别在转型变革中的民营企业，必须充分了解和把握企业的动态复杂性，对企业系统保持足够的警觉，建立危机预警系统，并时刻保持如履薄冰的危机意识，才能保证企业的健康发展。

企业具有成长规律，其主要表现为四个发展阶段，即创业阶段、成长阶段、成熟阶段、精细化阶段。每个发展阶段，都必须以下一个发展阶段为目标。作为企业家，要分清这些发展阶段，把握企业的阶段性成功的关键要素，才能成功地把企业带进下一个发展阶段。最终使企业到达成熟并形成持续优化的精细化阶段。

（1）创业阶段，吃饭保命的创业阶段。当企业处在初创期，即婴儿期时，显然身体很孱弱，特别需要创业者对初创"婴儿"的责任感和具有后续资金支持（即营养），才能存活。企业家在创业阶段扮演着实干家的角色，并必须依靠创业精神和实干精神，使企业进入成长阶段，才能成功地摆脱艰难的创业期。

（2）成长阶段，企业在成长阶段的任务就是成长，由于促使其成长需要大量投资，企业收获难以丰厚。一方面企业会因成长过快而忽视利益分配，从而造成了许多冲突，"同苦不可以共甘"，使骨干人才因收益分配问题而流失，企业因此会面临关键岗位缺位的人才危机。另一方面很可能由于投资过度，重视成长机会而盲目投资和扩张，由于这个时期企业缺乏有效的管理控制，容易犯迷失自我的错误，从而使企业家具有失控恐惧感。所以企业的健康成长特别需要良好的自我控制，即需要导入专业化管理，才能使企业进入成熟阶段。大多数民营企业处在成长阶段，面临着极大的管理危机，需要尽快通过变革转型步入成熟阶段，从而通过持续优化达到精细化管理。如其不然，或者内部管理因不能适应自身的规模和环境的变化而未老先衰；或者要摆脱管理危机而盲目投资，因控制不力而导致企业破产倒闭。

（3）成熟阶段，由于企业度过了冲突不断的成长期，从而找到了发展平衡点，使自身的灵活性和控制力达到了平衡，所以企业的发展进入了成熟阶段。但这种成熟阶段由于外界不断变化的环境和竞争的压力，同样面临衰退和危机。俗语说得好：先熟的苹果先烂。成熟阶段的企业要认清自身的这种危机，在衰退和危机没有到来之前，就要对自身进行改革和再造。有不少民企已进入成熟阶段，老化危机已然呈现，需要尽快实施变革再造，从而焕发青春，不然会因其不能适应竞争而陷入困境。

（4）精细化阶段，企业通过改革和再造，持续优化管理系统，形成持续优化的良性循环。该阶段的企业自身的机体运行状态会达到最佳，并且能及时适应外部环境的变化。企业由此而进入良性循环的精细化阶段，这是企业管理追求的一种最高境界。优秀的跨国公司有很多已经实现精细化管理，譬如惠普、GE、微软等。中国成熟的民营企业，在管理上仍然比较粗放，实现精细化管理还有较大差距，需要付出极大的努力才能赶超跨国优秀企业。

第四节　家族企业人格转型的对策建议

一、从"战术竞争"向"战略竞合"转型

"竞合战略"一词最早出现在1996年的博弈理论与实务专家布兰登博格和奈勒波夫出版的《竞合战略》一书，立即在实业界和理论界掀起一股热销和讨论的浪潮。竞合战略是博弈理论的应用，它是关于创造价值与争取价值的理论。

创造价值的本质是合作的过程，争取价值的本质是竞争的过程。竞合策略的主要观念是增加互补者，运用互补者的战略可使你的产品和服务变得更有价值。

中国经济正从农业经济、工业经济逐渐转向知识经济。竞争与合作——竞合代替纯粹的竞争已是大势所趋。在知识经济时代调节社会资源配置的有效机制是：竞争中有合作，合作中有竞争。有竞争才能激发动力、增强活力，促使企业不敢稍许懈怠，不断推进科技进步，改善经营管理，降低成本，提高质量，增加效益。适度竞争、良性竞争有利于效率的提高，有利于生产率的提高。而合作是竞争双方之间的战略选择，是合作产生的价值大于竞争产生的价值的理性选择，合作带来共赢。[①]

当前，中国民营家族企业大多数属于中小企业，大多数属于劳动密集型企业，处于产业价值链低端，提供的产品和服务替代性较高，对外部环境的依赖程度较大，容易受到外来因素的影响。因此，如何从战术竞争的红海总突破，在逆境中探索蓝海的发展空间，而实现这个目标的有效战略就是从"战术竞争"走向"战略竞合"。

传统的战略理论认为，企业之间的关系不外乎两种：一种是竞争关系，另一种是合作关系，实际上，对抗性竞争和单一的合作都有其致命缺陷。单纯的对抗性竞争往往引发诸如价格战等过度竞争行为，企业将大量的资源消耗在广告、促销及相互攻击中，无力顾及产品和服务的改善，从而使有限的资源没有为企业创造应有的价值，最终损害了社会整体福利。单一的合作也有缺陷。最大的缺点是从长期看合作不具有稳定性，因为逆向选择和道德风险的存在，往往会导致竞争对手之间的合作以失败告终。合作双方都可能抱有"搭便车"的心理，最典型的例子就是我们在博弈论中所说的"智猪博弈"，而这种合作惰性最终会扼杀企业的创新性。

从战术竞争走向战略竞合战略正是民营家族企业凤凰涅槃的良方。竞合的思想，就是要求所有参与者共同把蛋糕做大，每个参与者最终分得的部分都会相应增加。在创造价值和争夺价格的整个过程中，不是只有竞争，也不是只有合作，竞争与合作是同时存在的。

所谓竞合关系，即在竞争中合作，在合作中竞争。它的核心思想主要体现

---

① 甘德安．知识经济创新论［M］．武汉：华中科技大学出版社，1998.

在两个方面：创造价值与争夺价值。在整个创造价值和争夺价格的过程中，不是只有竞争，也不是只有合作，竞争与合作是同时存在的。竞合战略可以使互补型的企业资源得到充分利用，企业之间共同开拓市场、增强了各自在市场上的竞争力，最终使双方的企业价值都得到提升。

竞合战略为企业带来的价值提升效应可概括为四点：规模效应、成本效应、协同效应和创新效应。规模效应，当竞合降低了企业的单位成本，使企业的专业化和分工程度提高，通过对合作伙伴在零部件生产、成品组装、研发和营销等各个环节进行优化组合，放大了规模效应。成本效应，当企业通过相关契约，建立起稳定的交易关系，降低了因市场的不确定和频繁交易而导致的较高交易费用。合作企业间进行的信息交流、沟通，缓解了信息不完全的问题，也有助于降低内部管理成本，提高组织效率。协同效应，在竞合扩大了企业的资源边界时，可以充分利用对方的异质性资源，提高本企业资源的利用效率。通过双方资源和能力的互补，产生了 $1+1>2$ 的协同效应。创新效应，竞合使企业可以近距离地相互学习，从而有利于合作企业间传播知识、创新知识和应用知识，同时也有利于企业将自身的能力与合作企业的能力相结合创造出新能力。[1]

行为科学理论认为，人是社会人而不仅仅是经济人，企业家更是如此，其行为的理性程度、积极程度影响着员工的心理和企业的外在表现。在中国从计划经济向市场经济转轨的过程中，诞生了一批敢于冒险、善于在竞争中寻找商机的企业家，他们已经习惯了通过竞争赢得机会，赢得利润，占领市场。固然，离开了竞争的市场经济不是真正市场经济，但过度竞争、恶性竞争、非法竞争的市场经济也不是良性的市场经济。

如今，国外越来越多的大公司通过组建联盟参与全球竞争，竞争之中有合作，合作之中有竞争，这是对传统的竞争理念和模式的超越，是适应形势发展的必然选择，是企业家人格行为层面转型的应有之义。中国已有一些企业家开始提出并实践这一理念。实践证明，过去那种仅仅把同行看成是"冤家"，认为有竞争就不能有合作的观点是片面的、有害的，它往往带来不必要的摩擦、内耗及浪费。[2]

---

[1] 吕巍. 突破危机：对企业竞合战略的再思考 [N]. http://news.xinmin.cn/rollnews/2009/11/28.
[2] 易开刚. 知识经济时代企业家人格范式的转型 [J]. 经济理论与经济管理，2005（2）.

从战术竞争到战略竞合，国内最成功的案例莫过于格兰仕。自1995年以来，不仅中国微波炉市场"蛋糕"扩大了20倍以上，全球市场"蛋糕"也扩大了10倍以上。格兰仕微波炉的年产量将超过2000万台，销往国际市场约50%，而国内市场占有率却从74%降到不足50%。格兰仕微波炉在阿根廷就因市场占有率超过30%而受到反垄断处罚。这表明，在经济全球化的环境下，任何一家企业都难以长期地垄断某一市场，更不可能独吞市场"蛋糕"。既然市场"蛋糕"是共享的，企业明智的选择就是做市场领导者和领跑者，共同把市场"蛋糕"做大做好，以期达到共生共享共赢，而市场领导者和领跑者自然就是最大的赢家。①

二、从"股东优先"向"利益相关者"转型

从公司委托—代理理论中，我们可以发现，其理论核心是与股东中心理论相对应的：委托人由出资者或股东担任，代理人由经营者进行激励、约束，以获得投资回报最大化；强调股东权利，要求代理人的行为服务于股东利益。这种理论被称为股东中心理论，也被称为"股东优先理论"或"股东控制理论"。这种传统理论到20世纪60年代，有了根本性的发展。随着环境和社会经济的发展变化，产生了一种新的观点，即认为公司治理的中心应加以扩展，不仅仅局限于股东，所有利益相关者都应拥有明确的公司控制权和收益权。

1963年，斯坦福研究所（Stanford Research institute，SRI）提出"利益相关者"一词，最初是指与企业生产经营行为和后果具有直接利害关系、企业赖以生存和发展的群体或个人，包括股东、员工、顾客、供应商、债权人和社团组织。随后利益相关者理论侧重社会责任的强调。坚持利益相关者理论的学者，强调企业的生产经营活动应以广泛的社会责任为己任，而不仅仅是向股东负责；企业组织必须以整个社会为背景进行一些实质性的变革，这样，才能使企业向公众、消费者及整个社区承担广泛的责任。一个组织、一项合约或一种制度之所以为社会所接受，是因为它们能在一定的历史条件下扮演积极的社会角色或执行多种有益于社会的功能，否则，该种组织或制度便没有存在的价值。

---

① 龚绍东. 解读格兰仕竞争战略与竞合模式［J］. 企业活力，2005（10）.

股东中心模式立足于新古典企业理论假设,认为企业的生产经营目标是一元的,即实现利润最大化,将这一假设延伸到治理过程中,就是股东利益取向是唯一的,是排他的,至高无上的。利益相关者模式对传统的企业生产经营目标进行了修正,认为企业的行为后果滋生了很多社会性问题,企业理应负起解决这些社会问题的义务,企业的生产经营活动应以广泛的社会责任为己任,而不仅仅是向股东负责。与此相应,要求企业不仅仅关注经济绩效,而且要承担更广泛意义上的社会责任,包括考虑公司产品质量、垄断性、就业、公司经营对环境的影响、社会福利等。[1]

三、从企业责任向社会责任转型

在康德的墓碑上刻下人类思想史上最气势磅礴的名言之一:"有两种东西,我对它们的思考越是深沉和持久,它们在我心灵中唤起的惊奇和敬畏就会日新月异,不断增长,这就是我头上的星空和心中的道德定律"。企业家的人格特质在于特别强调个人价值,企业家是企业总体价值的化身、组织力量的缩影,是企业文化的代表性人物,是振奋人心、鼓舞士气的导师,是人人仰慕的对象。家族企业家不仅如此,还是整个家族的领袖与导师。他们的一言一行都体现了企业的价值观念,家族发展的方向。他们能为人之所不能、行人之所不敢。

温家宝总理2008年7月20日在广东考察工作时,在与企业家座谈时说:"企业要认真贯彻国家政策,关心社会,承担必要的社会责任。企业家不仅要懂经营、会管理,企业家的身上还应该流着道德的血液。只有把看得见的企业技术、产品和管理,以及背后引导他们并受他们影响的理念、道德和责任,两者加在一起才能构成经济和企业的DNA。"[2] 2011年4月17日温家宝总理向房地产开发商发出"你们的身上也应该流着道德的血液"的"喊话"。温家宝总理强调,必须清醒地看到,当前文化建设特别是道德文化建设,同经济发展相比仍然是一条短腿。举例来说,近年来相继发生"毒奶粉"、"瘦肉精"、"地

---

[1] Sydney Finkelstein, Donald Hambrick (1996), Boards of directors and corporate governance, from "Strategic Leadership: Top Executives and Their Effects on Organizations".

[2] 总理寄语引自武汉企业家热议:应流淌道德血液. http://www.xinhuanet.com/chinanews/2008-07/24.

沟油"、"彩色馒头"等事件，这些恶性的食品安全事件足以表明，诚信的缺失、道德的滑坡已经到了何等严重的地步。温家宝总理谈道德文化建设，特别以近年来发生的恶性的食品安全事件为例，并非只为说明食品安全问题严重性，而是表达了对中国企业尤其是企业家，社会责任意识极其淡薄、社会道德极其缺乏的深深忧虑。这种忧虑绝非杞人忧天。古今中外，企业家不仅是社会发展、社会财富创造的中坚力量，也是社会道德良心的倡导者、示范者。但在中国，一些缺德的企业家，却成了唯利是图、坑蒙拐骗、贪赃枉法等丑恶和腐败行为土壤的开拓者，严重败坏了社会的风气，无情摧毁了社会的道德良知。为此，温家宝总理敲响了发聋振聩的警钟！"一个国家，如果没有国民素质的提高和道德的力量，绝不可能成为一个真正强大的国家、一个受人尊敬的国家。"企业家的道德悲剧，不仅带来了严重的社会问题，也对国家的发展、崛起构成了严重威胁。所以，温家宝总理说，"把加强同市场经济、民主法治、和谐社会建设相适应的道德文化建设放到更加突出、更加重要的位置上来，这是今天我特别想强调的一个重大问题"。如何解决这一重大问题？温家宝总理开出的药方有三味药。一是要在全社会大力加强道德文化建设，形成讲诚信、讲责任、讲良心的强大舆论氛围。这不仅是维护正常生产生活和社会秩序的需要，也有利于从根本上铲除滋生唯利是图、坑蒙拐骗、贪赃枉法等丑恶和腐败行为的土壤。二是要把依法治国和道德建设紧密结合起来，深化政治体制改革、经济体制改革、文化体制改革、司法体制改革，完善法律法规，使有道德的企业和个人受到法律的保护和社会的尊重，使违法乱纪、道德败坏者受到法律的制裁和社会的唾弃。三是要从绵延数千年的中华优秀传统文化中汲取营养，从世界优秀的文明成果中取长补短，从而培育具有时代精神、自尊自信、深入人心的社会主义道德风尚。这个药方从社会环境压力、法制环境给力、传统营养汲取三方面，给出了重建企业家道德的途径和方法。其中，法制环境给力当为重中之中，食品安全问题成患的过程就是有力的佐证。没有监督制约，权力走向腐败，企业家不道德，社会不稳定，这已是一个不容置疑的规律。因此，在这方面，政府的责任重大，是责任的主体。[①]

---

① 温总理为重建企业家道德开药方. http://bbs.people.com.cn/postDetail.

四、从"本我"向"超我"转型

民营家族企业家是一个非常特殊的群体。他们既具备一般人的特点，又因掌握和支配着大量的社会资源和敢于创新具备了独特的人格特征。纵观百年中国民营家族企业家的成长历史，不难发现他们无一例外都经历了人生的坎坷，善于在逆境中生存，具有吃苦耐劳、敢于冒险和敬业执著的创业精神。20~30年的拼搏，这些民营家族企业家已经成为当今市场经济的主角，也为自己与自己创办的企业积累了众多的财富。但是，他们依然存在从"本我"向"超我"转型。当一个企业刚刚起步或者正在不断壮大时，以个人或者企业利益作为首要追求目标，符合客观规律，也是他们的现实选择。但我们必须清醒地认识到：个人和企业只是整个社会的一部分，只有超越本我，以整个社会持续发展作为企业发展的指导思想，企业才能得到健康发展，真正成就宏伟大业。只有超越本我，整个社会才可能成为充满"仁爱、互助"的社会。

从"本我"向"超我"的转型，也是使企业家在创造自身财富的同时将财富回馈于社会的过程，才能真正实现了心灵的回归与心灵宁静的过程。现实中，还没有真正从本我走向超我的企业家最终走向衰落的比比皆是。

五、从无信仰到有信仰、从假信仰到真信仰转型

信仰是对某种主张、主义、宗教或某人极其相信和尊敬。信仰的本质是相信其正确，甚至宁愿相信其正确，而不在于其是否真实。所以，信仰无所谓真假，有信仰本身就是一种价值，因为坚持这种信仰使自己有所追求、有所寄托。当物质丰富到一定程度后，人的精神需求就会超越物质，信仰的力量就会对一切施加力量。信仰对人有决定性作用。人的理性工具心理系统和情感精神心理系统也是发展变化的，在物质需求没有得到满足时，理性工具系统作用大，但在其基本满足时，情感价值作用增大。这是个动态变化过程，信仰就是人们情感精神心理系统的重要组成部分。

民营家族企业家阶层的信仰现状，可以用纷繁多样来描绘。迄今为止，已经有"老板基督徒"、"老板佛教徒"或"老板道教徒"等各种不同称谓。至

第六章
家族企业家人格复杂性理论

于部分企业家在周末双休日，投身一家寺院或道观，静修调养，甚至修持某种养身法门，追随神秘高人大师者，也不在少数。

那么，相较于通常意义上的信仰，企业家信仰为什么尤为重要呢？首先，对于社会而言，企业家作为掌控资源较多、影响力大的公众人物，他们的信仰已不是个人独善其身的问题，而是关乎整个社会和经济发展的大问题。其次，对于企业和企业家个人而言，企业家的信仰决定了企业的价值观和发展方向，企业能否健康持续地发展与此关系重大。同时，企业家的信仰也能为他们提供灵魂的归宿，给他们战胜困难的勇气，最终幸福地走向终点。

中国的国学是中华民族历经数千年留存下来的精神财富，是中华民族的精神支柱，是中华民族的灵魂，是中华民族生生不息、屹立于世界的不竭动力和精神纽带。冯友兰把各种不同的人生境界划分为四个等级。从最低的说起，它们是：自然境界、功利境界、道德境界和天地境界。冯友兰认为，自然境界，几乎不需要觉解；功利境界、道德境界，需要较多的觉解；天地境界则需要最多的觉解。道德境界有道德价值，天地境界有超道德价值。中国哲学的传统，哲学的任务是帮助人达到道德境界和天地境界，特别是达到天地境界。这四个境界，按笔者的理解，虽然有层次，如马斯洛的需求模型，但也不是完全割裂的。即使有道德境界和天地境界的人，他也会有自然境界和功利境界的，当然，他的自然境界和功利境界会受到道德境界和天地境界的影响和统合。[1]

按照冯友兰先生的推理，企业家必须要有眼界、有阅历和有担当，然后，才会发现生命的价值和意义。企业家的境界不同，他所能看到的和想到的东西自然高低不同，于是，他们会在不同的境界里面行动。境界这件事，是装不来的，是强迫不来的，有点水到渠成的意思。只是我们需要意识到它确确实实地存在，以及它的重要性。[2]

国学大师钱穆教诲我们说，人生只是一个向往，我们不能想象一个没有向往的人生。向往必须有对象，对象常常是超我而外在。对精神界向往的最高发展有宗教，对物质界向往的最高发展有科学。生命自我的支撑点，并不在生命之内，而安放在生命自身之外，这就造成了这个人一生不可救药的致命伤。向

---

[1] 宁向东. 中国企业家的信仰 [N]. http://finance.ifeng.com/leadership/dszj/20110525/4067435.shtml.
[2] 胡军. 冯友兰论人生 [M]. 南昌：江西高校出版社，2010.

外的人生是一个涂饰的人生；向内的人生，是一个洗涤的人生。向外的人生不免向外物上用功夫；向内的人生，则只求向自己内部心上用功夫。向外求是迷，向内求是悟。儒家不反对创造财富，但不能把人生的支撑点放在财富上。①

所以，财富并不能够解决企业家们安身立命的问题，企业家在追求财富积累的同时，还要关注灵魂的回归。灵魂需要安身之所，生命需要意义的港湾。寻找生命之道，追问生存的终极价值，是企业家们的必经之路。中国五千年文化中积淀下来的国学宝藏，就为一些企业家们提供了修身养性、追求超我的途径，也为企业家评判自己的所作所为提供了标准。②

---

① 钱穆．人生十论［M］．北京：生活·读书·新知三联书店，2009．
② 王绍．企业家的心灵回归［M］．北京：新世界出版社，2002．

参考文献

1. 白利鹏. 理解人类的命运：从规律性假设到复杂性假设［J］. 学术月刊，2008（11）.

2. 包建华等. 战略创业研究演进与前沿探析［J］. 外国经济与管理，2010（8）.

3. 陈传锋等. 民营企业家的心理演变探析［J］. 心理科学，2008（5）.

4. 陈功玉. 企业技术创新行为非线性系统的动力学分析［J］. 系统工程，2005（12）.

5. 陈荣美. 我国民营企业技术创新存在的问题和对策［J］. 福建论坛·人文社会科学版，2007.

6. 陈一壮. 论复杂性科学对自组织机制的探讨［J］. 江南大学学报（人文社会科学版），2006（10）.

7. 程杰晟. 对经济史研究方法的再认识［J］. 商场现代化，2008（10）.

8. 崔浩敏. 基于复杂性科学的现代企业战略管理分析［J］. 科研管理，2007（1）.

9. 方锦清. 令人关注的复杂性科学和复杂性研究［J］. 自然杂志，2002，24（1）.

10. 顾春景. 企业组织结构发展概述［J］. 沿海企业与科技，2006（2）.

11. 关伟，李红. 复杂性与组织管理［J］. 大连海事大学学报（社会科学版），2010（4）.

12. 郭萍. 家族企业与非家族企业的比较：一个战略视角［J］. 郑州轻工业学院学报（社会科学版），2006（10）.

13. 何会涛，韩平. 企业组织创新能力及其开发［J］. 企业改革与管理，2010（2）.

14. 何楠. 基于复杂系统理论的企业战略管理分析［J］. 经济经纬, 2005 (2).

15. 贺小刚, 李新春. 企业家能力与企业成长: 基于中国经验的实证研究［J］. 经济研究, 2005 (10).

16. 胡宝民等. 技术创新扩散系统演化特征与自组织演化过程［J］. 河北工业大学学报, 1999 (5).

17. 胡晓鹏. 网络型组织结构与模块化创新［J］. 财经科学, 2007 (4).

18. 黄康森. 论柔性管理的文化含义与实践意义［J］. 福建省社会主义学院学报, 2006 (2): 60 - 62.

19. 黄速建. 我国企业组织结构调整三十年［J］. 经济管理, 2008 (13).

20. 黄欣荣, 于海. 历史决定论: 从复杂性的观点看［J］. 河北师范大学学报 (哲学社会科学版), 2005 (3).

21. 黄欣荣. 复杂性科学方法论: 内涵、现状和意义［J］. 河北师范大学学报 (哲学社会科学版), 2008 (7).

22. 黄叙新. 家族企业: 如何建立有效的董事会［J］. 金融界, 2007 - 11 - 15.

23. Julian Birkinshaw. 如何正确处理组织的复杂性?［J］. 麦肯锡季刊, 2010 - 06 - 17.

24. 贾凤亭. 技术系统复杂性研究探析［J］. 系统辨证学报, 2004, 12 (2).

25. 江历明. 复杂环境下战略管理系统自组织研究［J］. 企业经济, 2007 (10).

26. 姜晨, 谢富纪. 组织演化的复杂性研究［J］. 管理评论, 2008 (10).

27. 姜海荣. 企业组织结构类型的比较与选择［J］. 胜利油田党校学报, 2008 (11).

28. 焦瑶光, 吕寿伟. 复杂性与社会分化——卢曼社会系统理论研究［J］. 自然辩证法研究, 2007 (12).

29. 康慧, 王兆宾, 李志强. 企业文化演化及其动力机制初探［J］. 理论探索, 2006 (2).

30. 李化侠. 蝴蝶效应对早期人格教育的启示［J］. 济南职业学院学报, 2010 (2).

31. 梁磊，杨鲲鹏. 家族企业组织演进的进化博弈模型［J］. 管理学报，2006（1）.

32. 梁小民. 中国企业史是一部伤心史［J］. 中国新闻周刊，2009（3）.

33. 刘爱新. 制度变迁理论与中国近代经济史研究［J］. 创新，2010（2）.

34. 刘国胜. 复杂性与创造性思维［J］. 江南大学学报（人文社会科学版），2010，9（2）.

35. 刘洪. 混沌理论与战略观［J］. 自然辩证法研究，1995，11（7）.

36. 刘洪，张竺. 混沌理论与企业管理结合的研究［J］. 自然辩证法研究，1998（11）.

37. 刘洪，王玉峰. 复杂适应组织的特征［J］. 复杂系统与复杂性科学，2006（9）.

38. 刘洪. 组织变革的复杂适应系统理论［J］. 经济管理，2006（9）.

39. 刘洪. 组织复杂性动因. 控制与利用［J］. 经济管理，2007（1）.

40. 刘晓英. 透视企业文化理论［J］. 经营与管理，2007（7）.

41. 陆铭. 中国的民营企业为什么长不大［J］. http：//www.sina.com.cn，2008-11-03，瞭望东方周刊.

42. 陆园园，薛镭. 基于复杂适应系统理论的企业创新网络研究［J］. 中国科技论坛，2007（12）.

43. 陆园园，郑刚. 基于复杂性理论的企业创新要素协同研究［J］. 科技进步与对策，2009，26（2）.

44. 罗发友，刘友金. 技术创新群落形成与演化的行为生态学研究［J］. 科学学研究，2004，22（1）.

45. 罗文军，顾宝炎. 自组织视角的战略创新［J］. 当代财经，2007（4）.

46. 马丽波. 资本市场与家族企业组织演进［J］. 市场周刊·理论研究，2006（12）.

47. 马亚男. 复杂性科学与战略理论范式的转变［J］. 科研管理，2005（7）.

48. 马雪峰. 民营企业技术创新初探［J］. 企业经济，2008（3）.

49. 孟桢. 论组织扁平化及其在组织变革中的运用 [J]. 湖南社会科学, 2008 (4).

50. 彭晓辉. 关于家族企业组织结构设计的思考 [J]. 怀化学院学报, 2006 (9).

51. 彭晓辉. 对家族企业组织结构的探讨 [J]. 现代企业, 2007 (8).

52. 彭亚敏. 我国家族企业组织变革的探讨 [J]. 扬州教育学院学报, 2006 (3).

53. 权永辉. 我国民营企业技术创新模式选择 [J]. 产业与科技论坛, 2010, 9 (2).

54. 任锦鸾, 顾培亮. 基于复杂系统理论的技术系统演化分析 [J]. 天津大学学报 (社会科学版), 2004, 4 (3).

55. 任玉凤, 王金柱. 技术本质的批判与批判的技术本质——以系统论的观点看技术本质 [J]. 自然辩证法研究, 2004, 20 (4).

56. 孙成涛. 如何创新家族企业组织 [J]. 企业科技与发展, 2008. 23.

57. 孙东生, 孙光磊. 关于我国民营企业技术创新动力机制的探讨 [J]. 山西财经大学学报, 2005, 27 (2).

58. 孙泉城, 郭元林. 复杂性组织管理是什么 [J]. 系统科学学报, 2009 (7).

59. 谭扬芳, 黄欣荣. 从混沌理论看波普尔对历史决定论的批判 [J]. 马克思主义与现实, 2005 (2).

60. 汤正仁. 耗散结构论的经济发展观 [J]. 经济评论, 2002 (2).

61. 汪敬虞. 中国近代经济史中心线索问题的再思考 [J]. 中国经济史研究, 1990 (2).

62. 王爱玲. 民营企业技术创新方式选择的实证分析 [J]. 企业活力, 2009 (2).

63. 王翠英, 万江平. 竞争对手分析的复杂性初探 [J]. 科技情报开发与经济, 2006, 16 (9).

64. 王传东. 复杂性理论在心理学研究中的价值 [J]. 心理学探新, 2009 (4).

65. 王德鲁, 宋学锋. 企业战略系统的复杂性与战略管理设计模式 [J].

科技导报，2007（9）.

66. 王飞. 家族企业组织创新［J］. 创新科技，2008（6）.

67. 王红椿. 论复杂性科学对现代心理学研究的影响［J］. 惠州学院学报（社会科学版），2009（4）.

68. 王南湜. 我们可以在何种意义上谈论历史规律与人的能动作用［J］. 学术月刊，2006（5）.

69. 王松涛. 无边界组织：企业组织结构变革的新模式［J］. 同济大学学报（社会科学版），2008（8）.

70. 王耀东. 试论技术发展的复杂性［J］. 科学技术与辩证法，2004，21（4）.

71. 王益谊，席酉民，毕鹏程. 组织环境的不确定性研究综述［J］. 管理工程学报，2005（1）.

72. 温顺生. 从波普尔对历史决定论的批判重新审视马克思主义历史决定论［J］. 北京科技大学学报（社会科学版），2009－3.

73. 温兴琦. 企业战略与环境的适应性：一个复杂适应系统的视角［J］. 武汉理工大学学报（社会科学版），2005（8）.

74. 吴光炳. 民营企业家的人格障碍及克服［J］. 福建论坛：经济社会版，2011（1）.

75. 吴奇志，方文红. 新时期我国民营企业技术创新对策研究［J］. 中国乡镇企业，2008（10）.

76. 吴勇. 家族企业发展战略研究［J］. 企业论坛，2009（3）.

77. 吴宇驹等. 复杂性领导理论及其在科层结构组织中的应用［J］. 企业管理，2011（10）.

78. 邢以群，田园. 企业演化过程及影响因素探析［J］. 浙江大学学报（人文社会科学版），2005（7）.

79. 徐充，姜威. 民营企业组织创新的局限与突破［J］. 学习与探索，2008（1）.

80. 徐金发，常盛，谢宏. 公司治理系统的耗散结构特征研究［J］. 技术经济，2007（1）.

81. 杨丹，刘自敏. 我国家族企业董事会的演进与突破［J］. 董事会，

2007（11）.

82. 杨耕. 历史决定论：历史的考察和现状的分析［J］. 求是学刊，2002（11）.

83. 杨柯. 组织能力是工业资本主义的原动力［J］. http://www.sina.com.cn，2007.11.12《管理学家》.

84. 叶瑛，姜彦福. 论战略研究与战略管理研究的相互关系［J］. 中国软科学，2004（12）.

85. 张康之. 时代特征中的复杂性和不确定性［J］. 学术界，2007（1）.

86. 张嗣瀛. 复杂性科学，整体规律与定性研究［J］. 复杂系统与复杂性科学，2005（1）.

87. 张维迎. 民营企业的生存环境与中国经济的未来［J］. 企业文化，2004（Z1）.

88. 张晓辉，王莉. 基于熵理论的民营企业文化系统分析［J］. 社会科学战线，2007（3）.

89. 张勇，王晓东. 论技术复杂性语境中创新组织特性［J］. 科技管理研究，2004（1）.

90. 赵超，王雪兰. 试论家族企业如何突破家族式组织形式——家族企业再发展的途径探析［J］. 西北大学学报（哲学社会科学版），2005（7）.

91. 赵凌云. 探寻经济理论与经济史的结合——"新经济史革命"评析［J］. 东南学术，2001（1）.

92. 赵锡斌. 深化企业环境理论研究的几个问题［J］. 管理学报，2006（7）.

93. 周丹，李亚静，张弛. 基于耗散结构理论的家族企业文化建设［J］. 西南民族大学学报（人文社科版），2007（6）.

94. 周红紫，潘钇璇. 我国家族企业战略制定影响因素分析［J］. 科研管理，2005（1）.

95. 朱爱平，吴育华. 试论复杂适应系统与企业管理研究的创新发展［J］. 科学管理研究，2003（8）.

96. 朱荫贵. 对近代中国经济史研究中心线索的再思考［J］. 社会科学，2010（6）.

97. 陈平．文明分叉经济混沌演化经济学［M］．北京：经济科学出版社，2000．

98. 陈志武．金融的逻辑［M］．北京：国际文化出版公司，2009．

99. ［法］埃德加·莫兰，陈一壮译．复杂思想：自觉的科学［M］．北京：北京大学出版社，2001．

100. ［法］埃德加·莫兰，吴泓缈等译．方法：天然之天性［M］．北京：北京大学出版社，2002．

101. 郭毅等．组织与战略管理中的新制度主义视野［M］．上海：上海人民出版社，2009．

102. Jerrym Burger，陈会昌等译．人格心理学［M］．北京：中国轻工业出版社，2000．

103. 郎咸平．科幻：中国高新技术企业发展战略评判［M］．北京：东方出版社，2006．

104. 刘洪．组织复杂性管理［M］．北京：商务印书馆，2011．

105. 楼园，韩福荣．企业组织结构进化研究［M］．北京：科学出版社，2011．

106. 马建华，管华．系统科学及其在地理学中的应用［M］．北京：科学出版社，2003．

107. ［美］L·A·珀文．人格科学［M］．周榕等译．上海：华东师范大学出版社，2001．

108. 苏小和．局限——发现中国本土企业的命运［M］．北京：中国发展出版社，2007．

109. 唐力行．商人与中国近世社会［M］．北京：商务印书馆，2006．

110. 陶良虎等．家族企业创新研究［M］．武汉：武汉理工大学出版社，2008．

111. Victor. Barnouw，周晓红等译．人格：文化的积淀［M］．沈阳：辽宁人民出版社，1989．

112. 王育琨．企业家的梦想与痴醉［M］．北京：理工大学出版社，2006．

113. 韦桂华．国美之战：公司股东博弈的中国启示［M］．北京：中国经济出版社，2010．

114. 汪蕾. 民营企业技术进步［M］. 北京：科学出版社，2008.

115. 吴晓波. 大败局［M］. 杭州：浙江人民出版社，2010.

116. 吴晓波. 跌宕一百年：中国企业1870－1977［M］. 北京：中信出版社，2007.

117. 吴晓波. 激荡三十年：中国企业1978－2008［M］. 北京：中信出版社，2007.

118. 肖知兴. 中国人为什么组织不起来［M］. 北京：机械工业出版社，2009.

119. 徐绪松. 复杂科学管理［M］. 北京：科学出版社，2010.

120. 许正权，宋学锋. 组织复杂性管理：通过结构敏感性管理组织复杂性［M］. 北京：经济管理出版社，2009.

121. 叶金国. 技术创新系统自组织论［M］. 北京：中国社会科学出版社，2006.

122. 韵江. 战略演化：组织内透视［M］. 大连：东北财经大学出版社，2009.

123. 张铁男. 适应性企业战略管理［M］. 北京：中国发展出版社，2006.

124. 张羿. 中国式管理批判［M］. 北京：中国时代经济出版社，2007.

125. 张忠民. 艰难的变迁——近代中国公司制度研究［M］. 上海：上海社会科学出版社，2002.

126. 郑玉玲. 必然性与偶然性－在科学理论和科学认识中［M］. 北京：北京大学出版社，1995.

127. 白利鹏. 历史复杂性观念［D］. 吉林大学，2006.

128. 邓晓岚. 企业技术创新行为非线性系统的理论与方法研究［D］. 福州大学，2011.

129. 李冬青. 从历史规律到历史趋势——历史趋势的当代解读［D］. 吉林大学博士论文，2008.

130. 林婕. 中国家族企业技术创新能力研究［D］. 武汉理工大学，2005.

131. 吕佳. 组织结构的复杂性及协同研究［D］. 天津大学，2008.

132. 吴振宇. 从复杂系统论角度探析现代企业战略选择［D］. 广西师范大学硕士学位论文，2005.

133. 奚普. 中国家族企业组织认同及其相关因素研究［D］. 暨南大学，2008.

134. 杨勇. 近代中国公司治理思想研究［D］. 上海：复旦大学经济学院，2005.

135. 张铁男. 基于进化理论的适应性企业战略研究［D］. 哈尔滨工程大学博士学位论文，2005.

136. 周立新. 转轨时期中国家族企业组织演进研究［D］. 重庆大学，2004.

137. 周业铮. 基于复杂性科学的智能有机型组织范式研究［D］. 南京理工大学，2004.

138. 徐耀强. 拷问企业的人格［N］. 中国企业报，2011 06 14.

139. 李兰. 中国企业家成长15年（1993－2008）·中国企业家成长与发展报告［R］. 北京：机械工业出版社，2009.

140. 杨国枢. 家族化历程、泛家族主义及组织管理［A］. 海峡两岸之组织与管理［C］. 台湾：台湾远流出版公司，1998.

141. Claessens S. The Separation of Ownership and Control in East Asian Corporation［J］. Journal of Financial Economics，2000（58）.

142. Dyck B，Mauws M. Passing the baton：the importance of sequence，timing，technique，and communication in executive succession［J］. Journal of Business Venturing，2002（17）.

143. Eisenhardt K，Martin J. Dynamic Capabilities：What are they［J］. Strategic Management Journal，2000（21）.

144. Faccio M. The ultimate ownership of Western European corporations［J］. Journal of Financial Economics，2002.

145. Farjoun M. Towards an organic perspective on strategy［J］. Strategic Management Journal，2002（11）.

146. Hodgson，G. M. Darwinism in economics：from analogy to ontology［J］. Journal of Evolutionary Economics，2002（12）.

147. Neubauer H. The dynamics of succession in family business in western European countries［J］. Family Business Review，2003，16（4）.

148. Nonaka I, Toyama R. A firm as a dialectical being: towards a dynamic theory of a firm [J]. Industrial and Corporate Change, 2002, 11 (5).

149. Zott C. Dynamic Capabilities and the Emergence of Intra-industry Differential Firm Performance: Insights from a Simulation Study [J]. Strategic Management Journal, 2003 (24).

150. Paul C. What can we learn from a theory of complexity? [J]. Emergence, 2000, 2 (1).

151. Pepper S C. Emergence [J]. Emergence: Complexity & chaos Issue, 2004, 6 (4).

152. Phillip M. Keep the family business on track [J]. National Jewelry, 2001 (1).

153. Phyllis M C, Paul D M. The family business history: A catalyst to a successful succession plan [J]. CPA Consultant, 2001 (8).

154. Poppo L, Zenger T. Do formal contracts and relational governance function as substitutes or complements? [J]. Strategic Management Journal, 2002 (1).

155. Schutjens V A J M, Wever E. Determinants of new firm success [J]. Papers in Regional Science, 2000 (79).

156. Sheila C D, Peter E, etc. Economic Organization and Economic Knowledge, and Contingency, Complexity and the Theory of the Firm [J]. Information Economics and Policy, 2001.

157. Thomas E K, George G. Research note university – sponsored family business programs: characteristics, perceived quality and member satisfaction [J]. Entrepreneurship theory and practice, 2000 (spring).

158. Volberda H W, Lewin A Y. Co – evolutionary dynamics within and between firms: from evolution to co – evolution [J]. Journal of Management Studies, 2003 (40).

159. Acs Z J, Audretsch D B. Handbook of entrepreneurship research: an interdisciplinary survey and introduction [M]. Kluwer Academic Publishers, 2004.

160. Aldrich H E. Organizations and Environments [M]. Stanford: Stanford university press, 2008.

161. Longnecker J, Moore C. Small business Management [M]. South – Western College, 2000.

162. Michael R. Montgomery, Complexity theory: An Austrian perspective [A]. Colander D. Complexity and the history of economic thought [M]. Middlebury College, 2000.

163. Murmann J P. Knowledge and Competitive Advantage: The Co – evolution of Firms, Technology, and National Institutions [M]. Cambridge: Cambridge University Press, 2003.

164. Olsen E, Eoyang G H. Facilitating Organization Change: Lesson from Complexity Science [M]. San Francisco: Jossey Publishing, 2001.

165. Ulrich W. On novelty and heterogeneity [M]. Springer Berlin Heidelberg, 2005.

166. Williamson O E. Markets and Hierarchies: analysis and antitrust implications:

167. Marcel C D. Uncertainty and managerial decisions for new technology – based ventures [D]. Rotterdam: Erasmus University Rotterdam, 2003.

168. Kahneman D. Maps of Bounded Rationality: a Perspective on Intuitive Judgment and Choice [R]. Prize Lecture, December 8, 2002.

外国重要人名索引

A. K. 凯恩克罗斯（A. K. Frances Cairncross）

阿尔本·威廉·巴克利（Alben William Barkley）

阿尔钦（A. Alchian）

阿尔文·托夫勒（Alvin Toffler）

阿伦·A·肯尼迪（Allan A. Kennedy）

阿米特（Amit）

爱德华·沃尔夫（Edward Wolff）

埃德加·莫兰（Edgar Morin）

埃德加·E·彼得斯（Edgar E. Peters）

埃里克（Erik Hollmagel）

埃德加·沙因（Edgar H. Schein）

艾森哈特（Kathleen M. Eisenhardt）

艾拉·杰克逊（Ira Jackson）

艾莫斯（Ashmos）

爱因斯坦（Albert Einstein）

艾奇沃斯（Edgeworth）

埃里克·詹奇（Jantsch. Erich）

安东尼·阿索斯（Anthony G. Athos）

安德鲁斯（Andrews）

安格斯·麦迪森（Angus Maddison）

安索夫（Ansoff）

奥利弗·威廉姆森（Oliver Williamson）

奥尔德里奇（Aldrich）

巴克（P. Bak）

巴纳德（Barnard）

巴尼（Barney）

巴泽尔（Y. Barzel）

拜瑞·内勒巴夫（Barry J. Nalebuff）

拜尔（Beyer）

邦格（M. Bunge）

保罗·埃利希（Paul Ehrlich）

贝伦·维拉隆格（Belén Villalonga）

贝洛索夫-扎鲍廷斯基（Belousov–Zhabotinsky）

本尼斯（Warren G. Bennis）

彼得·德鲁克（Peter F. Drucker）

彼得·柯文尼（Peter. Coveney）

彼尔斯（C. S. Pierce）

皮亚杰（J. Piaget）

波普尔（Karl Popper）

波特（Michael Porter）

伯恩斯（Burns）

伯纳特（Barnett）

波尔茨曼（Ludwig Boltzmann）

布赖恩·阿瑟（Brian Arthur）

查尔斯·卡弗（Charles S. Carver）

大卫·麦克利（David McClelland）

大卫·李嘉图（David Ricardo）

戴维（David）

戴维斯（Davies）

丹尼尔·W·布罗姆（Daniel. W. Blom）

德布鲁（Gerard Debreu）

德姆塞茨（Demsetz）

底考斯持（D. P. Decoster）

杜恩（Dunn）

多瓦尔德（Dauwalder）

293

E. 洛伦兹（E. Lorenz）

厄特巴克（J. M. Utterback）

法约尔（Fayol）

斐迪南（Ferdinand）

菲利普·科特勒（Philip Kotler）

费根鲍姆（M. Feigenbum）

费里德曼（Milton Friedman）

费亚克（Flalko）

弗兰西斯·福山（Francis Fukuyama）

弗朗切斯（Francesil Caselli）

弗里曼（C. Freeman）

福格尔（Fogel）

福尔博德（Volberda）

福斯（Nils Foss）

盖尔曼（Murry Gell–Mann）

盖尔希克（Kelin E. Gersi）

格雷纳（L. E. Greiner）

格罗斯曼（Grossman）

哈肯（Haken）

哈默尔（Hamel）

哈特（Hart）

亥姆霍兹（Von Helmholtz）

汉娜（Hannan）

海森（Hansen）

亨得勒（Hendler）

亨得森（Henderson）

赫拉克里特（Heraclitus）

华尔特·惠特曼·罗斯托（Walt Whitman Rostow）

霍夫斯坦特（G. Hofstede）

霍奇森（Hodgson）

霍兰德（Holland）

伽利略（Galileo Galilei）

加雷思·琼斯（Gareth Jones）

加里·贝克尔（Garys Becker）

杰弗里·M·霍奇逊（Geoffrey. M. Hodgson）

杰克·J·弗罗门（Jack J. Vromen）

杰里·M·汉堡（Jerry. M. Burger）

卡尔·波普尔（Karl Raimund Popper）

卡罗尔（Carroll）

卡森（Casson）

卡什（Don E Kash）

卡斯蒂（John L. Casti）

卡斯特（Fremont E. Kast）

凯恩斯（John Maynard Keynes）

坎迪隆（Richard Cantillion）

肯拉克（Carlock）

克拉彭（Aaron Clapham）

克莱因（Klein）

克里斯多夫·斯考钦斯（Christophe Scholes）

克努森（Knudsen）

科斯（Coase）

库兹涅茨（SimonKuznets）

库恩（Thomas Samuel Kuhn）

魁奈（Francois Quesnay）

拉菲·阿密特（Raffi Amit）

拉赫曼（Ludwig Lachmann）

拉马克（Chevalier de Lamarck）

拉普拉斯（P. S. Laplace）

兰德尔·S·卡洛克（Randel. S. Carlock）

劳伦斯（Lawrence）

劳斯奇（Lorsch）

雷克鲁夫特（Robert W Rycroft）

理查德·L·达夫特（Richard L. Daft）

理查德·帕斯卡尔（Richard Tanner Pascale）

列维（Levy）

林恩（G. Lynn）

卢桑斯（F. Luthans）

卢因（Lewin）

罗伯特·豪斯（Robert J. House）

罗伯特·坦南鲍姆（Robert Tannenbaum）

洛克菲勒（John Davison Rockefeller）

洛伦兹（E. Lorenz）

罗森茨韦克（James E. Rosenzweig）

罗森堡（Rosenberg. Nathan）

马哈里（Mi-chael J. Mahoney）

马克斯·韦伯（Max Weber）

马奎斯（D. G. Marquis）

马里昂（Marion）

马歇尔（Alfred Marshall）

马斯洛（Maslow）

马休斯（Matthews）

迈尔斯（S. Myers）

迈耶（Meyer）

麦克莱兰（David McClelland）

曼德布罗特（B. Mandelbrot）

曼纽尔·卡斯特（Manuel Castells）

曼斯费尔德（M. Mansfield）

缪尔塞（R. Maeser）

梅奥（Mayo）

梅雷迪思·贝尔滨（Meredith R. Belbin）

梅纳德·斯密（Maynard Smith）

米歇尔·沃尔德罗普（Mitchell Waldr）

明茨伯格（H. Mintzberg）

缪尔塞（R. Mueser）

莫尔（Moore）

奈特（Frank Hyneman Knight）

尼尔森（Nelson）

尼古拉（Nkcloa Gennaili）

牛顿（Isaac Newton）

诺曼·R·奥古斯丁（Norman R. Augustine）

诺尔哥得（Norgaard）

诺思（Douglass C. North）

诺维克（AndrzejNowak）

奥尔森（Olsen）

帕累托（Vilfredo Pareto）

潘罗斯（Penrose）

普费弗（Pfeffer）

普拉哈拉德（Prahalad）

钱德勒（Alfred D. Chandler）

琼·五德沃得（Joan Doorward）

乔治·萨顿（George Alfred Leon Sarton）

乔治·斯蒂纳（Geroge A. Steiner）

桑南菲尔德（Sonnenfeld）

桑普森（Thompson）

申农（C. E. Shannon）

索罗（S. C. Solow）

斯蒂芬·P·罗宾斯（Stephen P. Robbins）

斯盖特（Scot）

苏梅克尔（Schoemaker）

斯泰西（Stacey）

斯陶克（Stalker）

斯坦丝（Stancy）

斯通曼（Stoneman）

泰勒（Taylor）

特雷斯·E·迪尔（Terrence E. Deal）

图斯曼（Tushman）

托马斯·卡明斯（Thomas Cummings）

托思（Trice）

万得温（Van de Ven）

瓦尔拉斯（Léon Walras）

瓦莱契（Robin R. Vallacher）

维尔斯特拉斯（K. Weierestrass）

维克多·巴尔诺（Victor Barnouw）

威廉·大内（William Ouchi）

威廉·哈拉尔（William E. Halal）

威廉姆森（Williamson）

威廉·鲍莫尔（William J. Baumol）

威格士（G. Vickers）

温特（Sidney G. Winter）

沃菲尔德（WarfieldJN）

沃纳菲尔特（Wernerfelt）

沃特斯（J. Waters）

沃德（Ward）

乌赫尔（Uhl–Bien）

马尔里希（Ulrich）

西蒙（Simon）

西契尔（Christian Scheier）

辛格（Singer）

熊彼特（Joseph Schumpeter）

亚当·布兰登勃格（Adam M. Brandenburger）

亚当·斯密（Adam Smith）

亚里士多德（Aristotle）

雅斯贝尔斯（Karl Theodor Jaspers）

伊迪丝·彭罗斯（Edith Penrose）

伊曼纽尔·沃勒斯坦（Immanuel Wallerstein）

伊诺思（J. L. Enos）

约翰·H·霍兰（John Philip Holland）

约翰·卡斯林（John Caslione）

约翰·L·沃德（John L. Ward）

约翰·L·卡斯蒂（John L. Casti）

约翰·P·科特（John P. Kotter）

约翰·希克斯（Hicks，John Richard）

詹姆斯·格莱克（James Cleick）

詹森（N. Jensen）

卓兹道（Drozdow）

卓因（Drazin）

后 记

《家族企业复杂性理论深化研究》三易其稿，终于在除夕之夜，在窗外阵阵的鞭炮声中杀青。记得2010年的正月初一，我拿着《复杂性家族企业演化理论》（经济科学出版社，2010）的书稿到老师李京文院士家拜年，并请老师作序。老师要求我，要在以后的学术生涯中再接再厉，进一步推进中国家族企业的理论研究。两年后，即2012年的正月初一，在家拟定新书稿的后记。这是老师的鼓励与教诲下的成果，也是给老师新春祝福的礼物。当然，本专著也是在华夏英才基金的资助下、在诸位朋友的帮助下完成的。

在此，我首先要感谢华夏英才基金的诸位专家与领导的首肯，给予我进一步研究家族企业复杂性演化理论提供机会。要感谢湖北省委统战部蔡藻鲜秘书长与江汉大学统战部吴菊珍部长提供的帮助。特别要感谢江汉大学的党委书记谭仁杰教授与校长杨卫东教授给予我宽松的工作环境与研究空间，使我能在履行院长职责的同时潜心于家族企业的学术研究，并包容我的不足。感谢经济科学出版社范莹编辑对我关于家族企业研究的支持与帮助，感谢她把我关于家族企业研究专题列入国家出版署的重点出版计划，感谢她对书稿提供建设性的建议。此外，要感谢民革的老朋友王一女士十多年对我研究家族企业提供调研、协调的帮助。

还要感谢那些帮助我的领导与朋友。他们是湖北省委统战部副部长黄波同志、武汉市委原常委、统战部长、闻一多基金会的常务副理事长刘彩木同志、原武汉市人大副主任单大年同志、原武汉市委统战部常务副部长吕盛东同志、武汉大鹏药业董事长石聿新同志。

在当前这个喧嚣与浮躁的时代，作为一名教授能潜心于学术几乎成为一种奢望，真正的学术研究竟成为教授的兼职，只能在下班、节假日的时间进行，而会议、填表、建言献策的研究倒充塞了日常的每一天，成为教授的本职。

不论看日本从传统农业社会向工业社会转型，还是看百年来中国现代化历程，一个基本结论是国家只有支持与发展民营经济，国民经济才能高速、健康、持续的发展。特别是改革开放三十多年的历史证明了民营经济对我国经济、社会、民生的贡献。我们知道，民营经济的主体是家族企业。我们既要一如既往地支持民营经济的发展，也就是说要支持家族企业的发展，也希望家族企业在进一步发展中提升自身的核心竞争力，真正做到百年基业长青。希望2012年龙年到来时，中国家族企业能龙年大发、龙腾虎跃。

2011年的日历刚刚翻过，2012年的红日冉冉升起。在这个辞旧迎新的时刻，在激情和梦想召唤的时代，让我们为民营家族企业走过的改革开放岁月并取得的成就载歌载舞，更为民营家族企业未来的发展而衷心祝福！

甘德安

2012年正月初一

于江汉大学